普通高等院校工商管理类专业系列教材

组织行为学
（第2版）

主　编　索柏民　李　森　涂华斌
副主编　赵海燕　康鑫宏　李　岩
　　　　索　阳　王天崇

北京理工大学出版社
BEIJING INSTITUTE OF TECHNOLOGY PRESS

内容简介

本书分四大部分共十二章：分别从组织行为学概述，个体行为的基础，多元化与个体差异，价值观，知觉与个体决策，激励理论，群体行为的基本原理，工作团队建设与管理，沟通、冲突与谈判，领导、领导力与领导理论，组织文化，组织变革与压力管理等角度，论述了个体、群体与组织层面的心理与行为，以及个体、群体与组织行为的内在关联和相应的规律，论述并分析了组织中的激励、沟通、领导与组织变革和组织发展等理论和相关问题，并将研究性学习的理念与方法渗透到全书的各个章节之中。

本书可作为高等学校管理类专业本科层次和研究生层次的教材和扩展阅读书目，也可作为其他专业学生和读者了解组织行为学领域知识和相关内容的阅读材料。

版权专有　侵权必究

图书在版编目（CIP）数据

组织行为学 / 索柏民，李森，涂华斌主编. --2版. --北京：北京理工大学出版社，2023.7（2023.10重印）

ISBN 978-7-5763-2626-0

Ⅰ.①组… Ⅱ.①索… ②李… ③涂… Ⅲ.①组织行为学 Ⅳ.①C936

中国国家版本馆 CIP 数据核字（2023）第 133765 号

责任编辑：王晓莉	**文案编辑**：王晓莉
责任校对：刘亚男	**责任印制**：李志强

出版发行 /	北京理工大学出版社有限责任公司
社　　址 /	北京市丰台区四合庄路 6 号
邮　　编 /	100070
电　　话 /	（010）68914026（教材售后服务热线）
	（010）68944437（课件资源服务热线）
网　　址 /	http://www.bitpress.com.cn

版 印 次 /	2023 年 10 月第 2 版第 2 次印刷
印　　刷 /	涿州市新华印刷有限公司
开　　本 /	787 mm×1092 mm　1/16
印　　张 /	19
字　　数 /	449 千字
定　　价 /	49.80 元

图书出现印装质量问题，请拨打售后服务热线，负责调换

前言

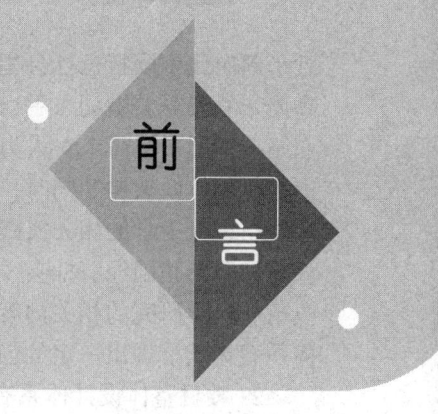

当前，与组织行为学相关的专业教材在图书市场上品类繁多，其中也包含一些国外经典教材和国家级的规划教材。然而，在习近平新时代中国特色社会主义思想提出和广泛传播的背景下，伴随我国改革开放的不断发展深化以及教育部提出新时期应用型高校建设目标的要求，通过毕业生在就职岗位的信息反馈，我们可以发现，在企业和其他组织的经营管理活动中产生了大量新问题和新情况，其中，许多新问题和新情况在现有教材中未能做出明确的解释和说明，具体表现为在理论与实践上出现脱节、定位不准、缺乏经济社会发展现实状态的支撑等。基于上述情况，编撰一本能够有效贯彻党的二十大报告精神，符合中国式现代化和高质量发展的要求，显著增强国家文化软实力，促进理论与实践密切结合，能够切实满足当前我国应用型本科高校人力资源管理及其他管理类专业需要的组织行为学教材，成为一项迫在眉睫且现实需要的工作。

本教材是在《组织行为学》第一版基础上重新修订形成的新版本。本教材力求在原有内容上着重增加一些中国特色和中国元素，尽量确保相关教材内容，在充分吸收和借鉴西方先进管理思想和管理理念之下，体现中国传统文化和管理思想的精华。同时，有效结合党的二十大报告精神，结合中国式现代化背景下的管理实践，充分体现本土化特征，以期对中国企业和相关组织的管理实践产生有效的指导作用，对它们的管理水平产生促进和提高的作用。

在开展教材编写工作的过程中，本教材编写组获得了北京理工大学出版社的全力支持和竭诚服务。2022年，北京理工大学出版社与编写组进行了深入磋商，建议将党的二十大报告精神有效融入教材相关内容之中，并注意结合当前我国经济和社会发展的现实需求，同时提出重新编写本教材的一些具体需求、特点以及与第一版教材的差异性。围绕这些议题，各方基本达成共识，并在形成共识的前提下组建了教材编写组和大纲审定专家组，按照全新的编撰理念、学术观点、研究设想和发展思路，重新开始了本教材的创作与编写工作。

第二版教材的编写在传承此前教材编写特点的基础上，着重体现为以下两个方面的特点：

1. 注意贯彻落实党的二十大精神，体现课程思政的作用。结合当前经济社会发展的要求，教材编写人员对《组织行为学》第一版的整体体系设计进行了较大调整，着重从习近平新时代中国特色社会主义思想、社会主义核心价值观、中国式现代化、新发展理念、高质量发展等关键词入手，改善传统本科教材单纯介绍西方管理思想和相关知识的不足，在坚持按照市场需求对人力资源管理等管理类专业人才需要和工作岗位的性质来精准定位本教材的体系架构的同时，结合新的课程体系要求调整教材体系的构成；在增加了许多国内外组织行为学的相关实践环节的基础上，大量充实中国元素和中国管理实践内容，使得教材体系与我国经济社会发展特点结合得更加紧密。同时，结合编写组成员所完成的教学改革和科学研究的相关内容，规划并开发了具有探索性的相关学习及教学内容，使教材的体系架构既呈现出一定的创新性，又体现出一定的思政性。

2. 教材整体设计体系有所创新。为了有助于一线教师和广大学生更好地使用本教材，在编写体例的规划设计上，本教材注重以人为本的理念，每个章节均以"名人名言"开篇，设定了"学习目标""思维导图""关键词""开篇案例""本章小结和对管理者的启示""本章练习题"以及"研究课题"等内容，在"本章练习题"中增加了与当前我国管理实践密切结合的案例分析的题目，同时配套相应的教学资源，充分满足学生及教师在教学活动中的各种互动。

在教材的编写工作中，编写组的各位成员均承担了重要的工作。具体工作分工如下：第一章索柏民，第二章索柏民、李森，第三章索柏民、李森，第四章李森、索柏民，第五章索柏民、李森，第六章索阳、李岩，第七章索阳、索柏民，第八章李岩、索柏民，第九章索阳、李岩，第十章李岩、索阳，第十一章王天崇、李森，第十二章王天崇、李岩。最后由索柏民带领研究生牟月、黄佳欣、郝俊鹏、崔元、曲家奇、谭惠馨进行了全书的校对与统稿工作，康鑫宏、涂华斌、赵海燕负责收集整理参考资料。

本教材的编写工作凝聚了整个编写组成员的共同心血与努力，在此向各位成员表示深深的感谢。向本教材编写过程中参考和借鉴过的相关研究成果的作者们表达由衷的谢意。同时向北京理工大学出版社的各位编辑表达诚挚的感谢。

当然，受到编写时间仓促、编写组成员理论与实践视野的束缚以及编写能力与水平的限制，本教材并不能完全达到预期目标，可能还存在许多意想不到的纰漏，因此，本教材的全体编写成员竭诚欢迎各方面的专家、学者，以及广大师生及其他读者给予批评指正，以便使教材通过不断修订而获得完善与提升。希望《组织行为学（第二版）》教材的出版，能够为当前一流本科专业建设提供教学资源保障，为相关的传统高校向应用型高校转型及促进高等教育教学改革做出应有的贡献。

索柏民

二〇二三年五月四日
于沈阳师范大学校园

目 录

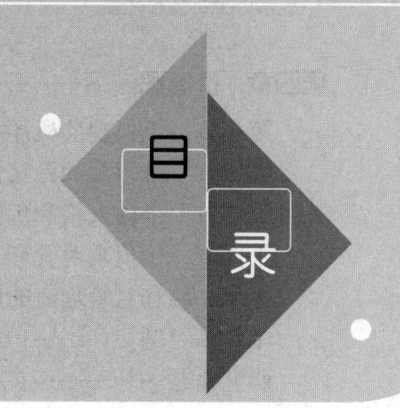

第一部分 导 论

第一章 组织行为学概述 (003)
- 第一节 组织与组织行为 (005)
- 第二节 组织行为学的历史演变 (009)
- 第三节 组织行为学的学科性质及发展基础 (015)
- 第四节 组织行为学的发展趋势、挑战与机遇 (018)
- 本章小结和对管理者的启示 (027)
- 本章练习题 (028)
- 研究课题 (030)

第二部分 个体层面的组织行为及规律

第二章 个体行为的基础 (033)
- 第一节 影响个体行为的生物学基础 (035)
- 第二节 影响个体行为的社会学基础 (042)
- 本章小结和对管理者的启示 (053)
- 本章练习题 (053)
- 研究课题 (054)

第三章 多元化与个体差异 (055)
- 第一节 组织中的多元化 (059)
- 第二节 个体差异 (064)
- 第三节 能力特征与管理 (065)
- 第四节 气质特征与管理 (066)
- 第五节 性格特征与管理 (068)
- 本章小结和对管理者的启示 (073)
- 本章练习题 (074)
- 研究课题 (076)

第四章　价值观 (077)

第一节　价值观的概述 (079)
第二节　价值观的跨文化研究 (086)
第三节　个体人格和价值观与工作场所的联系 (089)
第四节　价值观对管理工作的影响 (091)
本章小结和对管理者的启示 (092)
本章练习题 (093)
研究课题 (098)

第五章　知觉与个体决策 (099)

第一节　知觉与社会知觉 (101)
第二节　个体决策 (108)
第三节　（社会）知觉与个体决策的关系 (114)
本章小结和对管理者的启示 (115)
本章练习题 (115)
研究课题 (118)

第六章　激励理论 (120)

第一节　激励及其特征 (122)
第二节　基于需求的激励理论 (123)
第三节　激励的期望理论 (127)
第四节　目标设定和反馈 (130)
第五节　组织公平 (132)
本章小结和对管理者的启示 (136)
本章练习题 (137)
研究课题 (140)

第三部分　群体层面的组织行为及规律

第七章　群体行为的基本原理 (143)

第一节　群体的定义和分类 (145)
第二节　群体特征 (150)
第三节　群体决策 (156)
本章小结和对管理者的启示 (161)
本章练习题 (161)
研究课题 (163)

第八章　工作团队建设与管理 (164)

第一节　团队盛行的原因 (166)
第二节　群体与团队的差异 (167)
第三节　团队的类型 (168)
第四节　塑造高效团队 (170)

第五节　团队与质量管理 ································ (180)
　　本章小结和对管理者的启示 ···························· (180)
　　本章练习题 ··· (181)
　　研究课题 ·· (184)

第九章　沟通、冲突与谈判 ································ (185)

　　第一节　沟通概念与过程 ································ (187)
　　第二节　沟通的类型 ···································· (192)
　　第三节　高效沟通的障碍 ································ (195)
　　第四节　当前有关沟通的一些问题 ···················· (196)
　　第五节　冲突 ··· (199)
　　第六节　谈判 ··· (209)
　　本章小结和对管理者的启示 ···························· (215)
　　本章练习题 ··· (217)
　　研究课题 ·· (219)

第十章　领导、领导力与领导理论 ························ (220)

　　第一节　什么是领导 ···································· (222)
　　第二节　领导力的相关概念 ···························· (222)
　　第三节　领导理论 ······································· (227)
　　本章小结和对管理者的启示 ···························· (239)
　　本章练习题 ··· (240)
　　研究课题 ·· (242)

第四部分　组织层面的组织行为及规律

第十一章　组织文化 ··· (245)

　　第一节　组织文化的概念 ································ (247)
　　第二节　组织文化的作用 ································ (251)
　　第三节　组织文化的营造和维系 ······················· (254)
　　第四节　营造道德型组织文化 ·························· (257)
　　第五节　营造积极向上的组织文化 ···················· (259)
　　第六节　对全球化的启示 ································ (260)
　　本章小结和对管理者的启示 ···························· (269)
　　本章练习题 ··· (269)
　　研究课题 ·· (272)

第十二章　组织变革与压力管理 ··························· (273)

　　第一节　变革的动力 ···································· (275)
　　第二节　变革的阻力与克服 ···························· (277)
　　第三节　管理组织变革的方法 ·························· (281)
　　第四节　营造适合变革的文化 ·························· (283)

第五节　工作压力与压力管理……………………………………………………（285）
　　本章小结和对管理者的启示………………………………………………………（289）
　　本章练习题…………………………………………………………………………（289）
　　研究课题……………………………………………………………………………（292）

参考文献……………………………………………………………………………（293）

第一部分

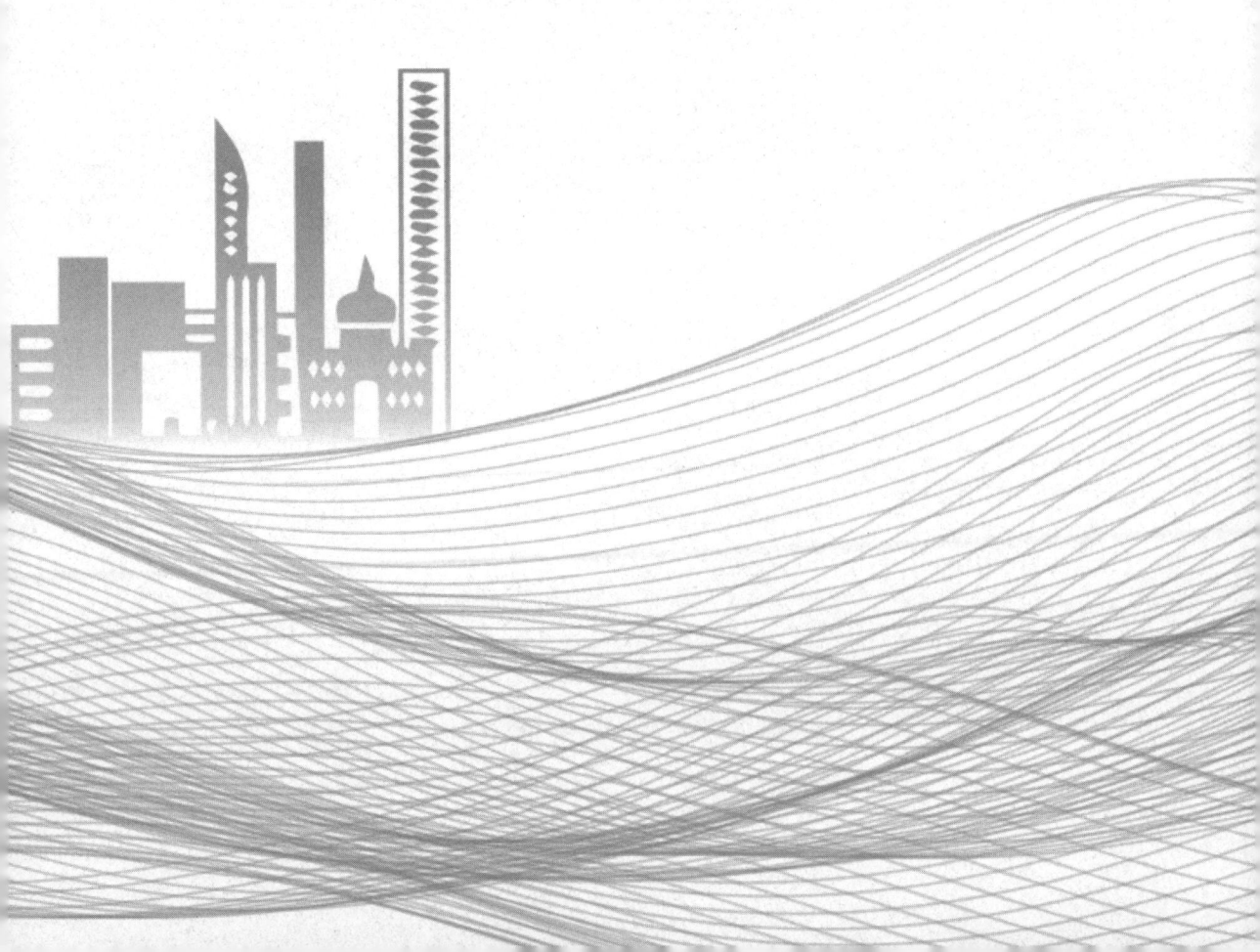

导　论

第一章 组织行为学概述

名人名言

> 企业发展就是要发展一批狼。狼有三大特性：一是敏锐的嗅觉；二是不屈不挠、奋不顾身的进攻精神；三是群体奋斗的意识。
>
> ——任正非（1944—，中国华为技术有限公司董事、CEO）

学习目标

1. 了解组织行为学的历史渊源；
2. 掌握组织行为学概念，并了解其主要的相关学科；
3. 了解当前组织行为学研究所呈现出的主要发展趋势、面临的机遇与挑战；
4. 了解组织行为学的体系结构。

本章关键词

组织；组织行为学；科学管理原理；权变思想；经济人假说；社会人假说；自我实现人假说；复杂人假说；全面而自由发展的人假说。

思维导图

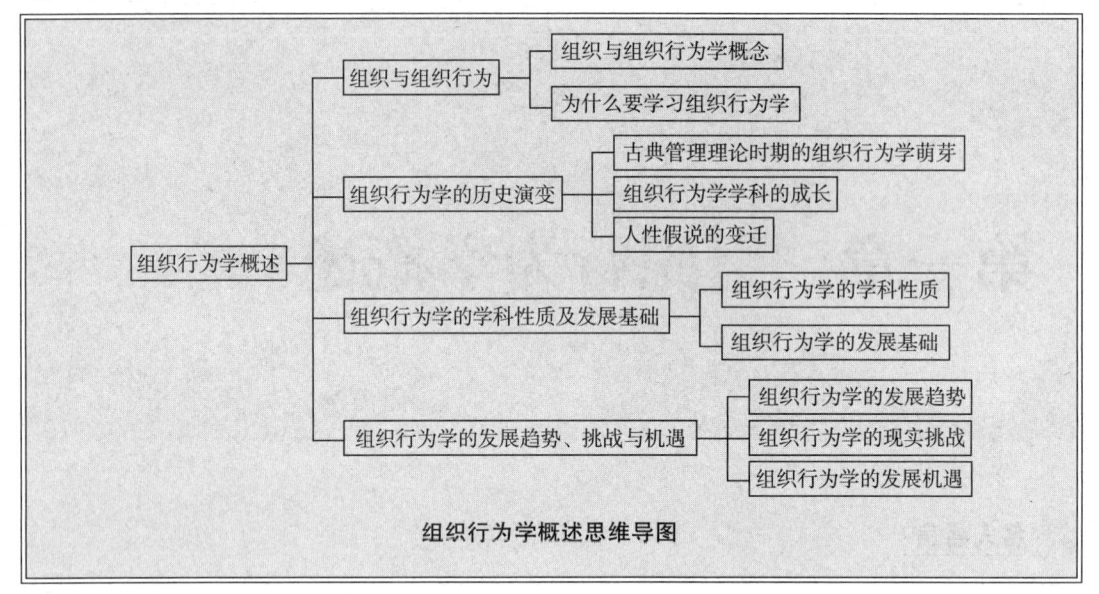

```
                        ┌── 组织与组织行为 ──┬── 组织与组织行为学概念
                        │                  └── 为什么要学习组织行为学
                        │
                        │                        ┌── 古典管理理论时期的组织行为学萌芽
                        ├── 组织行为学的历史演变 ──┼── 组织行为学学科的成长
组织行为学概述 ──────────┤                        └── 人性假说的变迁
                        │
                        │                                  ┌── 组织行为学的学科性质
                        ├── 组织行为学的学科性质及发展基础 ──┤
                        │                                  └── 组织行为学的发展基础
                        │
                        │                                  ┌── 组织行为学的发展趋势
                        └── 组织行为学的发展趋势、挑战与机遇 ─┼── 组织行为学的现实挑战
                                                           └── 组织行为学的发展机遇
```

组织行为学概述思维导图

开篇案例

联想公司的罚站

联想公司刚创业的时候，工作人员懒散，管理较松懈。老总柳传志下定决心要改变这种状况，于是就颁布了一个制度：谁开会迟到，不仅要罚款还要罚站5分钟。罚款大家并不在乎，但是罚站还是挺丢面子的。这个制度的实行很严格，连高层领导——副总裁、总裁这一级别的都被罚站过，甚至柳传志本人也被罚站过。正是企业领导人这种下决心要把事情干好的气魄，才把联想的管理搞上去了。有记者在采访柳传志的时候问道："联想的核心竞争力是什么？"柳传志回答说："我们联想的核心竞争力就是我们科学的管理体系。"

（资料来源：余平. 在联想集团罚站一分钟，2011-10-20）

组织是人们社会活动的主要形式，是人的社会性的重要表现。在人类社会中，人们每天都在与各种各样的组织打交道，无论在工作还是在生活中，都与组织密切相关。工人在工厂做工（经济组织），学生在学校学习（教育组织），军人在部队服役（军事组织），干部在机关工作（行政组织），甚至家庭也处在街道、村社（社会组织）中。在当今社会，组织无处不在。除了正式组织外，还有非正式组织，在工作、学习和生活的相当部分时间中，我们都是在林林总总的正式组织和非正式组织中。我们工作的性质和效率、生活的质量、精神的感受和活动的自由都受到组织建立、管理的方式的影响。

通常来说，人们是一些组织的成员，并与许多组织有相关的利益关系，组织可以提供人们赖以生存的大量资源以及提升人们生活质量的大量服务。人们服务社会的愿望也要通过加入一些组织来实现，人们许多生活乐趣来源于组织活动。人们离不开组织，如果没有了商店、饭馆、银行、保险机构，生活就会非常不便；如果没有了学校和医院，人们求知的机会和健康保障将会大打折扣；如果没有了乐队、报社、电台，人们的生活就会失去无限光彩。显而易见，对于人们生活、工作以及整个社会的其他活动而言，组织十分重要。因此，组织的管理就成为与人们各方面都息息相关的重要问题，要搞好组织的管理就离不开对组织行为及其规律的研究。

本书研究组织行为，涉及两个基本问题。

第一，组织对其成员思想、感情和行动的影响方式。人们观察世界的方法、人们对待工作的态度以及对自己的看法，受其所处的组织的影响，同时它也会影响人们在执行任务过程中的行为，以及作为组织成员的责任。组织行为学试图阐明组织影响其成员的种种方式，研究人在组织中的行为，揭示组织有效整合、个人规范自律的规律，来实现创造和管理更大规模、更为有效的组织的目的。

第二，组织各个成员的行为方式及其绩效对整个组织绩效的影响。组织是否会成功完成自身目标，取决于组织对其成员活动的协调方式。

研究组织如何制约个人以及个人如何影响组织，有助于人们从新的角度看待问题，丰富人们对日常生活、工作的认识，进而不断完善组织的管理，使人类的群体活动更加和谐。

第一节　组织与组织行为

我们身边的许多人每天要去上班，他们有着不同的工作单位，有的是学校，有的是公司、企业，有的是政府机关和事业单位，等等。可见，组织比比皆是、林林总总，各种组织的功能与行为也表现得多种多样，从而让我们的社会生活呈现得丰富多彩。在开始组织行为学研究之前，我们首先需要明确组织与组织行为这两个最基本的概念。

一、组织与组织行为学概念

（一）组织

对于组织这样司空见惯的概念，我们可以从广义和狭义两个角度加以理解。

从广义上说，组织是由诸多要素按照一定方式相互联系起来的系统。

从狭义上说，组织是人们为实现一定的目标，互相协作、结合而成的集体或团体，如党团组织、工会组织、企业组织和军事组织，等等。

狭义的组织专门指人的群体，广泛地应用在社会管理之中。在现代社会生活中，组织是人们按照一定的目的、任务和形式编制起来的社会集团，组织不仅是社会的细胞、社会的基本单元，而且可以说是社会的基础。[1]

那么，组织是如何存在的呢？概括起来，主要需要具备以下三个条件[2]：

1. 组织是由人组成的集合

组织是由人构成的特殊的群体，人是构成组织的重要资源与要素，当然组织的存在也需要其他一些物质资源。我们可以这样理解，组织既具有物质的结构，又具有社会的结

---

[1] 李永瑞，等. 组织行为学（第二版）[M]. 北京：高等教育出版社，2013：2.
[2] 张德，吴志明. 组织行为学（第二版）[M]. 大连：东北财经大学出版社，2006：4.

构，而社会结构更为重要。组织中活动的实施与完成，是通过人的参与来实现的，人在其中发挥着资源优化与有效配置的作用。因此，由于人聚合成群体而形成了组织，没有了人的群体就没有组织的存在。

2. 组织为实现目标而存在

在社会生活中，没有一个组织可以没有目标而存在。因此，我们可以说，组织就是为实现目标而存在的。组织目标规定了组织的使命和职责，指示着组织的行为与行动的趋势和方向，解释了组织存在的正当理由和客观根据。

3. 组织实现目标的方式是分工与协作

任何一个组织的存在都有自身的使命和目标，这些使命和目标确保了组织在一定框架和范围内开展活动。但这些活动与过程都是具有社会性的，不能依靠个体的单独力量实现。因此，在组织内为实现这些使命和目标产生了两种活动：一是操作工作，二是管理工作。这样就使组织的活动出现了专业化的分工。在分工指导下，组织中的成员以个体或群体的形式把组织的任务与目标进行层层分解，按相应的组织规则去加以完成，从而形成组织工作中的分工体系。

形成分工体系的组织成员个体、群体与部门之间，根据任务或活动的要求，按照组织目标的规定，密切配合，相互协作，从而确保组织的目标与使命顺利达成，并且在完成过程中避免不必要的各自为政而产生的混乱。

分工与协作促使组织自身及其活动形成相互联系的、具有层次性和网络化结构的整体，组织的成员按照各自的责、权、利形成相应的指挥与协调系统，进而形成组织的层级制结构。

（二）组织行为与组织行为学

1. 组织行为的层次

组织的行为具有系统性和复杂性。同时，组织的行为又是有层次的，为此，我们可以把它细分为三个层次：个体层次、群体层次和组织层次。

个体是组织构成的最基本单元，是组织行为学研究的基础和出发点。由于组织是由个体的人组成，组织行为学的研究就从最基本和最简单的个体层次开展研究工作。这个研究工作与传统的管理心理学的研究有相似之处，研究的重点放在个体心理学的发展理论和解释上，试图找到个体行为以及他们对不同组织政策、实践和过程的反应，以心理学的理论与方法探索个体的人性、需求、动机和激励等方面的行为与规律，进而发现对组织绩效的影响。

群体层次表明人在组织中开展活动往往需要分工与协作，这样就以一定的结构和功能按照工作和任务的需要整合成一定的群体。这些群体从形式上看是自由的，可以是正式的群体，也可以是非正式的群体，诸如小组、部门、委员会等形式。群体中的人们是如何开展工作的呢？如何解决群体的凝聚力和领导问题？群体成员如何发挥自身的效用以及如何做出决定的？群体的效率与效益如何产生？这些都是组织行为学中群体层次所涉及的问题。在这一层次上，组织行为学的研究工作开始大量运用社会心理学的理论与方法探索群体的行为及其规律，所研究的内容形成了有别于纯粹个体行为及其规律的观点。

组织层次表明组织也是组织行为学的重要研究对象。这种研究视角被调整到宏观的层面，通过运用社会学的理论和方法探索组织层面的人的行为及其规律。重点围绕组织结构设计与组织效率、有效沟通和信息传递之间的关系，认识组织与环境之间的互动和影响，从组织变革与压力间的关系等领域和议题开展研究与探索工作，为管理工作提供一些可供参考与借鉴的内容。

2. 组织行为学的内涵

关于什么是组织行为学的内容，是刚刚接触组织行为学的读者首先想要知道的问题。尽管组织行为学自20世纪初就开始了学科的萌芽，但发展到今天也仅有百年左右的历史，因此，该学科仍然算是一门新兴学科，它的内涵和外延还处于不断发展变化之中，因此，不同的学者从不同的角度会形成不同的理解。

美国学者史蒂文·麦克沙恩（Steven L. McShane）和玛丽·安·冯·格里诺（Mary Ann Von Glimow）（2007）认为：组织行为学（Organizational Behavior, OB）是研究人们如何在组织之内或围绕着组织进行思考、感受和行动。[1]

美国学者斯蒂芬·罗宾斯（Stephen P. Robbins）和蒂莫西·贾奇（Timothy A. Judge）（2008）指出，组织行为学是研究个体、群体以及组织结构对组织内部行为的影响的学科。[2]

中国学者李永瑞（2013）指出，组织行为学是综合运用于个体及群体行为有关的各种知识，采用系统分析的方法，研究组织系统内的个体、群体、组织及其相互关系的行为规律，从而提高管理者预测、引导和控制人的行为的能力，以便有效地实现组织目标的一门科学。[3]

本书采用中国学者胡爱本（2002）的观点，**组织行为学就是运用系统分析的方法，研究一定组织中人的心理和行为规律，从而提高管理人员解释、预测、引导和控制人的行为的能力，以实现组织既定目标的科学。**[4]

从这个概念我们可以领会出组织行为学所包含的四重含义[5]：

（1）组织行为学的研究对象是人的心理和行为的规律性。组织行为学不仅研究人的心理活动及其规律性，而且探索人的行为活动背后的规律性，是一个综合研究的学科。而实际上人的心理与行为是不可分割的整体，心理是行为的内在表现，行为是心理的外在展示，因此，组织行为学必须把二者整合起来开展探索与研究。

（2）组织行为学的研究范围是工作组织中人的心理和行为的规律性。组织行为学并不广泛地研究人的心理和行为的规律，它更加重视和关注的是工作组织范围内的人的心理和行为规律。这里所说的工作范围是指企业、学校、政府、军队、医院和乡村等所有的组织机构，研究这些组织机构中集聚在一起的人的心理和行为的规律。因此，组织行为学又可

---

[1] 史蒂文·L. 麦克沙恩，玛丽·安·冯·格里诺. 组织行为学（第三版）[M]. 井润田，王冰洁，赵卫东，译，北京：机械工业出版社，2007：3.
[2] 斯蒂芬·罗宾斯，蒂莫西·贾奇. 组织行为学精要（第九版）[M]. 吴培冠，高永端，张璐斐，译，北京：机械工业出版社，2008：3.
[3] 李永瑞，等. 组织行为学（第二版）[M]. 北京：高等教育出版社，2013：3.
[4] 胡爱本. 新编组织行为学教程（第三版）[M]. 上海：复旦大学出版社，2002：5.
[5] 陈晶. 组织行为学[M]. 长春：东北师范大学出版社，2011：3.

以分为个体的心理与行为、群体的心理与行为以及组织的心理与行为三个层次或领域。

（3）组织行为学的研究方法是系统分析的方法。所谓系统分析的方法是指在研究的过程中，组织行为学不是孤立地研究一个组织中的个体、群体和组织的心理与行为，而是在研究进行中，有意识地把个体的人纳入群体这个更大的系统中来研究，这样个体就成为群体的子系统，相应的群体研究则放到组织的大系统中研究，群体则成为组织的子系统。个体、群体和组织彼此密切联系，不可分割。同时，研究的过程中又考虑它们作为系统与身边的社会环境和自然环境之间的相互联系、作用和影响。

（4）组织行为学的研究目的是预测、引导、控制人的行为，以达到组织既定的目标。组织行为学在对一定组织中的人的心理与行为规律性有所把握的基础上，致力于提高解释、预测、引导和控制人的行为的能力，特别是采取相应的措施转化消极行为为积极行为，以实现组织预期的目标，并不断改善与提升组织的工作绩效。

二、为什么要学习组织行为学

（一）改善组织管理者的技能构成

罗伯特·卡茨（Robert Kartz，2005）提出了管理者应具有的三种基本管理技能：技术技能、人际技能和概念技能。[①]

所谓的技术技能是指管理者应用专门知识或技能的能力。一个组织中的管理者，无论他处在基层岗位，还是工作在高层岗位，这些岗位都有本领域或行业的专门知识或技能，要想成为一个好的管理者，必须具有相关工作所必需的专门知识或技能，并成为所从事工作的精通者或专家，这是赢得下属尊重的一个重要条件。

所谓人际技能是指一个人独处或是在群体中与他人共事、理解他人和激励他人的能力。一些管理者在技术技能方面出类拔萃，却缺乏人际技能，不擅长和他人合作共事，缺乏倾听的耐心和处理矛盾冲突的能力。他们或许可以成为某些领域的专家，但绝对不会是一个成功的管理者。所以管理者往往是在与别人共事合作中体现出自身的管理能力的，这就要求他们必须具有良好的人际技能，这样才能在与人共事中有效沟通、激励和授权，才能领导下属共同努力实现组织的预定目标。

所谓概念技能，是指管理者所必须具备的分析和诊断复杂情况的心智能力。

通过学习组织行为学的相关理论和方法，可以结合不同层级管理者的职业特点，在一定程度上丰富和完善自身的技能构成，以适应不同管理岗位的相关要求，进而满足当前我们正在实施的中国式现代化和高质量发展对管理者技能提出的要求。

（二）促进组织管理者走向高效和成功

我们通常会认为，管理的目标就是为了有效地提高工作的效率，有效的管理者通常也会是成功的管理者。但是，真正在组织中晋升较快的人，往往不是那些被大家公认为工作最出色和最有效的人，这体现出组织行为中的一个普遍现象。美国管理学家弗雷德·卢桑斯（Fred Luthans）和他的同事们从另一个不同的角度考察了管理者的所作所为，根据他们对大量的管理者开展的研究，发现这些管理者的工作都与四类管理活动相关：

①传统的管理活动：决策、计划和控制；

---

① 罗伯特·卡茨. 高效管理者的三大技能［J］. 哈佛商业评论（中文版），2005（7）.

②沟通活动：交换日常信息并处理书面资料；
③人力资源管理活动：激励、训练、管理冲突、安置、培训；
④联络活动：社交、政治活动与外部交往。

根据研究过程统计，一般而言，管理者会把32%的时间用于传统管理活动，29%的时间用于沟通活动，20%的时间用于人力资源管理活动，把19%的时间用于社交联络活动。但实际情况是，不同的管理者作为个体花费在四种活动中的时间和精力却各不相同且相去甚远。通常情况下，成功的管理者（以晋升速度快慢界定）与有效管理者（以绩效数量和质量及其下属的满意程度和承诺界定）所关注的工作重点也存在较大的差距。社交联络对成功管理者的贡献最大，人力资源管理的贡献最小。对于有效的管理者来说，沟通的贡献最大而社交的贡献最小。这个研究成果向我们呈现出一个生动的事实，即社会和政治技能对于管理者谋求组织内部晋升往往发挥着不可替代的重要作用。[1] 当然，在管理的实践中，必须充分考虑中国国情的实际，毕竟关于成功管理者和有效管理者的标准国内外并不完全相同。就我国的标准而言，判断管理者的成功与有效，更多地与管理者在管理实践中是否有效促进组织高质量发展与践行管理的社会责任直接相关。

（三）帮助组织及组织管理者面对各种挑战

当前整个社会已经进入21世纪，与以往不同的是，我们今天所面对的社会发展时期，是极不寻常、极不平凡的。正如党的二十大报告中所强调的，我们需要在党中央全面领导下，统筹中华民族伟大复兴战略全局和世界百年未有之大变局。在这两个大局下，人力资本已经逐渐取代物质资本成为最重要的生产要素，在这一过程中，人的素质和能力已经成为企业、地区和国家竞争力的核心。伴随着知识经济的出现和发展，特别是信息技术和网络技术的成长与进步，人类生产方式和生活节奏已经发生了彻底的改变。而与此同时，伴随着经济全球化、劳动力多元化、科学技术的进步、相关产业的重组与产业结构的调整等引发的一系列组织问题和社会问题，个人意识的觉醒、残酷的市场竞争所引发的社会伦理和道德问题，也使每一个组织和组织的管理者面临并承受着超越以往的环境压力和严峻考验[2]，因此，学习组织行为学的理论和方法，理解和解释个体、群体及组织行为背后的规律与发生机理，对于组织和管理者面对挑战和化解不断出现的危机都将起到重要的帮助和借鉴作用。

第二节　组织行为学的历史演变

尽管有了人类的文明，就有了管理活动和管理理论的探索，但是真正意义上的管理理论却是在20世纪初才开始出现并形成理论的架构和奠定了理论的体系。而组织行为学作为管理学科体系中的一个重要分支并作为一门独立的学科出现还要更加晚一些，它是伴随着古典管理理论的出现而展现出萌芽并脱胎成长起来的。厘清它的学科发展脉络，对于我们深刻理解和领会人在组织中的地位和提升它的价值具有重要的作用和意义。

---

[1] 时巨涛，马新建，孙虹. 组织行为学 [M]. 北京：北京师范大学出版社，2013：22.
[2] 时巨涛，马新建，孙虹. 组织行为学 [M]. 北京：北京师范大学出版社，2013：23.

一、古典管理理论时期的组织行为学萌芽

古典管理理论产生的时期一般认为是20世纪初至20世纪30年代。在这个阶段具有代表性的人物主要有泰勒（F. W. Taylor）、法约尔（H. Fayol）、韦伯（M. Weber）等，以他们为代表的管理学大师们不断实践探索并贡献出研究成就，从而使管理学从经验性的总结上升为理论和科学，并为现代组织行为学学科的产生奠定了坚实的基础和孕育了成长的萌芽。

（一）泰勒及其科学管理理论

对于管理科学理论的产生做出重大开创性贡献的是具有"科学管理之父"荣誉的美国管理学家泰勒（Frederick Winslow Taylor）。他在长期实践和实验的基础上，形成了一套基于"经济人"人性假设的科学管理的制度和管理方法。他确信存在从事一项工作的最佳方法，雇员的工作之所以不能达到期望的结果，主要是因为管理方法的不科学，只要管理是科学的，并且确保雇主和工人之间保持一种互利而非冲突的关系，那么管理工作就如一部正常运转的机器，产生较高的效率和效益。基于此，泰勒提出了由以下四个方面内容构成的著名的**科学管理原理思想**。

1. 一套基本假设

（1）劳资矛盾日益尖锐的主要原因是社会资源没有获得充分利用。

（2）对工人的基本假设是"经济人"假设，认为人最关心的是如何提高自己的货币收入，即只要使人得到经济利益，他就愿意配合管理者挖掘出自身最大的潜能。

（3）单个人在经济利益驱使下是可以取得最大效率的，集体的行为反而会导致效率下降。

2. 两个基本原理

（1）作业研究原理：改进操作方法可以提高工效，并以合理利用工时为目的。

（2）时间研究原理：在动作分解与作业分析的基础上，进一步观察和分析工人完成每一项动作所需的时间，考虑到满足一些生理需要的时间和不可避免的情况而耽误时间，为标准作业方法制定标准的作业时间，以确定工人的劳动定额，即一天合理的工作量。

3. 三个基本出发点

（1）基本出发点一：效率至上。即谋求最高的工作效率，管理的中心问题是提高劳动生产率。

（2）基本出发点二：为了谋求最高的工作效率可以采取任何方法。在各项工作中，要挑选一流的工人，在作业过程中让工人掌握标准化的操作方法，使用标准化的工具、机器和材料，同时作业的环境也是标准化的，不用考虑人性的特点，将人训练成为肉体机器。

（3）基本出发点三：劳资双方应该共同协作。为追求效率最高，管理人员和工人都要实行重大的精神革命，在工作中要互相协作，共同努力。

4. 四项任务

（1）任务一：对工人操作的每一动作进行科学研究，用以代替传统的经验方法。

（2）任务二：科学地挑选工人并进行培养和教育，使之学会工作。

（3）任务三：与工人亲密协作，以保证一切工作都按已形成的科学原则去办。

（4）任务四：资方与工人之间在工作和职责上进行分工，资方做自己比工人更胜任的

那部分工作，从而改变过去那种几乎将所有的工作和大部分的职责都推到工人身上的管理方法。[1]

（二）法约尔及其一般管理理论

法约尔（Henri Fayol）作为管理理论之父，其重要成就在于把研究重点放在一般管理职能上，他首次提出了关于管理和协调的一系列指导原则，界定了管理者所执行的基本职能，明确了管理的一些基本概念，他在《工业管理与一般管理》一书中明确提出了计划、组织、指挥、协调、控制五个管理职能，成为目前仍然在沿用的管理学科的基本框架。

另外，他还提出了14项管理的原则。这些原则包括：分工；权限与职责；纪律；统一指挥；统一指导；个人利益服从整体利益；公平的报酬；集权；等级链；秩序；公平；个人任期的稳定性；主动性；集体主义精神。尽管有些原则的提法在今天看来还不够科学规范，但其中的一些观点，诸如统一指挥原则、明确划分职能与权限原则，以及在等级制的组织中，如何在保证命令统一的前提下，推进横向沟通，进而提高管理效率的原则等，迄今为止仍然在普遍使用，具有旺盛的生命力。

（三）韦伯及其行政组织理论

马克斯·韦伯（Max Weber）是同法约尔和泰勒处在同一时期的另外一位古典管理理论的奠基人。他在研究过程中开始思考几个方面的问题：一个资本主义的、以市场为导向的社会，是否可以形成大型组织并按照促进创新精神的方式来进行管理？任何大型组织，不管它是社会、政府，还是企业或是其他什么东西，是否可以理性而系统化地运行？在韦伯专注于自己研究的经济和社会问题的著作时，科学管理的思想传播到德国，并成为管理理论界及实践中遵循和参照的原则与标准。韦伯感受到为大型组织和大规模企业管理建立合理基础的需要（这些组织不论是政治、宗教组织、工业组织，还是其他什么组织）。关键问题在于如何使任何一个大型组织都可以更为系统化地发挥作用。这样，在这个思考过程中，韦伯找到了问题的答案——官僚集权制。官僚集权的意思是通过官职或职位而不是个人或世袭来进行管理。官僚集权被认为是理想的组织结构，它并不意味着是最有利的形式，却意味着组织的纯粹形式。在实践中出现的，可能是各种组织形式的联合或混合物，但韦伯想确定一种形式的特性是出于理论分析的目的。官僚集权结构可以作为一个标准模式使得由小规模企业（世袭）组织向大规模专业化管理过渡。[2]

二、组织行为学学科的成长

自20世纪30年代兴起的人群关系学说和行为科学理论，把管理工作重点转向对人的研究，包括个体行为、群体行为、个人与组织的关系等，开始注意运用心理学、社会学、文化人类学等的理论方法研究人的动机、行为、需求、激励、群体交往、沟通及非正式群体等问题。

1933年梅奥（George Elton Mayo）出版了《工业文明中的人的问题》，系统提出了人群关系学的许多重要的新的管理理念。主要包括：

---

[1] 郭咸纲. 西方管理思想史（第三版）[M]. 北京：经济管理出版社，2004：83-85.
[2] 丹尼尔·A. 雷恩. 管理思想的演变[M]. 赵睿，肖聿，戴赐，译. 北京：中国社会科学出版社，2000：254-255.

（1）社会人假设。以前的管理把人假设为"经济人"，认为金钱是刺激积极性的唯一动力；霍桑实验证明了人是社会人，还有社会的和心理的因素影响着人的工作积极性。

（2）人际关系。以前的管理认为生产效率主要受工作方法和工作条件的制约，霍桑实验证明生产效率主要取决于员工的积极性和士气，而积极性和士气则取决于员工家庭和社会生活以及企业中人与人的关系。

（3）非正式群体。以前的管理只注重组织机构、职权划分、规章制度等正式群体的问题，霍桑实验发现在组织内部除正式群体外，在职工中还存在着非正式群体，这种非正式群体有着特殊的感情和倾向，影响着群体成员的行为。

（4）倾听与沟通新型领导者应能提高员工的满足感，善于倾听和沟通员工的意见，使正式组织的经济需要和非正式组织的社会需要取得平衡。

梅奥的理论构成了行为科学的理论基础，对后世产生了很大的影响。在他的理论的引导与影响下，马斯洛、麦格雷戈、斯金纳、赫兹伯格、弗鲁姆、费德勒等管理学家也对这一学说的形成和发展做出了巨大贡献。

三、人性假说的变迁

（一）经济人假说——X 理论

经济人假说是古典经济学家和古典管理学家关于人性的假设，是西方经济学和泰勒理论的出发点。美国工业心理学家麦格雷戈（Douglas M. Mc Gregor）将该假设称为 X 理论。

1. 经济人假说的内涵

经济人假说起源于享乐主义，认为人的行为就是为了获得最大的经济利益，工作的目的是获得经济报酬。

2. 经济人假说的主要内容

（1）大多数人都是懒惰的，他们尽可能逃避工作。

（2）大多数人都没有雄心壮志，宁愿接受别人的领导，也不愿负任何责任。

（3）大多数人的个人目标与组织目标都是相矛盾的，为了达到组织目标必须靠外力的强制。

（4）大多数人都缺乏理智，不能克制自己，很容易受别人影响。

（5）大多数人为满足基本生理需求和安全需求，将选择那些经济上活力最大的事去做。

（6）人群大致分两类，多数人符合上述假设，少数人能克制自己，后者应负起管理责任。

3. 管理人员的职责和管理方式

根据经济人假说，管理人员的职责和管理方式应当是：

（1）将管理工作的重点放在如何提高劳动生产率和完成任务方面。

（2）应用职权发号施令，使对方服从。

（3）强调严密的组织，制定具体的规范和工作制度，如工作定额、技术规程。

（4）在激励约束制度上，主要用金钱报酬调动人的积极性，同时对消极怠工者采取严厉的惩罚措施。

泰勒制是经济人假说的典型代表，它采用"胡萝卜加大棒"的办法，一方面靠金钱的收买和刺激，一方面靠严密的控制、监督和惩罚，迫使个人为组织目标努力。现在，在发达的资本主义国家，一般认为经济人的时代已经过去，但其思想影响仍然存在。在我国的企业改革和组织管理工作中，这一理论仍有借鉴意义。

（二）社会人假说

1. 社会人假说的内涵

社会人假说是梅奥等人依据霍桑实验的结果提出来的。

社会人假说认为，人们最重视的是在工作中与周围人友好相处，物质利益是相对次要的因素。其基本内容是：

（1）交往需求是人们行为的主要动机，是人与人之间形成认同感的主要因素。

（2）工业革命以来，专业化分工和机械化使劳动失去了内在的乐趣而趋于单调，因此必须从工作的社会意义上寻找安慰。

（3）非正式组织通过人际关系所形成的影响力，比正式组织的管理措施和奖励对人具有更大的影响。

（4）组织领导者应当满足职工归属、交往和友谊的需求，工作效率会随着职工社会需求的满足程度而提高。

2. 针对社会人的管理措施

根据社会人假说，相应的管理措施为：

（1）管理人员不能只考虑如何完成工作任务，还应当关心、体贴、爱护、尊重员工，致力于建立融洽的人际关系，提高组织士气。

（2）对员工的奖励，应当尽量采取集体奖励，而不能单纯采取个人奖励。

（3）管理人员要由单纯的监督者变成上下级之间的中介，鼓励交流、沟通、经常倾听员工意见，并向上级发出呼吁。

这一理论对西方的组织管理方式有很大的影响，诸如建立劳资联合委员会，实行利润分成等措施，收到了较好的效果。

（三）自我实现人假说——Y理论

1. 自我实现人假说内涵

自我实现人假说是行为科学和人力资源学派的一些代表人物提出来的。马斯洛（Abraham H. Maslow）的需求层次理论中最高一级的需求就是自我实现的需求。阿吉雷斯（Chris Argyris）的"成熟——不成熟"理论中所谓成熟的个性、麦格雷戈（Douglas M. McGregor）的Y理论，也与自我实现人假说异曲同工。**自我实现人假说是对这三者的概括，认为人都期望发挥自己的潜力，表现自己的才能，只要自己的潜能可以充分发挥出来，就会产生最大的满足感。**

2. 自我实现人假说的主要内容

（1）一般人都是勤奋的，厌恶工作并不是人的普遍本性，只要环境条件有利，工作就会像娱乐、休息一样自然。

（2）人们是能够自我管理、自我控制的，外来的控制、惩罚不是鞭策人们为组织目标努力工作的唯一方法。

（3）个人自我实现的要求和组织目标并不矛盾，在适当条件下，人们会自我调整，将个人目标与组织目标统一起来。

（4）在正常情况下，人们会主动承担责任，力求有所成就，缺乏抱负、逃避责任并非人的本性。

（5）大多数人都具有高度的想象力、聪明的才智和解决组织中困难问题的创造力，而在现代工业社会，人的潜能只得到部分发挥。

3. 管理措施

根据自我实现人假说，相应的管理措施为：

（1）管理的重点是创造一个有利于人发挥潜能的工作环境，管理者的职能应从监督、指挥转变为帮助人们克服自我实现过程中遇到的障碍。

（2）激励方式应从外在激励转变为以内在激励为主。外在激励来自经济收入、人际关系等外部因素，内在激励来自工作本身，例如工作的挑战性，在工作中获得知识，增长才干，发挥潜能，满足其自尊、自我实现的需求。

（3）在管理制度上给予员工更多的自主权，让员工参与管理和决策，分享权力。

（四）复杂人假说——超 Y 理论

1. 复杂人假说的内涵

复杂人假说是在 20 世纪 60 年代末 70 年代初提出来的。埃德加·沙因（Edgar H. Schein）等人经过长期研究，认为以往的人性假说，如经济人、社会人、自我实现人各自反映出当时的时代背景，适用于某些人和某些场合，有合理的一面，但也过于简单和绝对化。事实上，人是复杂的、多变的，不能把所有的人归为一类，由此提出了**复杂人假说**：

（1）人的需求分为许多种，纷繁复杂，而且随发展阶段、生活条件和具体环境的不同而改变，每个人的需求各不相同，故表现形式因人而异，因事而别。

（2）人在同一时间会有多种需求和动机，它们相互作用，并结合为统一的整体，形成错综复杂的动机模式。

（3）人在组织中可以产生新的需求和动机，在某一特定的阶段和事件中，人的动机是内部需求和外部环境相互作用的结果。

（4）人在不同的组织、不同的工作部门和岗位，可以有不同的动机。

（5）人感到满足、致力于组织工作的程度取决于本人的需求结构及其与组织之间的相互关系。工作能力、工作性质、与同事的关系都可能影响其积极性。

（6）由于人的需求不同、能力各异，对同一管理方式会有不同的反应，所以没有普遍适用于任何时代、任何组织和任何个人的唯一正确的管理方式。

根据复杂人假说，管理的方法和技巧必须因环境的不同而随机应变、审时度势、因势利导、灵活机动，这对保证组织管理的成功是至关重要的。管理者最重要的能力便体现在鉴别情境、分析差异、诊断问题的洞察力上。与此同时，美国管理心理学家约翰·莫尔斯（J. J. Morse）和杰伊·洛希（J. W. Lorsch）于 1970 年根据复杂人的假定，提出的一种新的管理理论——超 Y 理论，其思想观点和复杂人假说如出一辙，与之共同构成了权变学派的理论基础。

2. 超 Y 理论

超 Y 理论的观点最早主要见于 1970 年《哈佛商业评论》杂志上发表的《超 Y 理论》一文和 1974 年出版的《组织及其他成员：权变法》一书中。

超 Y 理论认为，没有什么一成不变的、普遍适用的最佳的管理方式，必须根据组织内外环境自变量和管理思想及管理技术等因变量之间的函数关系，灵活地采取相应的管理措施，管理方式要适合工作性质、成员素质等。超 Y 理论在对 X 理论和 Y 理论进行实验分析比较后，提出一种既结合 X 理论和 Y 理论，又不等同于是 X 理论和 Y 理论，是一种主张权宜应变的经营管理理论。它实质上是要求将工作、组织、个人、环境等因素做最佳的配合。

（五）全面而自由发展的人——Z 理论

日裔美籍管理学家威廉·大内（William Ouchi）在试图回答"日本的企业管理方法能否在美国获得成功"这个美国人十分关心的问题基础上，写了《Z 理论——美国企业界怎样迎接日本的挑战》（简称《Z 理论》）一书，将日本的企业文化管理加以归纳。《Z 理论》一书对以美国为代表的西方和以日本为代表的东方这两种不同文化背景进行了比较研究。Z 理论认为每种文化都赋予其人民以不同的特殊环境，从而形成不同的行为模式。因此，组织发展的关键是创造出一种组织环境或气氛，使得具有高生产率的团体得以产生和发展。大内认为，应以美国的文化为背景，吸收日本式企业组织的长处，形成一种既有高生产率，又有高度职工满足的企业组织，他把这种新型的组织命名为 Z 型组织。大内的这一研究把人性和激励理论的研究推向了一个新的高度。

与此同时，在托马斯·彼得斯（Thomas J. Peters）与小罗伯特·沃特曼（Robert H. Waterman）合著的《成功之路——美国最佳管理企业的经验》（1982）一书中提出了"企业文化"，认为它在管理要素结构中处于核心地位，关系到企业的兴衰成败。他们所强调的企业文化是他们在美国和日本的成功企业中发现的相同之处，处于这种企业中的人又可称为"文化人"，即具有典型的文化模式的人。

第三节 组织行为学的学科性质及发展基础

一、组织行为学的学科性质

组织行为学是系统研究组织环境中人的行为表现及其规律的学科，是一门多学科、多层次、相互交叉和渗透的综合性、边缘性学科。它综合运用心理学、社会学、社会心理学、人类学、生理学、政治学、伦理学等学科知识探讨组织中个体及行为规律。

因此，组织行为学就其学科性质而言，包含以下五个方面的特点。[1]

（1）跨学科性。组织行为学以行为科学（主要指心理学、人类学、社会学）、管理学（主要指人事管理学、组织管理学）的概念、理论、模式和方法为主要知识基础，同时吸取政治学、经济学、历史学、生物学、生理学等社会科学、自然科学中有关论述人类行为、心理的内容。整个学科体系包含了众多学科的研究成果，并影响到人力资源管理、市

---

[1] 苏勇，何智美. 现代组织行为学（第二版）[M]. 北京：清华大学出版社，2015：10-11.

场营销、生产管理、战略管理等诸多管理领域。

（2）层次性。从系统的角度出发，组织行为学的研究对象可分为四个层次：组织中的个体行为，包括认知、学习、个性、价值观、态度、动机、挫折等；组织中的群体行为，包括群体的形成、类型、动力、特征、规模、群体决策、团队建设等；从整个组织的角度研究成员的行为，包括领导、权力、沟通、冲突、组织结构、组织发展与变革等；外部环境与组织的相互关系，包括环境的变化、环境对组织的影响、组织对环境的反作用等。各个层次相互补充、相互作用，共同构成组织行为学的整个体系。

（3）权变性。组织行为学以人的心理和行为规律为研究对象，而人的心理与行为千变万化，组织的类型也千差万别，因此组织行为学不主张采取通用的最佳模式，而主张根据不同情景采用不同的理论及管理方式。这种权变的观点使得组织行为学的研究更加贴近组织的实际，能够真正满足管理学理论研究和实践的需要。

（4）科学性。组织行为学在研究中综合采用多种研究方法，不排斥直觉判断和推测，也通过抽样调查、实验等方法对理论假设进行检验，并借助科学仪器，通过科学的统计分析对结论进行探究。这些都使得组织行为学的研究展现了较强的科学性与精准性，特别是近年来研究方法的发展和完善进一步提升了其科学性和准确度。

（5）实用性。组织行为学本质上并不是一门简单的理论学科，研究者也并非为研究而开展研究。相反，组织行为学是管理学诸多学科中实用性非常强的一门学科，它的很多研究结论都可以直接应用于具体的组织管理实践之中。而且组织行为学以组织为对象，关注整个组织的绩效，它的应用好坏直接影响到组织的业绩。

二、组织行为学的发展基础

（一）多学科支撑的基础

有很多学科对组织行为学的发展产生了重大的作用和影响。首先是管理学自身，如组织行为学家一般都把霍桑实验作为对本学科有着开创意义的研究。另外管理学中称为行为学派的许多研究，如领导理论、需求理论和激励理论等都是目前组织行为理论中的重要组成部分。但是组织行为学又是一门边缘学科，除管理学本身以外还有许多学科做出了重要贡献，如表1-1所示。

表1-1　相关学科对组织行为学的贡献

名称	有关主题
实验心理学	学习、激励、感知、心理测试、压力
社会心理学	群体动力学、态度与态度改变、印象形成、个性、领导
临床心理学	人的适应性、感情压力、变态行为、人生的发展阶段
社会学	社会化过程、社会满足、身份体系、主要社会制度（如家庭）的效用、群体、宗教、组织结构
政治科学	利益团体、冲突、权力、谈判、联合、决策制定、控制
文化人类学	比较组织结构、不同文化的功能、文化对组织的影响、组织对环境的适应
经济学	人力资源规划、劳动力市场变化、生产效率分析、成本效益分析

组织行为学虽然应用了大量相关学科的概念原理和方法，但作为管理学的分支学科与

这些相关学科的研究目标是有差异的。例如，组织行为学的个体行为的研究主要建立在心理学（包括社会心理学）的理论之上，但是两者研究的目的有明显的不同。心理学更多考虑的是心理健康，为医学提供理论上的根据，即使像弗洛伊德心理分析这么深奥的理论也被其本人首先应用于心理治疗。但在组织行为学中，心理健康并非是关注的重点，心理学研究的成果被用来帮助组织行为学家以及管理者们来描述、理解、预测最后达到控制、管理组织中个体行为的目的。所有被纳入组织行为学的其他学科的知识，在这里也都是为了同一个目的。组织行为学是结果导向的，其结果是组织的有效性。

组织行为学与人力资源管理学既有区别，又有联系。在管理学科内部与组织行为学关系最为密切的学科是人力资源管理学，两门学科都是以组织中的行为为管理对象的，都是致力于提高组织的有效性。一般来说，组织行为学为人力资源管理学提供着理论基础。这两门学科构成了管理学中的人力资源管理研究领域。组织行为学与人力资源管理学相比较，存在的区别如表1-2所示。

表1-2 组织行为学与人力资源管理学的区别

学科	区别
组织行为学	理论基础与原理构建
	三个层次兼顾
	个体、群体、领导、组织
人力资源管理学	管理实务与理论应用
	主要个体层次
	选任、培训、绩效、薪酬

（二）系统性的研究基础

组织行为学研究者的第二个根基是他们相信通过系统方法来研究组织行为学的价值。传统上，学者们依赖于科学研究方法，即形成研究的课题，系统化地收集数据并基于这些数据来验证假设。通常这一方法依靠大量的数据（数字信息）和统计学手段来检验假设，这种科学方法背后的理念是将对组织事件的个人偏见和曲解降低到最小限度。

近年来组织行为学学者开始应用一种扎根理论的方法来拓展知识。扎根理论是在持续不断的数据收集和理论概念的推理之间产生的相互作用来创造一种理论的研究方法。这种将研究过程视为互动和循环的观点，允许我们在数据收集过程中融合观察、参与以及其他定性化分析方法，使之不再是一个单纯的量化数据收集。[1]

（三）权变思想的基础

在回答一个关于解决组织问题最佳方案的问题时，组织行为学的学者要使用一些含糊其辞的提法来理解和预测，即一个特定的行动在不同的情形下可能有不同的结果，这种方法称为权变的方法。

过去，很多组织行为学家提供一成不变的规律来预测和解释组织生活，但这种所谓的

---

[1] 史蒂文·L.麦克沙恩，玛丽·安·冯·格里诺.组织行为学（第三版）[M]. 井润田，王冰洁，赵卫东，译，北京：机械工业出版社，2007：14.

"最佳方法"的理论常常产生太多的意外。在实践中我们将懂得,领导者会在一些情形下应用一种领导风格,而在另外的情形下运用另一种领导风格。因此,在面临一个特殊的问题或机会时,我们需要理解和诊断形势并且选择最恰当的策略。

尽管权变导向的理论在大多数组织行为学领域是必需的,但我们也需警惕把这个根基极端化,某些权变模型比固定模型带来更多的困惑。结论是,我们需要在偶然因素的敏感和固定理论的简洁之间找到平衡。[1]

(四) 开放性的基础

惠普公司或许有很多大厦和设备,但是其前 CEO 费奥瑞娜(Carly Fiorina)曾经说过,她的工作是培育某些活的东西。"我认为公司是一个有生命的系统,"费奥瑞娜说,"它是一个运行在其他生命系统中的有机体,公司领导者必须把公司看作一个有生命的活的系统。"费奥瑞娜描述了组织行为学的又一个根基,即组织是一个开放系统的观念。

组织是个开放的系统,这是因为它从外部环境获得生存来源。作为一个开放的系统,成功企业监测着它们的生存环境,并且采取恰当的步骤与新的外部环境保持和谐共存。最近的研究表明,成功的企业往往能迅速适应快速变化的周围环境。它们锻炼出一种动态的能力——一种改变它们的产品和制造产品的过程的能力,来维持与外部环境的和谐。这并不意味着成功企业总是在迅速变化,相反,一些公司变化得有些太快,比如在公众的需求远未达到时,就提供超前的产品、服务和客户体验。关键之处在于,企业需要适应快速变化的环境,但不要过分消耗自身的资源或者超前满足利益相关者需要。

利益相关者代表着内部和外部环境的核心部分,正如前面提到的,利益相关者包括在组织之内有着既定利益的任何个人和团体,利益相关者影响着企业的投入和产出的能力,并且,除非企业领导者关注所有利益相关者的需求,否则他们的经营活动可能会出现问题。例如,企业领导者只关心股东的利益并且忽视企业社会责任,他们可能把企业推向危险的边缘,当应聘者不理睬那些忽视企业社会责任的公司的时候,当企业不尊重它的雇员和供应商的时候,我们会看到利益相关者关系失调的现象。[2]

第四节 组织行为学的发展趋势、挑战与机遇

一、组织行为学的发展趋势

习近平总书记在 2022 年 10 月 16 日召开的中国共产党第二十次全国代表大会上的报告中指出:"当前,世界百年未有之大变局加速演进,新一轮科技革命和产业变革深入发展,国际力量对比深刻调整,我国发展面临新的战略机遇。同时,世纪疫情影响深远,逆全球化思潮抬头,单边主义、保护主义明显上升,世界经济复苏乏力,局部冲突和动荡频

---

[1] 史蒂文·L. 麦克沙恩,玛丽·安·冯·格里诺. 组织行为学(第三版)[M]. 井润田,王冰洁,赵卫东,译. 北京:机械工业出版社,2007:15.
[2] 史蒂文·L. 麦克沙恩,玛丽·安·冯·格里诺. 组织行为学(第三版)[M]. 井润田,王冰洁,赵卫东,译. 北京:机械工业出版社,2007:15.

发,全球性问题加剧,世界进入新的动荡变革期。"这种变革时代总是给个人和组织带来挑战,而全球竞争则是驱动变革的主要因素。在过去的几十年里,全球经济之中的各方博弈与竞争日趋激烈,尤其是在银行、保险、航空运输等行业。企业间的竞争带来了绩效和成本方面的压力,而这种压力又对员工和他们的工作行为产生了连锁效应。在这个充满变革的时代,竞争所带来的压力绵延不断。当公司和工作在复杂多变的经济环境中遭受打击时,员工也会产生挫折感。在全球经济一体化面前,机遇和风险并存的现实图景既令人兴奋,又让人有些畏惧。竞争可能会导致公司规模缩减和结构重组,当然,同时也会提供重整旗鼓的机遇。而且,在这个充满竞争的环境中,小企业未必一定就是失败者。纽斯凯尔电力公司就是这样的一家小企业,该公司总部位于美国爱达荷州的爱达荷福尔斯,主营电力和能源。它通过增强管理团队、提高服务质量来应对大公司的竞争并求得自身的发展。在这样的竞争环境中,产品和服务质量是取胜的一个工具。解决问题的技能是另一个工具,这个工具被IBM公司、控制数据公司、西北航空公司、西北国民人寿保险公司等企业广泛使用以获得高质量的产品和服务水平。变革太多会导致混乱,变革太少又成了死水一潭。美国银行持股公司旗舰金融集团董事长特伦斯·默里曾经说过:"只要变革存在,士气永远不会高昂。"对你来说,变革是一种机遇还是一种威胁?面对变革,你是个乐观主义者,还是个悲观主义者?这些是值得思考的重要问题。

(一) 全球化的发展趋势

经济全球化正成为当前管理者面临的一个极其重要的挑战。在经济全球化的冲击下,各个国家民族之间经济与文化的交流更加频繁和广泛,越来越多的组织跨越国界经营,拓宽自己的视野、重新审视竞争已经成为当务之急。而更重要的是,组织必须直接面对各个国家不同的行为,因此要求组织行为学更加重视跨文化研究,学会了解不同国家和民族的心理与行为特征、道德规范、跨文化的道德行为等问题,尊重不同的价值观。[1]

(二) 信息化的发展趋势

随着信息技术的普及,作为组织重构的主要手段,信息化是指发展以计算机为代表的智能化生产工具,并使之为社会生产力发展而服务的过程及其结果。智能化生产工具不是分散孤立的东西,而是一个具有庞大规模的信息网络有机体系。这种网络性的生产工具改变了人们的生产、工作、学习、交往、思维的各个方面,也使人类社会发生了极其深刻的变化。

(三) 劳动力多元化的发展趋势

全球化的直接结果是导致组织劳动力的多元化,跨国公司的成员来自不同的国家和民族。不同个体在组织中或多或少地会被同化。但是,员工在工作时不会把自己的文化价值观和生活方式偏好放在一边。因此组织所面临的挑战是通过澄清不同的生活方式、家庭需要和工作风格来使自己适应各种各样的人群。劳动力多元化对管理实践意义重大,管理人员需要改变他们的经营哲学,从把员工作为相同的人来对待,转变为承认差异,并以能够保证员工稳定和提高生产率的方式对差异做出反应。同时,不要有任何歧视。如果管理得当,多元化会提高组织的创造性和革新精神,通过鼓励不同的观点来改善决策质量。如果

---

[1] 王岩,郭志达. 组织行为学 [M]. 北京:经济管理出版社,2014:12.

管理不当，就可能会出现流动率高、沟通困难和更多关于人际冲突等方面的问题。

(四) 雇佣关系变化的发展趋势

1. 雇佣关系的内涵及影响因素

雇佣关系是维系人类社会的基本社会关系，具体是指雇员与特定组织或者雇主之间建立的社会交换关系。从微观上看，雇佣关系贯穿于企业生产经营分配的各个环节；从宏观上看，雇佣关系是现代社会中最主要的一种社会经济关系。雇佣关系的影响因素主要可以分为以下三个方面：

(1) 自觉性和道德约束。自觉性是指雇佣双方自发的良好意愿，而道德约束是若损害对方利益会使自己受到社会谴责的压力，为此雇佣双方一般都不会主动损害对方的利益。

(2) 雇佣双方对收益的影响能力。组织和员工都能在一定程度上影响对方的收益，如果组织企图压迫员工，并导致员工辞职，那么雇佣关系的终止将使组织承担较大的成本。对员工而言，辞职也会产生很多成本。正是因为双方都面临着巨大的损失，所以雇佣关系通常会维持均衡状态。

(3) 组织（或雇主）声望。在特定组织中，组织给予雇员的待遇可以影响组织在雇员中的声誉，进而影响其在产品市场和雇佣市场中的声望。在某种程度上，雇员与雇员之间的各种关系，为相互沟通创造了条件，从而会使组织的声望在雇员之间甚至组织外部快速传播。

2. 雇佣关系的构成

麦克耐尔（McNeill，1985）、卢索和韦德（Rousseau and Wade，1994）分别定义了劳动关系的两种合同：交易合同，它叙述了所有的交易条款，通常表现为经济方面的条款，有一定的时限和具体的业绩要求；关系合同，它不太明确，条款较为抽象，在员工身份上附加的业绩要求并不完整甚至模棱两可（Armstrong，2004）[1]。借鉴上述分类方式，有学者将雇佣关系分为两个层面，即与外在工作相关的工作关系和与内在感受相关的情感关系。

(1) 工作关系。是雇佣关系中的外显维度，是围绕工作性质、工作条件、工作特征、工作技能等因素形成的关系，工作关系主要以雇佣合同为载体且以围绕工作为核心展开的，体现为任务特征。工作关系包括工作自主性、技能要求、工作任务、工作支持和工作回报等维度。

(2) 情感关系。情感关系是雇佣关系中的内在维度，是指因为工作关系而形成基于社会互动以及主观认知而升华了的关系。情感关系主要以心理契约为基础，围绕承诺、互惠和公平展开，体现为社会性特征。情感关系包括管理政策、相互信任、职业发展、工作家庭平衡和企业文化等维度。

3. 雇佣关系的发展趋势

雇佣关系的核心是工作本身，但是人的社会性和能动性使得所派生出的社会关系和情感关系在雇佣关系中占有重要地位，并且随着人力资本在社会生产要素中的地位不断提

---

[1] 郭志刚，司曙光. 基于社会交换理论的劳动关系微观结构模型 [J]. 经济社会体制比较，2010 (1)：169-174.

升，二者将会成为决定雇佣关系的主导因素，传统雇佣关系正逐步被新型雇佣关系所替代。

新型雇佣关系与传统雇佣关系的主要区别在于，新型雇佣关系更注重双方之间的工作关系，而传统雇佣关系则更注重情感关系。传统的情感主导型雇佣关系是以关爱和责任换取雇员的忠诚和奉献，以内部劳动力市场作为工作和人员匹配的主要手段，雇佣双方之间的关系维系和依附程度较高，雇员具有较小的市场主体意识和自由选择权，但是组织却因背负了沉重的责任而丧失了人员柔性。新型的工作主导型雇佣关系是以能力和平台换取雇员的承诺和绩效，以外部劳动力市场作为工作和人员匹配的主要手段，雇佣双方之间的关系维系和依附程度十分脆弱，雇员在就业选择意识和能力方面自主性极为显著，组织获得了人员柔性却失去了忠诚和奉献。新型雇佣关系是企业边界模糊的一个结果，可以用科斯的市场和组织替代规则来解释，市场人力资源配置和组织人力资源配置之间出现了一个比较和选择。因此，新型雇佣关系的核心在于市场因素的驱动使得雇佣关系在内部化和外部化之间的某个点达到均衡。

4. 新型雇佣关系的特征

在当今时代，组织与员工之间的新型雇佣关系主要体现在个人主义、专业忠诚、柔性化和就业能力四个方面。

（1）个人主义。在工业化早期，西方国家的工会是雇员为对付残酷的家长专制式压迫而组织起来的一种抗衡力量，自20世纪80年代以来，新的管理开始关注个人，管理层不断寻求绕开工会直接与雇员交涉的方式。依靠集体谈判、共同磋商以及程序主义的集体关系正在衰落，这对第二次世界大战之后形成的传统产业关系是一种挑战，与新的管理战略相一致的是，劳动法的框架也从支持集体主义向支持个人主义转变。在英国，政府废除了对集体谈判的支持，还通过关闭工厂以破坏工会的防御、收缩合法产业边界以阻止集体支持，并授予个人成员与工会一样的权利，其结果直接导致了工会的影响能力迅速下降。

（2）专业忠诚。在工业化过程中，一是由于市场竞争和环境变迁没有像现在这样剧烈，二是由于市场上相应的熟练工人和知识工人的培训教育机制不太成熟，组织更多是通过内部劳动力市场培养和配置人力资源，而这种体制需要长期的雇佣关系才能维持。因此，雇佣关系中强调雇员对组织的忠诚，以获取组织提供的工作经验、能力培养和晋升机会。但是，当环境有所变化，进而使这一前提发生改变时，组织忠诚自然也就失去了存在的根基。现代的企业员工们倾向于忠诚于某个职业，并往专业化方向发展，而不是忠诚于某个公司，只要这个公司对他的职业发展没有帮助，他会选择立即跳槽，一味讲究忠诚反而不利于个人的发展。

（3）柔性化。组织应当为适应复杂环境的快速变化而实施变革，组织结构要趋于扁平化，并尽可能与组织的利益相关者结成合作网络。由于组织最核心的适应能力来自人，因此雇佣关系的柔性化将是组织适应能力和形成核心竞争能力的根源。然而，这并不意味着组织放弃与所有类型员工的稳固关系，而是将柔性的雇佣关系融入雇佣关系体制中，多种形式地获取最新最需要的技术和能力，通过各种临时性的雇佣解决组织出现的短期和波动性的人员短缺。

（4）就业能力。所谓就业能力，就是在员工离职后寻找新的工作时，保证其胜任目标工作所需要的竞争力。换言之，就业能力不仅要让员工拥有更高的专业技能，而且还要让其有更多更广的知识技能,以让员工在"跳槽"时有更为充足的知识技能储备。不难看出,就业能力将是对传统雇佣关系的一个划时代的超越,也是顺应时代潮流的产物。这种新的雇佣契约将带来一个"双赢"的策略:对员工而言,公司虽然不能保证永远不解雇他们,却能保证其尽可能地具备较强的就业能力(不断地为他们提供各种学习新技能的机会和工具,使他们在任何时候都具备在其他企业里找到理想工作的能力)。这意味着员工可以和企业一起担负起自己职业发展的责任,并尽力保证自己和所在公司部门的竞争力。员工必须对自己技能方面的优势和劣势有清醒的认识,有计划地强化自己的业绩表现和长期的可雇性,随时准备重新发现自己的潜质以保持与环境变化同步。

5. 新型雇佣关系的管理

传统观点认为,员工对组织的价值在于他们所做的工作和工作的经验。然而,进入信息时代之后,许多员工的价值在于他们所掌握的知识。这些员工被称为知识工作者,对他们的管理将成为组织未来成功的主要决定因素。知识工作者包括计算机科学家、物理科学家、工程师、产品设计师和视频游戏开发员等。他们倾向于在高技术企业谋职,通常掌握某种以抽象的知识为基础的专业能力。他们往往认为自己有权自主地开展工作,更强调自己的专家身份而不是组织成员身份,甚至连绩效评估方面也更看重其他专业人员而不是组织的看法。

随着与信息有关的工作岗位的增加,对知识工作者的需求也会增加,但是这些员工需要大量和高度专业化的培训,不是人人都愿意进行这类必要的人力资本投资。事实上,即使在知识工作者上岗之后,仍然需要不间断的培训和再培训,避免他们的技能落伍。据说,在组织里面,完成工程技术教育的艰苦过程需要花费三年的时间。此外,技术更新的落后不仅会导致企业的损失,还会增加知识工作者转移到其他更易更新技术的企业去工作的可能性。

必须特别制定针对知识工作者的报酬和相关政策。例如,在许多高技术企业,工程师和科学家可以选择技术晋升的职业发展道路,而不必选择管理职位的晋升。在这一体制下,知识工作者可以持续其专业化的工作,不必承担繁重的管理责任,但所获报酬却可以与相应的管理职位相同。而在另一些高技术企业中,考核的重点是绩效,以知识工作者开发的项目或产品为基础实行利润分享。此外,绝大多数聘用这类知识工作者的企业倾向于减少组织层级,从而减少行政审批的时间,让知识工作者可以对外部环境做出快速反应。

(五)管理伦理与社会责任冲突的发展趋势

当前时代,竞争的问题已显得尤为突出,组织行为中蕴含着丰富的伦理性,这些伦理在诸多方面指导和影响组织行为,协调组织与其利益相关者之间的关系,实现商业运作,并且能够在一定的国度内或在特定的经济体制下和谐运行。组织伦理主要表现在:自利与互利、自主与负责、竞争与协作、契约与守信。

1. 自利与互利

所谓自利是指经济主体追求自身利益的行为,在亚当·斯密看来,自利是"经济人"表现出的理性行为,他将追求财富视为理所当然的伦理品格。经济主体追求财富的欲望和行为一方面带来了经济文化的繁荣,另一方面也起到了维护社会秩序和推动社会制度变革的作用。事实上,如果不是自利在行为选择中起了决定性作用,那么正常的经济交易活动就会停止。因此，作为市场主体的企业，将自利作为伦理准则，按照正常的商业规则去追求财富的行为是正当的、合理的，应予以支持和认同。所谓互利是指合作双方或者多方在经营活动中追求并实现共同利益的行为。互利既蕴含了利益主体的多元性特征，如与企业相关的利益主体有员工、股东、顾客、用户、供货商、经销商、债权人、政府、社区等，又强调了不同主体之间互换、互助、互惠、互尊、互爱、互谅等相互协作、彼此配合的行为方式。

自利与互利是辩证统一关系，其原因在于：

①自利是互利的动力之源。每个人都在不断地为追求利益而奋斗，人们只有满足自己最起码的生理需求，才会表现出更努力的追求。在市场经济条件下，企业在实现自身的理性利益最大化的同时也增加了社会财富，实现互利。

②互利是自利的必然选择。如果每个主体都完全追求自身利益最大化，并不见得会对自己最有利，因为每个市场主体都有可能置于"囚徒困境"的博弈之中，只有考虑互利合作，才能实现双赢。企业的行为既存在获利动机，又存在互利动机。因此，现代商业伦理表现就是利己与利他、个人利益和他人利益、个人利益与集体利益的辩证统一。

2. 自主与负责

自主与负责是现代企业行为的重要伦理表现。反映在企业中，既是内在属性，又是外在要求。所谓自主，是指企业在市场经济交易活动中"自主经营、自负盈亏、自我约束、自我发展"。自主一方面体现了企业是责、权、利相结合的统一体，另一方面也体现了自主行为决定企业命运的运作模式。也就是说，具有自主性的企业拥有决定权，能够选择与自身发展道路相适应的生产经营项目和商业运作模式。在市场经济下，自主体现出一种伦理上的自主性原则，即充分肯定个体（企业或个人）的意义、价值和尊严。相反，在计划经济下，因体制过于强调整体的意义、价值和作用，忽视了个体的主观能动作用，从而限制了个体的自主行为，使其在经济发展中常出现被动局面。因此，企业自主行为主要体现在企业内部要素是否能积极、有效地发挥出应有作用。

所谓负责就是企业在承担自身责任的同时也要承担社会责任的双重使命。自企业成为经济主体以来，就注定了它有承担责任的使命，承担自身责任是毋庸置疑的，而承担社会责任不仅是现代企业的理性选择，也是企业伦理价值最重要的体现。企业自身责任来自既要为自身创造价值，又要承担因经营不善而亏损的后果。而社会责任来自企业对其他社会利益相关者承担的义务。社会责任主要体现在承担相应的伦理道德责任，如企业通过对环境的关注，避免"三废"任意排放，保护生态环境或通过慈善捐助活动，对社会予以救助等。在社会各种机制不断健全的今天，承担相应的社会责任成了企业发展的必然选择。鉴于此，现代企业行为是在承担社会责任下的自主行为，也是在自觉主动意识下的负责行为，两者共同构成企业的伦理价值。

3. 竞争与协作

竞争与协作贯穿于企业运营过程中的方方面面，是推动企业发展的重要杠杆，也是现代经济体制下最能体现出企业伦理道德的两个方面。企业之间必然存在竞争，马克思说："一种没有竞争的商业，就等于有人而没有身体，有思想而没有产生思想的脑子。"在市场经济条件下，竞争机制为社会价值的实现提供了一种判别法则，是否实现社会价值是企业竞争优胜与否的依据，竞争机制推动了生产力的发展，使社会充满生机和活力。协作，在狭义上专指生产过程中的协同劳作，而在广义上泛指一切主体间为了共同利益或某种道义而自由组合的联合行动。在现代经济活动中，产品或服务的研发、生产、销售，靠单一企业往往无法进行，只有相互配合通力协作才能顺利完成。现代企业中普遍存在"战略联盟"的模式，即合作双方着眼于长远利益，通过互相联合、通力协作，共同开发市场、共同赢利、共同承担风险，这种模式有利于企业转劣为优，走向新的发展水平。鉴于上述原因，在现代社会，竞争与协作是不可或缺的，它们的存在为企业带来了更强的发展态势，表现出了更优越的伦理价值。

4. 契约与守信

契约是指两个或两个以上的主体以自由平等为基本原则所达成的在法律上具有约束力的协议。就经营层面而言，契约是企业产权明晰、运营稳定的重要保障，亦是回报利益相关者，承担社会责任的前提。所谓守信就是恪守信用。守信在市场经济时代尤为重要。其原因在于：在合作双方均掌控互补资源的条件下，若存在背叛或者机会主义行为则会使双方均遭受损失，而相互守信、联合使用各自资源，则能为双方带来更大的利益。具体地说，如果一方采取背叛或者机会主义行为，另一方通常表达的是"投诉"，而不是"退出"；如果合作双方采取的都是博弈论中的"冷酷战略"，那么就很难达到各自目的。因此，在企业发展中，守信是一种"生产要素"，是市场经济繁荣、扩展和有秩序的伦理基础。现代企业应充分认识这一点，并努力实践这一伦理行为。企业的契约关系是法权关系的一种，而维护法权关系的基础和前提就是"守信"。在全球化时代，由于资源、资本、人才信息等生产要素逐步打破民族和国家的界限，能够在更大的范围内自由流动、优化配置，企业固有的契约因子同守信形成了不解之缘。守信是企业交往中契约关系得以正常维持的基本道德规范，其实质是对顾客、职工、同行和社会履行市场契约的一种责任。企业若在契约的基础上注入守信这种精神，便会成为现代经济体制下的真正受益者。

二、组织行为学的现实挑战

当前从国家、社会到每个人都遭遇到越来越多的新问题，特别是进入21世纪以来，世界经济、科技进步、环境保护、价值观念等关键因素的不断变化，使组织行为学相较以往面临更多的现实挑战。

（一）全球化所带来的文化差异

世界经济的全球化促使企业组织在更为广阔的全球性地域范围内经营，其员工也具有不同的文化背景，文化差异成为每一家在全球市场上竞争的企业所面临的关键问题之一。

组织行为学强调对人的行为一致性的关注和预测，只有良好地预测人的行为，才能更好地管理工作组织中人的工作行为。但是，人的行为的一致性、一贯性或特殊性，不仅与其主体特质相关，还与主体所处环境相关。只有在相对稳定的文化情景中，对行为一致性的预测才有意义。因此，全球化带来的组织内部的文化差异给管理者预测和管理人的行为带来了极大的挑战，如何实现跨文化管理，正是组织行为学所面临的一大挑战。

事实上，今天的经济全球化恰恰无时无刻不在要求组织行为学结合相应文化情景来实现对个体行为的预测和管理。

（二）员工个体的多元化与复杂性

在知识经济时代，人力资源成为名副其实的第一资源，对人的关注同样带来了对员工个体多元化和复杂性的思考。随着全球化的进展,组织成员的构成在种族、国籍等方面正变得越来越多样化。随着个人价值观念的多元化,员工在工作时不可能会把自身的文化价值观和生活方式偏好带入工作和人际交往。随着年龄更迭的自然变化,员工出生年代的多元化日益显现,不同年代的人的价值观与行为方式差别显著。这些组织成员个体的多元化使得管理工作变得越来越复杂,过去行之有效的管理方法也面临效果不同、明显下降,甚至不再适用的挑战。例如,最近的研究表明,员工希望在工作中得到灵活的时间安排,以便他们能更好地处理工作与生活的冲突。对大多数在校大学生来说,在工作与个人生活之间保持平衡是他们的首要职业目标。除了工作之外,他们还需要"生活"。无法帮助员工实现工作与生活平衡的组织会发现,它们越来越难以吸引并留住绝大多数有能力和有积极性的员工。

尽管个体需求的多元化和复杂性带来了管理工作的压力。但是同时也要看到,员工背景的多元化和复杂性既是社会发展的结果,反过来又会促使组织关注创造和革新,通过鼓励不同的观点来改善决策质量,促进了社会的包容与进步。

(三) 技术进步带来的挑战

组织行为学致力于通过提升组织成员的绩效来实现组织目标。其中,提升管理者的绩效是重中之重。在一个技术迅速变化的环境中,管理者必须对员工的工作压力给予更多的关注,并帮助他们应付这种压力。管理者必须具备更好的学习能力,快速学习和更新知识体系,掌握更多的新技术信息,用于激励、指导员工。同时,技术进步也对员工的适应性提出了新的要求。为了让员工快速适应技术的变化,而不是抵制变革,需要采取相应的措施来帮助员工适应技术变革,如参与变革的全过程、培训、在组织内部成立支持团队等。员工需要不断更新自己的知识和技能以满足新的工作要求。例如,像卡特彼勒、福特和美国铝业等公司的生产工人,需要知道如何操作数控生产设备,而在20年前,他们的工作应用说明书里并没有包含这样的内容。另外,大量信息技术在组织中的应用也带来了与组织行为学相关研究的新进展。比如,ERP的应用对企业来说,不仅是技术变革的体现,更是管理模式和企业文化变革的压力和动力。

(四) 系统开放与外包

从虚拟组织到学习型组织,组织系统的开放性要求组织行为学重新审视组织面临的经济、文化环境和背景。在全球一体化的今天,组织行为学研究的客体发生了变化。在传统经济中,组织行为学研究人在封闭组织中的行为,而随着知识经济的到来,组织在信息化、网络化革新进程中越来越趋向于开放。组织内的物理、技术、社会和个人等因素持续与外部环境中的各种因素发生联系,尤其是与外部的经济、文化环境,这些变化都要求组织行为学的研究必须转向对开放型组织的考察。组织自身也在适应这种系统开放性的要求,它们不断地调整经营模式,注重分权,不仅把不重要的服务或操作外包给其他组织,还把更加专业的工作采用咨询的方式外包给专业组织。比如,进入21世纪以来,IBM公司已经从原来的1T制造业巨头转型为IT服务业领导者。

三、组织行为学的发展机遇

面对上述发展趋势与挑战,组织行为学的进一步发展也离不开组织管理实践的探索与需求。自从进入20世纪90年代以来,组织行为学有了一些新的发展动向和发展机遇,标志着组织行为学将会沿着深度和广度两个方向发展。

（一）深度方向的发展

随着理论知识与现实管理实践更加密切的结合，对组织行为学中有关概念的研究会更加深入和细化。在个体行为层面上的研究，基于原有个性、能力、价值观和态度等概念，各专家、学者提出了胜任力的概念，它是指人们与其任务情境相联系的综合才能。人们开始研究有效的管理者胜任力的结构和组成，以及不同情境下所需不同类型的胜任力。关于个性，之前的提法是某个人"自信"的程度，现在人们则提出了"自我效能感"的概念，它是指某人在某种环境下对完成某种具体任务的信心程度。关于"态度"的概念，人们也将其更具体化了，提出了对个人工作和工作所在组织的态度，即工作承诺和组织承诺的概念。同时，在群体行为层面，学者们更加关注对高绩效团队的研究，关注团队中可能存在的"搭便车"行为，以及团队成员多元化对团队绩效的影响。在领导行为层面上，对交易型领导和变革型领导的深入研究也挖掘了原有领导理论的深度。而组织行为层面的研究，学者们提出了组织学习、组织创新、知识管理等概念，同时，开始探索组织变革的分析框架、理想的组织模式、干预理论以及变革代理人的角色等研究主题。

（二）广度方向的发展

近年来，组织行为学的研究有向更广的范围发展的趋势。除了研究组织结构与行为、组织中的利益团体、权力系统和政治行为、组织文化、组织发展和变革管理等，组织行为学在广度上更加关注组织与环境之间的行为和相互关系。这里的"环境"是广义的，包括企业所有的利益相关者（企业的竞争对手、供应商、客户、所在社区、政府机构等）。西方学者提出的组织生态学和商业生态系统理论则是把组织放在一个生态系统中来研究整个系统内各组织之间的行为和相互关系，从而不仅可以预测某个组织的绩效和命运，还可以预测整个生态系统的绩效和命运。

同时，组织行为学研究除秉承强调生产率的传统之外，更加关注工作生活质量。组织行为学认为强调生产率与强调工作生活质量并非相互排斥的。如果工作生活质量不令人满意，是很难实现高生产率的。相反，高的生产率是拥有改善工作生活质量所必需的资源的先决条件。组织行为学越来越重视有关工作满意度、雇员安全与健康、组织文化、组织承诺、心理契约、压力管理等方面内容的研究。

另外，组织行为学与其他学科的交叉融合将会进一步加强。以前，组织行为学的发展一直得到心理学、社会学、文化人类学、政治学等学科的理论支持。目前，组织行为学与复杂性科学之间的交叉融合将会成为未来一个新的热点。复杂性科学是人类在探索日益复杂的自然和社会现象的过程中被提出来的，它包含了系统论、信息论、控制论、耗散结构论、突变论、协同论、混沌论、超循环论等新科学理论。复杂性科学的研究对象是各种复杂的大系统。组织行为学中研究的很多问题实际上都是针对一个系统的，如群体行为、群体决策、群体知识的创造、群体创新、组织学习、组织结构的设计、组织中集权和分权的平衡、组织的演化以及组织的变革等。因此，我们完全可以吸收复杂性科学的理论与方法，将它们应用于组织行为学这些问题的研究中。

除了在深度和广度上的发展趋势，组织行为学也更加强调应用性的要求，特别是与人力资源管理这样的应用性学科的相互交叉和融合。

本章小结和对管理者的启示

组织行为学是一个相对年轻的学术领域，它研究人们在组织内和组织周围的思想感觉及行为。组织是由一些相互依赖的、有着某种目标的人组成的群体。组织行为学概念帮助我们预测和理解组织事件，采用更准确的实际理论来影响组织事件。组织行为学的研究内容主要包括三个层次，即个体行为、群体行为和组织系统，同时研究三个层次之间的相互关系、相互作用对员工工作绩效、缺勤率、流动率、工作态度等行为的影响。这一知识领域也可以增强组织的财务健康。

组织行为学是一门综合性、交叉性、应用性学科，与管理学、行为科学、管理心理学等邻近学科之间都有着密切的关系，它是在众多学科基础上建立起来的。对组织行为学有贡献的学科主要包括：心理学、社会学、社会心理学、人类学和政治学。

在组织行为学中有几个趋势。全球化是第一个趋势，它要求企业决策者对文化差异反应灵敏。文化差异似乎与近年来日益凸显的工作安全感缺乏、工作强度加大等工作压力现象有关。信息化是组织行为学的第二个趋势，信息技术模糊了个人与雇用他们的组织之间的时间和空间的界限。信息技术也助长了远程办公的兴起，远程办公是一种另类的工作安排，通常雇员在家或在外地工作，可以用一台电脑与公司连接。信息技术对虚拟团队来说也是一个关键因素。虚拟团队是一个多功能的群体，它可以跨越空间时间和组织界限来运作。组织中的第三个趋势是劳动力的日益多元化。劳动力多元化具有优化决策、改善团队绩效和客户服务的潜力，但也带来了新的挑战。第四个趋势是由于劳动力变化、信息和通信技术以及全球化力量所导致的新兴雇佣关系。雇佣关系趋势包括就业能力和临时性工作两个方面。管理伦理与社会责任冲突代表了第五个趋势，尤其是企业正在学会在一个全球化的环境里运用价值观，并且正面临遵守组织伦理的问题。

同时，组织行为学还面临着一系列的现实挑战。第一个挑战就是全球化所带来的文化差异，这种组织内部的文化差异给管理者预测和管理人的行为带来了极大的挑战。第二个挑战是员工个体的多元化与复杂性，员工个体需求的多元化和复杂性虽然给组织和管理者带来了管理工作的压力，但是，员工背景的多元化和复杂性既是社会发展的结果，反过来又成为促使组织关注创造和革新的动力，通过鼓励不同的观点来改善决策质量，促进了社会的包容与进步。第三个是来自于技术进步带来的挑战，为了应对技术的进步，组织的管理者必须具备更好的学习能力，快速学习和更新知识体系，掌握更多的新技术信息，用于激励、指导员工，同时，技术进步也对员工的适应性提出了新的要求。第四个挑战是系统的开放与外包，随着知识经济的到来，组织在信息化、网络化革新进程中逐渐走向开放状态，组织内的物理、技术、社会和个人等因素持续与外部环境中的各种因素发生联系，这些变化都要求组织行为学的研究必须转向对开放型组织的考察，与此同时，组织自身在适应开放性的要求下，也要不断地调整经营模式，注重分权，不仅向其他组织外包一些不太重要的服务或操作，而且会把一些比较重要和专业的工作以咨询的方式向一些专业组织进行外包。

在当今组织行为学发展过程中，也面临着两个方向的机遇。第一个发展机遇就是深度方向的发展，在个体行为层面上的研究，开始研究有效的管理者胜任力以及不同情境下不同类型的胜任力，并关注个体的"自我效能感"、工作承诺和组织承诺等问题；在群体行为层面上的研究更加关注高绩效团队及团队中的"搭便车"行为，以及团队成员多元化对团队绩效的影响；在领导行为层面上的研究，注重对交易型领导和变革型领导的深入研究；在组织行为层面上的研究，侧重于对组织学习、组织创新和知识管理等概念的导入，同时，探索组织变革的分析框架、理想的组织模式、干预理论以及变革代理人等研究主题。第二个发展机遇就是广度方向的发展，除了研究组织结构与行为、组织中的利益团体、权力系统和政治行为、组织文化、组织发展和变革管理等，组织行为学在广度上更加关注组织与环境之间的行为和相互关系；同时，组织行为学研究除强调生产率的传统研究之外，更加关注组织的工作生活质量，侧重诸如工作满意度、雇员安全与健康、组织文化、组织承诺、心理契约、压力管理等方面内容的研究；另外，组织行为学与其他学科的交叉融合将会进一步加强，特别是与系统论、信息论、控制论、耗散结构论、突变论、协同论、混沌论、超循环论等复杂性科学之间的交叉融合将会成为未来一个新的热点。

本章练习题

（一）思考题

1. 什么是组织？组织存在的条件是什么？
2. 什么是组织行为学？
3. 组织行为的层次是怎样的？
4. 简述泰勒科学管理原理的原则。
5. 试述 X 理论和 Y 理论的主要内容。
6. 当前组织行为学的主要发展趋势是什么？
7. 当前组织行为学主要面临哪些挑战？
8. 当前组织行为学主要发展机遇是怎样的？

（二）案例分析题

德鲁克谈目标管理与自我控制

德鲁克在《管理的实践》中提出，目标管理其实是一种管理的哲学。而很多公司只用目标管理作为绩效考核。

高管定个目标，层层分解目标往下执行。这样的方式不叫目标管理，这样叫指标管理。

在目标管理的过程中，有两个非常重要的前提假设。第一个假设，每一个知识型员工都是愿意承担责任的。第二个假设，每一个员工都有一种想要做出贡献并且取得成功的内在动力。

以下三个层面是目标管理当中非常重要的责任：

第一，让员工承担责任，首先要分析员工的优势和岗位的匹配程度。

第二，为了让员工能够承担责任，要向做事情的员工提供必要的工具。

目标管理与自我控制当中，首先你要向员工反馈，不要不好意思，只有真诚的反馈，才能帮助员工不断的进步。

第三，你要向员工提供持续学习的机会。因为现在外部市场变化非常大，竞争对手变化非常大，客户需求也会有所变动。员工只有不断地通过学习、反思，拥有应对工作的技能，才能够在工作当中有满足感。

对于真正知识性的员工，德鲁克还强调，要向他提供持续的学习机会，你还要向他提供辅导别人的机会，让他帮助别人成长。

如何确定员工能做出贡献呢？其实这个时候德鲁克在目标管理与自我控制当中提供了一个工具，这个工具我们称为"管理者报告"。

第一点，每六个月要求你的下属，写出基于自己的理解和对自己工作目标的理解，写出所做的工作具体的任务。然后，将针对任务和目标设定的绩效衡量标准，告诉上司。

第二点，在目标管理与自我控制的实用前提下，这个人的自我管理能力不够，可能还需要一段漫长的时间学习，共同养成，它是一个缓释的过程，不要一蹴而就，不要以为拿了这个工具就是万用的，因为它有一个思辨的过程。

第三点，这个经理人在写"管理者报告"的时候要注意，如果你要实现你的任务、实现你的目标，你必须做哪些事，这些要列出来。

第四点，如果你要实现这个目标，你可能会存在哪些障碍，要向你的上司汇报。

第五点，为了实现你的目标，为了完成你的任务，你需要上司和公司帮助你完成的事。

第六点，为了完成你的任务和目标，上司做的哪些动作会浪费你的时间，比如经常把你叫到办公室开会。上司和公司做了哪些事情妨碍了你的事情。

第七点，一定要针对整个公司的目标，为了公司整体目标的实现，你有哪些建议。

这是非常重要的七个步骤，也是在做出贡献这个领域当中，每个经理人、管理者，或者每一个员工都应该有的管理者报告。

如果全公司上下对于企业的使命和目标都是认同的，那么还需要管理吗？需要通过权力去管理吗？回答是否定的，当然不需要。

因为员工认同了企业的使命，就会有一种想完成它的冲动，要自我证明寻找成就感和满足感的内在动力，管理者或者领导者、创业者唯一需要做的就是不断提高这些员工实现目标的能力，把你的权力换另外一个词，未来在真正的实现目标管理与自我控制的公司，你的权力将被换成另外一个词。

美国有一家做番茄酱的公司叫晨星（Morning Star），该公司内部是没有权力层级的，但是能力依然有大小，他们不是按照职务的高低来划分的高层、中层、基层，他们是根据能力的大小。

当一个成员通过自身的努力言行一致，以身作则，不断做出贡献，并且这个贡献不是针对自私的、小我的，而是有助于实现整个公司目标的时候，那么想想，这个人的影响力会不会越来越大？大家对他的信任程度会不会越来越高？而只有这样，才能在组织内部通过目标管理来推进。

很多企业家会有疑虑，如果员工自主管理，他们会不会把目标定得很低？

事实上，每一个人都想成为更好的自己，我们有时候创业、管理不仅没有给这些伙伴扫清障碍，反而设置了很多障碍，如果说管理真的有什么秘诀，那么每个管理岗位都应该思考，你给你的下属做出了多少贡献、设置了多少的障碍。

如果每一个员工都能够自我控制，你及时地给予反馈，透明地沟通信息，也许每一个员工所爆发的能量会远超你的想象。

没有人会自甘堕落，他只不过是在愿意成为更好的自己的路上遭遇了很多打击，就像那个蜗牛一样，它刚刚伸出个触角，好不容易有满腔热血的抱负，想要做一件大事，但是却被公司的管理制度制约，被不喜欢他的上司制约，甚至于被对他有偏见的人制约。

不是所有的人都有勇气去面对这样的事情，许多人因为不能进行自我控制和自我管理，以至于错失了很多成就最好自己的机会和契机。

（资料来源：杨黎明. 德鲁克组织管理的核心是什么？无目标不管理，2020-03-23）

问题：请结合上述材料的内容谈谈你对目标管理与自我控制的理解。

研究课题

试结合实际叙述对组织行为学的认知与理解。

第二部分

个体层面的组织行为及规律

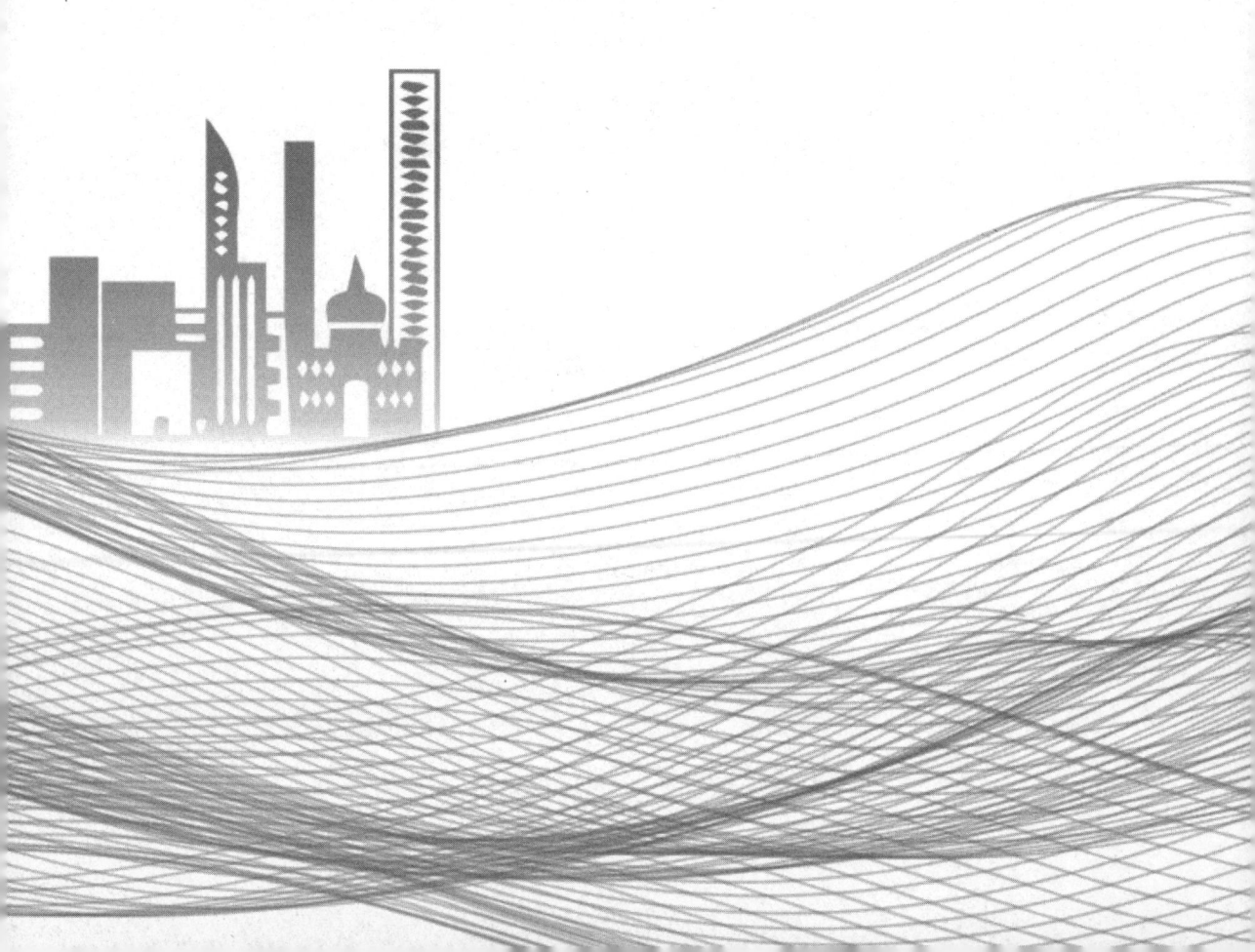

第二章 个体行为的基础

名人名言

> 人生像攀登一座山，而找寻出路，却是一种学习的过程，我们应当在这过程中，学习稳定、冷静，学习如何从慌乱中找到生机。
> ——席慕蓉（1943—，中国台湾省著名诗人、画家、散文家、大学教师）

学习目标

1. 了解行为和遗传的关系；
2. 掌握操作性条件反射的基本观点；
3. 能够运用社会学习的理论对行为的形成做出解释；
4. 掌握组织行为的塑造过程；
5. 掌握态度的概念及类别。

本章关键词

个体行为；态度；认知失调；工作满意度；心理授权；组织承诺；组织支持；员工敬业度；组织公民行为；学习；操作性条件作用；理论；社会学习理论；行为塑造；正强化；负强化；惩罚；消退；连续型强化；间歇型强化。

思维导图

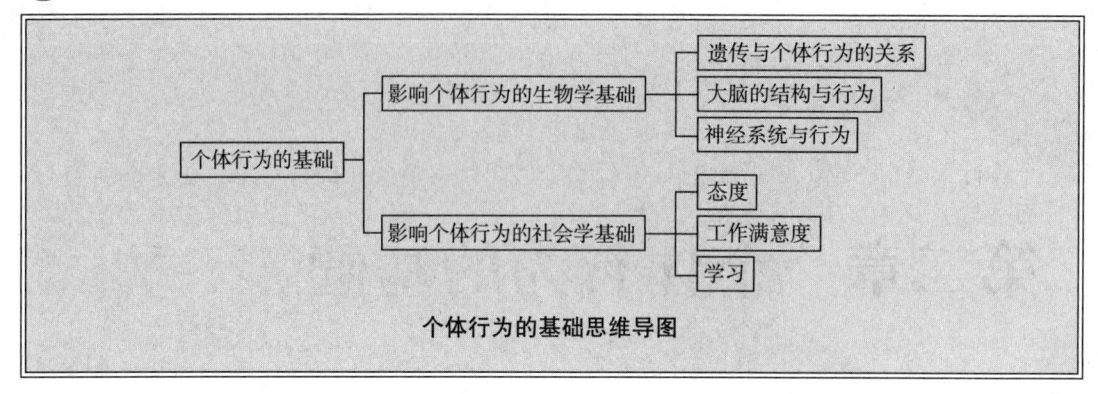

```
个体行为的基础 ──┬── 影响个体行为的生物学基础 ──┬── 遗传与个体行为的关系
                │                              ├── 大脑的结构与行为
                │                              └── 神经系统与行为
                │
                └── 影响个体行为的社会学基础 ──┬── 态度
                                               ├── 工作满意度
                                               └── 学习
```

个体行为的基础思维导图

开篇案例

印度狼孩

1920年9月19日,在印度加尔各答西面约1 000千米的丛林中,发现两个由狼哺育的女孩。年长的估计8岁,年幼的一岁半。

两人大概都是在出生后半年被狼衔去的。她们回到人类世界后,都被养育在孤儿院里,分别取名为卡玛拉与阿玛拉。从她们的言语、动作姿势、情绪反应等方面都能看出很明显的与狼生活的痕迹。

她们不会说话,发音独特,不是人的声音。不会用手,也不会直立行走,只能依靠两手、两脚或两手、两膝爬行。她们惧怕人,对于狗、猫似乎特别有亲近感。白天她们一动也不动,一到夜间,到处乱窜,像狼一样嚎叫,人的行为和习惯几乎没有,而具有不完全的狼的习性。这两个狼孩回到人类社会以后,辛格牧师夫妇为使她们能转变为人,做了各种各样的尝试,但没有充分的计划性。

阿玛拉到第2个月,可以发出"波、波"的音,诉说饥饿和口渴了。遗憾的是,回到人类世界的第11个月,阿玛拉就死去了。

卡玛拉在2年后,才会发两个单词("波、波"和叫牧师夫人"妈")。4年后掌握了6个单词,第7年学会了45个单词。她动作姿势的变化也很缓慢。1年4个月时,只会使用两膝步行。1年7个月后,可以靠支撑两脚站起来。不用支撑的站立,是在2年7个月后;到两脚步行,竟花费了5年的时间,但快跑时又会用四肢。经过5年,她能照料孤儿院幼小儿童了。她会为跑腿受到赞扬而高兴,为自己想做的事情(例如解纽扣)做不好而哭泣。这些行为表明,卡玛拉正在改变狼孩的习性,显示出获得了人的感情和需要进步的样子。大女孩卡玛拉一直活到17岁。但她直到死时还没真正学会说话,智力只相当于三四岁的孩子。中国也有类似狼孩、猪孩的报道,结果和印度狼孩大致相似。

在大脑结构上,这个狼孩和同龄人没多大差别。一个10岁儿童的大脑在重量和容量上已达成人的95%,脑细胞间的神经纤维发育也接近完成。只是因为狼孩长期脱离人类社会,大脑的功能得不到开发,智力也就低下。

从狼孩的故事可以看出,一个人的智力高低,并不完全取决于大脑的生理状态,而更多地受到后天成长环境的影响。

(资料来源:1920年9月19日印度丛林发现印度狼孩,2005-09-27)

了解组织中人的行为及行为的起因，对于组织管理者而言是十分重要的。正如我们所知，管理者的成功主要依赖于通过别人做事，为了实现这个目标，管理者必须能够解释员工为什么表现出这样的行为而不是那样的行为，并能预测员工将对管理者所采取的各种活动做出什么样的反应。基于这样的考虑，组织管理者就有必要了解个体行为的基础。

个体行为是指一个人所做出的具体行动。组织行为学关注的并不是一个人的所有行为，而是与组织绩效有关的行为。为什么在同一个组织环境中，有的人工作热情高昂，有的人则意气消沉？一个组织的成员也许是以一种几乎相同的方式工作，为什么有的人业绩可能非常突出，有的人则可能效率很低？面对同样的情境，人们为什么会有不同的反应和选择？究竟是哪些因素造成了他们工作表现和绩效上的差异？同时，个体行为和行动的有效性又是与组织的目标和期望相联系的，要了解个体行为与管理绩效的关系，就要求有一些作为个体绩效的比较标准，只有当我们有比较明确的标准，并了解组织的期望和要求时，才能评价一个人行为是否构成有效的个体绩效。那么，影响个体行为的因素有哪些？一般认为，影响个体行为的主要因素有：个性、态度、能力、知觉、价值观、学习及组织环境与政策。

人作为社会生活中的一个个体，其自身的各种行为发生的原因很多，归结起来可以从三个方面去加以理解。一个方面缘于个体的生物学基础，主要与人的遗传、大脑机能以及神经系统有关；另一个方面缘于个体的社会学基础，主要与人的经典条件反射、操作性条件反射和社会学习有关；第三个方面，个体的行为还与他所处的社会环境中的文化因素存在密切的关系。

我们走在街道上，看到一个熟悉的朋友，我们会向他（她）挥手打个招呼，并露出微笑。我们的行为可能既包含了一种外显的行为，即生物学基础（从生理角度机体支配下的行动，如招手与微笑等）上的行为，同时，也包含了行为的心理学基础（从记忆中认出这个人是自己的熟人，并希望引起对方的注意）和社会文化基础（用挥手和微笑来表达致意，而不是用说话的方式）。在这个过程中，如果我们需要分析这个行为背后的具有心理和社会意义的内容，可能就比较困难了，毕竟在这个过程中，我们的行为究竟是一种随意的行为，还是有目的的行为？是一种善意友好的行为，还是敷衍塞责的行为？就比较复杂和难于区分了。然而，关于这些内容的研究与探索，对于我们发现和了解人类行为的背后机理和原因，开展有效的管理工作具有重要的意义。

第一节　影响个体行为的生物学基础

一、遗传与个体行为的关系

我们经常会友善地对由父母带领的小孩子说，你长得真像你的爸爸（或妈妈），然后，赢得孩子父母的热情回应。从人类的体貌特征来看，子女通过遗传从自己父母那里获得了可供识别的与父母相近的外貌特征。通过研究我们可以知道，不仅这种体貌特征可以通过遗传由父母向孩子进行传递，而且部分心理和行为方面的特征也可以借助遗传进行传递。

从对人体基因开展研究来看，每个人的基因中有大约50%是与自己的兄弟姊妹相同的，可整体的基因组却具有独特性，除非是同卵双生的孩子。而这种基因上存在的差异恰恰是我们在体质与行为上存在不同的原因。当然，后天的环境的影响也是造成兄弟姊妹间体质与行为区别的原因之一。

由于环境和遗传之间的因素很难进行分离，所以心理学家经常用动物实验来探讨遗传和环境对人的影响问题。对此科学家进行过一项选择性实验：取大鼠若干，先在迷宫中进行学习能力的比较，将聪明的放在一边，愚蠢的放在另一边；然后采用"门当户对"的方式，让大鼠进行自交，经若干代后品系极纯，这时再在迷宫中进行能力行为实验，差异表现得非常明显。这暗示了人的智商是可能遗传的，但从动物实验中获得的结论不能直接推论到人身上。美国心理学家波查德（Bouchard）采用"双生子"实验的方式，将环境和遗传之间的因素进行了分离，探讨两者对人的作用。实验以四组双生子为调查分析的对象，即在同一环境中喂养的异卵双生子（DIT，异卵双生子和普通兄弟姐妹之间的关系一样，只共享一半基因）、分开喂养的异卵双生子（DIA）、在同一环境中喂养的同卵双生子（MIT，同卵双生子在遗传学上属同一基因的双生儿）和分开喂养的同卵双生子（MIA）。假如后天的养育经验决定智力与人格的发展，那么 DIT 和 MIT 在个性的发展方面都应呈现高度相关，而 DIA 和 MIA 由于缺乏共同的养育经验，则在这些方面不应相关。

波查德根据后来的实验结果得出结论：在智商方面，DIT 相关系数仅为 0.14，MIT 是 0.78，但 MIA 是 0.71。这一结果说明遗传在决定智力方面约占 70%的比例；在人格特点方面，儿童与其养父母和一起长大的异父母兄弟姐妹之间无明显类似。而同卵双生子无论是否在一起长大，其人格特点上的相似之处都具有高度的相关。后来心理学家托伦根（Tellengen）进一步发现，双生子的攻击性、成就感、保守性与社交能力等人格特征，遗传性在 0.50~0.60。

二、大脑的结构与行为

美国脑科学家苏萨（Sousa）对人脑有一段精彩的描述："成人的脑是湿润、易碎的物质，重量为 3 磅①多一点，大小如柚子，形状如胡桃，恰好可以放在手掌上。脑由保护性的膜包裹，镶嵌在头颅中，位于脊柱的顶端。人脑在不停地工作，即使人们睡着了也是如此。尽管其重量只有身体的 2%，所消耗的热量却是人体的 20%！人们越动脑筋，消耗的热量也就越多。或许这将成为新的节食时尚，我们可以将'我思故我在'，改为'我思故我瘦'。"

为了更准确地通过脑的大小来评估智商的高低，科学家更提出了脑化指数（Encephalization Quotient，EQ）的概念。在这项指标中，科学家引入了"脑部集中化指数"（Cephalization Factor）：$E = C \times S^2$

其中，S 是大脑质量的预测值，E 是身体的质量，而 C 是根据大量动物的数据计算出的"脑部集中化指数"。这一指标的原理是，根据动物体型的大小不同，其脑有一个大致的预测值。EQ 指的是大脑的实际大小比这个预测值所高出的程度。这样，EQ 不但比较了大脑-身体比例的绝对值，还考虑了和相同体积的生物的差异，如图 2-1 所示。②

---

① 1 磅=453.59 克。
② 详细解释请见维基百科：https://en.wikipedia.org/wiki/Encephalization_quotient。

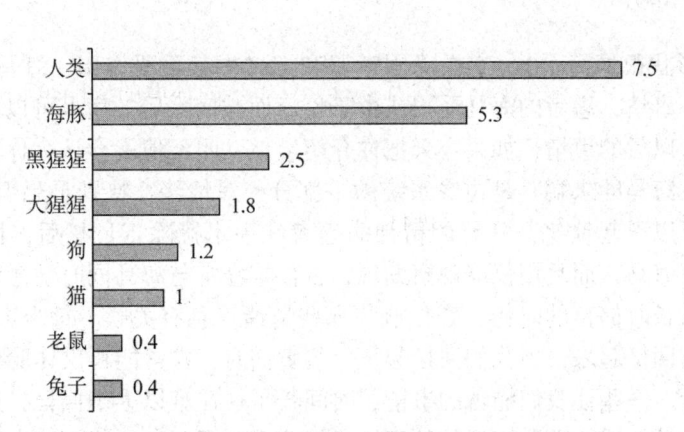

人类	7.5
海豚	5.3
黑猩猩	2.5
大猩猩	1.8
狗	1.2
猫	1
老鼠	0.4
兔子	0.4

图 2-1　人类和常见哺乳动物的脑化指数对比图

　　从外观上看，脑包括额叶、颞叶、枕叶、顶叶、运动皮层以及小脑等（如图 2-2 所示），脑的皱褶将每个半球分为四个叶。每个脑叶负责执行特定的功能，前面的部分我们把它称为额叶，通常认为它执行规划和思维功能（一般后者更多的在额叶）。颞叶位于耳朵的上方，处理声音和语言（通常主要在左侧），同时部分长时记忆也在这里加工。枕叶在后部，几乎专门执行视觉加工功能。顶叶靠近顶部，主要负责定位、计算和某些类型的识别等功能。顶叶和额叶之间，从左耳到右耳横跨脑的顶部有一条带状区域，称为运动皮层。此条状脑区控制着躯体运动，正像我们后面要学习到的那样，它与小脑协同，共同完成动作技巧的学习。

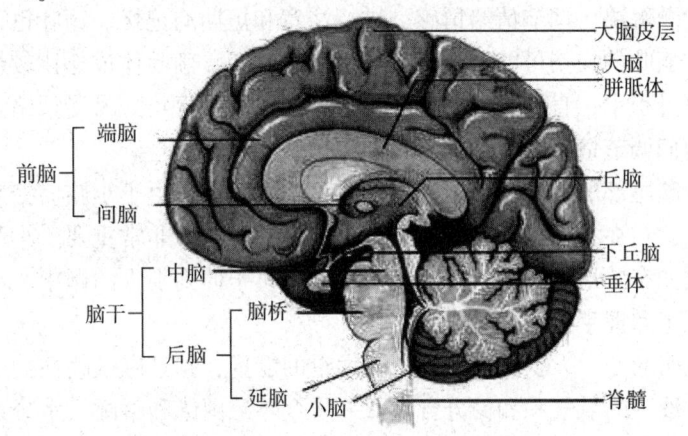

图 2-2　人类大脑结构图

　　从脑的内部结构看，依照功能将其分为三部分：脑干、边缘系统和大脑。
　　第一部分是脑干。脑内最古老和最深的区域，该部分进化了约 5 亿年。人们经常称它为爬行动物的脑，因为它与爬行动物的整个脑非常相似。这里是生命中枢，监控呼吸、体温、血压和消化等功能。脑干也包含着网状激活系统（RAS），负责脑的觉醒。
　　第二部分是边缘系统。边缘系统位于脑干上部，边缘系统有时被称为古哺乳系统动物脑。边缘系统的大部分结构在每个脑半球内是成对的。这些结构执行不同的功能，包括情绪的产生等。由于它位于大脑和脑干之间，所以情绪和理性可以相互作用。边缘系统的三个部分在学习和记忆中具有重要作用，它们是：丘脑——所有感觉信息的输入（除嗅觉外）首先进入丘脑，然后传入人脑的其他部位进行进一步加工；海马——位于边缘区的基部（因为它的形状很像海马），它在巩固学习和记忆中起重要作用，海马受到损伤的人，不能长久地记住事情，患者的海马受损或由于疾病而被摘除后，病人可以记起手术之前的事情，但记不起以后的事情，如果今天把你介绍给他，明天他就会认为你是个陌生人；杏仁核——附着在海马的末端，是边缘系统的一部分，对情绪，特别是恐惧具有重要作用，电刺激杏仁核可以引起愤怒，狂怒的精神病患者在手术摘除杏仁核后，性格变得比较温顺，杏仁核靠近海马，而且用仪器观察发现，杏仁核经常与海马同时被激活，有研究者认为，当记忆转入长时储存的时候，杏仁核与那些情绪信息有关联。每当进行回忆的时候，情绪性成分也被回忆起来，当我们回忆起童年的歌谣时，常常能再次体验到学习歌谣时的轻松愉悦的心情。一些让我们痛苦的事情，时间长了往往难以准确回忆，原因在于我们不愿意再次体验那种情绪，那些记忆就被压抑或扭曲了。因此，认识到脑内主要负责长时记忆的两个结构位于情绪系统中是很有趣的。这暗示我们，如果能让员工保持良好的情绪，在培训和学习中可能会取得更好的效果，反之，则常常徒劳无功。

　　第三部分是大脑。大脑呈胶块状，是四个脑区中最大的，占脑总重量的80%以上。其表面呈灰白色，多皱褶，并有被称为"沟回"的裂纹。最大的裂纹从前向后，将脑分为两半，称为大脑半球。来自躯体左侧的神经交叉到右半球，而来自躯体右侧的神经交叉到左半球。左右两个半球由称为胼胝体的厚纤维束相连，借此左右半球相互联系、协同完成脑功能。大脑的各个区域执行着人类的思维、记忆、言语和肌肉运动等重要功能。

　　大脑的前端是额叶。额叶位于前额的后部，是大脑的执行控制中枢，用以监控高级思维活动，指导问题解决，调节情绪情感，进行注意和短期的记忆。额叶也包含与我们的性格相关的脑区，额叶的损伤可能导致行为或性格的改变。额叶成熟比较慢，青春后期的额叶仍然在成熟过程中，直到成人早期才终止。这解释了青年人易受情绪控制、冲动急躁的原因，因为他们调节情绪能力的脑发育的生理基础尚不完全。

　　小脑位于大脑尾部的下端，协调并控制各种躯体运动。由于小脑监控来自肌肉末端的神经冲动，因此，它在复杂运动任务的学习、表现和协调中非常重要。小脑调整和协调指挥各种动作，比如有效地击打乒乓球，吃饭不会把筷子伸到别人的碗中。小脑受损的人不能调整运动，抓球和握手都很困难。

　　需要补充说明的是，人脑的运作要消耗大量的能量，越具有挑战性的任务消耗的能量就越多。如果血液中的氧气和和糖分含量低，将会导致困倦和嗜睡。水分也是人脑活动必需的物质，水分太少会降低神经信号在大脑中传递的速度。此外，水由于可以保持肺的湿润，有利于将氧气有效地送到血液中。许多大学生养成了不吃早餐的习惯，一天内的喝水量也不足以维持大脑的健康运转，在最需要注意饮食问题的期末考试阶段，因为学习紧张这个问题反而更容易忽略。一般来说，每天的喝水量不应该少于1 500毫升[1]，如果体重较大，在气候干燥的地区，如中国西部地区，还应该加大饮水量。

　　大脑的性别差异近年来受到了广泛关注。脑成像技术的出现为脑结构和脑功能性别差异的研究开辟了新的道路。杨天亮、辛斐、雷旭（2015）[2] 借助结构磁共振成像和弥散张

---

[1] 1毫升=1立方厘米。
[2] 杨天亮，辛斐，雷旭. 人类大脑结构和功能的性别差异：来自脑成像研究的证据［J］. 心理科学进展，2015，23（4）：571-581。

量成像等脑结构信息，以及脑电图、正电子发射断层扫描技术和功能性磁共振成像等脑功能信息，主要探讨了脑灰质、脑白质和大脑的基线活动在脑局部区域、脑子系统、全脑连接组三个层次上的性别差异及其在年龄上的发展变化。此外，为了更好地理解脑性别差异，他们还探讨了脑性别差异研究领域的一些认识误区：第一个误区是，性别对大脑的影响是微小且不稳定的；第二个误区是，同一性别内个体的大脑表现出明显的差异，并且这种个体差异大大弱化了大脑的性别间差异；最后一个误区是，如果某种行为没有性别差异的话，那么这种行为的神经基础也不存在性别差异。

根据脑结构性别差异的研究，他们发现脑灰质和脑白质在脑局部区域、脑子系统以及全脑结构连接组层面上存在广泛的性别差异，而且脑结构性别差异并不是一成不变的，在不同的年龄段其差异程度有所不同。同时，他们也指出，加强对具有性别特异性的心理疾病脑机制的研究，关注基因和环境对脑性别差异的交互作用，并利用脑功能活动动态变化的特性，以及结合多模态的脑成像技术进一步阐明脑性别差异，进而分析不同性别源于大脑结构方面所带来的行为的差异。

三、神经系统与行为

（一）神经系统概述

神经系统是人体内起主导作用的功能调节系统。人体的结构与功能均极为复杂，体内各器官、系统的功能和各种生理过程都不是各自孤立地进行，而是在神经系统的直接或间接调节控制下，互相联系、相互影响、密切配合，使人体成为一个完整统一的有机体，实现和维持正常的生命活动。同时，人体又是生活在经常变化的环境中，环境的变化必然随时影响着体内的各种功能，这也需要神经系统对体内各种功能不断进行迅速而完善的调整，使人体适应体内外环境的变化。可见，神经系统在人体生命活动中起着主导的调节作用，人类的神经系统高度发展，特别是大脑皮层不仅进化成为调节控制人体活动的最高中枢，而且进化成为能进行思维活动的器官。因此，人类不但能适应环境，还能认识和改造世界。

神经系统的主要功能包括：

（1）神经系统调节和控制其他各系统的功能活动，使机体成为一个完整的统一体。

（2）神经系统通过调整机体功能活动，使机体适应不断变化的外界环境，维持机体与外界环境的平衡。

（3）人类在长期的进化发展过程中，神经系统特别是大脑皮质得到了高度的发展，产生了语言和思维，人类不仅能被动地适应外界环境的变化，而且能主动地认识客观世界，改造客观世界，使自然界为人类服务，这是人类神经系统最重要的特点。

神经系统是由脑、脊髓、脑神经、脊神经和植物性神经，以及各种神经节组成。能协调体内各器官、各系统的活动，使之成为完整的一体，并与外界环境发生相互作用。

（二）神经元（神经细胞）

神经元（Neuron）是一种高度特化的细胞，是神经系统的基本结构和功能单位，它具有感受刺激和传导兴奋的功能。神经元由细胞体和突起两部分构成。胞体的中央有细胞核，核的周围为细胞质，胞质内除有一般细胞所具有的细胞器如线粒体、内质网等外，还含有特有的神经原纤维及尼氏体。神经元的突起根据形状和机能又分为树突（Dendrite）和轴突（Axon）。树突较短但分支较多，它接受冲动，并将冲动传至细胞体，各类神经元树突的数目多少不等，形态各异。每个神经元只发出一条轴突，长短不一，胞体发出的冲动则沿轴突传出，如图 2-3 所示。

神经元较长的突起（主要由轴突）及套在外面的鞘状结构，称神经纤维（Nerve-fibers）。在中枢神经系统内的鞘状结构由少突胶质细胞构成，在周围神经系统的鞘状结构则是由神经膜细胞（也称施万细胞）构成。神经纤维末端的细小分支叫神经末梢。

神经元的另一构成部分是神经元突起。神经元间联系方式是互相接触，而不是细胞质的互相沟通。该接触部位的结构特化称为突触（Synapse），通常是一个神经元的轴突与另一个神经元的树突或胞体借突触发生机能上的联系，神经冲动由一个神经元通过突触传递到另一个神经元。长而分支少的是轴突，短而呈树枝状分支的是树突。

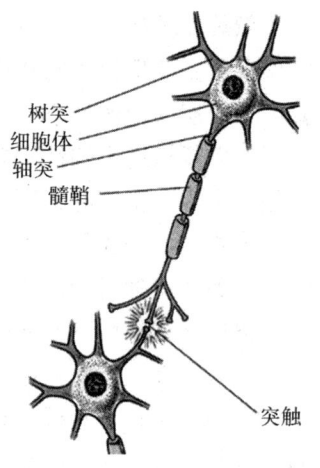

图 2-3　神经元结构图

神经胶质（Neuroglia）数目是神经元的 10~50 倍，突起无树突、轴突之分，胞体较小，胞浆中无神经元纤维和尼氏体，不具有传导冲动的功能。神经胶质对神经元起着支持、绝缘、营养和保护等作用，并参与构成血脑屏障。

神经冲动就是动作电位，在静息状态下（即没有神经冲动传播的时候）神经纤维膜内的电位低于膜外的电位，即静息电膜位是膜外为正电位，膜内为负电位。也就是说，膜属于极化状态（有极性的状态）。在膜上某处给予刺激后，该处极化状态被破坏，叫作去极化。在极短时间内，膜内电位会高于膜外电位，即膜内为正电位，膜外为负电位，形成反极化状态。接着，在短时间内，神经纤维膜又恢复到原来的外正内负状态——极化状态。去极化、反极化和复极化的过程，也就是动作电位——负电位的形成和恢复的过程，全部过程只需数毫秒的时间。

神经细胞膜上出现极化状态：由于神经细胞膜内外各种电解质离子浓度不同，膜外钠离子浓度高，膜内钾离子浓度高，而神经细胞膜对不同粒子的通透性各不相同。神经细胞膜在静息时对钾离子的通透性大，对钠离子的通透性小，膜内的钾离子扩散到膜外，而膜内的负离子却不能扩散出去，膜外的钠离子也不能扩散进来，因而出现极化状态。

动作电位的产生：在神经纤维膜上有两种离子通道，一种是钠离子通道，一种是钾离子通道。当神经某处收到刺激时会使钠通道开放，于是膜外的钠离子在短期内大量涌入膜内，造成了内正外负的反极化现象。但在很短的时期内钠通道又重新关闭，钾通道随机开放，钾离子又很快涌出膜外，使得膜电位又恢复到原来外正内负的状态。

脑大约由 1 万亿个细胞组成，脑细胞可以分为两类：神经细胞和神经胶质细胞。神经细胞被称为神经元，约占细胞总数的 1/10，人脑约有 1 000 亿个神经细胞。大多数脑细胞属于神经胶质细胞，它们将神经元网织在一起，将有害物质从神经元中过滤出去。

神经元是执行脑和全部神经系统功能的核心。与其他细胞不同，神经元有成千上万条从中心发散出的分枝，称为树突。细胞的树突可以从其他细胞那里接受电冲动，同时也将冲动沿一条长纤维传导出去,这些长纤维被称为轴突。每个神经元仅有一个轴突。

(三)神经递质

神经冲动通过电化学过程沿着神经元传导传遍一个 1.8 米高的成人的全身所需时间仅为 0.2 秒。神经元之间并不直接相互接触。在每个轴突和树突之间大约有百万分之一英寸①的间隙,称之为突触。典型的神经元通过树突收集由其他细胞传来的信号,将电活动(冲动)通过轴突传导到突触,突触的冲动激活并释放存储于轴突末端的囊泡中(称为突触小泡)的化学物质,该生物信息又会被其他神经元的树突获取,神经冲动就这样传递下去。如果这些化学物质的释放停止了,就不会有随后的反应发生。

这些传递信息的化学物质一般被称作神经递质,可以兴奋或抑制周围的神经元。迄今为止,已发现了近 100 种不同的神经递质(一些常见的神经递质包括乙酰胆碱、去甲肾上腺素、5-羟色胺和多巴胺等)。一般而言,不同神经递质都可能影响行为的调节。我们下面讨论那些对脑功能有重要作用的神经递质。

1. 乙酰胆碱(Acetylcholine)

广泛存在于中枢与外周神经系统。在老年人中发病率较高的退行性阿尔茨海默病(俗称老年痴呆症)的病人中,记忆丧失是由于分泌乙酰胆碱的神经元退行性变化造成的。在神经和肌肉节点上,乙酰胆碱也是一种兴奋性递质,会引起肌肉收缩。箭毒是亚马逊河一带印第安人涂在毒箭尖上的剧毒物质,能使中毒的人分泌的乙酰胆碱不起作用,引起胸部呼吸肌肉麻痹,最终导致中箭人死亡。

2. 多巴胺和去甲肾上腺素

多巴胺和去甲肾上腺素神经递质在精神病中均有重要作用。去甲肾上腺素与抑郁症有关,服用增加这种递质含量的药物,可以提高情感状态,减轻抑郁。精神分裂症病人脑内多巴胺则高于正常水平。

3. 内啡肽

内啡肽是内源性吗啡的缩写,在情绪性行为和疼痛控制中具有重要作用,包括焦虑、恐惧、紧张和愉快。它类似于鸦片和吗啡,在脑内与其相同受体结合。由于内啡肽具有愉快与痛苦调节控制作用,被称为"进入天堂的钥匙"。研究者们已经检查出在针灸降低疼痛的过程中,内啡肽至少具有部分作用。

4. 5-羟色胺

5-羟色胺正常情况下抑制其他神经元。致幻药(Hallucinogenic Drugs,HD)由于能抑制 5-羟色胺神经元,从而使得 5-羟色胺对其他神经元的抑制作用消失,而让人产生大量生动、奇特的感觉体验,其中一些体验可持续数小时。目前一些研究者发现,5-羟色胺水平越高,越表现出较高的社会交往能力和控制攻击的能力。而这些善于处理社会关系的人,尽管不是最聪明、最强壮或最有进取心的人,却更可能成为其他人的领导。有研究者对大学生联谊会的研究发现,处在领导地位的男性 5-羟色胺水平也是最高的。

---

① 1 英寸 = 2.54 厘米。

第二节 影响个体行为的社会学基础

一、态度

(一) 什么是态度

态度（Attitude）是关于物、人或事的评价性陈述，可能是讨人喜欢的，也可能是令人不快的，态度反映个体对某事的感受。当我说"我喜欢我的工作"时，我在表达我对工作的态度。要全面了解态度，我们需要掌握态度的基本特性。

(二) 态度的要素构成

根据目前研究者的观点，一般来说，态度主要由三大要素构成：认知、情感和行为。

"歧视是错误的"这一观点具有评价性，这属于态度的认知部分（Cognitive Component），它为态度的更具批判性的部分——情感部分（Affective Component）打好了基础，情感是指态度的情绪或感觉部分，比如"我不喜欢乔，因为他歧视少数民族"。我们会在本节的后面大量探讨这一问题，情感会导致行为结果。态度的行为部分（Behavioral Component）是指对某人或某事倾向于采用的处理方式。例如，继续上面的例子，我回避乔是因为我对他的感觉不好。

把态度看作由三部分组成（认知、情感和行为），有助于理解态度和行为的复杂性以及潜在关系。要时刻铭记这三个因素密切相关。特别是从很多方面看，认知与态度密不可分。举例来说，想象一个刚刚对待你不公平的人，难道在你想到这个念头的瞬间，你对此没有任何情绪体验吗？因此，认知和情感是互相缠绕的。

例如，一个员工没有得到他期望得到的提升，而他的同事却得到了提升，这名员工对他同事的态度变化如下：认知（该员工认为自己应该得到提升），情感（该员工非常不喜欢他的同事），行为（该员工要寻找另一份工作）。像前面提到的，虽然我们经常认为认知导致情感，情感随之导致行为，但在现实中很难区分开这三个部分。

(三) 态度的一致性

你是否曾经注意人们会改口，这样他们就不会言行不一致了？也许你的一个朋友总是争论说中国车的质量赶不上进口品牌，如果他买车，他一定买日本车或者德国车。之后，他的父亲送了他一辆新款的比亚迪"汉"轿车，突然间中国车也不是那么差了。正在竞选研究生会的研一新生会认为当研究生干部能够获得很好的锻炼，并觉得参加研究生会对于研究生学习生活很重要。如果她竞选失败了，她就可能说："我发现研究生会并没有之前想象的好，它也不过如此而已。"

研究表明人们试图寻找态度间的一致性，以及态度与行为的一致性。换句话说，个体试图调和不同的态度，并试图使态度和行为一致，这样会使他们看上去比较合理、一致。当出现不一致时，个体要么改变自己的态度或者行为，要么发展出一套合理化的理由来解释差异。烟草业的生产和销售者提供了一个很好的例子。你可能会问，这些人是怎么处理那一连串的反映吸烟与健康问题的研究数据的呢？下面是一些可能性：

(1) 他们可以否认说，吸烟与某些疾病如癌症并不存在确定的因果关系。
(2) 他们可以通过不断地宣传烟草的好处来为自己洗脑。
(3) 他们可以承认抽烟的危害，但也理所当然地认为是人们本身想抽烟，烟草公司仅仅是提供了自由选择的机会。
(4) 他们可以接受研究证据，开始积极地为生产更加健康的香烟而努力，或者至少减少弱势群体（如青少年）的接触机会。

（四）认知失调

在20世纪50年代后期，美国社会心理学家莱昂·费斯廷格（Leon Festinger）提出了认知失调（Cognitive Dissonance）理论，用来解释态度与行为间的关系。**当个体意识到两个或两个以上的态度之间，或者态度与行为之间存在不一致时，认知失调就发生了。** 费斯廷格认为任何形式的失调都令人不舒服，个体会尝试降低失调，从而降低不舒服感。因此，个体试图寻找一种达到失调最小化的稳定状态。

当然，没有任何人可以完全回避失调。你知道在收入所得税方面作假是错误的，但是你每年都在纳税上做点文章，并希望不会被查到；或者你告诉孩子要每天使用牙线清洁牙齿，但是你自己却不这样做。人们是怎么处理失调的呢？费斯廷格提出，人们试图降低失调的愿望受到三个方面的影响：

(1) 导致失调的要素本身的重要性。如果导致失调的要素不太重要，那么校正不平衡的压力就会比较小。
(2) 个体认为自己对导致失调的元素的影响度。个体认为自己对导致失调的元素的影响度会影响他们对失调的反应。如果他们认为导致失调的因素是自己无力控制的，他们不太会接受态度转变。举例来说，如果导致失调的行为是老板的指示引起的，那么降低失调的压力就会小于因为自发行为所带来的降低失调的压力。
(3) 失调中可能会涉及的回报。回报的大小会影响个体降低失调的动力。伴随高失调的高回报会降低失调带来的压力。回报通过增加个体平衡考虑中的一致成分来降低失调感。这些调节因素表明个体不一定会因为感受到降低失调而立即采取措施去降低失调。

认知失调理论对组织有哪些启示呢？它有助于管理者预测员工改变行为或者态度的倾向，并且失调越严重——经过重要性、影响度、回报调节之后的失调，降低失调的压力就越大。

（五）行为与态度的关系

早期对态度的研究认为态度与行为是因果关系，即人们的态度决定他们的行为。常识也暗示这种关系。但是，在20世纪60年代后期，一个研究评论对态度和行为的这种关系表示怀疑，并断定态度和行为没有相关关系，或者最多也是微弱相关。但是，近期的研究却证明态度可以很好地预测未来行为，并且支持了费斯廷格最初的观点——这种相关关系可以通过调节变量而加强。

态度和行为关系中最重要的调节变量是：

(1) 重要性。重要的态度反映基本的价值观、私利，或者个人重视的其他个体或者群体的认可。
(2) 具体性。态度越具体，行为越具体，两者间的关系就越紧密。举个例子，请员工具体描述他接下来六个月留任现在职位的意愿，比请他回答对现在的工资是否满意，更能够预测该员工的离职可能性。

（3）易接近性。容易记住的态度比不容易记住的态度对行为有更好的预测性。非常有趣的是，你更容易记住经常表达的态度。因此，你越频繁地讨论你对某问题的态度，你越可能记住这种态度，这种态度也就越可能决定你的行为。

（4）社会压力的存在。当社会压力要求你做出某种行为，并且这种压力异常强大时，态度和行为间更容易产生冲突。这反映了组织内部行为的主要特点。这可以解释为什么在组织中，有的员工明明强烈反对联合，却参加支持联合的会议；为什么烟草行业的执行者自己不吸烟，并且相信吸烟与癌症的相关研究结果，却并不阻止办公室内其他人的吸烟行为。

（5）个人对态度的直接体验。当态度涉及的事情个体亲身体会过时，态度——行为关系就会增强。询问没有工作经验的大学生和遭遇过独裁上司的员工："遇到独裁上司时会怎么处理？"前者的回答对实际行为的预测力远远赶不上后者。

虽然多数态度——行为研究都有好的结果，但是研究者通过其他角度的研究，即研究行为是否影响态度这一议题也发现了更高层面的关系。这种观点称为自我知觉理论（Self-perception Theory），发现了一些令人振奋的结果。下面简单回顾一下该理论。当被问及关于某事物的态度时，个体通常会先回忆和该事物相关的行为，然后从过去的这些行为中推断自己的态度。因此，当你问一名员工在某知名公司做培训专员的感受时，她可能会想："我做这份工作已经有10年了，没有人强迫我做这份工作，因此我肯定喜欢这份工作！"因此，自我知觉理论认为态度是在事实发生之后，用来使已经发生的行动产生意义的工具，而不是在活动之前指导行动的工具。根据自我知觉理论，当人们被问及他们的态度，而他们又没有明确的信念或者感觉时，他们倾向于创造似乎合理的答案。

自我知觉理论得到了研究的很好支持。传统的态度——行为关系总体上是成立的，行为——态度关系也同样成立，尤其当态度模糊不清时，当你对某态度没有体会或者之前很少想到时，你倾向于从行为中推断态度。然而，当你之前对某事已经具有明确一贯的态度，那么这些态度会引导你的行为。

（六）工作态度的主要种类

每人都有成千上万个态度，但组织行为学仅仅关注为数不多的和工作相关的态度。这些工作态度包括员工对工作环境所持有的正面和负面的评价。组织行为学研究得最多的是三种态度：工作满意度、工作投入度、组织承诺。我们将探讨这三种态度，以及另外两个引起研究人员注意的态度：组织支持感和员工敬业度。

1. 工作满意度

工作满意度（Job Satisfaction）可以定义为因对工作特征的评价而产生的对工作的愉**悦的感觉**。工作满意度高的员工对工作有积极的情感，对工作不满意的员工对工作有消极的情感。当人们谈到员工态度时，通常是指工作满意度。事实上，这个术语在使用时经常被互换。因为，组织行为学的研究者认为工作满意度至关重要，我们会在本章后面着重详细讨论该态度。

2. 工作投入度

虽然被研究的频率远远不及工作满意度，但工作投入度（Job Involvement）也是测量人们心理上对工作的认同度,以及工作绩效对自尊的影响度。工作投入度高的员工强烈认同并真正关心自己所做的工作。一个密切相关的概念是心理授权(Psychological Empowerment),指员工认为自己对工作环境、胜任力、工作意义和工作中的自主的影响度。举例来讲,新加坡一项关于护理业管理者的研究表明,好的领导授权下属,使下属参与到决策中,并使他们感到自己的工作很重要,给他们"做自己的事情"的判断力。

高度的工作投入和心理授权与组织公民行为和工作绩效正相关。而且,高的工作投入度还可以降低缺勤率和辞职率。

3. 组织承诺

员工认同特定的组织和组织目标,并愿意留在该组织中的状态被称为组织承诺(Organizational Commitment)。因此,高的工作投入度意味着认同自己的具体工作,而高的组织承诺意味着对所在组织的认同。下面我们探讨组织承诺的三个独立维度:

(1)情感承诺(Affective Commitment):情感上归属组织,并认同组织的价值观。例如,一个宠物公司的员工可能情感上归属公司,因为公司涉及动物。

(2)留守承诺(Continuance Commitment):意识到留守组织与离开组织相比所带来经济价值上的差异。员工服从上司可能是因为她的薪水很丰厚,她感到如果辞去工作会伤害自己的家庭。

(3)规范承诺(Normative Commitment):因为道德或伦理原因而觉得有留守组织的义务。一个企业某些员工选择留任的原因,可能是他认为如果离开会"陷老板于困境"。

组织承诺与工作效率之间存在正相关关系,不过该关系不是很强。而且,和工作投入度一样,研究结果表明组织承诺与离职率和辞职率之间存在负相关关系。总体来说,情感承诺对工作绩效和辞职率等组织结果的影响比其他两个承诺维度的影响更显著。一项研究发现,情感承诺可以显著预测各种结果(对任务特色的认知、职业满意度,离职意愿),解释度高至72%,规范承诺和留守承诺的解释度则分别是36%和7%。留守承诺的解释力度较弱也是可以理解的,因为它本身并不代表较强的承诺,与效忠(情感承诺)和义务(规范承诺)不同,留守承诺形容员工仅仅是因为没有更好的选择而被"拴"在现工作上。

承诺的概念对员工和老板来说都不如以前重要了,30年前雇员与老板间不成文的忠诚契约已经被严重破坏,员工打算长期为一个组织工作的想法已经越来越显得过时。同样,"衡量员工——公司归属感的概念,如承诺,对新的员工关系来讲已经是问题重重"。这表明组织承诺,作为与工作相关的态度,已经没有以前那么重要了,在这方面,类似于职业承诺的概念可能会更加有效,因为它更符合当今劳动力快速流动的特点。

4. 组织支持

组织支持(Perceived Organizational Support, POS)是指员工认为组织重视他们的贡献、关心他们的生活的程度。例如,一名员工认为如果他遇到照顾小孩的问题,他的组织会帮助他协调,或者他认为当他犯错误时,组织会站在他的角度考虑并原谅他。研究表明,当以下条件满足时,员工会感受到组织的支持:

(1)奖金公平。

(2)员工在决策时有发言权。

（3）他们的上司看起来是持支持态度的。

5. 员工敬业度

一个很新的概念是**员工敬业度（Employee Engagement）它可以定义为个体对工作投入、对工作感到满意并充满激情的程度**。要了解员工敬业度，可以通过以下问题来加以说明：

（1）资源的有效性和学习新技能的机会。

（2）他们是否感到工作重要和有意义。

（3）他们与同事和上司的互动是否有益。

最近的一项研究，通过对36家公司的近8 000个业务单元进行的调查发现，员工敬业度高的业务单元有较高的客户满意度、生产率和利润，并有较低的离职率和事故率。因为从这个概念上，我们还不知道敬业度与其他概念如工作满意度、组织承诺、工作投入度等，或与要把工作做好的内在动力之间的关系。敬业度的概念很广泛，可以说是上述变量的交集。换句话说，敬业度可能是这些态度的共同点。

这些工作态度真的可以完全区分吗？你可能会想这些工作态度是否真的可以完全区分开来。总之，如果人们感到深深地投入工作中了（高的工作投入），难道他们会不喜欢这份工作（高的工作满意度）？同样，难道认为自己的组织是支持性的（高的组织支持感），员工不会对组织有归属感（强烈的组织承诺）？一些证据表明这些态度高度相关，甚至到了麻烦的程度。比如，组织支持感与情感承诺的相关关系很强，这给研究者带来了麻烦——强的相关关系意味着变量可能是多余的。比如，如果你知道某人的情感承诺，你基本上就知道了他的组织支持感。但是为什么多余会造成麻烦呢？好了，汽车有一个方向盘就够了，你为什么要安两个呢？为什么要提出两个概念——贴上不同的标签——实际上一个就够了。多余导致无效率和困惑。

虽然当前这些组织行为学的研究者喜欢提出新的态度，但通常我们不太善于展示和比较每种态度与其他态度的差异性。虽然有一些测量每种态度独特性的方法，但是这些态度的确有很大程度的重叠。重叠存在的原因很多，比如员工的人格等。一些人倾向于对每件事都持正面的或反面的观点。如果有人说喜欢自己所在的公司，如果该员工对生活中的每件事都持乐观态度，那么这种喜欢可能并不很强烈。或许重叠意味着一些组织在各个方面都比其他组织好。这也意味着，作为一名管理者，如果知道了某员工的工作满意度水平，你就会知道该员工对公司的绝大多数看法，这也是作为一名管理者应该了解的。

二、工作满意度

为了进一步了解本章开始的时候提到的工作满意度，我们首先考虑几个关于管理者的问题：员工对他们的工作有多满意？什么原因促使员工具有高水平的工作满意度？不满意的和满意的员工会如何影响组织？

（一）员工对工作的满意程度

大多数员工都对自己的工作满意吗？根据来自我国和大多数发达国家的研究结果，答案似乎是肯定的。从整体而言，绝大多数员工对自己的工作是感到满意的。虽然调研的范围较大，但更多的人反馈他们对工作满意而不是不满意，并且这样的结果在很大程度上也普遍适用于其他发达国家和一些发展中国家。

近年来的一些研究表明，满意水平在工作满意度的不同方面存在很大的差异。平均而言，人们对工作整体（Jobs Overall）、工作本身（Work Itself）、上司和同事表现为满意。然而，他们对报酬和提升机会表现为不太满意。其中有一点不太清楚的是，与工作的其他方面相比较，为什么人们更不喜欢他们目前的报酬水平和提升机会。

（二）影响工作满意度提高的因素

回忆一下你曾经拥有过的最好工作，是什么导致它成为最好的工作？可能是因为你喜欢那份工作。事实上，在工作满意度的主要方面中，如工作本身、报酬、提升机会、监管、同事等，喜欢工作本身几乎总是与整体的工作满意度相关性最强。换句话说，多数人喜欢有挑战性和刺激性的工作，而不喜欢可预知的和例行的工作。

你或许已经注意到了，对工作满意的探讨往往聚焦在报酬上。我们一起来探究报酬与工作满意度间存在的有趣关系。对于收入比较低的人（比如，处于最低工资水平的人）或者生活在不富裕国家的人，报酬确实和工作满意度以及整体的幸福感相关。但是个体一旦达到舒适的生活水平（如在发达国家，这一水平是指年收入在 40 000 美元左右，因生活地区和家庭人口的差异而略有变化），这种相关关系就消失了。换言之，平均来说，收入是 80 000 美元的人们在工作方面并不比收入是 40 000 美元的人们幸福。如你所见，两者之间并没有多大联系。高收入的工作只是达到平均的工作满意度，并不比低收入的工作满意度高。

工作满意度还受到个体人格的影响。一些人倾向于喜欢所有事物，还有一些人即使有最好的工作也会感到不开心。研究表明，具有消极人格的人（那些倾向于脾气暴躁、爱挑剔、悲观的人）通常对工作不太满意，中性事项满意度问卷（The Neutral Objects Satisfaction Questionnaire）（见表 2-1）是一种了解人格和工作满意度关系的有效工具。一项研究表明，对问卷列表中多数项目不满意的护士对工作也不满意。这并不令人感到意外，毕竟，如果一个人不喜欢自己的名字、电话服务，甚至某种尺寸的纸张，你就可以推测他不喜欢生活中的很多东西——包括他的工作。

（三）满意和不满意的员工对工作的影响

当员工喜欢或不喜欢自己的工作时，结果很明显。下面的内容将讨论工作满意和不满意所带来的具体结果。

1. 工作满意度和工作绩效

快乐的员工更加高效吗？一些研究者过去曾认为工作满意度和工作绩效之间没有相关关系，但是一个对 300 项研究所做的综述表明，它们之间的相关关系很强。而且，当我们从个体层面转向组织层面时，我们也发现了满意—绩效的相关关系。当搜集了组织内满意度和生产率的总体数据后，我们发现有较多满意员工的组织，比有较少满意员工的组织更高效。

表 2-1 中性事项满意度问卷

指导语：针对以下每项指标，请在后面的满意、中立、不满意三项中符合你情况的一项上画圈。

你生活的城市	满意	中立	不满意
你的邻居	满意	中立	不满意
你就读的高中	满意	中立	不满意
你的生活环境	满意	中立	不满意
今天播放的电影	满意	中立	不满意
你购买的食物的质量	满意	中立	不满意
当今的汽车	满意	中立	不满意
当地的报纸	满意	中立	不满意
你的名字	满意	中立	不满意
你认识的人	满意	中立	不满意
电话服务	满意	中立	不满意
8.5寸×11寸的纸	满意	中立	不满意
餐厅的饭菜	满意	中立	不满意
当代艺术	满意	中立	不满意

资料来源：T. A. Judge, C. L. Hulin. Job Satisfaction as a Reflection of Disposition: A Multiple Source Causal Analysis [J]. Organizational behavior and Human Decision Processes, 1993 (56): 388-421.

2. 工作满意度和组织公民行为

下面的假设听起来很合理——**工作满意度是决定员工组织公民行为（Organizational Citizen Behavior，OCB）的主要因素，或者是影响其他自主行为的主要因素，这些行为在工作说明书中没有明确规定，但对提高组织效率（比如帮助同事）有利**。满意的员工更愿意用肯定的口气谈论组织、帮助他人，超出期望地进行工作。而且，满意的员工更乐意承担工作职责外的工作，因为他们想回报愉快的工作感受。与这种想法一致，早期关于OCB的讨论认为OCB与满意度密切关联。然而，最近的研究表明满意度会影响OCB，但需借助于公平感。

工作满意度和OCB整体上存在一定的关系，但是当公平感受到控制后，满意度与OCB无关。这意味着什么？基本而言，工作满意度可以归结为公平的结果、待遇和程序。如果你感到你的领导、组织的程序或者薪酬政策不公平，你的工作满意度就可能会下降。不过，当你认为组织程序和结果公平时，你会产生信任感。当你信任你的领导时，你更愿意主动地按高于工作职责的要求来工作。

3. 工作满意度和客户满意度

从事服务性工作的员工经常和客户打交道。因为服务组织的管理层应该关注如何赢得客户的认可，所以，理所当然会问："员工满意度是否与良好的客户反馈结果相关？"对于那些经常接触客户的一线员工来说，这个问题的答案是肯定的。

有证据表明，满意的员工会增加客户的满意度和忠诚度。其原因在于，在服务型组织里，客户的去留在很大程度上取决于一线员工如何对待他们。满意的员工更加友好、快乐，更容易对顾客的要求做出详尽的回应——这些都是顾客所看重的。而且，因为满意的员工较少离职，顾客更喜欢看到熟悉的面孔，接受经验丰富的员工的服务。这种关系还是相互的：不满意的客户会加剧员工的工作不满意程度。据经常接触客户的员工所说，无礼、鲁莽、爱提不合理要求的客户会对员工的工作满意度起到负面作用。

4. 工作满意度和缺勤率

通过研究我们发现，满意度和缺勤率之间存在一致的负相关关系，但是这种关联比较微弱。毋庸置疑，虽然不满意的员工更可能旷工，但是其他因素会影响这种关系，并降低它们之间的相关度。例如，实行宽松病假管理的组织实际是在鼓励所有的员工——包括高度满意的员工——请病假。假如你有各种各样的兴趣，你对工作满意，但如果你所在单位的假期轻松易得，又不会受到惩罚的话，你仍会请几天假，享受长达三天的周末，或者在暖融融的夏日晒日光浴。

一项研究很好地说明，当外界因素的影响达到最小时，满意度如何直接影响出勤率。2007年3月4日是元宵节，沈阳的一场罕见暴风雪提供了对比的机会，我们可以拿广州办公室的员工出勤率与沈阳的进行对比，当天广州的天气晴好，然而暴风雪给沈阳的员工提供了很好的不上班的借口。暴风雪阻断了城市的交通，员工知道如果这天不上班不会受到处罚。因为许多企业有相关的规定，员工不能因为可回避的原因而旷工，否则会受到惩罚。

满意度的数据在沈阳和广州都是可以得到的，管理者可以对比两地满意和不满意员工的出勤率：一个地方的员工应该正常上班（有正常的出勤压力），另一个地方的员工可以自由选择是否出勤，并且缺勤也不会受到处罚。如果满意度有助于提高出勤率，当没有外部因素影响时，在沈阳，满意的员工应该上班，不满意的员工应该待在家里。研究发现，在3月4日这个特殊的日子，在广州，对工作满意与否的员工缺勤率是一样的；但是在沈阳，满意度高的员工的出勤率高于工作满意度低的员工的出勤率。如果满意度与缺勤率负相关，这些结果正是我们所期望的。

5. 工作满意度和离职率

满意度和离职率也呈负相关关系，不过相关关系强于与缺勤率的关系。但再次提醒一下，其他因素如劳动力市场条件、对其他工作机会的期待、在现任组织的任期等，对是否辞去工作都起到重要的约束作用。

有证据表明，满意度—离职率关系的一个重要调节变量是工作绩效。具体来说，满意度水平对高绩效员工的离职率预测能力相对较弱。为什么呢？因为组织通常会尽力留住这些人才，他们会获得加薪、奖励、赏识、日益增多的晋升机会，等等。不管满意度怎样，高绩效者更愿意留任，因为他们得到的认可、奖励和其他回报给其提供了很多留任的理由。绩效差的员工则刚好相反。组织很少尝试留住他们，甚至会施加压力鼓励他们离开。因此，我们可以推断，工作满意度对绩效差的员工的影响要更大一些。

三、学习

所有复杂的行为都是通过学习得来的。如果想解释和预测行为，我们需要知道人们是如何学习的。下面我们来探讨关于学习的定义的两种流行的学习理论，以及管理者推动员工学习的方法。

（一）学习的定义

学习（Learning） 通常可以定义为由于经验而导致行为的相对持久的改变。关于这个定义，有几点需要特别说明：

（1）学习包含变化。变化可能是好的或坏的。人们可能学会令人不快的行为（持有偏见或推卸责任）和讨人喜欢的行为。

（2）变化必须是彻底的。突然的变化可能仅仅是本能反应或者疲劳的结果（或者能量的突然爆发），这些可能并不是学习。

（3）一定形式的经验对学习而言是必需的。经验可能是通过直接观察或者实践而获得的，也可能是通过非直接的方式（比如读书）获得的。

（二）学习理论

我们是怎样学习的呢？下面用两个比较流行的理论——操作性条件作用和社会学习理论来解释我们学到行为的过程。

1. 操作性条件作用

根据操作性条件作用（Operant Conditioning）理论，行为是结果的函数。人们学会某种行为是为了得到他们想要的结果，回避他们不想要的结果。操作性条件作用的建立者、哈佛大学的心理学家斯金纳（B. F. Skinner）认为，在个体某种行为之后提供他喜欢的结果，可以增加个体做该行为的频率。因此，**操作性条件作用可以理解为，如果人们表现出某种行为后得到正强化，他们很可能会重复这一行为；如果行为之后马上得到回报，那么回报的效果非常显著；如果行为之后得不到回报或者受到惩罚，那么重复该行为的可能性就会小很多。** 操作性条件作用理论是斯金纳行为主义理论的一部分，行为主义认为行为是刺激的产物，是自发的。在斯金纳的理性行为主义中，情感、思想和其他精神活动都未被看作是行为的原因，简言之，人们学会把刺激物和反应联结起来，但是他们自己并没有意识到这一点。

不管是明确说明还是含蓄暗示行为之后跟着会有强化，都意味着应用了操作性条件学习，你的老师说，如果你想拿高分就必须在测试中写上正确答案；一个想挣大钱的代销商知道高、低收入取决于她的销售额。当然，这种联结也教会员工一些违背公司利益的行为，假定你的老板告诉你，如果你加班，在下次的绩效考核中你将得到补偿，但是绩效考核时你发现自己并没有因加班而得到正强化。下次你的老板请你加班，你会怎么做？你很可能会拒绝，你的行为可以用操作性条件作用来解释：如果一个行为没有得到正强化，那么该行为重复的可能性就下降。

2. 社会学习理论

个体可以通过观察别人的经历和听他人的讲述来学习，也可以通过直接体验来学习。这种认为可以通过观察和直接体验学习的理论称为社会学习（Social Learning）理论。

虽然社会学习理论是操作性条件作用的扩展（因为它假定行为是结果的函数），它还认为可以通过观察来学习，并且知觉对学习而言很重要。人们做出回应是基于自己对结果的感知和定义，而不是客观结果本身。

榜样的作用对社会学习观点至关重要。以下四个过程决定一个榜样对个体影响的大小：

（1）注意过程。人们只有在认出并关注某个榜样的关键特征时，才有可能向榜样学习。那些有吸引力的、反复出现的、对我们很重要的，或者在我们看来和我们有相似之处的榜样对我们的影响最大。

（2）保持过程。一个榜样的影响程度取决于当这个榜样已经不再出现时，我们对他的行为还记得多少。

（3）再现过程。当一个人观察到榜样的某种行为之后，关注必须转化为行动，这个过程说明个人可以完成榜样的行动。

（4）强化过程。如果提供正面的激励和回报，个体就会有动力展现榜样的行为。得到正强化的行为会得到更多关注、被学得更好、运用得更频繁。

3. 行为塑造：一种管理工具

因为学习发生在工作中和工作前，所以管理者关心如何教给员工最有利于组织的行为。**当管理者试图用设计好的步骤，通过引导他人学习来重塑他们时，我们就称为行为塑造（Behavior Shaping）。** 当个体每次向我们预期的回应迈出一步，我们就对之进行系统的强化，这就是我们塑造行为的方法。

（1）行为塑造的方法。塑造行为有四种方法，具体如下：

①行为之后出现的是令人愉快的事情称为正强化。比如，员工出色完成工作后受到老板的赞扬。

②行为之后去除令人不愉快的事情称为负强化。比如，如果你的大学老师提了个问题，而你不知道正确答案，老师之后不再提问你。这属于负强化，因为老师推断继续提问并不能得到令人满意的回答。

③当一种行为带来令人不快的结果时，我们称之为惩罚。它试图消除不受欢迎的行为。如果某员工醉酒，那么令他暂停工作两天并不付工资就是一种惩罚。

④消退是指对任何一种行为强化的解除，行为得不到强化时就会逐渐消退。大学老师如果不想鼓励学生上课提问，就可以通过忽视举手提问的学生而达到消除该行为的目的。当举手总是得不到强化时，就不会再有人举手了。

正强化和负强化都导致学习的发生。强化会增加某种反应的机会，并加大其重复出现的可能性；惩罚和消退则弱化行为，降低某种行为发生的频率。

（2）行为塑造的频度。

①连续型和间歇型强化。在行为塑造的过程中有一个关键的问题，就是强化时间的选择。强化程序的两种主要方式是连续型和间歇型。

连续型强化（Continuous Reinforcement）程序指期望行为的每次出现都得到强化。 举例来说，一个员工长期都有不准时上班的问题，连续型强化是指当他每次准时的时候，他的经理就会赞扬他这种符合要求的行为。

另外，**在间歇型强化（Intermittent Reinforcement）程序中，并不是每次出现的期望行为都得到强化，但所给予的强化也足够频密，从而使期望行为值得重复。** 第二种强化程序可以与赌具中的吃角子老虎机的工作原理相比较，虽然人们知道赌具是设置好为赌场赚取大量利润的，但他们仍然不断参与这种赌博游戏。间歇性赢钱的频率足以强化人们塞入硬币、拉下把手的行为。有证据表明，间歇型或者其他形式的强化程序，比连续型强化能更好地抵抗行为的消退。

间歇型强化可以按照一定的比率或者间隔进行强化。

比率程序表（Ratio Schedule）中强化的多少取决于个体做多少次回应，个体做出某种具体行为一定次数后得到一次强化。间隔程序表（Interval Schedule）中强化的多少则取决于两次强化之间间隔的时间长度，根据间隔程序表，个体得到第一次强化后，再过一定的时间段，就会再次得到强化。

②固定的和可变的强化。强化还可以分为固定的和可变的。当回报是按照固定的时间间隔提供时，强化程序表就属于固定时段型（Fixed-interval），这里，关键的变量是时间，即时间是固定不变的。若你每周、每半个月、每个月，或者在某个固定时间段拿一次薪水，你的回报就属于定时段型的强化程序表。如果你的回报发放时间是随机的、不可预测的，那么表就属于可变时段型（Variable-interval），例如，公司的审计人员会对各部门进行随机、突然的审查，这就属于可变时段型程序表。

若采用固定比率（Fixed-ratio）程序，则每过一定的时间段或者行为重复一定次数后，回报就会出现。例如，服装厂的工人每安好一个拉链就得到5美元报酬的计件工资，这就属于固定比率程序。当回报随着个体行为的变化而变化时，个体的强化属于可变比率（Variable-ratio）程序。例如，被授权的销售人员就属于这种强化程序，有时候，他们给一个潜在客户打两次电话就可以拿到订单；而其他时候，他们需要打二十多个电话才能得到一个订单。表2-2总结了各种强化程序。

表2-2 强化时间表

强化时间类型	强化的本质	对行为的影响	举例
连续强化	期望行为的每次出现都得到强化	快速学会新行为，消退速度快	赞美
固定间歇型	按照固定的时间间隔提供回报	表现平均无规律，消退速度快	周薪
可变间歇型	按照变化的时间间隔提供回报	绩效较高、较稳定，消退速度较慢	抽查式测验
固定比率	达到一定的产出就提供回报	绩效高且稳定，消退速度慢	计件工资
可变比率	回报随着个体行为的变化而变化	绩效很高，消退速度慢	被授权的销售人员

③强化程序和行为。连续强化程序会导致较早出现满足，在这种程序之下，强化一旦停止，行为就会迅速弱化。因此，连续强化适用于那些新出现的、不稳定的或出现频率低的回应（比如，因考试成绩优异而得到嘉奖）。与此相反，间歇型强化可以防止满足过早出现，因为并不是每次回应都得到强化。这种强化程序适合那些稳定的或者出现频率高的回应（比如，因考试合格而得到奖励）。

一般情况下，可变程序比固定程序更容易带来高绩效。举例来说，像前面提到的，组织中的多数员工是根据固定时段程序拿工资的，但是这种程序没有清楚地反映绩效和回报间的联系，因为回报是根据工作的时间，而不是根据某种具体回应（绩效）而定。相反，可变时段程序引致高频率的回应和更稳定、更持久的行为，因为绩效和回报高度相关，并且它包含了不确定性：员工会因变化因素的存在而更加警觉。

④强化理论存在的问题。虽然通过回报和惩罚来强化行为的效果得到很多文献的支持，但这并不意味着斯金纳是正确的。如果强化的力量不能归因于操作性条件作用或者行为主义，那如何解释？有研究显示，思想和情感会伴随环境刺激，甚至是那些明显为了塑造行为的刺激，那么，行为主义的问题来了，因为这和行为主义的假设是相抵触的——行为主义认为人们如何响应环境是和内在思想和情感无关的。

同样，如果提供奖励时并没有塑造行为的意图，那么还属于行为塑造吗？难道认为所有刺激都是为了得到某种回应这种观点不是狭隘的吗？难道我们要告诉对方我们爱他们仅仅是为了得到回报或者塑造他们的行为吗？

正是因为这些问题以及其他问题的存在，操作性条件作用和行为主义理论已经被其他强调认知过程的理论取代。不管怎样，毋庸置疑的是，这些理论可以帮助我们更好地了解人类行为。

本章小结和对管理者的启示

本章介绍了个体行为的基础，主要包括生物学基础和社会学基础，在此基础上讨论了影响组织中个体行为的三大因素：态度、工作满意度和学习。

管理者应该对员工的态度很感兴趣，因为态度能够预示潜在问题并且会影响行为。例如，对工作满意和承诺度高的员工有较低的离职率、旷工率以及其他的负面行为，他们往往还有出色的工作表现。管理者期望降低离职率和旷工率（尤其是生产性员工），他们希望努力激发积极的工作态度。

管理者要提高员工的满意度，最重要的手段是在内部激励上下功夫，例如，让工作变得更富挑战和有趣。虽然低廉的薪水不能够吸引高素质的员工，也不能保持组织的高绩效，但是，管理者必须明白，仅仅靠高薪也不能够创造令人满意的工作环境。管理者还需留意员工的认知失调是可以管理的。当员工需要参加一些他们一般不参与或和他们的态度不一致的活动时，他们可能会意识到失调是由外部强加而他们无法控制的，或者回报很高足以抵消失调时，员工需要调整失调的压力。

正强化是一种很有效的修正行为的工具。通过识别和奖励改善绩效的行为，管理者可以增加这些行为出现的频率。有关于学习的知识进一步显示，强化比惩罚更有效。尽管惩罚与负强化相比，能够更快地消除不受欢迎的行为，但是受到惩罚的行为只是暂时受到抑制，它并没有真正变化，而且惩罚还可能带来管理者不希望看到的副作用，比如更低的士气、更高的离职率和旷工率。此外，受到惩罚的人还会憎恨惩罚者。因此，管理者最好使用强化而不是惩罚手段。

本章练习题

（一）思考题

1. 描述行为和遗传的关系。
2. 试述组织中的行为塑造过程。
3. 社会学习理论中的榜样的作用包括哪几个步骤？

（二）案例分析

如何提升员工的幸福感？

幸福是琐碎日常的快乐，是不经意的善举和关怀。

问：老板让我提升员工幸福感，但我不知道怎么做，能否给些建议？

欧德张答：对于这个问题，我的建议是，首先你要和老板确认他认为的幸福感是什么，这很重要。

当你的上级给你一个任务，你对那个任务不了解的时候，你还是要先做沟通确认，因为很可能你理解的幸福感和老板理解的幸福感是不一样的。

我对幸福感的理解是，幸福是比较出来的。

作家刘震云在上节目的时候，问了主持人一个问题："你们认为哪里最凉快？"他给出的答案很有意思。

他说第一个最凉快的地方是厨房的门口。为什么？因为以前农村做饭是烧柴的，火很旺，一个人又要添柴又要炒菜，忙得不可开交。这时候你走到厨房的门口，一阵风吹来，你就会感觉特别凉快。

第二个最凉快的地方是庄稼地头的树下。农民在地里忙活，弯腰干活，满头大汗，非常辛苦，天又很热，这时候如果能够到树下阴凉的地方坐一会儿，喝口水，是不是会感觉很凉快？

所以，幸福感不是一个固定的状态，也不是一种东西，你给对方，对方就会觉得幸福。幸福感是比较出来的。

比如当药店买不到药的时候，公司给每个员工发两粒布洛芬，这就是幸福感。

当新员工来到企业第一天上班，坐的位置上空荡荡的，这时 HR 拿了一个印着他名字的杯子说："来，这个杯子送给你。"这也是一种幸福感。

当员工身体不好，跟上级请假，上级回复："好好照顾自己。记得检查结果出来告诉我一下，让我安心。"这也是一种幸福感。

我们公司有个传统，就是年底的时候会给每一位员工家长发 2 000 块钱的菜金。为什么叫菜金？你的孩子长大了，你的孩子由企业来照顾他，由公司来照顾他，但是过年员工回家，父母会做很多菜，我们来承担这个费用，让父母可以做更多的好菜。

我们从公司成立一直到现在，无论赚钱还是没赚钱，都在坚持做这件事情。这也是一种幸福感。

幸福是琐碎日常的快乐，是不经意的善举和关怀，是从内心流淌出来的。

所以，提升员工幸福感没有固定的方法，只有你理解了什么叫幸福感，才会有所感悟。

（资料来源：欧德张. 如何提升员工的幸福感？2023-01-19）

问题：结合案例内容谈谈你对幸福感的理解。

研究课题

结合学习雷锋的活动和自己的成长经历，谈谈个体行为塑造的过程及意义。

第三章 多元化与个体差异

名人名言

和而不同，多元一体，各美其美，美人之美，美美与共，和谐世界。
——费孝通（1910—2005，中国社会学家、人类学家和民族学家，中国社会学和人类学的奠基人之一）

学习目标

1. 了解并掌握多元化的内涵；
2. 了解多元化产生的原因与动机；
3. 掌握多元化对管理工作的影响和解决对策；
4. 掌握个体差异的内涵；
5. 掌握个体差异的构成；
6. 掌握能力的特征与管理；
7. 掌握气质的特征与管理；
8. 掌握性格的特征与管理。

本章关键词

多元化；个体差异；能力；气质；性格；大五人格。

思维导图

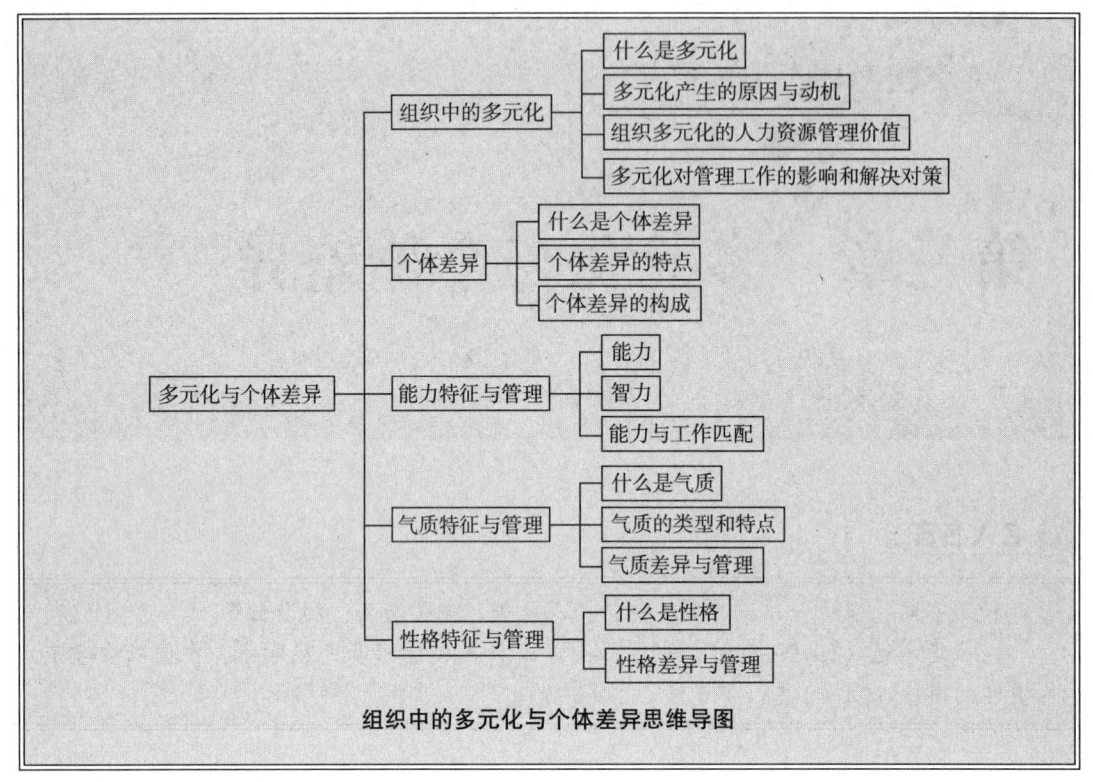

```
多元化与个体差异
├── 组织中的多元化
│   ├── 什么是多元化
│   ├── 多元化产生的原因与动机
│   ├── 组织多元化的人力资源管理价值
│   └── 多元化对管理工作的影响和解决对策
├── 个体差异
│   ├── 什么是个体差异
│   ├── 个体差异的特点
│   └── 个体差异的构成
├── 能力特征与管理
│   ├── 能力
│   ├── 智力
│   └── 能力与工作匹配
├── 气质特征与管理
│   ├── 什么是气质
│   ├── 气质的类型和特点
│   └── 气质差异与管理
└── 性格特征与管理
    ├── 什么是性格
    └── 性格差异与管理
```

组织中的多元化与个体差异思维导图

开篇案例

为什么谷歌和华为争夺天才少年？

他们只雇用全世界最聪明的人。

所谓天才，指的是在某一行业或某一领域或某一专业上，有着独到天赋与能力的稀缺人才。他们能力强、个性突出、视野独特，我们所熟知的许多硅谷大佬都是天才，比如乔布斯、马斯克、扎克伯格等人，青少年时就显露出不凡的才能。

2003年，17岁的天才少年克里斯蒂亚诺·罗纳尔多被弗格森带到了曼联。这一年球迷还在处于贝克汉姆远走伯纳乌的阵痛之中，而弗格森已准备好让C罗来接替贝克汉姆成为新的7号，这在当时引起了不小的轰动：曼联疯了吗？让一个初出茅庐的小毛孩接棒？团队里不和谐的声音此起彼伏……弗格森却不以为然："这是我在足球管理方面经历过的最大的兴奋和期待。"果不其然，始终处于冲锋状态下的C罗，让那支曼联队伍变得"不一样"，变得充满了激情和荣誉感。

天才少年就像"泥鳅"一样，钻活了组织，激活了队伍。最关键的是：竞争环境下的危机感以及自我价值的发挥盘活了整盘棋局。

1. 天才少年有多优秀？

阿迪亚（Aditya Paliwal），22岁，程序员，谷歌在纽约的AI Google Residency Program开出了高达1 200万卢比年薪（约115.5万元人民币）的Offer。来自孟买的阿迪亚是全世界仅有的被选拔进入该计划的50人之一，2018年全印度有5人被选中参加该计划。阿迪亚击败了全球各地学生中的6 000名选手才获得资格。

当被问及他对该计划的期望时,阿迪亚说:"我们将致力于最先进的研究,并撰写尽可能多的研究论文,获得有意思的结果。我还不知道我将分配到哪个具体的领域。不过,我期待认识来自世界各地的高级研究人员和科学家。"

雅恩·霍恩(Yean Hoen),22岁,谷歌网络安全研究员。霍恩是公布英特尔芯片漏洞的第一人,这是有史以来发现的最严重的芯片Bug,直到霍恩公开漏洞后数月,其他研究者才发现这些安全漏洞,而且他们对霍恩能够一个人发现此漏洞备感吃惊。奥地利格拉茨技术大学的丹尼尔·格鲁斯(Daniel Gross)表示:"我们拥有数个团队,我们有线索知道从哪里开始入手,而他是从零起步。"

通过采访霍恩以及他身边的人可以得知,坚定的意志以及过人的才智帮助他发现了这个存在了10多年,但一直未被发现的漏洞。

2. 谷歌公司为什么喜欢招揽天才少年?

得益于谷歌创始人拉里·佩奇(Larry Page)和谢尔盖·布林(Sergei Bulin)在人才管理上的不断创新。

"谷歌只雇用最聪明的人。"谷歌高管艾伦·尤塔斯(Alan Utas)曾说,"拔尖工程师的价值相当于普通工程师的300倍。"

布林早年就是天才少年,IQ高达229,精通计算机和数学。布林提出公司要有领先于时代的理念,这让谷歌更乐意招揽全世界的天才少年。

慧眼识才、求贤若渴、善待人才,谷歌毫无疑问是当下全世界最擅长招揽"最聪明的人"的企业。

从产出效益上说,"最聪明的人"才能在这个全新的领域创新。

而从管理上讲,"最聪明的人"能够很好地管理自己,激活团队。

同样,"最聪明的人",他们把实现自我价值的成就感排在第一位,金钱可能排在第二位。这可能是创新最需要的元素。

3. 我们要和谷歌争夺人才!华为发天才少年招揽令!下图为华为内部办公电子邮件截图。

总裁办电子邮件

电邮讲话【2019】061号　　签发人:任正非

任总在EMT《20分钟》的讲话
2019年6月20日

公司每个体系都要调整到冲锋状态,不要有条条框框,发挥所有人的聪明才智,英勇作战,努力向前冲。华为公司未来要拖着这个世界往前走,自己创造标准,只要能做成世界最先进,那我们就是标准,别人都会向我们靠拢。

今年我们将从全世界招进20-30名天才少年,明年我们还想从世界范围招进200-300名。这些天才少年就像"泥鳅"一样,钻活我们的组织,激活我们的队伍。

未来3-5年,相信我们公司会焕然一新,全部"换枪换炮",一定要打赢这场"战争"。靠什么?靠你们。

报送:董事会成员、监事会成员
主送:全体员工

二〇一九年六月二十七日

华为内部办公电子邮件截图

同为科技巨头,我们有时候习惯把华为和谷歌对标。在中国,华为同样吸引着东方

"最聪明的人"涌入,但任正非认为不够,是时候把眼光扫向世界了,华为不缺人才,缺的是天才。

2019年6月27日,华为内部的心声社区挂出华为创始人、CEO任正非6月20日在公司EMT(经营管理团队)内部的讲话。"今年我们将从全世界招进20~30名天才少年,明年我们还想从世界范围招进200~300名。这些天才少年就像'泥鳅'一样,钻活我们的组织,激活我们的队伍。"任正非强调。

"公司每个体系都要调整到冲锋状态,不要有条条框框,发挥所有人的聪明才智,英勇作战,努力向前冲。华为公司未来要拖着这个世界往前走,自己创造标准,只要能做成世界最先进,那我们就是标准,别人都会向我们靠拢。"

"西方公司在人才争夺上,比我们看得长远。发现你是人才,就去他们公司实习,专门有人培养你,这不是我们大学毕业找工作的概念。我们扩大了与美国公司争夺人才的机会窗,但我们的实力还不够。对世界各国的优秀大学生,从大二开始,我们就给他们发Offer。这些孩子超级聪明,举一个例子,新西伯利亚大学连续6年拿到世界计算机竞赛冠军、亚军,但是所有冠军、亚军都被谷歌用五六倍的工资挖走了,从今年开始,我们要开出比谷歌更高的薪酬挖他们来,在俄罗斯的土地上创新,我们要和谷歌争夺人才。我们支持科学家的创新,对科学家不要求追求成功,失败也是成功,因为他们把人才培养出来了。只有这样,我们才有可能源源不断地前进。"任正非很是看重科学研究。

从1987年成立到现在,在30多年的时间里,华为成了全球销售收入首超千亿美元、有18.8万员工、业务遍及170多个国家和地区、服务30多亿人口的企业。组织大了,管理上的问题就来了:如何保持高速增长?如何保持组织的灵动——引入人才,特别是天才。

"我们引进的这些人就像'泥鳅'一样,钻活我们的组织、激活我们的队伍。"

4. 执行的难点在哪里?

如何对"泥鳅"型人才进行有效的利用和管理是管理者必须探讨的问题。

"泥鳅效应"的根本在于一个管理方法的问题,而应用"泥鳅效应"的关键就在于如何应用好"泥鳅"型人才。

"泥鳅效应"一直为谷歌、华为等大企业所推崇,但我们不得不看到,这种引进外部力量刺激内部成员的做法也存在着一定的弊端和操作的困难。

从组织来讲,外部引进的高级人才,在一定程度上阻碍了原有成员晋升的机会,从而扼杀了某些原本就非常努力的员工的奋斗激情。

就团队而言,"泥鳅"释放危机感,为了刺激团队的活力,如何控制"度"?

此外,"泥鳅"的引入能否和原有成员形成优势互补、是否具有团队意识,都会影响到团队以后的战斗力发挥。

针对这样的问题华为又是如何解决的呢?用任正非的话说:给天才少年一个成长、发挥的空间,支持研究和创新,不要求追求成功,失败也是成功。

【小知识点】

泥鳅效应:如何使得鱼类在运输途中保持生命力?中国人在黄鳝群里放几条泥鳅,泥鳅在黄鳝群里钻来钻去,造成紧张氛围,迫使黄鳝也随之而动,二三十个小时的运输路程,黄鳝活力依旧,这就是泥鳅效应。

(资料来源:郁伟. 为什么谷歌和华为争夺天才少年? 2023-01-19)

第一节 组织中的多元化

一、什么是多元化

当前的组织在发展过程中呈现出愈加复杂的趋势，这种趋势的表征是多种多样的。但其本质上均是围绕人员的特征展开的。具体而言，这一系列多元化主要表现为人口统计学方面的年龄、性别、籍贯、学缘结构等，也有的表现为文化、种族和宗教等方面，还有的表现为组织的战略和组织的类型等内容。组织的多元化造就了不同组织独具的特色，使各个组织之间具有相对的特殊性，借此把不同的组织和组织中不同的个体有效地区分开来，进而确保了整个组织生活的丰富多彩。关于多元化的理解也是各有不同，多元化是特性不同的对象组合，业务的多元化指非相关、跨行业、多品类的业务组合，比如烟草品牌红塔山做地板、中粮集团做房地产、家电品牌海尔做医药这些就是发展战略的多元化。而社会的多元化指性别、种族、民族和宗教等的不同组合；学习的多元化则是指跨门类、跨学科、跨专业的学习。与多元化相对应的是专一化或单一化。

本书采用通用的多元化观点侧重于从人力资源角度开展研究，把多元化定义为，"**任何在某种程度上相似但有所不同的人员的组合**"。在工作场所里，人们通常倾向于将多元化联想到容易识别的特性，如性别或种族。

二、多元化产生的原因与动机

（一）多元化产生的原因

组织的多元化经营与管理的原因是多方面的。从其外部原因分析，主要是组织所面对的市场容量的限制。市场需求饱和与市场容量的有限性会促使组织做出调整而尽快进入新的产业领域。同时，市场需求的多样性和不确定性，也会诱使组织开展多元化经营与管理以分散风险、寻求新的发展空间。从组织内部来说，实行多元化经营的原动力，是为了更充分地利用组织自身的剩余资源，最大限度地实现"范围经济"。所谓的范围经济实质上是指组织多个业务可以共享自身的资源，尤其是充分利用自身开展其他业务的剩余资源，这些资源既包括有形资源（生产能力、营销、服务系统、技术开发与创新系统等），也包括无形资源（商标、商誉、管理技巧、技术、知识等）。除了追求组织成长和利润增加的经济考虑外，我国的许多组织，尤其是国营企业实行多元化经营，往往还考虑行政的（很多兼并行为往往是政府安排），社会的（安置富余人员和开拓新管理岗位如"三产办"）和体制的（国营企业优先上市等并获得一定的"剩余资金"）因素。组织实行多元化经营，往往容易将自身规模做大。但是，组织规模扩大，必须与组织中的个体素养与自身的管理能力保持一致，否则难以使多元化业务健康发展，甚至会对组织的主营业务和固有优势造成诸多不利影响。

此外，随着组织国际化步伐的加快，越来越多的组织开始设立跨地域和跨国家的分支机构，同时，许多外资企业也大量涌入国内，或者以独资的情况，或者以中外合资的情况，大量在国内开设分公司或者分厂以及办事机构。这些跨国企业的大量出现，在人员和文化上不可避免地产生了多元化的倾向，从而为当前的管理工作提出了问题和挑战。

随着知识经济、信息技术的飞速发展，组织的结构形态也在快速地调整、变化乃至颠覆，催生了各种互联网组织、虚拟组织、平台组织等新型组织形式，组织与员工之间长期稳定的雇佣关系也随之发生改变，自雇佣者、派遣用工等多元化雇佣模式应运而生。所谓多元化雇佣模式，是指组织采用传统雇佣（主要是长期工）与非典型雇佣（派遣工、自雇佣者等）相结合的雇佣方式，即通过组合雇佣实现组织人力资源灵活配置。其通常是基于以下两种观点：一是基于劳动力市场交易的视角，实现用工成本最小化，表现为签订或调整商业契约的内容，将部分传统雇佣方式下组织内部完成的非核心业务转移到市场，例如外包、派遣用工等形式；二是基于劳动力供需均衡的视角，实现雇佣数量的调整，表现为根据外部环境波动及组织发展需要，适当扩充或缩减劳动力规模，避免出现劳动力短缺或冗余的情况。[①]

（二）多元化产生的动机

1. 进攻型动机诱使的多元化

在某一领域获得成功的组织，受到社会的广泛关注，会有很多其他领域的机会送到它们面前，同时它们也往往以为运用相同的模式会使自己在其他领域同样取得成功。成功的自信、扩张的欲望、盈利的紧迫以及怕被人视为保守的心理，使它们果断地将大量经营资源投向新的领域。殊不知，馅饼下面也可能是陷阱，迫切需要大量投入的主业由于资源被抽走而无法支撑高速成长的需要和应付蜂拥而至的竞争对手，新领域的运作因无法实现与主业的一体化整合而牵扯精力。组织由此陷入困境而难以自拔。

组织由小到大追求规模经济时，最大的制约是生产领域的以设备和生产方式为中心的"技术制约"；组织由大到更大追求成长经济时，最大的制约变为流通领域的以产品竞争力为中心的"市场制约"；但组织由大到多追求多元化经济时，最大的制约则成为战略领域的以资源配置能力为中心的"管理制约"。在多元化经营战略中失败的组织，往往是由于在资源配置能力较低，以自身所拥有的核心价值观为基础的核心竞争力还远未形成的情况下，就仓促进入了多元化经营阶段。

2. 防御型动机诱使的多元化经营

我们一般认为多元化经营可以分散经营风险，这成为多元化经营的一个主要动机，但遗憾的是，这一常识性的看法被很多研究证明是不成立的：多元化经营与风险的降低没有直接关系。把鸡蛋放在多个篮子里造成的安全感所引起的心理疏忽，照样会使鸡蛋全部被打破，有时还不如全部放在一只篮子里再全力以赴看住篮子的效果好。

其实，多元化经营是组织成长过程中的一个重要的战略转折点，是危险与机会并存的关键点。现代组织所追求的终极目标已经不是利润最大化而是可持续成长，在既有事业范围内，组织要保持必要的成长速度不外乎两条途径：一是跟随所在产业的成长而成长，二是通过挤占竞争对手的市场份额而成长。但是，当整个产业趋于成熟以及竞争成本过高的情况下，组织就必须考虑在既有事业范围之外的成长了，这就是多元化经营。多元化经营

---

① 李辉，李懿，刘翔宇. 多元化雇佣模式下组织人力资源管理策略研究［J］. 领导科学，2021，12：84-87.

是组织由单一化向多样化的基本成长模式的重大转换，是对新成长领域的探索甚至是探险，吃不到馅饼反掉进陷阱的概率很大，不保持一定的谨慎态度是不行的。

三、组织多元化的人力资源管理价值

企业多元化经营又称多样化经营，是企业为了获得最大的经济效益和长期稳定经营，开发有发展潜力的产品，或通过吸收、合并其他行业的企业，以充实系列产品结构，或者丰富产品组合结构的一种经营模式。它是企业发展到一定阶段，为寻求长远发展而采取的一种成长或扩张行为。对于多元化经营的企业来说，人力资源是企业核心竞争力的重要构成部分，多元化发展需要大量的高层管理人员和高级技术人才。不仅人才的需求量增大了，而且在专业上也有了一些变化。人力资源状况关系着企业多元化经营的成败，人力资源战略也是企业总体战略的组成部分，这就要求组织多元化发展时要高度重视、大力推进人才战略，制定人才规划，服从并服务于总体战略。[①]

四、多元化对管理工作的影响和解决对策

（一）多元化对管理工作的积极影响

组织通过多元化可以达到相应的经营管理目标，因此，对于一个组织而言，实施组织层面和成员个体层面的多元化，对于其自身来说都是大有裨益的。其具体的好处主要体现在以下几个方面：

1. 多元化为组织提供了发展的机会

任何组织的发展都需要在社会和市场中寻找机会，并不断地进行着各种调适，以期从中选取最佳的方式。而多元化恰恰是在这个过程中，为组织呈现来自不同目标和角度的各种调适方案，让组织在这些方案的尝试中找到自身新的发展机会。

2. 多元化为组织增添了成长的动力

任何一个组织经过长期发展之后，都容易形成稳固和久而久之僵化的行为习惯、运行模式及文化传统，这些东西在一定的时期内对于保持组织的稳定性、统一性和协调性具有重要的作用。然而，随着组织外部环境的变化，这些固化下来的要素，其中的一部分可能会成为组织进一步发展的阻力。而组织不断地通过兼并重组、人员流动和战略调整等组织多元化的策略与运作方式，会不断地打破上述组织自身固有的行为习惯、运行模式及文化传统等的束缚，从而使组织焕发生机与活力，进而增添了成长的动力。

（二）多元化对管理工作的消极影响

1. 多元化为组织的发展带来挑战

组织在发展的过程中，从单一化逐步走向多元化，在经营管理活动中不可避免地遇到诸多以前未曾经历的问题与困难，这些都在一定程度上给组织的经营管理者带来诸多不便与困扰。这些问题困难主要包括不同文化、种族、性别、年龄和宗教信仰的员工的管理，不同类型的组织之间的合并与融合，多元战略之间的协调与整合等，这些都对组织经营管理者的能力和水平带来严峻的挑战。

---

① 窦红玉. 多元化经营背景下企业人力资源管理对策研究 [J]. 现代商业，2009（23）：48.

2. 多元化为组织的发展带来阻力

尽管多元化为组织注入了新鲜血液，带来了新鲜的发展思路和气息，但是，不可否认的是，多元化也为组织的发展带来了一定的不容忽视的阻力。这些阻力有个体层面的，主要是来自不同文化、种族、性别、年龄和宗教信仰的员工在管理中如何实现同工同酬，如何实现文化相容，如何实现彼此认同，如何正视价值观的差异性等诸多方面。

这些阻力还有来自组织层面的，主要包括组织多元化发展策略对固有优势发展方向的冲击和影响、对组织稀缺资源的分配纠纷，等等。

（三）应对多元化影响的解决对策

1. 尊重多元化——和而不同

在人与人、人与自然的关系上，中国传统文化历来主张平衡和谐，"以和为贵"是中国文化的根本特征和基本价值取向。"君子和而不同"正是对"和"这一理念的具体阐发。

这句话出自《论语·子路第十三》。原文是："君子和而不同，小人同而不和。"何晏《论语集解》对这句话的解释是："君子心和然其所见各异，故曰不同；小人所嗜好者同，然各争利，故曰不和。"就是说，君子内心所见略同，但其外在表现未必都一样，比如都为天下谋，有些人出仕做官，有些人则教书育人，这种"不同"可以致"和"；小人虽然嗜好相同，但因为各争私利，必然互起冲突，这种"同"反而导致了"不和"。

其实，"和"与"同"的概念，最早不是孔子提出来的。《国语》和《左传》中都有史伯与晏子议论"和"与"同"的记载，比如史伯在《国语·郑语》中说："以他平他谓之和。"这里的"他"有"不同"的意思，在不同中寻找相同相近的事物或道理，也就是寻求"和"的过程。史伯和晏子从哲学和自然规律上来讲"和"与"同"，孔子则将其引申到社会领域，用以阐释做人的道理，视为区别"君子"与"小人"的特征之一，可见孔子对"和"的重视。

就自身而言，高明的人总是与别人相协调，但并不盲目地重复或附和别人，因为协调而不重复故能达成和谐；不高明的人，见到旁人的成功就一窝蜂随大流地模仿别人，反而引起恶性竞争，最终导致不和谐。这里可以举一个例子：美国开发西部的早期，曾一度形成了淘金热，各地的人们纷纷奔赴西部淘金。而一个叫史密斯的人，也想借此发财，但他不是直接像别人那样去淘金，而是去向淘金的人卖水。结果，许多淘金者空手而归，史密斯却大发一笔，从此成了富翁。他顺应了淘金的潮流，这是"和"；但他没有重复别人，这是"不同"，合起来就是"和而不同"，所以他比别人高明，发财是对高明的应有报偿。

对他人而言，高明的人总是追求和谐，为此而包容差异，在丰富多彩中达成和谐；不高明的人，总是强求一致，因为容不得差异而往往造成矛盾冲突。比如，一个乐队，想要演奏出和谐美妙的音乐，需要运用十几种乃至几十种不同的乐器，各奏其乐，各发其声，从而汇成宏大动听的交响乐。反之，如果乐队中都使用同一种乐器，其单调乏味是可想而知。再比如，用乱石砌墙、碎石铺路，尽管大量的乱石奇形怪状，各不相同，但墙一旦砌成，风格和谐统一，路一旦铺就，犹如一体天成。又比如，生物分雌雄，动物分公母，人类分男女，假设世界上只有同一个性别，无法交媾，也就无法造就新的生命。我们的世界本来就是，也应当是一个"和而不同"的多样性的世界。

2. 协调多元化——多元一体

由于多元化更深层次的内涵及影响因素来源于文化，因此解决多元化问题的另一思路就是从文化的协调性角度探索如何实现基于多元文化背景下的多元一体。所谓多元一体，从文化的角度来看，可以借助裔昭印博士主编的《世界文化史》（以下简称《文化史》，华东师范大学出版社 2000 年版）提出的一个"多元一体"的文化概念来加以理解。"多元"在文化史著中早已提及，但是"一体"特别是将"多元"与"一体"结合起来组成一个新的概念，在学术界却无先例。"多元一体"表述的实际上是文化发展历程中一种无法回避的矛盾关系，如何处理这一关系，《文化史》一书的观点为我们提供了一个很好的解释。在远古时代，各文明发源地都处在彼此孤立状态，后来，这些发源地渐如波动的涟漪由点到面逐渐连成一片。至现当代，各区域、各国家甚至各民族的文化虽然大多还能保持自身的特色，但彼此之间已互相渗透，包容了大量的异元文化因子。这无疑是一体文化的一个重要内涵。而由文明源点的出现到一体文化的形成，文化交流发挥了重要作用。因为文化交流是单元文化联姻的媒介，是由多元文化向一体文化过渡的桥梁。

3. 战略多元化——核心能力

核心能力是指公司的主要能力，即是公司在竞争中处于优势地位的强项，是其他对手很难达到或者无法具备的一种能力。聚焦核心能力，企业核心能力主要是关乎各种技术和对应组织之间的协调和配合，从而可以给企业带来长期竞争优势（Competitive Advantage in Long-run）和超额利润（Superior Profit）。

美国康奈尔大学人力资源管理专家帕特里教授（Wright Patrick）和斯奈尔（Scott A. Snell）教授提出，衡量某项因素能否成为企业核心能力主要依据以下四个标准[①]：

（1）有价值的（Valuable）；
（2）独一无二的（Unique）；
（3）专门知识（Learning）；
（4）可扩展的（Extendable）。

并且，这种核心能力具有四个来源：

（1）流程（Processes）；
（2）知识（Knowledge）；
（3）技术（Technology）；
（4）关系（Relationship）。

在这个研究的基础上，1990 年，普拉哈拉德（Prahalad）和哈莫（Hamel）在《哈佛商业评论》上发表的《企业的核心能力》一文中首先提出这样的一个概念——核心能力。

在技术方面，核心能力主要是对多种技术和功能进行调整和整合。比如卡西欧把收音机功能放置在一个芯片上，从而生产出名片大小的微型收音机。这种生产就必须有机地结合多种技术流，包括微型化技术、微处理技术、微处理器设计、材料科学以及超薄精密装盒技术等，缺一不可。

---

① Wright Patrick, Scott A. Snell, Peder H. Jacobsen. Current Approaches to HR Strategies: Inside-Out versus Outside-In. [J]. Human Resource Planning, 2004, 27（4）:36-46.

在组织方面，核心能力强调组织的整体协调。在卡西欧公司中，微型化只形成了公司的竞争能力，但把这种能力转化为畅销的卡西欧商品，则必须确保技术、工程、营销等各个环节和功能能够整体协同，因而需要确保技术专家、工程师和销售人员对客户需求和技术的可能性能够共享信息和达成共识。

而通过组织的多元化可以实现人员、资源和技术等方面的全面汇聚，这些汇聚在一起的各种资源经过重新的调配与组合，通过互动进而产生核心能力。

第二节　个体差异

一、什么是个体差异

所谓个体差异主要来自个体在个性特征上的差异。因此，个体差异可以表述为一个人精神面貌稳定的类型或特征上存在的差异，这种差异由多种心理特征组成，主要包括**气质**、**性格和能力**。这些特征在个体行为过程中，反映了个体的观察、思考、行为、情感等方面的整体倾向。个体差异是组织多元化体现在人员之上的前提和基础。

从华为的任正非、小米的雷军以及格力的董明珠等励志成长故事中，我们可以看出，他们的成功与其气质性格能力都有很大联系。正是他们这些方面独特的个体差异组合，造就了他们的成功，乃至奠定了他们今后不断成功的基础。个体差异是把特定个体与其他个体区别开来的独特特点，这对于管理工作具有重要意义。第一，不同的个体差异决定了某一个体更适合某一类工作；第二，某个体的个体差异特点，决定了管理者在与之交往对其进行管理时，需要采取适合他特点的管理方式；第三，个体差异也为解释、理解甚至预测个体行为提供了依据。

二、个体差异的特点

尽管不同的个体在其个性差异方面具有不同的色彩，但从总体上看，个性差异具有社会性、独立性、稳定性、倾向性和整体性。除气质特点主要依赖于生理之外，能力和性格特点更多是个体在后天的社会环境中逐渐形成和发展的。个体的个性特征差异的各个方面都是相对独立的，都是按照其本身的规律在不断产生和发展的。之所以把这些方面称作是个体差异就在于这些个性特征具有稳定性。一个人的气质是很难改变的，一个人的性格特点需要经过长期努力才能改变，而个人的能力则需要一定时期的锻炼和实践才可以提高。个体在个性特征上的差异之所以重要，还在于个性特征使个体的行为具有某种倾向性。不同的气质类型往往使人在外向性上不同，优势能力也预示着个体在某方面的工作会做得比较好。一个人的独特性格特点也使个体在某情景下表现出一定的行为特点，所以个性特征具有倾向性。虽然个性特征各方面具有相对的独立性，但从个体总体来看，个体在个性特征上的差异又具有整体性，两者共同构成了一个个体与其他个体的不同之处。

根据现有的研究显示，个体在个性特征上的个体差异，有些是由先天遗传所决定的，而有一些则完全取决于后天环境的特点。总体来看，个体在个性特征上的差异是其先天的遗传和生理特点与后天的家庭、社会环境、文化、社会阶层等各方面交互作用的结果。

三、个体差异的构成

个体差异主要表现在以下三个方面：能力、气质和性格。

其中，能力是从个体素质角度出发强调彼此间的差别。气质则是从个体心理活动所引发神经活动类型的角度强调彼此间的差别。性格则是从个体所呈现出来的态度和行为方式角度强调彼此间的差别。

这三个方面从不同角度阐明了个体间的差异性，从而为组织的多元化提供了基础和可能性。这样，也为组织管理者的管理工作提出了相应的启示和要求。

第三节 能力特征与管理

一、能力

能力（Ability）是指个体要完成工作中各项任务而需要具备的素质总和。它是对一个人能做什么的评估，管理者不太关注人们是否存在能力差异，他们更想知道人们的能力差异包括哪些方面，并试图运用这些知识来提高招聘的成功率。

二、智力

智力（Intellectual Ability）包括思考、推理、解决问题等精神活动，是所有工作中最好的预测绩效的指标。当然，不同的工作对任职者的智力要求不同。在信息处理方面要求越复杂的工作对任职者的一般智力和语言能力的要求就越高。智商高的员工绩效突出的一个原因是他们更具创造性。智商高的个体可以更快速地掌握工作技能、更好地适应快速变化的环境，并且更善于发明改善绩效的方法。

日益明显的是，智力虽然有助于完成工作，却没有让人们更开心或者对工作更满意。智力和工作满意度之间的相关系数是零。为什么是这样呢？研究表明，虽然智商高的人工作业绩好，喜欢更有意思的工作，但是他们往往对工作条件也更挑剔。因此，智商高的员工虽有较好的工作，却渴望更好的工作。

三、能力与工作匹配

当人职匹配——能力与工作高度匹配时，员工的工作绩效就会大大提高。我们如果仅仅重视员工的能力或者工作对能力的要求，就会忽视一个重要的事实——员工的绩效取决于两者的互动。

当匹配度很低时，会发生什么呢？如果员工缺乏必要的能力，他们很可能会失败。如果你是一个文字处理员，你却达不到基本的键盘打字要求，那么即使你有良好的工作态度或者工作动力，你的工作绩效也好不到哪里去。如果员工的能力远远超出工作要求，那么结果就会有很大不同。这个员工可能是胜任工作的，但又可能会导致组织无效和员工满意度的下降，因为该员工会由于工作限制而受挫。除此以外，由于薪酬可以反映员工的最高技能水平，如果一个员工的能力远远超出工作所需，管理层需要付出高于正常水平的薪水。

第四节 气质特征与管理

一、什么是气质

气质（Temperament）是个体生来就具有的心理活动的动力特征。这与日常生活所经常用的"这位女士很有气质"中的"气质"的含义并不相同。心理学中的"气质"主要是指人神经系统活动的特征。

气质不是推动进行心理活动的心理原因，但它使人的心理活动具有某种稳定的动力特征。这里的心理活动的动力特征指的是心理过程的强度（例如，情绪体验的强度）、心理过程的速度和稳定性（知觉的速度、思维的灵活性、注意时间的长短）、心理活动的指向性（有的人倾向于注意外部事物，而有的人倾向于注意内心世界，经常体验自己的情绪）等方面在行为上的表现。气质不但表现在人的情绪活动中，也表现在智力活动当中，它使人的全部心理活动都染上了个人独特的色彩。个人气质的特点不依赖活动的内容而改变，它表现出一个人生来就有的自然特性，它是由人的生理机制所决定的。

二、气质的类型和特点

（一）气质的类型

所谓气质类型是指某一类人身上共同具有的典型气质特征的有机结合。公元前5世纪希腊著名医生希波克拉底（Hippocrates，约公元前460—前377）提出体液说，把人的气质分为多血质、胆汁质、黏液质、抑郁质四种类型。苏联生理心理学家巴甫洛夫（1935）根据神经活动的特点把人的高级神经活动类型也分为四种。这两个分类之间有一定的对应关系。按照巴甫洛夫的观点，人的大脑皮质的神经过程（兴奋和抑制）有三个基本特征：强度、均衡性、灵活性。所谓神经过程的强度是指神经细胞和整个神经系统的工作能力和界限。神经过程的均衡性是指兴奋和抑制两种神经过程间的相对关系；均衡是指兴奋和抑制过程的强度是相近的，而不均衡指的是其中一个方面占优势而另一方面较弱。所谓神经过程的灵活性是指兴奋过程或抑制过程更替的速率。根据以上三个特征，巴甫洛夫把高级神经活动的类型分为四种兴奋型、活泼型、安静型、抑制型。而这四种类型可以分别与胆汁质、多血质、黏液质、抑郁质四种类型相对应。具体各类型及特点如表3-1所示。

表3-1 神经活动类型及特征

神经活动类型（气质类型）	强度	均衡性	灵活性	行为特点
兴奋型（胆汁质）	强	不均衡	灵活	攻击性强、易兴奋、不易约束、不可抑制
活泼型（多血质）	强	均衡	灵活	活泼好动、反应灵活、好交际
安静型（黏液质）	强	均衡	不灵活	安静、坚定、迟缓、有节制、不好交际
抑制型（抑郁质）	弱	不均衡	不灵活	胆小畏缩、消极防御反应强

（二）气质的特点

典型的四种气质类型人的行为特点如下：

1. 胆汁质

这种气质的人最突出的特点是具有很高的兴奋性，因而在行为上表现出不均衡性。这种人脾气暴躁、喜欢挑衅、态度直率、精力旺盛。他们能够以极大的热情投身于事业，埋头于工作，在达到既定目标道路上能够克服重重困难。但是，一旦精力消耗殆尽，这种人就往往对自己的能力失去信心，情绪低落下来。

2. 多血质

这种人突出的特点是热忱和有显著的工作效能。他们对自己的事业有着浓厚的兴趣，并能保持相当长的时间。这种人有很高的灵活性，容易适应变化了的生活条件，善于交际，在新的环境里不感到拘束。他们精神愉快、朝气蓬勃，但是一旦事业不顺利，或需要付出艰苦努力，其热情就会大减，情绪容易波动。这种人大都机智敏锐，能较快地把握新事物；在从事多变和多样化的工作时，成绩卓著。

3. 黏液质

这种人安静、均衡，始终是平稳的、坚定的和顽强的。他们能够较好地克制自己的冲动，能严格地遵守既定的生活规律和工作制度。他们态度持重，交际适度，不足之处是其固定性有余而灵活性不足。但这种惰性也有积极的一面，它可以保持从容不迫和严肃认真的品格。对这种人，安排从事有条理、冷静和持久性的工作为好。

4. 抑郁质

这种人的突出特点是敏感性较高，因而最容易受到挫折。他们比较孤僻，在困难面前优柔寡断，在面临危险情势时会感到极度的恐惧。这种人常常为微不足道的缘由而动感情。他们很好相处，能胜任别人的委托，能克服困难，具有坚定性。

需要注意的是，人的气质类型没有好坏之分，因为它是人的神经系统活动的特点。而且现实中多数人是两种以上气质类型的混合体，而以上行为特点只描述典型的四种气质类型的行为特点。人的气质是比较稳定的，很难改变；当然它也会随着人的社会实践发生一定程度的变化，但这种变化的可能性不大，也许人的气质有时可以被掩盖起来。

三、气质差异与管理

胆汁质、多血质、黏液质、抑郁质四种气质类型影响到管理工作，也启发管理者需要考虑到个体的气质差异。

首先，在职业选择上，一般来看，典型胆汁质、多血质的人从事需要进行灵活反应的职业比较合适；而典型黏液质、抑郁质的人从事需要耐心、持久、细致的工作比较合适。当然，气质类型与职业选择的关系只是相对而言的。有许多职业例如教师和作家各种不同气质类型的人都可以从事，并且都能取得很好的成就。在群体中，两个气质类型不同的人在协同活动中，比气质类型相同的两个人配合，所取得的成绩要好。气质特征相反的两个人合作，不仅合作效果好，而且还有利于团结。

其次，从管理教育来看，如果需要对员工进行批评教育，那么对于胆汁质和多血质的员工来讲，管理者可以在当面和大众之下进行批评。但对于典型抑郁质类型的员工来讲，管理者在批评的时候需要三思,因为他们不适应在公开场所接受严厉批评。

再次,在人员的选拔和工作安置方面,气质类型需要得到重视。在人员选拔过程中,对于一些特殊要求的职业和岗位来讲,需要对气质类型和特点进行严格把关。例如,足球前锋位置的运动员,非常需要胆汁质类型所具有的那种冲劲;而黏液质、抑郁质类型的那种相对比较慢的特点就不适合。在安排工作时,管理者也需要理解,不同气质类型的员工在适应新环境方面是有所不同的,一般来讲,多血质类型的员工适应环境的速度,要快于黏液质和抑郁质类型的员工。

最后,在工作和管理中,也需要意识到人的气质并不是一成不变的,人的气质会因重大事件的发生和长时间的强化而发生一定的改变。尤其需要注意的是,人经常以自己的性格特点来掩盖自己的气质方面的短处,所以在实践中也不要完全静止、绝对地看待气质特点。

第五节 性格特征与管理

一、什么是性格

(一)性格的概念

性格(Character)是指人对现实稳定的态度和习惯化了的行为方式。

个体在社会活动中,与特定的社会环境相互作用,形成一定的态度体系,并以一定的类型表现在个体的行为中,构成个人所特有的行为方式。例如,一位管理者无论是在家庭中,还是在工作等其他各种场合都表现出对别人热情关怀,对自己虚心谦逊、遇事果断坚定,这种对人、对己和对事稳定的态度和习惯化了的行为方式及其所表现出来的心理特征,就是这位管理者的性格。但并不是人对现实的任何一种态度都代表他的性格特征,例如,某位管理者在一个偶然机会中表现得优柔寡断,但平时他遇到事情通常很果断,这种特殊情景中的优柔寡断就不应该被看成是他的性格特点,因为作为性格特点的态度和行为方式都是比较固定的、习惯化的。

(二)性格的特征

性格是一种非常复杂的心理现象,它包括多个侧面,具有不同的特征。可以从静态和动态两个方面对性格的特征进行分析。

1. 性格的静态特征

从静态特征来看,性格除了具有对现实态度的特征,还有其认知特征、情绪特征和意志特征。

(1)对现实态度的特征。对现实态度的性格特征是指个人对社会、集体、他人、自己以及对待学习、工作的态度中所表现出来的性格特征。对待集体和他人的态度中所体现出来的性格特征有善良、同情、虚伪等;对待自己的态度中所体现出来的性格特征有自尊、自大、谦虚、骄傲等;对待劳动的态度中所体现出来的性格特征有热爱、勤奋、懒惰、认真、马虎等;对待物品的态度中所体现出来的性格特征有有条不紊、邋遢等。

(2) 性格的认识特征。性格的认识特征是指人们在感知、记忆、想象、思维等认识过程中表现出来的个别差异，这些差异是一个人完整性格中的一部分。在感知方面表现出来的性格差异有：被动感知—主动观察、详细罗列—概括；在想象方面表现出来的性格差异有：幻想家—现实主义者；在思维方面表现出来的性格差异有：独立思考—盲目模仿。

(3) 性格的情绪特征。性格的情绪特征是指人们情绪活动的强度、稳定性、持续性以及稳定心境等方面的个别差异。在情绪活动的强度方面，有的人情绪体验特别强烈，难以控制，而有的人情绪体验比较弱，显得很冷静。在情绪的稳定性方面，有的人情绪的波动比较大，有时激动，有时平静，而有的人情绪则不易起伏。在情绪的持续性方面，有的人情绪的持续时间特别长，会留下深刻印象，而有的人情绪稍现即逝，不会产生什么影响。

(4) 性格的意志特征。性格的意志特征表现在四个方面：一是行为目标的明确性，有的人目标明确，而有的人则往往是蛮干；二是自觉控制水平，例如有的人自制力强，有的人容易受暗示；三是在经常和长期工作中所表现出来的意志特征，如有的人有恒心，有的人则会半途而废；四是在紧急或困难情况下所表现出来的性格特征，如有的人果断勇敢，而有的人则犹豫、怯懦。

2. 性格的动态特征

从动态特征来看，各种性格特征是相互联系、相互制约的。不同的场合人会表现出性格的不同方面，并且性格也会发生变化。首先，人的性格是可塑的。生活环境的变化可以引起性格的改变，如一位开朗活泼的人如果遇到某种重大的不幸事件，可能从此变得沉默寡言。另外，个人的主观能动性也可以改造性格，成人通过坚持不懈的努力就可以改变自己的性格特点。其次，性格各特征之间是相互联系的，因此，有时可以根据某种人的主导性格特征推知其他的性格特征。例如，一位有正义感的人往往对他人明朗率真、对自己不卑不亢、对事情勇敢果断。最后，性格的不同特征在不同场合往往表现的侧面不同。例如，有的英雄人物对同志满腔热情，但对敌人则冷酷无情。

(三) 性格的类型

所谓性格的类型是指一类人身上所共有的性格特征的独特结合。心理学家以不同的标准对性格的类型进行划分。下面介绍几种在日常工作和生活中常被应用的分类。

1. 以心理机能划分性格类型

培因（Bain）和李波（Ribot）根据心理机能把人的性格分为理智型、情绪型、意志型三种类型。理智型性格的人以冷静思考来行事，以理智来支配自己的行动。情绪型性格的人不善于思考，凭感情用事。意志型性格的人目标明确，行为主动，追求将来的憧憬。当然也可以把两种类型进行组合，形成某些中间类型，如理智—意志型。

2. 以某些典型性格特征划分性格类型

弗里德曼（Friedman）根据人们在时间匆忙感、紧迫感及好强心等上面的特点把人的性格区分为 A 型性格和 B 型性格。A 型性格表现为时间感强、日程满、凡事亲自动手、争强好胜；而 B 型性格表现为悠闲、无时间紧迫、做事有耐心、能容忍。A 型性格就是我们一般所说的"工作狂"。而且，弗里德曼等人经过长达 20 年的观察研究发现，A 型性格的人患冠心病是 B 型性格的 1.7~4.5 倍。所以说从长期作用效果来看，A 型性格不利于人的身心健康。

二、性格差异与管理

（一）性格的基本观点和基本理论

1. 16PF（Sixteen Personality Factor Questionnaire，16PF）人格因素问卷

卡特尔（Cattell）经过几十年的系统观察和科学实验，用因素分析统计法确定和编制了一种精确的人格测验，最终确定出 16 种人格因素，称为主要特质。每个人通过计算每个方面的分数，可以画出自己的曲线，这条曲线与相应的常模进行比较，就可以理解自己的性格在相应人群中的特点是什么。很多探讨发现，这 16 种特质是个体行为稳定而持久的影响因素。通过权衡这些人格特质与情境的关系可以预测在具体情境中个人的行为。可以说，这 16 种性格特点是对个体性格特质比较全面的概括。

2. 麦尔斯-布瑞格斯类型指标（Myers-Briggs Type Indicator，MBTI）

麦尔斯-布瑞格斯类型指标是组织管理实践中使用最为普遍的人格框架之一。这个人格测验主要测查个体在特定情境中的感觉和活动。这个测验从四个方面对人格进行考察：根据人怎样与他人交往、怎样自我激发，可以分为内向型或外向型（E/I）；根据人喜欢怎样搜集信息，可以分为领悟型或直觉型（S/N）；根据人喜欢怎样做决策，分为思考型或情感型（T/F）；根据人喜欢怎样确定他们生活的方向，分为感知型或判断型（P/J）。在此基础上组合成为 16 种人格类型（注意这里的类型与 16PF 中的 16 种主要特质是不同的）。例如，ESTJ 型人作为组织者，他们很现实，追求实事求是，具有从事商业和机械工作的天生头脑，擅长组织和操纵活动。与以上类型不同，ENTP 型人则为抽象思考者，他们敏捷、聪明、擅长处理很多方面的事务。这种人在解决挑战性任务方面资源丰富，但在处理常规工作方面则较为消极。但遗憾的是，目前还没有有力的证据证明 MBTI 是一项有效的人格测量工具。

3. 大五人格（Big Five）

很多实证研究证明，大五人格是所有人格因素的基础因素，通常被称为"大五"。大五人格提供了一种描述人格的框架。这五个方面是：

（1）**外倾性**（Extraversion）。它描述一个人善于社交、善于言谈、武断自信方面的人格维度。

（2）**随和性**（Agreeableness）。它描述一个人随和、合作、信任方面的人格维度。

（3）**责任心**（Conscientiousness）。它描述一个人的责任感、可靠性、持久性成就倾向方面的人格维度。

（4）**情绪稳定性**（Emotional Stability）。它描述一个人平和、热情、安全（积极方面）及紧张、焦虑、失望和不安全（消极方面）的人格维度。

（5）**经验的开放性**（Openness to Experience）。它描述一个人幻想、聪慧及艺术的敏感性方面的人格维度。

有很多研究证明，很多人格特点与工作绩效之间有着重要的联系。如责任感对员工的

工作绩效有一定的预测性；外倾性对需要较多社会活动的管理和销售等职位的工作绩效有显著的预测性；经验开放性对培训效果有显著的预测性。

（二）具体的性格特点

1. 控制点（Focus of Control）

在对命运的看法上，有的人认为自己能控制命运，自己是命运的主人，这些人被称为内控者（Internals）；而另一些人则认为自己受命运的操纵，认为现实中所发生的一切是运气和机遇，自己受外界力量所左右，他们被称为外控者（Externals）。

大量的实证研究表明，外控分数高的个体相比内控分数高的个体对工作更不满意，更疏远，工作投入度更低，缺勤率更高。在出勤方面，内控者认为自己可以养成好的习惯，能有力地保证身体健康，对自己的健康担负责任。因此，他们相对生病少，缺勤率也较低。在工作方面，内控者在复杂的工作中做得较好，诸如多数需要复杂的信息加工和学习的管理和专业技能工作。另外，内控者也适用于要求创造性和独立性的工作。相反，外控者适用于做结构明确、规范清楚、只有严格遵从指示才会成功的工作。总之，内控者在决策之前积极搜寻信息，对获得成功有强烈的愿望，并倾向于控制自己的环境。而外控者则更为顺从，更乐于遵循别人的指导。

2. 自尊（Self-esteem）

所谓自尊就是人们喜欢或不喜欢自己的程度。自尊心强的人相信自己拥有工作成功所需要的多数能力。与自尊心弱的人相比，自尊心强的人不太喜欢选择传统性的工作。很多自尊方面的实证研究发现，自尊心弱的人对外界影响更敏感，他们需要从别人那里得到积极评价。因此，他们更乐于赞同他人的观点，更倾向于按自己尊敬人的信念行事。从管理角度来看，自尊心弱的人更注重取悦他人，他们很少站在对立方。自尊心强的人比自尊心弱的人对他们的工作更为满意。

3. 自我监控（Self-monitoring）

所谓自我监控是指个体根据外部情景调整自己行为的能力。高自我监控者对周围环境信息十分敏感，能根据不同情境采取不同行为，并能够在公众自我（在公开场合所表现出的自我形象）和个人自我（在个人独处时所表现出的自我形象）之间表现出很大差异。而低自我监控者则倾向于在各种情境下都表现出自己真实的性情和态度，因而在他们的自我形象与行为之间存在很高的一致性。从这个方面来看，高自我监控者在管理工作中更为成功一些，因为工作要求有时他要扮演也许是相互冲突的角色。

4. 冒险性（Risk-taking）

所谓冒险性是指人接受或回避风险的程度。不同的人在冒险性上的程度是不同的。有研究证明，冒险性对管理者决策的正确性并没有影响；但冒险性高的管理者，决策得更快一些，而冒险性低的管理者决策得更慢一些。从工作的要求来看，有的工作需要高冒险性性格的人，如股票经纪人；但审计工作则需要人具有低冒险性的特点。

（三）性格差异与管理

研究个性的目的在于对组织的个人有更深刻、更全面的认识，并能够相应采取不同的方法进行有效管理。为此，必须了解个性对管理的影响，树立对个性的正确认识，掌握行之有效的管理措施。[①]

1. 对个性的正确认识

（1）个性类型不是绝对的。无论哪种个性分类方法，所反映的都仅仅是典型的个性，事实上，个性也像其他与人有关的事实（如身高、体重）一样，其频率分布是呈正态分布的，即绝对属于某种典型个性或其对立面的人总是少数，而多数人总是程度不同地介于两极之间。个性类型的划分也像任何其他的科学分类一样，作用在于为我们提供认识问题的一般性标识工具，而不是囊括所有具体特殊情况。

（2）个性并无好坏之分。个性作为人的独特心理特征的总和，并无好坏之分。在评价一个人的个性时，不能认为这类个性好，那类个性不好。因为任何一类个性都有其积极的一面，也有其消极的一面。例如，胆汁质的人热情直率、精力充沛、生气勃勃是其优点，但急躁任性、情绪易于冲动又是其缺点；而黏液质的人既有冷静、踏实、待人真挚等优点，又有沉默寡言、反应迟缓等缺点。因此，我们应当正确认识自己和他人的个性类型，培养和利用其积极的一面，克服和改造其消极的一面。

（3）个性并不决定成就大小。个性不能决定人的活动的社会价值和事业上成就的大小，只影响人们进行活动的方式。大量的研究表明，在同一领域或同种工作岗位上，都出现过不同个性类型的杰出人物。同一类型个性的人，在不同的工作岗位上也做出了重大贡献。例如，同为俄罗斯历史上的文豪，普希金有胆汁质特征，赫尔岑是多血质，克雷洛夫为黏液质，果戈理系抑郁质。不同的个性并未影响他们各自在文学上取得杰出的成就。

2. 个性与管理措施

研究表明，人在事业上的成功与失败，不仅与他的智力高低有关，更与他的个性（如情商）有关。在管理实践中，要以个性理论为指导完善管理措施，提高管理效果。

（1）根据个性类型合理配置人员。管理者要全面了解和掌握下级的个性，明确员工在个性上的优势和劣势。因人而异分派工作，做到适才适所，职能匹配，人尽其才，这样就不会有无用之才。不同的工作对个性有不同的要求。同时还应注意使员工的兴趣爱好与从事的职业相适应，从而使他们感到满意、愉悦，受到内在激励，提高工作效率。如外倾型个性者，心胸开阔，易与人相处，好动不爱静，让其从事推销、采购、公关等工作；而内倾型个性者根据其不善谈吐、做事细心、好静不爱动的特点，让其从事财务会计、文书档案等工作。

（2）根据员工个性特点采取不同管理方法。人与人之间的个性差异是客观存在的，不应当也不可能强求一律。每个人的思维习惯、行为方式和接受能力存在着差异。个性差异要求管理上应针对不同个性的人采取不同的方法。对于自卑、自暴自弃的人，使其看到自己的优点和前途，增强信心和勇气，切不可过多地苛求；对于自尊心强的人，要注意照顾其面子，采取个别谈心、个别批评的方式；对于好强自负的人，要一面肯定成绩，一面指出问题。

（3）根据个性特点优化领导班子的群体结构。一个组织应该是由不同个性特点组成的和谐互补的结构，注意避免"同性相斥"的现象的发生。组建领导班子，不仅要考虑成员

[①] 傅永刚，陈树文. 组织行为学 [M]. 北京：清华大学出版社，2010：72-74.

间的年龄结构、知识结构、专业结构，而且要重视个性结构的合理性。如果班子成员都是个性外向的人，决策时发言直率，讨论热烈，大胆果断，干脆利索，但可能缺乏周密细致，难免漏掉重要细节，造成决策有误；如果班子成员都是个性内向的人，决策时大家沉着冷静，反复议论，但优柔寡断，可能贻误战机。因此，领导班子成员以各种类型个性的人组成为宜。

本章小结和对管理者的启示

多元化主要表现为人口统计学方面的年龄、性别、籍贯、学缘结构等，也有的表现为文化、种族和宗教等方面，还有的表现为组织的战略和组织的类型等内容。多元化可以定义为，"任何在某种程度上相似但有所不同的人员的组合"。

从多元化产生的动机来看，主要缘于进攻型动机诱使的多元化、防御型动机诱使的多元化经营。多元化对管理工作的影响主要包括积极和消极两个方面。多元化对管理工作的积极影响表现为：为组织提供了发展的机会和为组织增添了成长的动力。多元化对管理工作的消极影响表现为，为组织的发展带来挑战，为组织的发展带来阻力。应对多元化影响主要从三个方面提出相应的解决对策：尊重多元化——和而不同，协调多元化——多元一体，战略多元化——核心能力。

个体差异主要来自个体在个性特征上的差异。个体差异主要表现在三个方面：能力、气质和性格。其中，能力是从个体素质角度出发强调彼此间的差别。气质则是从个体心理活动所引发神经活动类型的角度强调彼此间的差别。性格则是从个体所呈现出来的态度和行为方式角度强调彼此间的差别。

当人职匹配——能力与工作高度匹配时，员工的工作绩效就会大大提高。在职业选择上，气质类型与职业选择的关系只是相对而言的。从管理教育来看，如果需要对员工进行批评教育，那么对于胆汁质和多血质的员工来讲，管理者可以在当面和大众之下进行批评。但对于典型抑郁质类型的员工来讲，管理者在批评的时候需要三思，因为他们不适应在公开场所接受严厉批评。再次，在人员的选拔和工作安置方面，气质类型需要得到重视。最后，在工作和管理中，也需要意识到人的气质并不是一成不变的，人的气质会因重大事件的发生和长时间的强化而发生一定的改变。

很多实证研究证明，大五人格是所有人格因素的基础因素。很多人格特点与工作绩效之间有着重要的联系。如责任感对员工的工作绩效有一定的预测性；外倾性对需要较多社会活动的管理和销售等职位的工作绩效有显著的预测性；经验开放性对培训效果有显著的预测性。

对个性要有正确的认识，个性类型不是绝对的，个性并无好坏之分，个性并不决定成就大小。从个性与管理措施角度来看，管理者可根据个性类型合理配置人员，根据员工个性特点采取不同管理方法，根据个性特点优化领导班子的群体结构。

本章练习题

（一）思考题

1. 何谓多元化？
2. 多元化对组织有哪些积极和消极的影响？组织应该采取何种解决策略？
3. 何谓个体差异？主要包括哪几个方面？
4. 人的不同的气质、能力和性格特点对管理的启发是什么？
5. 何谓大五人格？对工作有何影响？

（二）案例分析

为什么太要强的人反而混得没那么好？

做人一定不能太要强，否则就会吃大亏。

什么叫太要强？

超出自己能力范围太多，为了达到目的，伤敌一千不惜自损八百的行为，就是太要强。打个比方，要强，是你跳一跳就能够到目标，一切可控。太过要强，是恨不得在自己腿上绑个火箭飞起来去触达目标，过犹不及。虽然职场向来崇尚强者思维，但太过要强会起到反效果。因为太要强的人，对自己和他人的容忍度都很低。面对失败，正常人的态度是从失败中吸取教训，但过分要强的人，会认为失败是对自己的羞辱，而这是一种很严重的精神内耗。

曾经有一个同事M，工作能力特别强，带团队也很厉害，是典型的职场精英人设。

在他看来，一件事如果有100分，那做到90分都觉得失败，一定要拿到满分才满意。有的时候为了达到目的，甚至不惜得罪周围人，丝毫不留余地。

印象很深的一次是，我和M打配合，一起做一个大客户的项目竞标。

这个项目比较特殊，它是一个项目大包里面包含若干个项目小包。

简单说，就是总价2 000万元的项目，分成了一个1 000万元的大项目，一个400万元的中型项目和若干个100万~200万元的小项目。

站在公司发展的角度来讲，在评估了内部现有资源之后，大老板决定全力争取1 000万元的大项目，放弃中型项目和小型项目。

但M不同意，他认为作为客户的长期合作伙伴，理应把2 000万元的项目全部拿到手。

他认为，这不仅是一场商业竞标，更是面子之争。

然而现实情况是，想要拿到2 000万元的全部标的，公司要投入很多额外资源。在内部，需要从其他项目组抽调人手，这样势必会影响别的项目的正常进行。

而从外部来说，客户那边也不是铁板一块。

因为负责评估整个项目的人，除了有和我们公司关系比较好的人之外，还有客户方别的部门的人，这些人的话语权同样不小。

这些人我们这边并没有联系渠道，想要打通这层层的关系，又需要额外的投入，且成功率非常不确定。

况且，人家也有自己关系好的供应商，怎么可能让我们一家独大？

所以这件事的本质，是客户拿出2 000万元的标的出来大家一起分蛋糕。谁分得多谁

第三章 多元化与个体差异

分得少,背后的利益关系错综复杂,各个山头都在暗自摩拳擦掌,我方并没有胜算能一口气全吞下来。

可M并没有想得这么深,只是单纯地认为,既然要赢,就要赢下所有。

这个想法本身没错,但这是最理想的情况。

现实情况里,我们需要对事情背后的各种驱动因素里外拆分,在保证收益的情况下也不能让成本超出预估,否则得不偿失。

单纯为了面子去争个输赢,哪怕是赢了单场战役,也会输掉整场战争。

后来事情的发展也证明确实如此。

M在经过一番激烈的思想斗争后终于同意了大老板的决策,全力以赴争取到了1 000万元的大标的,其余的项目分给了竞争对手公司。

而这才是最好的结果。

因为这么做,首先给同事留了余地。你避免了过分耽误大家其他项目的正常运转,日后工作上再有什么需要配合,也好说话。

其次,这么做给竞争对手留了余地。你吃到肉了,也要给别人喝汤,不能赶尽杀绝。做人留一线,日后才好相见。

接着,这么做给客户留了余地。因为你懂得利益分配的规则,没有一家独大的野心,让客户那边在内部也好做人。

最后,这么做给老板留了余地。因为你并没有强硬坚持自己的观点,既保存了老板的威信和面子,也间接证明自己并不是桀骜不驯难以管理的人。

所以懂得给别人留余地,实际上就是给自己留余地。

太要强的人,容易形成路径依赖。

过去的累累战绩证明了自己的实力,这是好事。但随着胜利的次数多了,就容易靠经验主义办事,人也变得固执,认为自己的想法永远都是对的。别人再去给他提个意见,讲个建议,说个质疑,他首先会觉得这是对自己权威的挑战,而不会去思考这其中有没有道理。

"我自己面子上挂不住,你又算哪根葱?"这种想法是很坏事的。

一个人一旦变成这样,就会拒绝学习新知识、新方法,开始形成路径依赖,思维也变得僵化,要强最后变成逞强。

历史上许多著名的君王,到了晚年功成名就的时候,都容易犯这个毛病。

他们年轻的时候大杀四方,建立威名,天下无人不知无人不晓。

可随着年龄的增长、时局的变化,过去获得胜利的方法很可能已经不适应现在的局势。以前是打仗,靠的是勇猛无双,现在是守成,要靠经营和智慧。

所以很多聪明的君王,打仗时和建朝后旗下的能人将士并不是同一批人。

我们称其是智慧贤明的明君,其实是他们懂得,应对的局势不同,所需要的性格、能力、思维、做事方法都不尽相同。

而不愿变通的君王完全是反过来的,他们依然固守老一套思维,油盐不进。

由此会引发一系列的蝴蝶效应,比如刚愎自用、变得多疑、听信谗言、屏蔽良言、滥杀无辜、众叛亲离。最后的结果无一例外的,不是被灭国,就是被灭朝。

这个道理放在现代商业社会也是一样。

为什么现在很多成功的连续创业者都很注重归零心态?

雷军宣布造车的时候说再造一个小米，段永平创立OPPO的时候说要秉持平常心。

这真的不只是说说而已。

因为他们深刻明白，横跨一个领域重新创业，过去的很多经验就不适用了。即使之前再风光，也要卸下光环，像学生一样重新伏案学习，躬身入局。

如果秉持着过去一贯的强势心态，坚持用以前的经验做事，碰钉子了不从自己身上找原因，反而甩锅给他人，最后一定一败涂地。

正如刘慈欣在《三体》里写的："弱小和无知从来都不是生存的障碍，傲慢才是。"

真正的强者，在擅长的地方要强，在不擅长的地方，要懂得示弱。

（资料来源：张良计. 为什么太要强的人反而混得没那么好？2023-01-12）

问题： 如何克服过度要强的性格？

研究课题

试结合实际谈谈你对"江山易改，本性难移"的理解。

第四章 价值观

名人名言

以客户为中心,以奋斗者为本,我想这就是华为的核心价值观。
——任正非(1944—,华为技术有限公司主要创始人、董事、CEO)

人,不管是什么,应当从事劳动,汗流满面地工作,他生活的意义和目的、他的幸福、他的欢乐就在于此。
——契诃夫(1860—1904,俄国著名短篇小说家)

学习目标

1. 了解价值观的含义及其类别;
2. 掌握罗克奇价值观测量的主要内容;
3. 了解霍夫斯泰德的文化评价架构;
4. 了解旨在评价文化的GLOBE框架的构成;
5. 了解人—职匹配、人—组织匹配内容;
6. 了解价值观对管理工作的影响。

本章关键词

价值观;工具价值观;终极价值观;社会主义核心价值观;伦理价值观。

思维导图

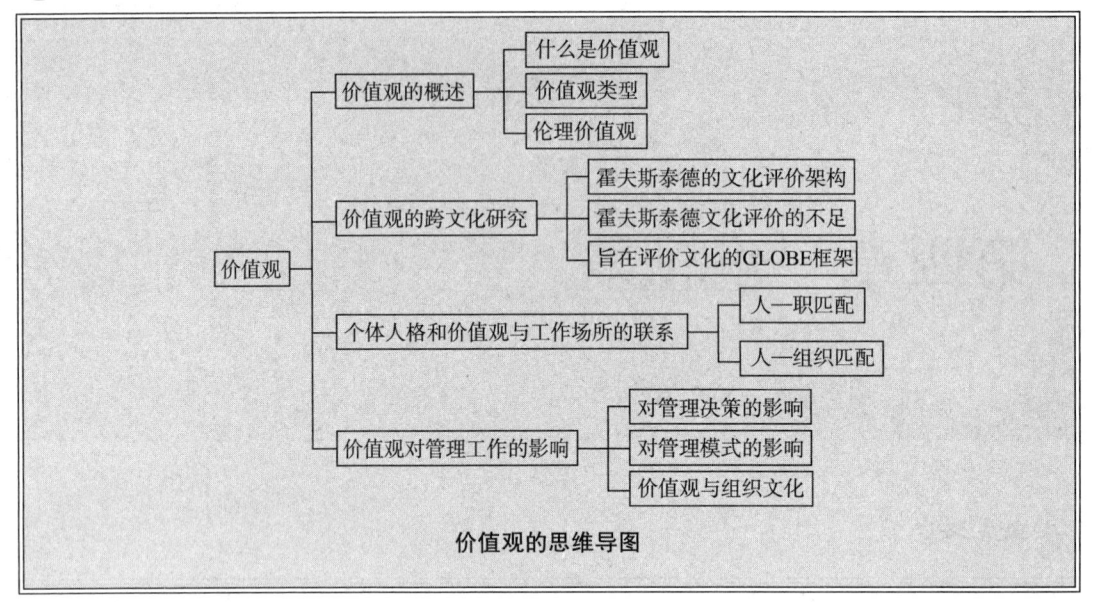

```
                        ┌─ 什么是价值观
          ┌─ 价值观的概述 ─┼─ 价值观类型
          │              └─ 伦理价值观
          │
          │                      ┌─ 霍夫斯泰德的文化评价架构
          ├─ 价值观的跨文化研究 ─┼─ 霍夫斯泰德文化评价的不足
          │                      └─ 旨在评价文化的GLOBE框架
  价值观 ─┤
          │                              ┌─ 人—职匹配
          ├─ 个体人格和价值观与工作场所的联系 ┤
          │                              └─ 人—组织匹配
          │
          │                      ┌─ 对管理决策的影响
          └─ 价值观对管理工作的影响 ─┼─ 对管理模式的影响
                                  └─ 价值观与组织文化
```

价值观的思维导图

开篇案例

强生"泰莱诺尔"事件

1982年9月29日和30日,在芝加哥地区发生了有人因服用含氰化物的"泰莱诺尔"药片中毒死亡的事故。在此以前,该药控制了美国35%的成人止痛药市场,年销售额达4.5亿美元,占强生公司总利润的15%。起先,仅3人因服用该药片中毒死亡。可随着消息的扩散,据称美国全国各地有250人因服用该药而得病和死亡,一下子成了全国性的事件。强生公司经过对800万片药剂的检验,发现所有这些受污染的药片只源于一批药,总共不超过75片。最终的死亡人数只有7人,且全在芝加哥地区。

强生公司在很短的时间内就回收了数百万瓶这种药,同时花了50万美元来向那些有可能与此有关的内科医生、医院和经销商发出警报。强生公司一边从市场上回收"泰莱诺尔"药,一边表示其对消费者健康的关心,而这正是消费者所希望的。当时的《华尔街日报》报道说:"公司选择了自己承担巨大损失而使他人免受伤害的做法。如果它当时昧着良心干,将会遇到很大的麻烦。"

强生公司后来重新向市场投放了这种产品,并有了抗污染的包装。事故发生后的5个月内,该公司就夺回了该药原所占市场的70%。由于美国政府正在制定新的药品安全法,强生成为医药行业对政府要求采取"防污染包装"以及美国食品和医药管理局制定的新规定做出积极反应的第一家企业,结果在价值12亿美元的止痛片市场上挤走了它的竞争对手。

(资料来源:郑轶凡. 企业价值观对经营的影响案例比较——强生与三鹿,2017-10-30)

第一节 价值观的概述

一、什么是价值观

(一) 价值观的定义

价值观（Values）代表基本的、稳定的信念系统，这个系统指"个人或者社会偏向某种具体的行为模式或者生存的终极目标，而不是对立的或者相反的行为模式或生存的终极目标"。价值观包含判断，因为它反映个体对正确的、好的或有价值的标准和看法。我们每个人都有一套价值体系，它由不同层次的价值观组成。这套体系根据我们赋予每种价值，比如自由、快乐、自尊、诚实、顺从和平等的重要程度来区分。

(二) 价值观的两个方面

我们可以从两个方面评价价值观：

(1) 内容方面，确定哪种行为模式或生存的终极目标是重要的。

(2) 强度方面，确认某种内容具体有多重要，当我们把某人的价值观根据重要程度划分等级时，我们就得到其价值体系（Value System）。

二、价值观类型

我们可以将价值观分类吗？答案是肯定的，有以下三种方法可以帮助我们给价值观分类。

(一) 罗克奇价值观测量

密尔顿·罗克奇（Milton Rokeach）建立了罗克奇价值观测量（Rokeach Values Survey，RVS）。RVS包括两套价值观，每套包含18个单独的价值观项目，一套称为**终极价值观**（Terminal Value），指人们所追求的终极状况，它是个人希望在有生之年达到或实现的目标。另一套称为**工具价值观**（Instrumental Value），指个人喜好的行为模式或实现终极价值观的方法。表4-1列举了每套价值观的具体项目。

表4-1 罗克奇价值观测量表中的终极价值观和工具价值观

终极价值观	工具价值观
舒适的生活（富足的生活）	雄心勃勃（努力工作、奋发向上）
振奋的生活（刺激的、积极的生活）	心胸开阔（开放）
成就感（持续的贡献）	能干（有能力、有效率）
世界和平（没有冲突和战争）	欢乐（轻松、愉快）
美丽的世界（艺术与自然的美）	干净（卫生、整洁）
平等（兄弟情谊，机会均等）	勇敢（坚持自己的信仰）

续表

终极价值观	工具价值观
家庭安全（照顾自己所爱的人）	宽容（谅解他人）
自由（独立、自由选择）	乐于助人（为他人的福利工作）
幸福（满足）	真诚（真挚、诚实）
内心平和（没有内心冲突）	富于想象（大胆、有创造性）
成熟的爱（性和精神上的亲密）	独立（自力更生、自给自足）
国家的安全（免遭攻击）	智慧（有知识的、善思考的）
快乐（快乐的、闲暇的生活）	符合逻辑（理性的）
救世（救世的、永恒的生活）	博爱（温情的、温柔的）
自尊（自重）	顺从（有责任感、尊重的）
社会承认（尊重、赞赏）	有礼貌（有礼的、性情好）
真挚的友谊（亲密关系）	负责（可靠的）
睿智（对生活有成熟的理解）	自我控制（自律的、约束的）

资料来源：Milton Rokeach. The Nature of Human Values [M]. New York：The Free Press，1973.

一些国外研究发现 RVS 价值观在不同群体间存在差异。同一职业或类别（例如公司经理、工会会员、父母、学生）的人倾向于拥有相似的价值观。例如，一项研究对比了公司总裁、钢厂工会会员、社会激进组织的成员的价值观，虽然三个群体有大量交迭，但是仍然有非常显著的差异（见表 4-2）。激进主义者拥有和其他两组非常不同的价值观，他们视平等为最重要的终极价值，而总裁和工会会员则分别把平等排在第 12 位和第 13 位。激进主义者把帮助他人排为第二重要的工具价值，而其他两组则都把它排到了第 14 位。这些差异很重要，因为激进主义者、总裁和工会会员都在公司运作中有既定利益。当这些群体需要谈判时，这些差异使得谈判很难达成一致；当他们为了某个组织的经济和社会政策而彼此竞争时，很容易造成严重冲突。

（二）当代国外劳动力的价值观

我们综合了近期几项分析工作价值观的研究，将其分为四类，试图获取美国不同群体或不同年代劳动力各自独特的价值观。表 4-3 表明劳动力可以根据开始工作的年代进行划分。因为多数人在 18~23 岁开始工作，所以开始工作的年代和他们的生理年龄密切相关。

表 4-2 总裁、工会会员和激进主义者对价值观的排序

总裁		工会会员		激进主义者	
终极价值观	工具价值观	终极价值观	工具价值观	终极价值观	工具价值观
自尊	真诚	家庭安全	负责	平等	真诚
家庭安全	负责	自由	真诚	世界和平	乐于助人

续表

总裁		工会会员		激进主义者	
自由	能干	幸福	勇敢	家庭安全	勇敢
成就感	雄心勃勃	自尊	独立	自尊	负责
幸福	独立	成熟的爱	能干	自由	能干

资料来源：W. C. Frederick, J. Weber. The Values of Corporate Managers and Their Critics Empirical Description and Normative Implications ［C］. Business Ethics：Research Issues and Empirical Studies, Greenwich, CT：JAL Press, 1990.

表4-3　美国劳动力的主要工作价值观

所属年代	参加工作时间	目前的大约年龄	主要的工作价值观
老兵	20世纪50年代或60年代初期	65岁以上	勤奋工作、保守、服从；忠于组织
婴儿潮	1965—1985年	40出头到65岁	成功、成就、雄心、不喜欢权威；忠于事业
X代	1985—2000年	30岁到40出头	工作与生活平衡，团队导向，不喜欢制度；忠于关系
下一代	2000年至今	30岁以下	自信、物质成功、独立且以团队为导向；忠于自己和关系

首先，我们看一下这项研究的局限性：

（1）我们没有假设该研究框架适用于所有文化背景。

（2）很少有纯粹关于不同年代价值观方面的研究，所以我们只能依赖直觉的框架。

（3）这些分类不够严密，没有规定说生于1985年的人就不能和生于1955年的人具有相似的价值观。

尽管存在以上局限，但不同年代的价值观的确存在差异，通过分析不同年代的价值观我们可以得到一些有用的启发：

①老兵年代的劳动力。他们的成长过程经历过大萧条、第二次世界大战，安德鲁斯姐妹①和柏林封锁②的人在20世纪50年代或者60年代初期参加工作，他们信奉努力工作、安于现状和崇尚权威人士。我们称他们是老兵（也有人称之为传统主义者）。一旦受雇，他们倾向于努力工作和脚踏实地。在RVS的终极价值上，他们会忠于老板，尊重权威。这些员工通常将舒适的生活和家庭安全排在最重要的位置。

②婴儿潮（Baby Boomers）劳动力。是指第二次世界大战结束后大量出生的人。这些人在20世纪60年代中期至20世纪80年代中期参加工作，他们深受民权运动、女性解放、披头士、越南战争和生育高峰压力的影响，他们有浓重的"嬉皮士伦理"，不相信权威，

---

① 安德鲁斯姐妹是1910年至1944年美国电影、广播歌唱三人小组，由拉·维恩（La Verne）、马克辛（Maxine）、帕特里夏（Patricia）组成。

② 第一次柏林危机，又称柏林封锁（德语：Berlin-Blockade, 1948年6月24日—1949年5月12日）是"冷战"时期的第一次重大国际危机，并首次造成了人员伤亡。

但是他们非常重视成就和物质的拥有。他们努力工作并期望享受工作果实。他们是实用主义者，相信通过结果正当可以证明方法得当。婴儿潮的人认为组织雇用他们只是把他们当作事业发展的工具。在终极价值观中，他们将成就感和社会认可排得很高。

③X代人劳动力。他们深受全球化、父母双职工、音乐电视、艾滋病和计算机等影响。他们重视灵活性、生活选择以及工作满意度。家庭以及关系对这一代人而言非常重要。和老兵们不一样，X代人倾向于持怀疑眼光，尤其是对权威。他们喜欢团队工作。金钱对他们来说非常重要，因为它是职业发展好坏的一个指标。但是，X代人也愿意牺牲加薪、头衔、安全感和晋升来换取闲暇时间，他们希望对生活方式有更多的选择。X代人追求生活的平衡。和前两代人相比，他们不太愿意为了老板而自我牺牲。在RVS方面，他们看重真挚的友谊、幸福以及快乐。

④下一代劳动力。是最近加入工作大军的一代人（也称为网络时代人、千禧人、Y代人、未来人），他们成长于繁荣的年代，却发现自己进入了经济的后繁荣时代。他们虽然面临着工作和职业的不确定性，但是有较高的期望，努力追寻工作的意义。"下一代人"容易接受多样化，他们是把科技视为理所当然的第一代，他们的生活都和自动取款机、DVD、手机、笔记本电脑和网络息息相关。这一代人以金钱为导向，追求金钱上的成功，渴望那些用钱可以买到的东西。和X代人一样，他们喜欢团队工作，但同时也高度自立，他们倾向于看重自由、舒适的生活等终极价值。

个人的价值观虽有差异，但可以反映他们成长时代的社会价值，了解这一点对解释和预测行为很有帮助。比如，60多岁的员工比那些小他们10或15岁的员工更倾向于接受权威；而30多岁的员工，与他们的父母相比，更不愿意周末加班，更倾向于在工作期间跳槽，追求一份拥有更多闲暇的工作。

（三）社会主义核心价值观与企业核心价值观

1. 社会主义核心价值观

中国共产党第十八次全国代表大会报告中强调，**倡导富强、民主、文明、和谐，倡导自由、平等、公正、法治，倡导爱国、敬业、诚信、友善，积极培育和践行社会主义核心价值观。在社会主义核心价值观基本内容中，富强、民主、文明、和谐是国家层面的价值目标，自由、平等、公正、法治是社会层面的价值取向，爱国、敬业、诚信、友善是公民个人层面的价值准则。**

党的二十大报告中强调要广泛践行社会主义核心价值观。即弘扬以伟大建党精神为源头的中国共产党人精神谱系，用好红色资源，深入开展社会主义核心价值观宣传教育，深化爱国主义、集体主义、社会主义教育，着力培养担当民族复兴大任的时代新人。要推动理想信念教育常态化制度化，持续抓好党史、新中国史、改革开放史和社会主义发展史宣传教育，引导人民知史爱党、知史爱国，不断坚定中国特色社会主义共同理想。

（1）融入国民教育全过程。培育和践行社会主义核心价值观要从小抓起、从学校抓起。坚持育人为本、德育为先，围绕立德树人的根本任务，把社会主义核心价值观纳入国民教育总体规划，适应青少年身心特点和成长规律，深化未成年人思想道德建设和大学生思想政治教育，完善学校、家庭、社会三结合的教育网络，形成家庭、社会与学校携手育人的强大合力。

要拓展青少年培育和践行社会主义核心价值观的有效途径。注重发挥社会实践的养成作用，完善实践教育教学体系，开发实践课程和活动课程，加强实践育人基地建设，注重发挥校园文化的熏陶作用，建设体现社会主义特点、时代特征、学校特色的校园文化。

要建设师德高尚、业务精湛的高素质教师队伍。实施师德师风建设工程，坚持师德为上，形成师德师风建设长效机制，着重抓好学校党政干部和共青团干部思想品德课、思想政治理论课和哲学社会科学课，加强教师辅导员和班主任队伍建设，引导广大教师自觉增强教书育人的荣誉感和责任感，做学生健康成长的指导者和引路人。

（2）落实到经济发展实践和社会治理中。确立经济发展目标和发展规划、出台经济社会政策和重大改革措施、开展各项生产经营活动要遵循社会主义核心价值观要求，承担社会责任，提高社会效益，提倡守法经营、公平竞争、诚信守约，形成有利于弘扬社会主义核心价值观的良好政策导向、利益机制和社会环境。与人们生产生活和现实利益密切相关的具体政策措施，要注重经济行为和价值导向有机统一、经济效益和社会效益有机统一，实现市场经济和道德建设良性互动。

（3）加强宣传教育。用社会主义核心价值观引领社会思潮、凝聚社会共识。深入开展中国特色社会主义和中国梦的宣传教育，不断增强人们的道路自信、理论自信、制度自信、文化自信，坚定全社会全面深化改革的意志和决心。

新闻媒体要发挥传播社会主流价值的主渠道作用。坚持团结稳定鼓劲、正面宣传为主，牢牢把握正确舆论导向，把社会主义核心价值观贯穿到日常形势宣传、成就宣传、主题宣传、典型宣传、热点引导和舆论监督中，弘扬主旋律、传播正能量，不断巩固壮大积极健康向上的主流思想舆论。

要建设社会主义核心价值观的网上传播阵地。适应互联网快速发展形势。善于运用网络传播规律。把社会主义核心价值观体现到网络宣传、网络文化、网络服务中。用正面声音和先进文化占领网络阵地。

要发挥精神文化产品育人化人的重要功能。一切文化产品、文化服务和文化活动，都要弘扬社会主义核心价值观，传递积极人生追求、高尚思想境界和健康生活情趣。

（4）融入法治建设。把社会主义核心价值观融入法治建设，就是要把社会主义核心价值观融入法治国家、法治政府、法治社会建设全过程，融入科学立法、严格执法、公正司法、全民守法各环节，以法治体现道德理念、强化法律对道德建设的促进作用，推动社会主义核心价值观更加深入人心。具体来讲，就要做好以下几方面工作：

①推动社会主义核心价值观入法入规，坚持以社会主义核心价值观为引领，恪守以民为本、立法为民理念，把社会主义核心价值观的要求体现到宪法法律、法规规章和公共政策之中，转化为具有刚性约束力的法律规定。

②强化社会治理的价值导向，社会治理要承担起倡导社会主义核心价值观的责任，注重在日常管理中体现鲜明价值导向，使符合社会主义核心价值观的行为得到倡导和鼓励，违背社会主义核心价值观的行为受到制约和惩处。

③用司法公正引领社会公正，全面深化司法体制改革，加快建立健全公正高效权威的社会主义司法制度确保审判机关、检察机关依法独立公正行使审判权、检察权推动社会主义核心价值观落地生根。

④弘扬社会主义法治精神使全体人民都成为社会主义法治的忠实崇尚者、社会主义核心价值观的自觉践行者。

（5）开展实践活动。要使社会主义核心价值观落到实处，就必须开展多种行之有效的实践活动，主要涵盖以下几方面：

①广泛开展道德实践活动。以诚信建设为重点，加强社会公德、职业道德、家庭美德、个人品德教育，形成修身律己、崇德向善、礼让宽容的道德风尚。

②深化学雷锋志愿服务活动。大力弘扬雷锋精神，广泛开展形式多样的学雷锋实践活动，推动学雷锋活动常态化。

③深化群众性精神文明创建活动。各类精神文明创建活动，要在突出社会主义核心价值观的思想内涵上求实效。

④发挥优秀传统文化怡情养志、涵育文明的重要作用。建设优秀传统文化传承体系，加强对优秀传统文化思想价值的挖掘，让优秀传统文化在新的时代条件下不断发扬光大。

⑤发挥重要节庆日传播社会主流价值的独特优势。

⑥运用公益广告传播社会主流价值、引领文明风尚。

（6）加强组织领导。各级党委和政府要充分认识培育和践行社会主义核心价值观的重要性，把这项任务摆上重要位置，把握方向、制定政策、营造环境，切实负起政治责任和领导责任。把社会主义核心价值观要求体现到经济建设、政治建设、文化建设、社会建设、生态文明建设和党的建设各领域，推动培育和践行社会主义核心价值观同实际工作融为一体、相互促进。

党的基层组织要在推动社会主义核心价值观培育和践行方面发挥政治核心作用和战斗堡垒作用，筑牢社会和谐的精神纽带打牢党执政的思想基础。党员、干部要做培育和践行社会主义核心价值观的模范，党员、干部特别是领导干部要在培育和践行社会主义核心价值观方面带好头，以身作则、率先垂范，讲党性、重品行、作表率，为民、务实、清廉，以人格力量感召群众、引领风尚。

培育和践行社会主义核心价值观是全社会的共同责任，要坚持全党动手、全社会参与，把培育和践行社会主义核心价值观同各领域的行政管理、行业管理和社会管理结合起来，形成齐抓共管的工作格局。

要把培育和践行社会主义核心价值观的任务落实到基层，使之融入基层党组织建设、基层政权建设中，融入城乡居民自治中，融入人们生产生活和工作学习中，努力实现全覆盖，推动社会主义核心价值观不断转化为社会群体意识和人们的自觉行动。

2. 企业核心价值观

任何一个成功的企业都需要一组深入不变、持久的核心价值观。价值观是引导我们在各种情境中做出结果偏好或行为解释的稳定、持久的信念。价值观告诉我们应该做什么，价值观作为一个价值指南针，不仅引导我们动机的方向，而且潜在地引导着我们的决策和行动。

企业价值观是指企业决策者对企业性质、目标、经营方式的取向做出的选择，是员工所接受的共同观念，是长期积淀的产物。企业价值观是企业员工所共同持有的，是支持员工精神的主要价值观。企业价值观是艰苦努力的结果，是把所有员工联系在一起的纽带，是企业生存和发展的内在动力，是企业行为规范制度的基础。核心价值观就是指企业在经营过程中坚持不懈，努力使全体员工都必须信奉的信条。核心价值观是企业哲学的重要组成部分，它是解决企业在发展中如何处理内外矛盾的一系列准则，如企业对市场、对客户、对员工等的看法或态度，它是企业表明如何生存的主张。

企业的核心价值观是一个企业本质的和持久的一整套原则。它既不能混淆于特定企业文化或经营实务，也不可以向企业的财务收益和短期经营目标妥协。詹姆斯·C.科林斯和杰瑞·波拉斯在《基业长青》一书中写道："能长久享受成功的公司一定拥有能够不断地适应世界变化的核心价值观和经营实务。"①

价值观不仅影响个人的行为，还影响群体行为和整个组织行为。价值观深深根植于企业内部，它是没有时限地引领企业进行一切经营活动的指导性原则，在某种程度上，它的重要性甚至超过企业的战略目标。企业的某个任务的特定目标不是企业的价值观，企业的使命或经营生存目的也不是企业的价值观。价值观是所有企业目标的先驱，是一切企业目标为之奋斗的基础。核心意识形态使企业纵然历经时代的变迁也能够保持其完整性，任何改变企业未来的尝试都应该遵循企业的核心意识形态要求。核心意识形态包括两部分内容：

（1）核心价值观，即一整套企业经营指导观念和原则。
（2）核心目标，即企业存在的最基本原因。

核心价值观是企业本质和永恒的原则。作为企业经营的一套永恒的指导原则，核心价值观不需要获得外部的认证，它们对企业内部的员工具有内在的重要价值。

企业管理实践工作中，应通过树立正确的核心价值观，积极地引导员工的工作价值观朝积极、健康的方向转变，改善员工的心态，提高员工的工作积极性。价值观是一种内心尺度，它凌驾于整个人性当中，支配着人的行为、态度、观察、信念、理解等，支配着人认识世界、明白事物对自己的意义以及自我了解、自我定向、自我设计等，在同一客观条件下，对于同一个事物，由于人们的价值观不同，就会产生不同的行为。在同一个单位中，有人注重工作成就，有人看重金钱报酬，也有人重视地位权力，这就是因为他们的价值观不同。

三、伦理价值观

伦理价值观（Ethical Values）是关于什么是对、什么是错的个人信念。伦理价值观帮助员工选择行动的正确途径并且引导他们的行为和决策。尤其是当行动的正确途径并不清晰的时候，伦理价值观帮助员工进行伦理决策。

伦理价值观可以分为效益主义价值观（Utilitarian Values）、道德权利价值观（Moral Rights Values）以及公正价值观（Justice Values）三种类型。效益主义价值观认为，决策应该以能否为最大范围内的人带来最大限度的好处为判断依据。道德权利价值观认为，决策应该以能否保护相关人的基本权利，如自由、安全以及隐私权等为判断的依据。公正价值观认为，对相关人的权责，利害的分配以一种公正、平等、不偏不倚的方式进行是最为重要的。

即使以这些价值观为指导，组织中还是会经常遇到棘手的伦理道德问题。因为决策所涉及的各个方面的利益难免存在矛盾和冲突，而究竟怎样做是恰当的往往并没有清晰的界限。例如，当员工的利益和股东的利益发生冲突时，应该首先考虑哪个方面？对于这个问题，持不同伦理价值观的人会有不同的态度。

---

① 詹姆斯·柯林斯，杰里·波拉斯. 基业长青——企业永续经营的准则［M］. 真如，译. 北京：中信出版社，1994.

个人的伦理价值观是经过很长时间逐渐形成的，并受到来自家庭、同伴、学校、宗教机构以及其他群体的影响。作为员工，这些伦理价值观指导着他们在工作场所的行为。有时候，拥有特定种类的工作或职业的员工群体会形成所谓的职业伦理（Professional Ethics）。医生、律师、大学教授都拥有相应的职业伦理，对恰当的和不恰当的行为进行界定。而蕴含在法律、风俗中的社会伦理（Social Ethics）会对整个社会发挥潜移默化的作用。个人伦理、职业伦理和社会伦理都会影响到组织的伦理规范。伦理规范（Code of Ethics）是组织制定的一套正式的规则和标准，可以为员工在组织中的行为选择提供决策的依据。

第二节　价值观的跨文化研究

因为价值观存在文化差异，了解这些差异有助于理解和预测来自不同国家员工的行为差异。

一、霍夫斯泰德的文化评价架构

分析文化差异的最常用的方法之一是由吉尔特·霍夫斯泰德（Geert Hofstede）于20世纪70年代后期提出来的。他调查了IBM在40个国家的116 000多名员工的工作价值观，结果发现，管理者和员工在民族文化的五个维度上存在高权力差距。这五个维度的定义如下：

（一）高权力差距—低权力差距

权力差距是指一个国家的人民在多大程度上可以接受公共机构和组织内的权力分配不平等。高权力差距（High Power Distance）指在某种文化里，存在大量权力和财富分配不平等现象，但大家能容忍。这种文化倾向于顺从那种阻碍国民向上升迁的阶级或社会等级制度。低权力差距（Low Power Distance）指文化阻碍权力和财富差异，这些社会强调公平和机会。

（二）个人主义—集体主义

个人主义（Individualism）指人们在多大程度上更喜欢单独行动而不是群体活动，以及相信个人权利至高无上。集体主义（Collectivism）强调严格的社会架构，人们期望群体中的其他人照顾和保护自己。

（三）男性化—女性化

这个维度反映某文化是赞成成就、权力、控制等传统的男性角色，还是鼓励男女平等。高度男性化（Masculinity）的社会里，男女角色划分明显，男性支配社会。高度女性化（Femininity）表明社会里男女角色差异很小。高度女性化并不意味着社会强调女性角色，而是指社会强调男女平等。

（四）不确定性回避

这是反映一个国家的人在多大程度上更喜欢结构化而不是非结构化的维度。在不确定性回避（Uncertainty Avoidance）得分高的文化中，人们对不确定和模糊的焦虑较高。这种文化倾向于强调法律制度和控制，以便降低不确定性。在不确定性回避得分低的文化中，个人较少因为不确定和模糊而惊慌,他们对多样化的观点也比较容忍。这种文化很少以制度为导向,人们更冒险,更愿意接受变化。

(五)长期导向—短期导向

这是霍夫斯泰德类型理论中最新加入的维度,它反映一个社会对传统价值观长期坚持的程度。长期导向(Long-term Orientation)的文化中,他们重视未来,推崇节俭、恒心和传统。短期导向(Short-term Orientation)的文化中,人们重视此时此刻,更乐意接受变化,重视承诺但不阻碍变化。

美国在霍夫斯泰德的五个维度中的得分情况是什么样呢?美国是一个非常个人主义的社会。事实上,美国是世界上最个人主义的国家(紧接着就是澳大利亚和英国)。美国是短期导向、低权力差距(在美国,人们不能接受天生的等级差异)。美国在不确定性的回避方面得分相对较低,这意味着多数美国人可以容忍不确定性和模糊。并且,美国在男性化维度的得分相对较高,这说明多数美国人重视传统的性别角色(至少对于丹麦、芬兰、挪威和瑞典等国来说是如此)。

二、霍夫斯泰德文化评价的不足

霍夫斯泰德的文化评价维度对组织行为学的研究人员和管理层产生了巨大的影响,但与此同时,批评家们也指出其中的一些不足。

虽然数据最近有所更新,但是最初的数据是30年前的,并且仅来自一家公司(IBM)。

很少有学者仔细研究过霍夫斯泰德方法论的细节,因此他们不知道他的很多决定和判断依据(例如,把文化价值观减少到五个)。

霍夫斯泰德的一些结论是令人感到意外的。例如,一般认为日本是一个高度集体主义的国家,而它在霍夫斯泰德的集体主义维度中的得分却只达到平均水平。

尽管如此,霍夫斯泰德仍是一个被引用最多的社会科学家,他的研究结构在组织行为学领域影响长远。

三、旨在评价文化的 GLOBE 框架

全球领导与组织行为效果研究项目(Globe Leadership and Organizational Behavior Effectiveness,GLOBE)开始于1993年,主要对领导和民族、文化进行跨文化研究。根据来自62个国家的825个组织提供的数据,GLOBE团队认为民族文化差异体现在九个维度上(见表4-4,不同国家在每个维度的得分)。

(1)果敢性:社会在多大程度上鼓励人们坚韧、对抗、果敢和竞争,而不是谦逊、温和。

(2)未来导向:社会在多大程度上鼓励和奖励未来导向的行为,比如筹划、投资未来、推迟享受等。

(3)性别差异:社会在多大程度上最大化性别角色的差异。这个和霍夫斯泰德的男性化/女性化一致。

(4)不确定性回避:和霍夫斯泰德的定义一致,GLOBE把这个维度定义为社会为了降低未来时间的不可预测性而对社会规范和程序的依赖程度。

表 4-4　GLOBE 要点

维度	得分低的国家或地区	得分适中的国家或地区	得分高的国家或地区
果敢性未来导向	瑞典	埃及	西班牙
	新西兰	爱尔兰	美国
	瑞士	菲律宾	希腊
	俄罗斯	斯洛文尼亚	丹麦
	阿根廷	埃及	加拿大
	波兰	爱尔兰	荷兰
性别差异	瑞典	意大利	韩国
	丹麦	巴西	埃及
	斯洛文尼亚	阿根廷	摩洛哥
不确定回避	俄罗斯	以色列	澳大利亚
	匈牙利	美国	丹麦
	玻利维亚	墨西哥	德国
权力距离	丹麦	英格兰	俄罗斯
	荷兰	法国	西班牙
	南非	巴西	泰国
个人主义/集体主义	丹麦	中国香港	希腊
	新加坡	美国	匈牙利
	日本	埃及	德国
圈内集体主义	丹麦	日本	埃及
	瑞典	以色列	中国大陆
	新西兰	卡塔尔	摩洛哥
绩效导向	俄罗斯	瑞典	美国
	阿根廷	以色列	中国台湾
	希腊	西班牙	新西兰
人本导向	德国	中国香港	印度尼西亚
	西班牙	瑞典	埃及
	法国	中国台湾	马来西亚

资料来源：M. Javidan, R. J. House. Cultural Acumen for the Global Manager: Lessons from Project GLOBE [J]. Organizational Dynamics, 2001.

（5）权力距离：同霍夫斯泰德一样，GLOBE 团队的定义是，社会成员对权力不平等分配的接受程度。

（6）个人主义/集体主义：这个维度与霍夫斯泰德的定义一致——社会公共机构在多大程度上鼓励个体融入组织和社会的团体。

（7）圈内集体主义：与强调社会公共机构不同，这个维度包括社会成员对成为某个小团体（比如家庭、朋友圈子、工作单位）一员的自豪程度。

（8）绩效导向：指社会在多大程度上鼓励和奖赏组织成员提高绩效，追求卓越的绩效。

（9）人本导向：指社会在多大程度上鼓励和奖赏个体的公平、利他、慷慨、关心他人以及友善待人的行为。

对比GLOBE和霍夫斯泰德的文化研究维度后，不难发现，前者是扩展了后者，而不是取代了后者。GLOBE的研究在确认霍夫斯泰德五个维度有效性的同时，加入了一些维度，为我们提供了一种最新的评定方法，用来确定不同国家在每个维度上的级别。因为时代的发展和移民的加入，一个国家的文化价值也在发生变化。例如，GLOBE调查发现美国的个人主义倾向已经有所下降。可以预见，未来关于人类行为和组织实践的跨文化研究会越来越多地使用GLOBE的维度来评估国家和地区间的差异。

第三节 个体人格和价值观与工作场所的联系

由于现在的管理者不太关注应聘者完成特定工作的能力，而是更关注他们应对环境变化的灵活性以及对组织的忠诚度，所以近些年来，管理者很关心员工的人格和价值观与组织的匹配度。下面我们具体来看人—职匹配和人—组织匹配。

一、人—职匹配

把工作需要和人格匹配分析得最好的是约翰·霍兰德（John Holland）的人—职匹配理论（Personality-job Fit Theory）。该理论基于这样一种观点——个体人格与工作要匹配。霍兰德列出六种人格类型，并提出工作满意度和离职倾向取决于个体与工作的匹配程度。六种人格类型中的每一种都有适合的职业。表4-5列出了六种人格类型，以及每种类型的特点和所适合的职业。

表4-5 霍兰德人格类型及适合的职业

类型	人格特点	适合的职业
现实型：喜欢需要技术、力量和协调性的身体活动	害羞、真诚执着、稳定服从、实干	技工、钻床操作员、车间工人、农场主
研究型：喜欢包含思考组织和理解的活动	善于分析、富有创造力和好奇心、独立	生物学家、经济学家、数学家、新闻记者
社会型：喜欢帮助和有助他人发展的活动	爱社交、友好合作、有理解力	社会工作者、教师、咨询人员、临床心理学家
传统型：喜欢有制度的、有秩序的、清晰的活动	服从、有效、实干、缺乏想象力、不灵活	会计、公司经理、银行出纳员、档案管理者
企业型：喜欢有机会影响他人并获取权力的活动	自信、雄心勃勃、能量充沛、专横	律师、房地产经纪人、公共关系专员、小型企业的管理者

续表

类型	人格特点	适合的职业
艺术型：喜欢富有创新机会的不明确的事物和活动	想象力丰富、无秩序、理想化、情绪化、不切实际	画家、音乐家、作家、室内创意装饰者

霍兰德开发的职业兴趣量表，其中包括 60 个职业名称。被试者表明这些职业中哪些他们喜欢，哪些不喜欢，然后用他们的回答来推断其人格类型。使用这种方法进行研究，结果肯定了图 4-1 中的六边形模型。从图形可见，六边形中，两个领域或方位越接近就越兼容。相邻者非常相似，而相对者则非常不同。

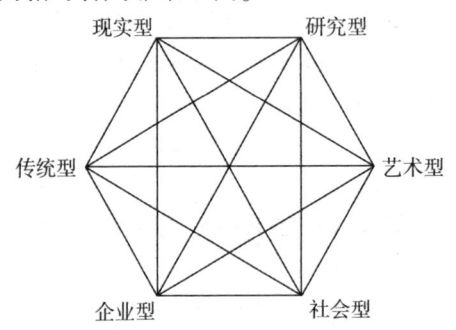

图 4-1 职业人格类型间的关系

这意味着什么呢？根据理论，当人格与职业一致时，满意度最高，离职率最低。社会型的个体应该从事社会型的工作，传统型的应该从事传统型的工作，以此类推这个模型的关键在以下几点：

（1）个体在人格方面存在本质的差异。
（2）工作类型也有不同。
（3）达到人格和工作匹配的个体比两者不一致的个体对工作更满意，主动辞职的可能性也更低。

二、人—组织匹配

近些年来人们关注人—职匹配的同时，也开始关注人—组织的匹配了。由于环境是动态的，不断变化的，组织也随之要求员工能够调整工作任务，轻松地在工作团队中转换，因此，员工的人格和整个组织文化相匹配就比和某个具体的工作匹配重要得多了。

人—组织匹配的观点建议人们应该离开和自己人格不匹配的组织。用大五人格的语言来分析，我们可以得到下列结论：

（1）高度外向的个体更适合有闯劲的、团队导向的文化。
（2）高度宜人性的个体适合支持性的，而不是强调挑战的组织文化。
（3）高度开放性的个体更适合强调创新而不是标准化的组织文化。

在招聘时遵循这些原则，管理者可以挑选到和企业文化匹配度高的员工，这会进一步带来更高的满意度，并降低离职率。

人—组织匹配的研究还关注人们的价值观是否与组织的文化匹配。员工的价值观与组织文化匹配可以带来高的工作满意度、高的组织忠诚以及低的离职率。

第四节 价值观对管理工作的影响

一、对管理决策的影响

每一名管理者都受到自身价值观的影响，这种影响又会通过管理者的管理行为（主要是管理决策）对其他人产生作用。这些影响和作用具体表现在如下几个方面：

(1) 对其他个人及群体的看法，从而影响到人与人之间的关系；
(2) 个人对决策和问题解决方法的选择；
(3) 对个人所面临的形势和问题的看法；
(4) 关于道德行为的标准的确定；
(5) 个人接受或抵制组织目标和组织压力的程度；
(6) 对个人及组织的成功和成就的看法；
(7) 对个人目标和组织目标的选择；
(8) 用于管理和控制组织中人力资源的手段的选择。

二、对管理模式的影响

在人力资源管理中，根据组织的总体目标、基本的价值观、对员工的看法等方面的不同划分，总结出以下三种管理模式。

1. 最大利润管理模式

最大利润管理模式在19世纪和20世纪初被广泛应用于美国企业中。经营的总体目标就是取得最大利润，以在市场竞争中求得生存和发展。一切管理决策和组织行动都服从这个唯一目的。与这种管理模式相适应的价值观是利己主义、适者生存、个人奋斗、竞争等，企业的员工仅仅是企业获取利润的手段而不是目的。领导方式是粗鲁的、个人专断的，组织考虑员工福利是为了组织取得最大利润。

2. 委托管理模式

在生产资料的所有权和经营权分离之后，作为企业的经营者，他不仅要考虑企业投资者的利益，还要考虑员工、顾客、社会等各方面的利益。这时，在企业员工既被看作是手段，也被看作是目的，而不再单纯是劳动力市场中任人雇用和解雇的资源。它承认员工的权力必须得到承认，可以组织工会等员工团体来关注他们的利益。但是，它仍然有强烈的利润指标需求。因此，它是一种在谋取利润与社会道德之间进行调和的管理模式。

3. 生活质量管理模式

生活质量管理模式承认企业需要利润，但强调追求利润要合理，要考虑社会利益而不仅仅考虑公司所有者的利益，企业利润与社会利益是共存的，对社会有利的利益对企业也有利。利润更多的被看成是一种手段而不是目的，人本身在组织中及组织外部的全面自由发展被看成是比金钱、物质、技术更为重要的事情，人所拥有的生活质量成为组织所追求的目标。与此管理方法相适应的价值观是使利己主义、竞争和原始的自身利益转变成大家分享、合作和开明的自身利益。生活不再被看作是"你胜就是我负"的你死我活的局面，而是"我成功你也成功"的双赢局面。在管理中强调了人本主义的倾向，每个员工的尊严和价值观都得到承认，注重充分发挥员工的技术和能力，使其参与管理，领导作风也倾向于民主和分权，管理者和员工互相沟通，彼此信任。

三、价值观与组织文化

一个组织是由人构成的，组织成员的个人价值观往往由于自身年龄、背景、经验、成长环境的不同存在着较大的差别。如果面对这种差别，组织令其自然发展，将会给组织成员之间的协作、配合、人际交往等带来潜在的冲突，甚至影响组织的工作效率和工作目标的实现。因此，组织文化的建设就成为一个组织越来越重视的内容。

组织文化是指"在一定的社会经济条件下，通过社会实践所形成的并为全体成员遵循的共同意识、价值观念、职业道德、行为规范和准则的总和""是一个企业或一个组织在自身发展过程中形成的以价值为核心的独特的文化管理模式"。组织文化的本质就是组织中大多数员工共同认同的价值观和价值系统。组织价值观是组织文化的核心要素。组织价值观是组织内全体成员共同遵守和承认的，对事物和现象在思想、感情、信念、观念上的取向准则，是辨别是非的标准。组织成员为了实现组织目标，会自觉遵守组织价值观，用此来指挥人们行事，正是这种组织价值观，决定了该组织的特色。良好的组织文化将有利于组织成员之间的理解和协作，对于组织成员产生强大的凝聚效应。

组织文化的形成是一个长期的过程，在这个过程中，有众多的因素会影响组织文化的形成，比如，外部的环境文化、所在国家或地区的民族文化、组织原有的传统、领导者（创始人）的思想观念以及组织的人员状况、产品特征、技术特点等都会对组织文化的形成产生或大或小的影响作用。但是组织文化形成的核心在于组织核心价值观的形成。

本章小结和对管理者的启示

了解一个人的价值观为什么很重要？价值观虽然不直接影响行为，却强烈影响个体的态度、行为和观念。因此了解一个人的价值体系有助于对其进行激励。价值观代表基本的、稳定的信念系统，这个系统指"个人或者社会偏向某种具体的行为模式或者生存的终极目标，而不是对立的或者相反的行为模式或生存的终极目标"。人们的价值观存在差异，管理者可以使用罗克奇价值观调查表了解潜在员工的价值观，判断他们的价值观是否与组织的一致。

近些年来，管理者很关心员工的人格、价值观和组织的匹配度，提出个体人格与工作要匹配。同时，由于环境是动态的，不断变化的，组织也随之要求员工能够调整工作任务，轻松地在工作团队中转换，因此，员工的人格和整个组织文化相匹配就比和某个具体的工作匹配重要得多了。一个重视想象力、独立和自由的员工，在强调员工顺从的企业文化里就有不匹配问题。管理者通常会欣赏、正面评价、奖励和企业文化匹配的员工，而发现自己和企业文化匹配的员工会更满意。因此，管理者在选拔新员工时，不仅要考虑他们是否有必要的能力、经验和进取心，还要考虑他们是否具备和组织匹配的价值体系。

每一名管理者都受到自身价值观的影响，这种影响又会通过管理者的管理行为对其他人产生作用。比如会影响其他个人及群体的看法，从而影响到人与人之间的关系，或是个人对决策和问题解决方法的选择等。价值观对管理模式也有一定的影响，根据组织的总体目标、基本的价值观、对员工的看法等方面的不同划分，主要有最大利润管理模式、委托管理模式、生活质量管理模式三种类型。

本章练习题

（一）思考题

1. 什么是价值观？
2. 试述罗克奇价值观测量的主要内容。
3. 阐述霍夫斯泰德的文化评价架构主要包括哪些要素。
4. 描述旨在评价文化的GLOBE框架的构成。

（二）案例分析

华为的核心价值观

一、华为的核心价值观内容

华为公司的核心价值观蕴含着华为公司的愿景、使命和战略。华为公司的愿景是丰富人们的沟通和生活。使命是聚焦客户关注的挑战和压力，提供有竞争力的通信解决方案和服务，持续为客户创造最大价值，具体内容如下：

1. 成就客户

为客户服务是华为存在的唯一理由，客户需求是华为发展的原动力。华为坚持以客户为中心，快速响应客户需求，持续为客户创造长期价值，进而成就客户。为客户提供有效服务，是华为工作的方向和价值评价的标尺，成就客户就是成就华为自己。

2. 艰苦奋斗

华为没有任何稀缺的资源可以依赖，唯有艰苦奋斗才能获得客户的尊重与信赖。奋斗体现在为客户创造价值的任何微小活动中，以及在劳动的准备过程中为充实提高自己而做的努力。华为坚持以奋斗者为本，使奋斗者得到合理的回报。

3. 自我批判

自我批判的目的是不断进步、不断改进，而不是自我否定。只有坚持自我批判，才能倾听、扬弃和持续超越，才能更容易尊重他人，与他人合作，实现客户、公司、团队和个人的共同发展。

4. 开放进取

为了更好地满足客户需求，华为积极进取、勇于开拓，坚持开放与创新。任何先进的技术、产品、解决方案和业务管理，只有转化为商业成功才能产生价值。华为坚持客户需求导向，并围绕客户需求持续创新。

5. 至诚守信

华为只有内心坦荡诚恳，才能言出必行，信守承诺。诚信是华为最重要的无形资产，华为坚持以诚信赢得客户。

6. 团队合作

胜则举杯相庆，败则拼死相救。团队合作不仅是跨文化的群体协作精神，也是打破部门墙、提升流程效率的有力保障。

二、华为的核心价值观的渊源

华为价值观不仅来源于管理者的顶层设计，而且来源于华为的全员大讨论。这样做既可以使华为价值观体现价值导向，又可以使华为价值观深入华为全员人心。

1. 有关成就客户

华为公司经营管理团队（Executive Management Team，EMT）最初讨论的提案是"客户为先"。一般而言，每个公司都会宣传"我们以客户为中心"，而客户真正想要的不仅仅是听到的宣传，还有切身的感受。在全员大讨论中，有人建议将"客户为先"改为"成就客户"，因为"成就客户"的内涵更深刻，"成就客户"更清晰地聚焦于目标、最终结果，更能明确华为以客户为中心、帮助客户实现商业成功的价值导向。

当然，"客户为先"比较直观、贴近现状，也是公司长久以来的优良传统。华为的现实情况就是围绕客户需求而运作，快速响应客户需求。但是此表达与"客户第一""客户至上"等通俗的表达比较接近，其内涵不如"成就客户"深刻，简单地把客户为先、至上或者第一，并不一定能成就客户。不能成就客户，也不能成就华为自己。

要成就客户，片面地强调快速响应客户需求、服务客户是不够的。要多一点主动，在响应客户提出的需求之外，还能够有创新地提供符合客户真实需求的产品与服务。只是被动地等待客户要什么公司才做什么，难以获得更大的发展空间。盲目创新的公司会灭亡，但没有创新的公司也会止步不前。

华为老总任正非说过："我们要以为客户提供有效服务，来作为我们工作的方向，作为价值评价的标尺，当然是包括了直接价值与间接价值。不能为客户创造价值的部门为多余部门，不能为客户创造价值的流程为多余流程，不能为客户创造价值的人为多余的人。"

在华为看来，不仅仅外部的客户是客户，而且公司内部业务流程的下游也是客户。

这样，华为价值观中有关成就客户部分的定型表述，就变成了下面这段文字：

为客户服务是华为存在的唯一理由。客户需求是华为发展的原动力。华为坚持以客户为中心，快速响应客户需求，持续为客户创造长期价值，进而成就客户。为客户提供有效服务，是华为工作的方向和价值评价的标尺，成就客户就是成就华为自己。

2. 有关至诚守信

华为把诚信看得非常重要，在《致新员工书》中有段话："华为十几年来铸就的成就只有两个字——诚信，诚信是生存之本、发展之源，诚信文化是公司最重要的无形资产。"

华为人认为，客户为什么选择华为？因为华为能够为他们带来以诚信为基础的价值，因为客户的价值观与华为的价值观是一致的，正是华为的诚信换取了客户的忠诚。

华为的诚信靠什么来体现？一是靠公司的核心价值观来体现；二是靠全体员工对诚信价值观的认同来保证。这是一条诚信的价值链：公司对员工的诚信，员工对公司的诚信，最终才能表现在对客户与社会的诚信。归根结底，员工对公司的诚信，形成了华为对客户的诚信。

任正非认为，诚信的本质在于责任，一个有使命感、责任心的员工，是不会否认诚信文化的。华为十几年来铸就的成就只有两个字——诚信。对客户的诚信，对社会、对政府的诚信，对员工的诚信，诚信文化是公司最重要的无形资产。尽管公司不断有人，包括极个别的高级干部背离诚信，做出一些令人痛心的事，但公司绝大多数员工是相信这一文化的。这种诚信文化创造的价值是取之不尽、用之不竭的。公司要建立员工的诚信档案，为选拔培养更多的优秀干部打下基础。

所以,华为关于诚信做了如下表述:我们只有内心坦荡诚恳,才能言出必行,信守承诺。诚信是我们最重要的无形资产,华为坚持以诚信赢得客户,同时,公司还在《华为商业行为准则》中发表了诚信宣言。宣言内容如下:

华为十几年来铸就的成就只有两个字——诚信,诚信是华为公司一贯倡导的核心价值观。华为承诺对客户诚信、对社会诚信、对政府诚信、对利益相关者诚信、对员工诚信。华为的成长发展得益于诚信,诚信是华为取之不尽、用之不竭的最重要的无形资产,是华为整体竞争力要素之一。华为的诚信文化是靠华为全体员工长期努力实践建立起来的。

诚信的本质在于责任与使命,在于信仰公司的核心价值观,在于全体干部与员工信守自己的承诺。每个有使命感、责任心的华为员工,有权利、责任和义务信守华为共同的诚信文化,每一位华为干部都应是华为诚信文化建设的倡导者和身体力行的模范,每一位华为员工都应是诚信文化的传承者和实践者。

3. 有关团队合作

按照任正非的理解,团结合作、集体奋斗是当代科学技术成功的必需。当今科学技术若不去国际创新,抱"团"打天下,而是个人创新,在痛苦中摸索,就会永远找不到出路,也出不了成果。因此要加强集体奋斗的精神、团队、沟通的建设。团结起来,共同奋斗——这就是华为的目标。

华为在还是小公司时,就提出了"胜则举杯相庆,败则拼死相救"的口号。其性质,属于跨团队的文化管理。其目的,就是希望打破流程中的部门墙。

现在行政管理团队的权力太大,而流程拥有者(Owner)的权力太小,致使一个个部门墙越积越厚。这样无形中增加了较大的成本,使竞争力削弱。所以,华为要用制度来保证这种精神传承,要让为全流程做出贡献的人,按贡献大小分享成果。在华为,最经常说的一句话是:We are a team(我们是一个团队的)。

华为甚至认为,成为将军有一个必要条件,就是团队合作。

正是在这些认识的基础上,才有了关于团队合作的如下表述:"胜则举杯相庆,败则拼死相救。"团队合作不仅是跨文化的群体协作精神,也是打破部门墙,提升流程效率的有力保障。华为对于所有的员工都以同样的标准来要求,从一开始就培育员工团结合作、群体奋斗的精神,从而推动实现集体奋斗的宗旨。将来在工作中,会更多地放松一些对个性的管理,有了这种集体奋斗的土壤,个性的种子才能长成好的庄稼。

《致新员工书》中提出:公司管理是一个矩阵系统,运作起来就是一个求助网。希望你们成为这个大系统中一个开放的子系统,积极有效地既求助于他人,同时又给予他人支援,这样你就能充分地利用公司资源,你就能借助别人提供的基础,吸取别人的经验,很快进入角色,很快进步。求助是参与群体奋斗的最好形式。如果封闭自己,怕工分不好算,想单打独斗,搞出点名堂来,是万万不可能的。

4. 有关自我批判

在讨论过程中,是描述为"自我批判",还是"自我改进"?这是有过争论的。

第一,两者的内涵是相同的,都是强调自己与自己比、今天和过去比要不断进步。自我批判的目的一定是导向自我改进的,否则意义何在?两者的区别主要在于词汇本身的表达和理解习惯上。

第二,"自我批判"这种表述,作为公司的优良文化传统,已在公司广泛传播,已被公司员工理解并认同，继续使用这个词汇也可以与大量公司历史文献保持连续性。存在的问题是，"自我批判"这个词汇不容易被一些年轻员工及海外文化背景且使用中文的员工准确理解。

第三，"自我改进"这个词汇更包容、更容易与时代、与国际接轨，且与其英文 Self-improvement 的描述保持一致。存在的问题是，需要在公司里面切换用语习惯，以及处理好与历史文献的衔接。

华为有关自我批判的表述如下：自我批判的目的是不断进步、不断改进，而不是自我否定。只有坚持自我批判，才能倾听、扬弃和持续超越，才能更容易尊重他人和与他人合作，实现客户、公司、团队和个人的共同发展。

正如任正非所言："如果我们没有坚持这条原则，华为绝不会有今天。没有自我批判，我们就不会认真倾听客户的需求，就不会密切关注并学习同行的优点，就会陷入以自我为中心，必将被快速多变、竞争激烈的市场环境淘汰；没有自我批判，我们面对一次次的生存危机，就不能深刻自我反省、自我激励，用生命的微光点燃团队的士气，照亮前进的方向；没有自我批判，就会故步自封，不能虚心吸收外来的先进东西，就不能打破局限和习性，把自己提升到全球化大公司的管理境界；没有自我批判，我们就不能保持内敛务实的文化作风，就会因为取得的一些成绩而春风得意、忘乎所以，掉入前进道路上遍布的泥坑陷阱中；没有自我批判，就不能剔除组织、流程中的无效成分，建立起一个优质的管理体系，降低运作成本；没有自我批判，各级干部不讲真话，听不进批评意见，不学习不进步，就无法保证做出正确决策和切实执行。只有长期坚持自我批判的人，才有广阔的胸怀；只有长期坚持自我批判的公司，才有光明的未来。自我批判让我们走到了今天，我们还能向前走多远，取决于我们还能继续坚持自我批判多久。"

任正非在谈及自己的时候说："我的优点是善于反省反思，像一块海绵，善于将别人的优点、长处吸收进来，转化成为自己的思想、逻辑、语言与行为。曾子尚能三省吾身，我们又不是圣贤，为什么就不能？"

值得注意的是，自我批判，不是自卑，而是自信，只有强者才会自我批判，也只有自我批判才会成为强者。

华为提倡自我批判，但不压制批判。为什么不提倡批判，因为批判是批别人的，多数人掌握不了轻重，容易伤人。自我批判是自己批自己，多数人会手下留情。虽然是鸡毛掸子，但多打几次也会起到同样的效果。

任正非在一篇名为《从泥坑里爬起来的人就是圣人》的讲话中强调："我们开展自我批判的目的也不是要大家专心致志地闭门修身养性，或者大搞灵魂深处的革命。而是要求大家不断去寻找外在更广阔的服务对象，或者更有意义的奋斗目标，并且落实到行动上。"

自我批判是无止境的，就如"活到老学到老"一样，陪伴我们终生。学到老就是自我批判到老，学了干什么，就是使自己进步。什么叫进步，就是改正昨天的不正确。

5. 艰苦奋斗

关于本条核心价值观，有 EMT 成员曾提出"乐于奋斗"的表述。公司 EMT 讨论后一致建议保留"艰苦奋斗"。理由如下：

"艰苦奋斗"理性、深刻地阐述了问题的本质。电子信息产业的供给是无限的，而需求是有限的，这一特点决定了电子信息产业将会是所有产业中竞争最激烈的，决定了"艰苦"是这个行业的普遍特征。华为能够走到今天，靠的就是艰苦奋斗，未来要想继续生存下去仍需长期坚持艰苦奋斗。

而"乐于奋斗"更希望从积极乐观的角度来倡导奋斗。启示大家不要把奋斗看得那么苦，要苦中作乐，快乐工作。存在的问题是，这种表达容易回避现实，因为奋斗必然是艰苦的，过于快乐了就不叫奋斗了。当然，能在艰苦奋斗中享受到快乐，也是好的。

最后，有关艰苦奋斗的正式表述为：华为没有任何稀缺的资源可以依赖，唯有艰苦奋斗才能赢得客户的尊重与信赖。奋斗体现在为客户创造价值的任何微小活动中，以及在劳动的准备过程中为充实提高自己而做的努力。我们坚持以奋斗者为本，使奋斗者得到合理的回报。

那么，华为所谓的奋斗又是什么意思呢？

华为人是这样定义的：为客户创造价值的任何微小活动，以及在劳动的准备过程（例如上学、学徒……）中，为充实提高自己而做的努力，均叫奋斗，否则，再苦再累也不叫奋斗。要为客户服务好，就要选拔出优秀员工，而且这些优秀员工必须奋斗。要使奋斗可以持续发展，必须使奋斗者得到合理的回报，并保持长期的健康。但是，无限制地拔高奋斗者的利益，就会使内部运作出现高成本。

以客户为中心、以奋斗者为本是两个矛盾的对立体，它构成了企业的平衡。难以掌握的灰度、妥协，考验着所有的管理者。

6. 开放进取

关于本条核心价值观，最初的表述是"创新进取"，公司 EMT 讨论后建议选取"开放进取"。具体理由如下：

有关"开放进取"：华为提倡以开放的心态去吸收、接纳别人的优秀成果；95%的传统都是宝贵的，要通过维护改良使它们能持续地发挥作用。在实际工作中肯定会产生合理的、有益的创新活动，但在核心价值观上不刻意渲染创新，以免造成浮躁；华为坚决反对盲目创新。开放进取也包含了借鉴先进的成果为我所用。

有关"创新进取"：要正确理解"创新"这个词汇的内涵。创新是指不要墨守成规，要与时俱进，要适应环境的变化，产品性能的改进是创新，产品让客户更容易使用也是创新。华为从事的是高科技产业，不断创新是产业规律的重要内容。公司这些年的成功得益于围绕客户需求创新的成功，这种创新活动是被客户所认可的。但存在的问题是，创新这个词汇当前被盲目地运用于各类场合，宣扬创新很容易导向新、奇、异，导向狭隘的自主研发和自主创新，事实上，华为公司内部一直存在盲目创新的因素，而开放是华为目前比较缺乏的。华为要更多地采取开放借鉴的做法，以继承和发扬的心态，珍惜现有的传统和积累，保持持续的成功。

最后所确定的开放进取表述如下：为了更好地满足客户需求，华为积极进取、勇于开拓，坚持开放与创新。任何先进的技术、产品、解决方案和业务管理，只有转化为商业成功才能产生价值。华为坚持客户需求导向，并围绕客户需求持续创新。

关于开放进取的价值观，可以参考华为人自己的如下解读：

为了更好地满足客户需求，建设百年教堂，平台必须坚持开放与创新。一个不开放的文化，就不会努力地吸取别人的优点，是没有出路的。一个不开放的组织，会成为一潭死水，也是没有出路的。华为在产品开发上，要开放地吸收别人的好东西。要充分应用公司内部和外部的先进成果。

而在产品和解决方案领域要围绕客户需求持续创新。任何先进的技术、产品和解决方案,只有转化为客户的商业成功才能产生价值。在产品投资决策上,华为坚持客户需求导向优先于技术导向。要在深刻理解客户需求的前提下,对产品和解决方案进行持续创新,华为的产品和解决方案才会有持续的竞争力。

在管理和流程上要坚决反对盲目创新,要在原有的基础上不断改良和优化。华为要持续百年的不断改良,不要随意改革,改来改去的。只有在历经数年的充分认证,才进行必要性的革命。坚持百年,不死就是胜利。

(资料来源:金锄头文库.华为的价值观,2022-05-27)

思考问题: 从华为的企业价值观中你能获得什么启示?

研究课题

试谈谈你的终极价值观和工具价值观。

第五章　知觉与个体决策

名人名言

科学不过是训练有素、组织化了的超常识之外的知觉。

——赫胥黎（1894—1963，英国著名作家）

学习目标

1. 掌握知觉与社会知觉的概念特点和相关理论；
2. 掌握个体决策的概念及相关理论；
3. 掌握（社会）知觉与个体决策的关系。

本章关键词

知觉；知觉的选择性；知觉的整体性；知觉的理解性；知觉的恒常性；社会知觉；归因理论；基本归因错误；自我服务偏见；晕轮效应；对比效应；投射作用；刻板印象；决策；理性决策过程；过度自信偏差；定锚偏差；证真偏差；可获性偏差；代表偏见；承诺升级；随机误差；后见之明偏误。

思维导图

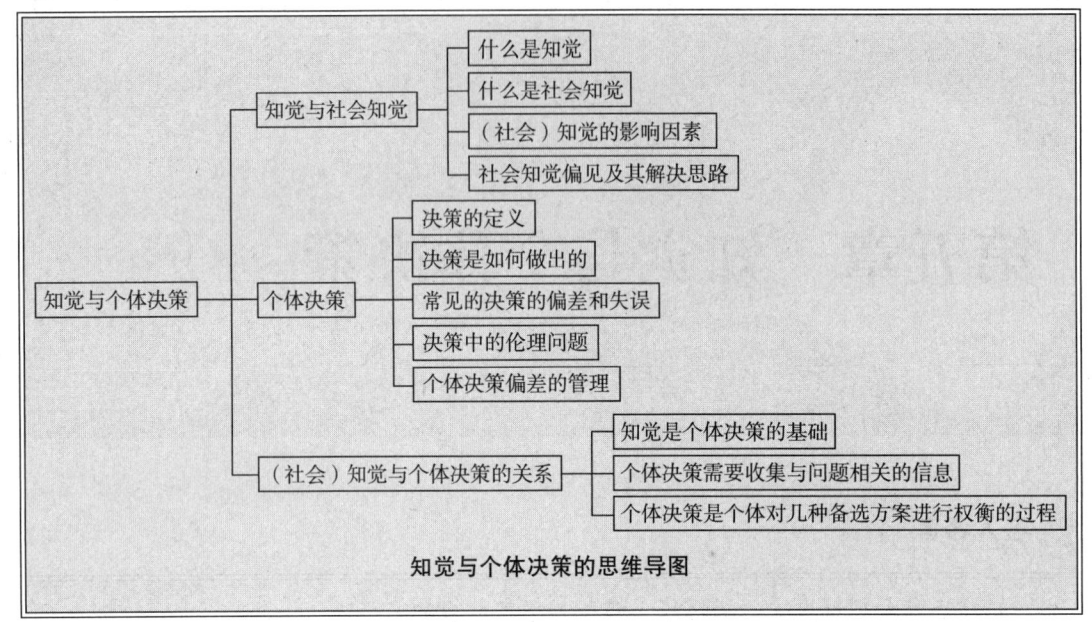

```
知觉与个体决策
├── 知觉与社会知觉
│   ├── 什么是知觉
│   ├── 什么是社会知觉
│   ├── （社会）知觉的影响因素
│   └── 社会知觉偏见及其解决思路
├── 个体决策
│   ├── 决策的定义
│   ├── 决策是如何做出的
│   ├── 常见的决策的偏差和失误
│   ├── 决策中的伦理问题
│   └── 个体决策偏差的管理
└── （社会）知觉与个体决策的关系
    ├── 知觉是个体决策的基础
    ├── 个体决策需要收集与问题相关的信息
    └── 个体决策是个体对几种备选方案进行权衡的过程
```

知觉与个体决策的思维导图

开篇案例

同一事件，不同知觉

从警察报告中了解到，6月9日下午1时27分，3763路公共汽车发生了一起小型无伤亡事故。到达事故现场时，警察无法确定公共汽车司机所在的位置。因为当时这辆公共汽车几乎无法驱动，乘客被换到另外一辆车上，坏车被送回城市公车库去维修。

新任总经理阿伦·穆尔仔细查阅了警察报告和两份附加报告。两份附加报告分别由城市运输局的运输主任詹尼弗·泰和当事司机麦克尔·梅尔提供。

泰认为虽然麦克尔8年来一直是一名平均水平之上的司机，但是过去15个月中的绩效有大幅度的滑坡。麦克尔以前一直是在下班后才会和其他司机一起去喝酒，但最近他被怀疑在工作期间饮酒。另外，根据泰的报告，事故发生当天的下午3点，有人看见麦克尔在酒吧喝啤酒。泰引用城市运输局协议中的两项条款为报告做结论。这个条款明确禁止职员在上班时间饮用任何含酒精的饮料，如有违反，可以将当事人解雇。泰建议立刻解雇麦克尔。

麦克尔所阐述的事实却截然相反。他声称为了避让一个骑自行车的人，他将车转向却撞到一棵树上，给公共汽车造成了轻微的损害。转向之前，他正用发报机说话，紧急转向的时候被迫摔掉发报机。由于发报机摔坏，麦克尔不得不走四个街区，找到最近的电话亭向公司报告事故。他向公司报告了事故，也打电话向协会报告了发生的一切。然后当他回到事故现场的时候，他的车已经不见了。当时他不知道该怎么办，并受到了一些惊吓，因此他决定回到总站。由于走了5英里①的路程，并且他的轮班到下午3点钟的时候已经结束，因此他停下来要了杯啤酒，然后又很快地返回了总站。

（资料来源：[美] 弗雷德·路森斯. 组织行为学[M]. 王垒，姚翔，童佳瑾，等，译. 北京：人民邮电出版社，2003.）

---

① 1英里=1.61千米。

第一节　知觉与社会知觉

一、什么是知觉

(一) 知觉的概念

知觉是直接作用于感觉器官的事物的整体在人脑中的反映，是人对感觉信息的组织和解释过程。知觉往往体现在人用词语概括他所知觉到的事物。例如：《三国演义》里空城计中司马懿对诸葛亮的知觉是：他是一个小心谨慎、从不冒险的人。同样，当司马懿及军队看到山坡上的大旗、听到喊杀声的时候，他判断这是诸葛亮的很多伏兵，这也是魏军对其所看和所听的知觉。另外，在对事物的评价中，当人们看到一张模糊的图片时，有人会说看到了小猫，还有人会说看到的是老虎，这因为他们对这张图片有不同的理解，这就是他们对图片的不同知觉。

按照知觉的对象可以将知觉分为社会知觉和物体知觉，前者是对人和人际的知觉，后者是对人之外的物的知觉。

为什么知觉对于组织行为的研究十分重要？原因很简单，因为人们的行为是以他们对现实的认知，而不是以现实本身为基础。这个世界是人们知觉到的世界，这对行为来说非常重要。

(二) 知觉的特点

知觉具有选择性、整体性、理解性和恒常性四个特点。下面分别进行阐述。

1. 知觉的选择性

知觉的选择性是指人在知觉某事物时总是有选择性地把一些事物作为知觉对象，而把事物的其他部分作为背景来进行理解和解释。知觉的选择性保证了人们能够把注意力集中到人们所认为的事物的最重要方面，从而排除干扰，更有效地感知和适应周围环境。图5-1所示是知觉选择性的最好例子。人们往往首先把它看成是一个花瓶和两个老人的脸，但再定睛一看，又可以把它看成是两个戴草帽的人和一位少女。也就是说，在人们变换知觉对象和知觉背景时，对它的知觉已经发生了变化。

图 5-1　两可图

2. 知觉的整体性

知觉的整体性是指人能够根据个体的知识和经验，把事物的不同部分知觉为一个有组织的整体。它主要包括以下三个规律：

(1) 接近律。即时间或空间接近的部分容易被知觉为一个整体，如图5-2所示。

(2) 闭合律。当客体本身不完整时，人们倾向于用过去的知识经验补充某些因素，把不完整的事物知觉为完整的事物，对于黑色背景中的白色线条，是作为一个整体被知觉的，尽管背景图形似乎支离破碎，但构成的却是一个立方体的整体，如图5-3所示。

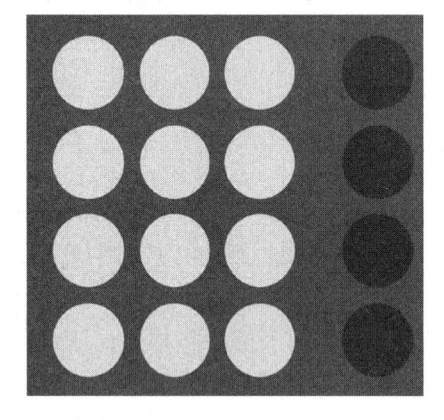

图5-2 接近律

图5-3 闭合律

(3) 相似律。人们将具有相似属性的事物组合在一起去理解，如图5-4所示。

3. 知觉的理解性

知觉的理解性是指在知觉过程中，人总是用过去所获得的有关知识经验，对感知的事物进行加工处理，并用概念的形式把它们标示出来。知觉的理解性使人们的知觉速度提高，节约时间，而且印象深刻而完整。在纽约联合国总部门前的著名雕塑《打结的手枪》，那是1988年卢森堡赠送给联合国的。从外表看该雕塑就是一支枪管被打上结的转轮手枪。但是其内在的寓意是要制止战争、禁止杀戮、呼唤和平，从而向人们传达了坐落在它旁边的联合国组织存在的意义，如图5-5所示。

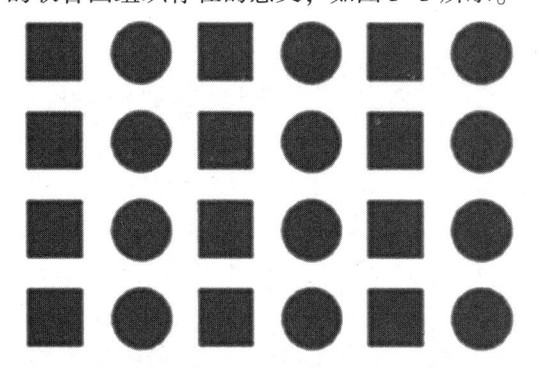

图5-4 相似律

图5-5 打结的手枪

4. 知觉的恒常性

知觉的恒常性是指知觉条件（如大小、形状颜色等物理特性）发生一定变化时，**知觉的形象仍然保持相对不变的特性**。知觉的恒常性使人们能够在不同情况下，仍然按照事物的本来面貌反映事物，如图5-6所示。

图 5-6　知觉的恒常性

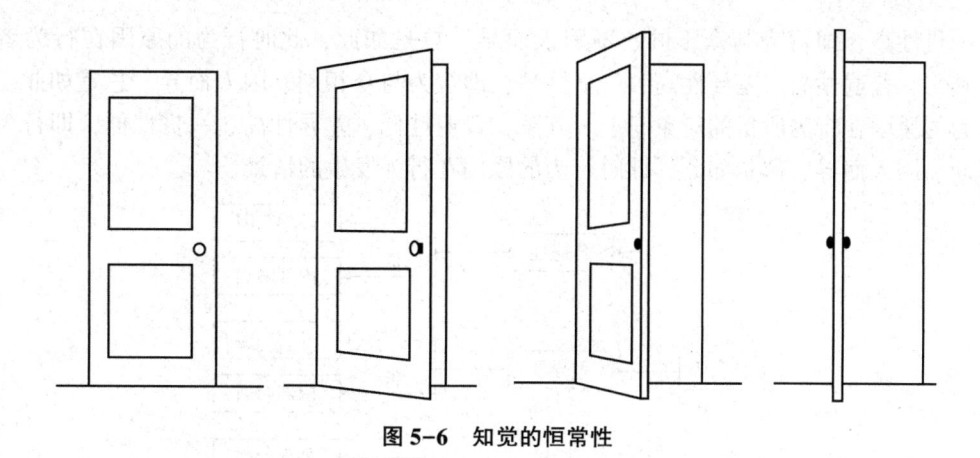

二、什么是社会知觉

（一）社会知觉的概念

社会知觉是对人或人际的知觉，它既包括个人对另一个人的知觉，也包括个人对群体、群体对个人、群体对群体以及对个人间关系和群体间关系的知觉。管理过程中更为重要的是社会知觉。例如，管理者对下属的第一印象，人力资源部门与财务部门相互之间的看法，这些都是社会知觉。

（二）社会知觉的理论观点

在社会知觉方面，人们通常根据人的外部特征对他的内心状态做出解释，这在社会知觉中被称为归因理论（Attribution Theory）。

1. 凯利的归因模型

美国社会心理学家凯利（Kelly，1967）提出一个复杂的归因模型来解释人的社会知觉。Kelley 认为对个人行为的解释可以总结为三个因素：一是行为者自身（称为内部归因），二是行为所指的对象（外部归因），三是行为发生的情景（外部归因）。根据这三个方面，提出了归因应该遵循的三条原则：

（1）普遍性原则。如果每个人面对相似的情境都有相同的反应，即所有人都以相同方式对某种情况做出反应时，普遍性高；反之，普遍性低。比如，所有走相同路线上班的员工都迟到了，则这一迟到行为就符合普遍性的标准。从归因的观点来看，如果普遍性高，我们很可能对迟到行为进行外部归因；如果走相同路线上班的其他员工都准点到达，你会断定迟到的原因来自内部。

（2）差异性原则。一个人对另一个对象也以同样的方式反应，则差异性低；反之，差异性高。

（3）一贯性原则。行为者的反应前后一贯，不因时、因地而异时，一贯性高；反之一贯性低。

按照这三条原则，凯利（Kelley）提出了如图 5-7 的归因模型。这三个原则体现了行为的三种特征，这三种特征的不同组合就意味着导致行为的原因不同。凯利（Kelley）认为导致行为的三个原因与三种行为特征的不同组合对应在一起。其一，普遍性低、差异性低、一贯性高，即行为与众不同、不因人而异、总是如此，此时行为的原因在行为者自身。其二，普遍性高、差异性高、一贯性高，即行为与众相同、因人而异、总是如此，此时行为的原因在行为所指的对象身上。其三，普遍性低、差异性高、一贯性低，即行为与众不同、因人而异、偶尔如此，此时行为的原因在行为发生的情景。

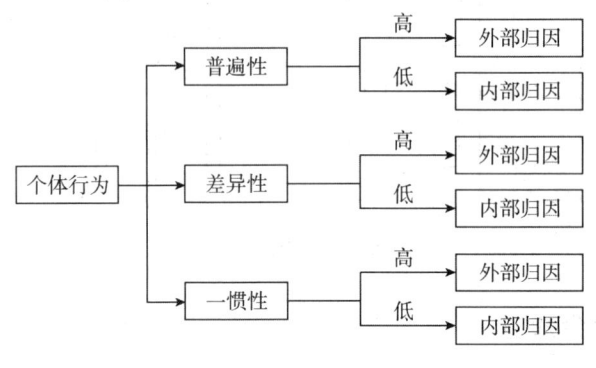

图 5-7 凯利的归因模型

2. 维纳的成败归因模型

在此基础上，美国心理学家维纳（Weiner）提出了成败归因模型。他认为人们获得成功或遭遇失败主要归因于四个方面的因素：努力、能力、任务难度和机遇，而这四个因素可以按照内外因、稳定性和可控制性三个方面来划分。因此，从内外因来看，努力和能力属于内部原因，而任务难度和机遇属于外部原因。从稳定性来看，能力和任务难度属于稳定的因素，而努力和机遇属于不稳定的因素。从可控制性来看，努力和能力是可控因素，而任务难度和机遇都属于不可控因素。人们把自己的成功和失败归结于什么因素，对以后的工作积极性有很大影响。维纳认为把成功归因于内部原因，会使人感到自豪和满意；而把成功归因于外部因素，会使人感到惊奇和感激。把失败归因于内因，会使人感到内疚和无助；把失败归因于外因，会产生气愤和敌意。把成功归因于稳定因素，会提高以后的工作积极性；把成功归因于不稳定因素，以后的工作积极性可能提高也可能降低。把失败归因于稳定因素，会降低以后的工作积极性；而把失败归因于不稳定因素，则可以提高以后的工作积极性。

总之，这两种理论观点从不同角度解释了人是如何评价和解释他人和自己行为的，这对于双方的人际关系和自己的自尊水平都有着重要影响。具体来看，凯利的归因模型描绘了人在社会生活中理解他人行为的规律，这会直接影响到人们之间的人际交往。维纳的归因理论对于解释人们如何看待自己的成功和失败，如何不断树立自己的自信和自尊水平有着重要的指导价值。

三、（社会）知觉的影响因素

影响知觉的因素很多，从知觉过程来看，主要包括知觉者、知觉对象和情景类因素。也就是说，不同的人对相同的对象，同一个人对不同特征的知觉对象，同一个人在不同情景下对相同特征的同一个知觉对象，都会产生不同的知觉。

（一）知觉者因素

人的知觉和社会知觉首先受人本身因素的影响，不同的人对同一事物会产生不同的知觉，同一个人在不同状态下对同一事物也会产生不同的理解。影响知觉和社会知觉的主观因素主要有如下四个方面。

1. 兴趣

人的兴趣各不相同，而兴趣差异往往决定着个体在知觉上有不同的选择性。人们往往更多注意自己感兴趣的事物，而把不感兴趣的事物排除在知觉的范围之外。例如，对足球感兴趣的员工，特别注重同事是否有什么体育爱好，是否身体健康；而对中国古代文化感兴趣的员工，则特别注重同事是否对古代人物感兴趣。

2. 需要和动机

凡是能够满足人们需要、符合人们动机的事物往往会成为知觉的对象。未满足的需要或动机刺激了个体并能对他们的知觉产生强烈影响。一项对饥饿的研究戏剧化地描述了这一事实。研究中的被试被随机分为两组，只是没有吃东西的时间不同：一组被试2个小时前吃了东西，另一组被试16个小时没吃任何东西。给被试呈现一组主题模糊的图片，结果个体饥饿的程度影响到他们对模糊图片的解释。相比吃完东西没多久的被试，16小时没吃东西的被试把图片内容知觉为食物的频率高很多。同样，在管理工作中一名有不安全感的上司会把下属的出色工作视为对自己职位的威胁，个人的不安全感可以转化为"别人想得到我的工作"的知觉，而不管下属的真正意图如何。

3. 期望

期望使人所看到的是他所期望看到的。如果人们预期警察都很威严，年轻人都缺乏毅力，人事主管很会协调人际关系，那么人们就会以这种方式知觉他们，而不管他们的实际特点如何。布鲁纳（Bruner，1947）等做过一个实验，他们把儿童随机分为两组，除了家庭贫富程度不同之外，这两组儿童在其他方面都没有显著差异。然后让这两组小孩判断硬币的面积，结果表明，贫穷家庭儿童对硬币面积估计的结果显著高于富裕家庭的儿童。这说明他们对金钱的期望影响了他们对硬币面积的估计，从而做出了过高或过低的估计。所以，当你对某一事物有某种看法后，可以回想一下，是否自己的期望在其中起了作用，从而在一定程度上减弱期望对人们知觉的影响。

4. 认知

个体在知觉时，深受知觉者个人认知结构的影响。这包括个人的不同观点、态度以及不同的评价标准。比如，雪莉喜欢小班上课，因为她希望问教师很多问题。迈克则喜欢大班上课，他很少提问题，而且希望自己消失在人群中。这学期开学第一天，雪莉和迈克一同走在去学校大教室的路上，去上"战略管理"这门课，两个人都知道这门课有100多名学生上课。但由于雪莉和迈克所持的态度不同，因此，当你看到他们对面前所发生的事情做出不同的解释时，就不足为怪了。雪莉很不高兴，迈克却抑制不住自己的情绪而微笑起来，因为在大教室里他很容易不被注意到。两个人面临的是相同的事情，但他们的解释却不相同。其原因主要在于对大班上课所持的态度截然不同。

(二)知觉对象因素

1. 新奇运动

在一个群体中,人们往往首先注意到穿着新奇、独特的个体。所以,很多年轻人喜欢穿奇装异服,其中一个主要原因就是容易引起别人的注意。人在看星空的时候,往往首先注意到的是流星,而不是满天的那些静止的星星。这些特征都会影响人们对客观事物的知觉。

2. 背景

知觉的选择性说明,人们在知觉时会选择某一对象作为注意的客体,也就是说人们在知觉中都会把某些事物作为注意的对象,而把其他周围的事物作为知觉背景。如图5-8所示,第一眼看起来像个白色花瓶,但是,如果把白色作为背景,你会看到两个人脸的侧面轮廓。这就是背景变换所产生的人对同一个事物的不同知觉。

图5-8 知觉选择过程的背景的影响

3. 对象组合

知觉的整体性决定了人们从整体来理解知觉对象。因此,当知觉对象不同部分间出现不同的组合,人们就会产生不同的理解。这主要有闭合原则与接近原则。如图5-9(a)所示,人们常常把它看作是三个带有缺口的圆,而很少有人把它看作是三个缺口组合成一个白色的三角形。而图5-9(b)所示,人们往往说看到了五对小球,这是由于两个小球更接近。

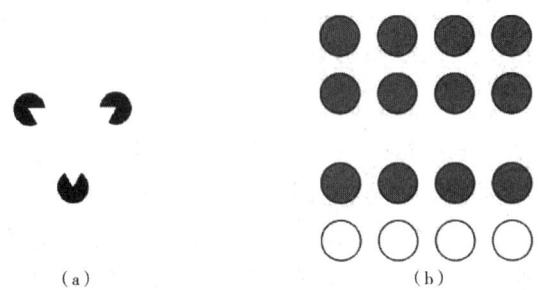

(a) (b)

图5-9 知觉的整体性

4. 情景因素

在什么情境下认识和了解事物也很重要,周围的环境因素影响着人们的知觉。在不同的时间、不同的工作环境和社会环境中,即使是同一个知觉对象,人们的知觉也各不相同。例如，在周末的晚会上一个身穿晚礼服、浓妆艳抹的25岁女士不会引起人们太多的注意。但这位女士如果以同样的穿着出现在周一上午的组织行为学课堂上，则会非常吸引课堂上其他同学的注意。周六晚上和周一上午的知觉者及知觉对象都没有发生变化，只是情境不同，但这会影响人们的知觉。同样，如果一名员工的上司从公司总部突然来到本市，本市主管更有可能注意到下属懒散的工作行为。工作情境的变化影响了主管的知觉。同样是向别人询问家庭、工资等问题，在中国不会受到很强烈的拒绝，但如果在国外，人们就有不同的知觉，这就是社会环境的不同影响到人们的知觉。

四、社会知觉偏见及其解决思路

在人的知觉过程中，尤其在对人的社会知觉中，往往由于各种主客观条件的影响，人不能全面客观地看待问题。同样道理，在对人的社会知觉过程中，更容易产生知觉偏见，这在社会心理学中被称为社会知觉偏见。所谓社会知觉偏见是指对人的行为的原因做出错误或片面的解释，它经常存在于人的社会知觉过程中，是人的非理性的表现。常见的社会知觉偏见有以下六种表现形式。在理解社会知觉偏见后，在实际工作中人们是可以采取一些方法来减少社会知觉偏见影响的。

（一）社会知觉偏见的表现形式

1. 基本归因错误

归因理论很有意思的发现之一是，偏差和偏见导致知觉失真。大量证据表明，**当我们对他人的行为做出判断时，我们倾向于低估外部因素的影响而高估内部或人为因素的影响。**这种现象称为基本归因错误（Fundamental Attribution Error），它可以解释为什么管理者倾向于把销售员业绩差归结为其懒惰，而不是由于竞争对手更新了生产线。

2. 自我服务偏见

此外，个人和组织倾向于把自己的成功归于内部因素，如能力或努力等，而把自己的失败归结为外因，如运气不好或同事生产效率低，这种现象称为自我服务偏见（Self-serving Bias）。例如，当伊拉克战争看上去进展顺利时，白宫声称"任务完成"，但是在根本没有发现大规模杀伤性武器（Weapons of Mass Destruction，WMD），并且战争也迟迟不能结束时，白宫赶紧指责智囊团失误。

3. 晕轮效应

当我们以个体的某一特征，比如智商、社交能力或外表等为基础，而对他人做出**整体判断时，晕轮效应**（Halo Effect）就产生了。当学生评价老师时，这种效应经常出现。学生可能强调某一特质，比如激情，那么他们对老师的整体评价完全受到他们对激情这一特质的评价。比如，一个老师可能安静、认真、知识渊博、胜任有余，但是教学风格缺乏激情，那么重视激情的学生很可能对他的评价很低。晕轮效应现象并不少见。晕轮效应并不是随意发生的。研究表明，在下面这些情况下，晕轮效应最有可能出现：当被知觉的特质在行为界定上十分模糊时（比如，很难判断一个人的开放性程度）；当这些特质隐含着道德意义时；当知觉者对判断某项特质只有很少的经验时。

4. 对比效应

在不同领域的演艺者中盛传这样一句谚语：不要跟在孩子和动物的节目后表演你的节

目。为什么呢？普遍的看法是观众们都非常喜欢孩子和动物，这种对比会降低你的节目效果。这个例子表明对比效应（Contrast Effects）是如何使知觉失真的。**我们对一个人的评价并不是孤立进行的，而是常常受到我们最近接触到的其他人的影响**。例如，当考官考察一组应聘者时，对于任何一名候选人来说，评估的失真都有可能是他在面试中所处的位置导致的。如果排在该候选人之前的是个平庸的申请者，则可能有利于对他的评估；如果排在他之前的是个极出色的申请者，则可能不利于对他的评估。

5. 投射作用

如果我们假定别人和我们相似，那么我们很容易对他们进行判断。例如，如果你希望自己的工作富有挑战性并能够自己负责，你会假定别人也如此。我们把这种**将自己的特点归因到其他人身上的倾向称为投射**（Projection）作用，它能使我们对其他人的知觉产生失真。当投射产生时，人们倾向于根据自己是什么样来知觉他人，而不是根据被观察者的真实情况来进行知觉。当管理者产生投射倾向时，他们认识个体差异的能力会下降，他们会把人看得过于相似。

6. 刻板印象

如果以我们对某人所在团体的知觉为基础对其进行判断，我们所用的捷径称为刻板印象（Stereotyping）。我们之所以这样，是因为刻板印象不仅是简化复杂世界的一种途径，还可以帮助我们保持一致性。比如，假设你是一名销售经理，你正在寻找一名有进取心和工作勤奋的销售员。过去，你所聘用的那些曾参加过大学运动队的个体都很成功，因此你很注重你的候选人中是否有人曾参加过学校运动队。这样做的结果明显缩短了搜索时间。另外，在一定程度上，运动员的确是积极进取和工作勤奋的，因此运用这种刻板印象能够提高你的决策水平。当然，这样做会有盲目或过于普遍化的问题。换句话说，并不是每个大学生运动员都积极进取、勤奋努力的。

在组织中，我们常常会听到一些体现刻板印象的言论，比如反映性别、年龄、种族甚至是体重方面的刻板印象，如"女性不会为了晋升而去转换工作""男性对照顾孩子不感兴趣""老员工无法学会新技能""亚裔移民勤奋有良心""肥胖者缺乏纪律性"。从知觉的角度来讲，人们如果愿意就会感受到这些刻板印象，无论这种刻板印象是否准确。

第二节 个体决策

一、决策的定义

组织中的个体都需要做出**决策**（Decision），**即从两个或两个以上的备选方案中进行选择**。事实上，组织中的每个人，从高级主管到非管理层的员工，都需要在某些时刻做出决策。因此，个体决策是组织行为领域非常重要的一部分。而组织中的个体如何决策，以及决策质量如何，在很大程度上受到知觉的影响。

决策是对问题（Problem）的回应。一件事的当前状态与期望状态存在差异时，个体就需要考虑不同的行动方案。不幸的是，很多问题都不是整齐地打好包并清楚地贴上标签呈现在我们面前。因此，认识到问题的存在并做出决策是一个知觉问题。而且，任何决策的做出都需要对信息进行解释和评估。一般来说，人们会从多种渠道搜集数据之后挑选、加工并解释。例如，哪些数据与决策相关，哪些无关？决策者通过知觉回答这些问题。他们还会提出不同的备选方案，评价每个方案的优缺点。最后说明一点，知觉扭曲（Perception Distortion）贯穿于整个决策过程，容易造成分析和结论偏差。

二、决策是如何做出的

首先，我们从理论上描述个体在最大化或者最优化结果的原则下会怎么行事。我们称之为理性决策过程（Rational Decision-making Process）。

（一）理性决策过程

我们通常认为最好的决策者是理性的（Rational），他们能在一定限制条件下做出前后一致的、价值最大化的决策。这样的决策是依照六个步骤的理性决策模型（Rational Decision-making Mode）做出来的。

1. 理性决策模型

理性决策模型的六个步骤具体如表 5-1 所示。

（1）模型从确认问题开始。如果你计算月度开支时，发现自己比预算超支了 100 美元，你就确认了一个问题。如果对决策追根溯源，不难发现，很多决策失误是因为决策者忽视了问题或者错误地判断了问题。

（2）决策者一旦确认了问题，就需要确定决策标准，这对解决问题非常重要。该步骤中，决策者确定哪些标准与决策相关。决策者的兴趣、价值观以及个人偏好会渗透到这一过程中。

（3）每一个决策标准的重要程度通常是不同的，因此第三步就需要决策者给前面确认的决策标准分配权重，以便决策者在决策过程中做不同的优先考虑。

（4）第四步要求决策者设计解决问题的备选方案。这一步不需要评价，只要列出所有方案就可以了。

（5）方案一旦产生，决策者必须认真分析和评估每个方案。这需要针对每个标准对每个方案进行评价。根据第二步设定的标准和第三步设定的权重进行评估，每个方案的优缺点就显而易见了。

（6）模型最后一步需要计算最优化决策。根据权重标准对每个方案进行打分，最后选择总分最高的方案。

表 5-1　理性决策模型的步骤

序号	步　　骤
1	确认问题
2	明确决策标准
3	给尚不确定的决策标准分配权重
4	设计可能解决问题的备选方案
5	评估备选方案
6	挑选最佳方案

2. 模型的假设

理性决策模型包含很多假设。以下是对这些假设的简单描述：

（1）问题清楚。问题是清楚明了的，假定决策者对决策环境的信息有完整的掌握。

（2）备选方案已知。假定决策者可以确认所有的相关标准，能列出所有的可行方案。而且，决策者知道每个方案的可能结果。

（3）偏好明确。假定标准和方案可以根据其重要性评定级别和排序。

（4）偏好稳定。假定具体的决策标准是稳定的，权重也不会随时间而变化。

（5）无时间或成本限制。假定不存在时间或成本限制，理性决策者全面掌握关于标准和方案的信息。

（6）回报最大化。决策者根据回报最大化的原则进行方案选择。

3. 现实中的组织是如何做出决策的

组织中的决策者理性吗？他们能认真评估问题、识别所有的相关标准、运用创造力确认所有的可行性方案、努力对比每个方案，并从中选择最优方案吗？当决策者刚刚上任缺乏经验时，当决策者遇到的问题简单并且备选方案不多时，或者当搜集和评价备选方案的成本比较低时，理性模型提供了很详细的决策过程。然而，这些情境并不多见，真实情境中的多数决策并不遵循理性模型。例如，人们往往满足于找到一个可以接受的或者合理的解决方案，而不是最优的方案。同样，决策者通常只是有限使用创造力。下面，我们看看在现实中组织的决策是如何做出来的。

（1）有限理性。当你考虑去哪所大学读书时，你是否考察每一个可行性选择？你是否认真确认了所有对你决策有重要意义的标准？你是否用每个标准评估了每种选择，从而找到最优的大学？不出我们所料的话，这些问题的答案都是"否"。不过，也不用感到难受，很少人用这种方法去选择大学，你很可能用满意法取代最优法去选大学。

当遇到复杂问题时，多数人会简化问题，使之达到能理解的水平。这是因为人类的信息处理能力有限，使得我们不能接受和理解所有的做到最优化所需的信息。因此，人们用的是满意法，即他们寻找满意的和够用的解决方案。

由于人们阐述和解决复杂问题的思维能力远远达不到完全理性的要求，所以人们只能有限理性（Bounded Rationality）地行动。他们构建简化的模型，抓住问题的最主要特点，而不是所有的复杂因素。个体在简化模型的限制下做出理性行为。

（2）有限理性的影响。一般人是如何受有限理性影响的呢？问题一旦被确认，就开始搜寻标准和方案，但是标准不可能详尽无遗，决策者找出有限但是非常显著的选择方案。这些方案很容易找到，通常它们很明显。多数情况下，它们是人们所熟悉的标准或是之前经过检验的可靠方案。一旦这些有限的方案得到确认，决策者便开始评论它们。但是评论并不是全面的，即并不是每个方案都得到仔细认真的评估。相反，决策者首先评估那些与现有的方案差别不大的方案。采用已经熟悉并经常使用的方法，决策者一旦找到"足够好"的方案——达到可接受水平的方案，他们就不再对其他方案进行评估，遇到第一个"足够好"的方案就会停下来。因此，最终的选择方案只是一个满意的方案，而不是最优的方案。

对于有限理性，比较有意思的是，方案的评估顺序对最终方案的选择有着至关重要的影响，因为决策者使用简单的有限模型，他们通常最先评估显而易见的、自己熟悉的或者和现状相差不远的方案。和现状差异最小的且达到决策标准的方案最可能被选中。

独特的、创造性的方案可能是最优方案，却最不可能被选中，因为在它之前往往会有可接受的方案，于是决策者就不需要进一步寻找与现状差异较大的方案。

三、常见的决策的偏差和失误

很多研究结果都告诉我们决策者的判断过程会出现系统偏差和失误。这是因为他们在决策时试图省力、走捷径。在很多情况下，捷径是有益的，然而，捷径也会导致严重的理性扭曲。以下描述的是最常见的扭曲。

（一）过度自信偏差（Overconfidence Bias）

有一种说法是："在判断和决策过程中，没有什么比过度自信更普遍和更具破坏力。"**当我们被问及在事实类问题上的判断准确概率时，我们总是过于乐观**。例如，有研究发现，当人们认为自己正确的概率是66%~70%时，实际上的正确概率只有50%。当他们认为100%正确时，则只有70%~85%的正确率。

从组织的立场来看，关于过度自信，很有趣的发现之一是智力和人际能力最差的个体最倾向于高估自己的绩效和能力。因此，当管理者和员工对一个问题的了解越来越多时，他们过度自信的可能性就越来越小。而且，当组织成员面对专业技能之外的领域时，过度自信的可能性就增大了。

（二）定锚偏差

定锚偏差（Anchoring Bias）是指我们对事情的看法往往囿于最初的信息。看法一旦形成之后，我们通常不会根据随后而来的信息对原来的看法做根本性的调整。定锚偏差之所以发生，是因为我们的大脑对最初接收的信息给予了过分的重视。所以，那些最初形成或接触到的印象、观点、价格和估计，比起后来形成或接触到的，要占据更重要的分量。

我们来看定锚偏差在谈判和面试中的作用。任何时候，一旦出现谈判，定锚也随之而生。对方只要一提出数据，你想客观地忽视这个数据的能力就降低了。例如，当一位老板问你之前的工作收入时，你的回答就锚定了这位老板的出价。记住，当你需要商谈工资时，这一点可能会有所帮助。不过你还要记住，开出你的定锚价格时也要和自己的身价相符。

（三）证真偏差

证真偏差（Confirmation Bias）是选择性知觉中的一种。我们选取那些支持之前决策的信息，摒弃与过去判断冲突的信息。我们还倾向于接受那些表面上对我们所持观点有利的信息，而质疑及挑剔那些挑战我们观点的信息。所以，我们搜集的信息往往带有偏差，倾向于支持我们已有的观点。

（四）可获性偏差

可获性偏差（Availability Bias）指人们做判断时通常是基于那些可以获取的信息。而那些能唤起情感体验的、特别生动的或者最近刚刚发生的事件则往往是回忆中可获取的信息。可获性偏差能够解释为什么很多人认为飞行比开车更危险。虽然事实上飞行比开车要安全得多，但是媒体更为关注飞行事故。于是，我们就高估飞行的风险而低估开车的风险。可获性偏差还可以解释为什么管理者在做年度绩效评估时，通常是更多考虑员工的近期行为，而不太考虑六个月或者九个月之前的行为。

（五）代表偏见

很多生活在美国城市贫民区的十几岁的非裔男孩会梦想在 NBA 打篮球，而实际上，这些年轻人成为医生的机会要远远大于在 NBA 打球，这种现象可以归结为代表偏见。这些年轻人在评估一件事的概率时，往往认为当前情形和过去一模一样。他们听说邻居家一个男孩十年前成了专业的篮球队员，或者他们在电视上看 NBA 比赛时，认为那些队员和自己是一样的。

所谓的**代表性偏见是指这样一种认知倾向：人们喜欢把事物分为典型的几个类别，然后，在对事件进行概率估计时，过分强调这种典型类别的重要性，而不顾有关其他潜在可能性的证据。**

我们会不时地陷入代表偏见中，例如，管理者在预测一个新产品的表现时，往往会将它和前面产品的成功联系在一起。又例如，之前聘用了某大学的三个毕业生，他们的业绩都很差，管理者就会预期现在来应聘的该大学的毕业生也不会胜任。

（六）承诺升级

坚持一项已经明显错误的决策被称为承诺升级（Escalation of Commitment）。很多证据表明，当一个人认为自己要对失败负责时，他就会对这一失败活动增加投入。也就是说，他们"做错事后挥霍无辜的钱"，以表明最初的决策并非错误，从而避免承认自己犯的错误。承诺升级现象和人们试图保持言行一致的行为是吻合的。对此前行为的持续投入意味着一致性。

承诺升级对管理决策很有启发。假定一致性是有效领导的一个重要因素，那么管理者（想努力表现为有效领导者）就可能有保持一致性的动机，即使是在转换行为更有利的情况下。实际上，真正有效的管理者能够区分哪些情形下保持一致性是有利的、哪些情形下坚持是不利的。

（七）随机误差

面对机遇时，人们的表现差异很大。多数人相信我们对自己的世界和命运有一定的控制力。尽管我们在很大程度上可以依靠理性决策来控制未来，但实际上，这个世界充满了随机事件。**我们倾向于相信自己可以预测随机事件的结果，这就是随机误差**（Randomness Error）。

当我们试图从随机事件中总结意义时，决策就会受到损害。随机事件带来的最严重的损害之一是当我们的想象模式转变为迷信时，这些所谓的意义可能是完全人为的（"我从来不在既是 13 日又是星期五的日子做决策"），也可能是此前被强化过的某种行为的演化（"伍茨在高尔夫联赛的决赛中总是穿着红色的 T 恤，因为在别的比赛中，他穿红色 T 恤也总获奖"）。虽然我们很多人都会或多或少有些迷信行为，但是在影响日常判断或者主要决策时，这些迷信行为往往会减弱。极端情况下，一些决策者会受到迷信思想的控制——这导致他们几乎无法改变常规或者客观处理新信息。

（八）后见之明偏误

后见之明偏误（Hindsight Bias）**是指我们总是在结果出现之后，错误地以为我们当初能够准确预测该结果。** 当一个事件已经发生，并且我们已经得到了准确结果时，我们好像很擅长总结说,"很明显会发生这种结果"。比如,在"超级碗"(美式足球冠军赛)结束后,很多人都觉得比赛的结果正如所料的那样,但比赛的前一天他们却没有这么肯定。

后见之明偏误是我们选择性记忆与能够重建之前预言两者相结合的产物。在我们发现一个不确定事件的结果以前,我们不太擅长回忆该不确定事件出现在我们面前的情形。然而,我们却很善于重组过去,高估我们之前知道的信息,实际上这些信息是我们事后才知道的。

四、决策中的伦理问题

在当今世界,任何关于决策的讨论离开伦理都是不完整的,因为伦理是评价组织决策的一个重要指标。在此我们探讨三种合乎伦理的决策方法,并且看一下不同民族文化下的伦理标准有哪些不同。

个体面临涉及伦理的决策时,可以参考以下三个不同的标准:

(1) 功利主义标准。在该标准下,衡量决策的唯一依据是最终的成果或结果。功利主义(Utilitarianism)的目标是为最多人提供最大的好处。这种观点在商业组织决策中占主导地位,它与效率、生产力和高利润的目标相一致。

(2) 强调权利。该标准要求个体的决策与权利法案等文件中规定的基本自由和基本的公民权利保持一致。在决策中强调权利意味着要尊重和保护个体的基本权利,如隐私权、自由言论的权利、听证权等,运用该标准可以保护吹哨者(Whistle-blowers,检举揭发者)向媒体或者政府机构报告老板违背伦理或者触犯法律的行为,因为他们有自由言论的权利。

(3) 强调公正。这要求个体公平地、不偏不倚地制定和执行规则,从而可以公平地分配收益和成本。工会成员通常偏爱这个标准,这个标准强调同工必须同酬而不管绩效是否有差异,强调资历是做裁员决策时的主要考虑依据。

以上三个标准各有利弊。强调功利主义可以提高效率和产能生产力,却会导致忽视个体权利,尤其是那些在组织中占少数的群体的权利。把权利作为评判标准可以保护个体免受伤害,并且与自由和隐私保持一致,但是因此而带来的过于尊重法律的工作环境,会降低生产力和效率。强调公正有助于保护代表人数少和势力弱小的群体,却会鼓励权利感,从而损害冒险意识、创新、生产力。

五、个体决策偏差的管理

虽然前面所述的许多决策偏差对人的决策有着很大的影响,但很多偏差是无意识中发生的,因而容易被人们忽视。最近的行为决策研究得出了很多干预方法可以在一定程度上解决这些决策偏差。主要有以下四个方面。

(一) 换位思考

这种方法是解决很多决策偏差的通用方法。换位思考也就是换个角度思考,考虑如果自己处在相反或其他情况下会如何决策。例如,对于规避损失来讲,在考虑收益的时候从损失的角度来考虑,决策就不会因参照点的不同而选择不同答案了。在心理账户影响人们决策时只要好好想一想自己的资金不管来自哪里,都是同样的资金,同样都可以用来做现在需要做的事情。

(二) 减少判断偏差

要减少判断偏差，首先，通过不断自我测试、自我体会认识到偏见本身及其原因；当认识到偏差后，就要承认过去的决策策略是存在不足的。其次，在不威胁自尊的情况下，具体阐述偏差的存在，解释偏差存在的原因。最后，按照新的做法坚持长期实践，在实践中不断应用新的决策策略来进行决策，让正确的决策策略逐渐成为自己的习惯，代替原有的模式。

(三) 考虑局外人观点

个体在决策时持有两种观点：一是局内人观点，二是局外人观点。局内人带有决策偏差，把每一种情景看作是唯一的；局外人则能更好地概括不同的情况，确定其中的相似之处。卡尼曼（Kahneman）等通过实验告诉人们，局外人比局内人能做出更好的估计和决策，局外人能从原有的决策中整合更多的相关资料，但人们则倾向于相信和按照局内人的观点行事。所以，在做重要决策时，请一位局外人分享他的想法。这种分享引起的进一步的协商，可以减少决策过程的偏见。

(四) 理解别人偏差

评价别人决策和检查自己决策是完全不同的。个体可以通过对偏差的理解，去了解他人决策过程中的系统偏差。一旦对别人决策中的偏差理解了，就可作为前车之鉴，时时提醒自己可能会受这些决策偏差的影响。

第三节 （社会）知觉与个体决策的关系

决策是管理工作中的核心内容，也就是说管理者要不断地在几个备选方案中进行选择。管理者需要不断地进行战略和内部管理方面的决策，每位员工也都不断地进行个人决策。而决策需要在不同方案中进行判断和选择，这个判断和选择过程在很大程度上依赖个体对当时世界的知觉。

一、知觉是个体决策的基础

人的知觉贯穿于个体决策的整个过程。决策是对问题的反应，但是，某种情景是否存在问题，这取决于人的知觉。有的员工认为工作只要保持原状，就不存在问题；而有的员工则认为，只要工作没有进步，就存在很大的问题。这时就需要员工进行判断和决策。如《三国演义》中的空城计中，司马懿根据自己对诸葛亮的印象以及对当时所面临情形的理解判断诸葛亮有埋伏，从而做出退兵的决策；由此可以看出，他的决策是受他对诸葛亮本人和当时西城情形的知觉的影响。由于他的知觉是错误的，因而做出了错误的决策。

二、个体决策需要收集与问题相关的信息

决策收集信息的过程，就是个体不断对问题形成知觉、进行评价、做出筛选的过程。此时，信息与决策问题是否相关，相关度是高还是低都取决于个体在信息理解基础上形成的对信息的知觉以及由此而做出的判断。空城计中，在理解西城上的情形时，司马懿的知

觉是诸葛亮在做样子（这一点没有错，只不过在为什么做样子这点上他的理解是偏颇的），他对为什么做样子的知觉是错误的，这种错误理解直接导致了错误的判断。

三、个体决策是个体对几种备选方案进行权衡的过程

个体对几种备选方案进行权衡的过程，是决策者根据自己对问题和问题的备选方案的知觉来进行的。个体对问题有什么样的知觉和理解，就会产生什么样的判断；个体对各备选方案有什么样的知觉和理解，就会产生什么样的评价和决策。总之，个体有什么样的知觉，就会导致个体进行相应的决策。知觉是个体决策的基础和前提。上面例子中，司马懿错误的知觉导致了他错误的决策。

本章小结和对管理者的启示

关于知觉，个体的行为方式事实上并不是取决于外部环境，而是取决于个体所看到的或者他们如何看待外部世界。员工对环境的知觉是其行为的基础。因此，要影响生产力必须评估员工是怎么看待他们的工作的。

对工作条件不满意或者认为组织内缺乏晋升机会就是试图对工作定性的判断。员工关于自己的工作是好还是坏的结论取决于他的解释，管理者必须花时间去理解每个员工是如何解释现实的；当存在的现实与员工的认知不一致时，管理者必须努力去消除这种失真。当员工对工作有负面评价时，如果管理者不能有效消除失真，就会导致旷工率和离职率的增加和工作满意度的降低。

关于个体决策，管理者该怎么做才能改善决策呢？我们提供四条建议：

（1）分析情境。根据所在地区的文化背景和组织的评估、奖赏标准去调整你的决策方法。例如，如果组织所在的国家并不重视理性，那你无须要求自己遵循理性决策模型，甚至不必尝试让自己的决策看上去很理性。

（2）同样的，不同组织对风险、工作群体等的重视程度不同。调整你的决策方法以便和组织文化协调一致。

（3）重视偏见，尽力降低偏见的影响。

（4）理性分析与直觉相结合。这两种决策方法并不互相矛盾，结合起来使用，你可以提高决策效率。随着管理经验的不断积累，你应该很自信地在理性分析过程中加入直觉判断。

本章练习题

（一）思考题

1. 结合实际谈谈什么是知觉和社会知觉。
2. 试述社会知觉的影响因素。
3. 社会知觉过程中存在哪些偏见？如何解决或者避免这些偏见？
4. 如何进行理性决策？

5. 人们在个体决策中会出现哪些偏差？怎样避免它们对个体决策所产生的影响？（社会）知觉与个体决策的关系如何？

（二）案例分析

用"奥卡姆剃刀"做出有效决策

时代的不确定性正与日俱增，身处其中的企业在面对复杂的内外环境下，做决策的难度也在不断上升。

有人曾采访过多家中小企业，发现有不少企业在创业过程中，会遇到不少困惑，他们或多或少在迷雾中前进，有的已经翻过高山，找到答案，并且总结为一套行之有效、可复制的方法论；而有的还在摸黑前进，眉毛胡子一把抓，不管是什么，先做了再说，盲目追求，结果却往往是事倍功半，进退两难。

比如，制造业兴起的智能化改造浪潮中，有不少中小企业就很难做出有效决策：该不该上装备上软件？从哪个环节开始改造？全改还是部分改造？

有的企业"一马当先"，走在了前面，斥资购入设备，改造生产线，结果却因工艺水平不够，到最后让进口的机器落了灰。

当下的时代，不确定性正与日俱增。身处其中的企业在面对复杂的内外环境下，做决策的难度也在不断上升。机会与挑战当前，应该如何做出有效决策？

删繁就简，从问题本质出发，是一种高效经济的做法。而这也是"奥卡姆剃刀原理"的核心内容。电影《教父》里的一句台词是这个原理的最佳注解：花半秒钟就看透事物本质的人，和花一辈子都看不清的人，注定是截然不同的命运。

同样的事情，想得相当"简单"的人，比想得非常复杂的人，可能更接近真相。

1. 什么是奥卡姆剃刀原理？

奥卡姆剃刀原理，是源于14世纪英国逻辑学家威廉·奥卡姆（William of Occam）的一句话："如无必要，勿增实体。"

其实就是"简单有效"原则。舍弃一切复杂表象，直指问题本质。奥卡姆的剃刀，让我们剔除无用的干扰项，在探索事物时，给予我们一种"简单"的力量。

因为越复杂越使人迷失，越多选择越无从选择。保持事情的简单性，抓住根本，解决实质，而不是人为地把事情复杂化。

美国哲学家约翰·杜威（John Dewey）"镰刀灭蚊"的故事，可以说明所谓的简单并不简单。

杜威在上小学时，由于夏天班上蚊子特别多，于是老师组织大家灭蚊。同学们用尽各种方法灭蚊，用捕蚊网、灭蚊拍，还有灭蚊药水，等等，但是，此番下来，蚊子始终无法彻底消灭。

后来，杜威拿起镰刀准备灭蚊，这一举动不禁引来同学们的惊奇和嘲笑。但他不为所动，独自走出教室，来到后面的杂草丛，挥起镰刀，开始割起杂草来。

结果，在杂草清除后，蚊子竟然奇迹般地都消失了。原来，杜威经过仔细观察，发现杂草是蚊子的藏身之处，所以才用镰刀来除草灭蚊。

叔本华（Arthur Schopenhauer）说："一个明智的人就是一个不会被表面现象所欺骗的人，他甚至预见到了事情将往哪一方向变化。"

事实上，只有看清事物的本质，找到问题的根源，才能彻底而有效地去解决问题。

2. 冗余的代价

奥卡姆剃刀原理被广泛应用于各种情境下，同样适用于企业做决策时。

乐视的衰落，就为冗余付出了沉痛的代价。当年，贾跃亭想打造一个"超级生态帝国"，包括体育、视频、汽车模块等，但在盲目扩张下，致命的是，乐视没有一块业务取得业内领先。

战线拉得太长，又花了太多的钱。如果在这时不保持专注，就有可能等不到胜利的前夕。

小米投资人刘芹对此早有洞察。他曾投资一个创业项目，当时团队主业还不成熟，就开发了金融板块，因此获利不少。

但刘芹并不认同这种做法，对创始人说："你缺钱，我投给你，但你能不能答应我，在未来几年之内，不碰金融。做金融没赚到钱，团队会元气大伤；赚到了钱，团队会再也没兴趣艰苦创业，元气会更加大伤。"

赚钱项目要狠心砍掉，对于中小企业来说并不容易。大多数的企业业务拓展随市场波动，往往东方不亮西方亮，首要目标就是活下来。但是，这也意味着，这样的企业可替代性很强。而专注就是寻找"很湿的雪和很长的坡"，然后不断地滚雪球。

其实，奥卡姆剃刀原理，也叫"经济原则"，指的便是以最低成本方式达到目的。复杂容易使人迷失，只有简单化之后才利于人们操作。

但它并非一味将问题简单化，确切地说，应该是"简洁而不简单"。返璞归真，抓住本质的能力，往往能让事情变得简单高效。

3. 简洁有效的"逆向思维"

世界充满各种表象，如何才能不被迷惑，寻找根源？查理·芒格（Charlie Thomas Munger）曾说："我最想知道的事情是何方将趋向死亡，这样的话我就永远不会朝着那个方向前行。"

查理·芒格的观点是，对待问题，不仅要深入思考，也要逆向思考。这种思维模式正是受德国代数学家卡尔·雅克比（Carl Gustav Jacob）的启发，卡尔常说"逆向，要经常逆向思维"。

正向思考，往往要砍掉诸多纷杂繁复的枝杈，才能最终发现主干，有时还可能造成错误判断。但逆向思维的方式就不一样，它以最短路径直达"主干"，探究隐藏于表象背后的问题本质。

上文提到的智能制造转型案例，就可以运用逆向思考的方式来解决问题。比如，企业转型的目的是什么？

彼得·德鲁克（Peter F. Drucker）曾说过，企业经营的目的是"创造客户"。顾客是企业生存的基础，企业应该提供什么样的商品与服务，应该从顾客的角度去感知和界定。

智能化改造同样离不开这一基本事实。如果为了改造而改造，对客户需求的满足并未起到实质性作用，那么决策后的执行就必然造成浪费。

西门子为中国制造提供的数字化改造方案，就依循了逆向思维的"倒推"方式：从统一思路，即了解企业数字化战略目标开始，到广泛收集需求来进行现状分析，再按照电气化、自动化、数字化和智能化寻找提升机会，并通过技术成熟度、投资效益、行业普遍性进行可行性分析，最后对企业进行路线规划和项目实施。

参考西门子的数字化咨询方案，也可以看出改造方式是追根溯源、有的放矢进行的。

从本源去推演步骤，就是逆向思维的体现。它会使人们在思考的过程中，消减冗余，从本质出发，从而避免盲目追求所引发的麻烦和伤害。

逆向思维可能不会为我们做出最佳决策，却能让我们避免愚蠢，规避失败。它从另一个角度，让我们提升了对问题的理解程度，透过表象，看到本质。

4. 最后

奥卡姆剃刀原理，几乎可以使用在各种情境下：生活、学习、产品设计、职场管理等，只要有心，处处都能发挥"简单"的力量，避免冗余。不知你又有什么发现？

(资料来源：世界经理人. 用"奥卡姆剃刀"做出有效决策，2019-11-12)

【经典小档案】

奥卡姆剃刀定律

奥卡姆剃刀定律又称"奥康的剃刀"，它是由14世纪英格兰的逻辑学家、圣方济各会修士奥卡姆的威廉（William of Occam，约1285—1349年）提出。这个原理称为"如无必要，勿增实体"，即"简单有效原理"。正如他在《箴言书注》2卷15题所说："切勿浪费较多东西去做用较少的东西同样可以做好的事情。"

奥卡姆剃刀定律在目标管理中的运用：
1. 精兵简政，不断简化组织结构；
2. 关注组织的核心价值，始终将组织资源集中于自己的专长；
3. 简化流程，避免不必要的文书作业。

研究课题

内在自我与公众自我的测量

下面的量表是心理学家 Fenigstein、Scheier 和 Buss 在 1975 年编制的自我意识量表（Self-Consciousness Scale，SCS），其中"0"表示完全不符合我，"4"表示非常符合我，"1、2、3"分别代表不同程度的符合或不符合。请在你认为合适的数字栏打"√"。

序号	测量内容	赋分标准				
		0	1	2	3	4
1	我经常试图描述自己。					
2	我关心自己做事的方式。					
3	总的来说，我对自己是什么人不太清楚。					
4	我经常反省自己。					
5	我关心自己的表现方式。					
6	我能决定自己的命运。					
7	我从不检讨自己。					
8	我对自己是什么样的人很在意。					

续表

序号	测量内容	赋分标准				
		0	1	2	3	4
9	我很关注自己的内在感受。					
10	我常常担心我是不是给别人有一个好印象。					
11	我常常考察自己的动机。					
12	离开家时我常常照镜子。					
13	有时我有一种自己在看着自己的感受。					
14	我关心他人看我的方式。					
15	我对自己心情的变化很敏感。					
16	我对自己的外表很关注。					
17	当解决问题的时候我清楚自己的心理。					

第3题和第7题反向计分，代表内在自我的题目包括：1、3、4、6、7、9、11、15和17，把它们的总分计算出来；代表公众自我的是2、5、8、10、12、14和16。对大学生群体而言，内在自我的平均得分为26，而外在自我的平均分为19。做做看，你是内在自我还是公众自我呢？

第六章 激励理论

名人名言

> 生活没有目标,犹如航海没有罗盘。
> ——约翰·罗斯金(1819—1900,19世纪英国杰出的作家、批评家、社会活动家)

学习目标

1. 掌握激励的定义及其特征;
2. 掌握基于需求的激励理论;
3. 掌握激励的期望理论;
4. 掌握目标设定和反馈;
5. 掌握组织公平理论。

本章关键词

激励;需求层次理论;ERG理论;习得需求理论;期望理论;目标设定;目标管理;结果公平;过程公平;公平理论。

思维导图

激励理论的思维导图

- 激励理论
  - 激励及其特征
    - 激励的定义
    - 激励的特征
  - 基于需求的激励理论
    - 马斯洛需求层次理论
    - ERG理论
    - 习得需求理论
    - 基于需求的激励理论的实践意义
  - 激励的期望理论
    - 期望理论模型
    - 期望理论的应用
    - 期望理论和现实的关联程度
  - 目标设定和反馈
    - 有效目标的特征
    - 有效反馈的特征
    - 目标设定和反馈的应用和局限性
  - 组织公平
    - 结果公平和公平理论
    - 过程公平
    - 组织公平的实践应用

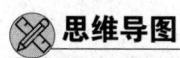

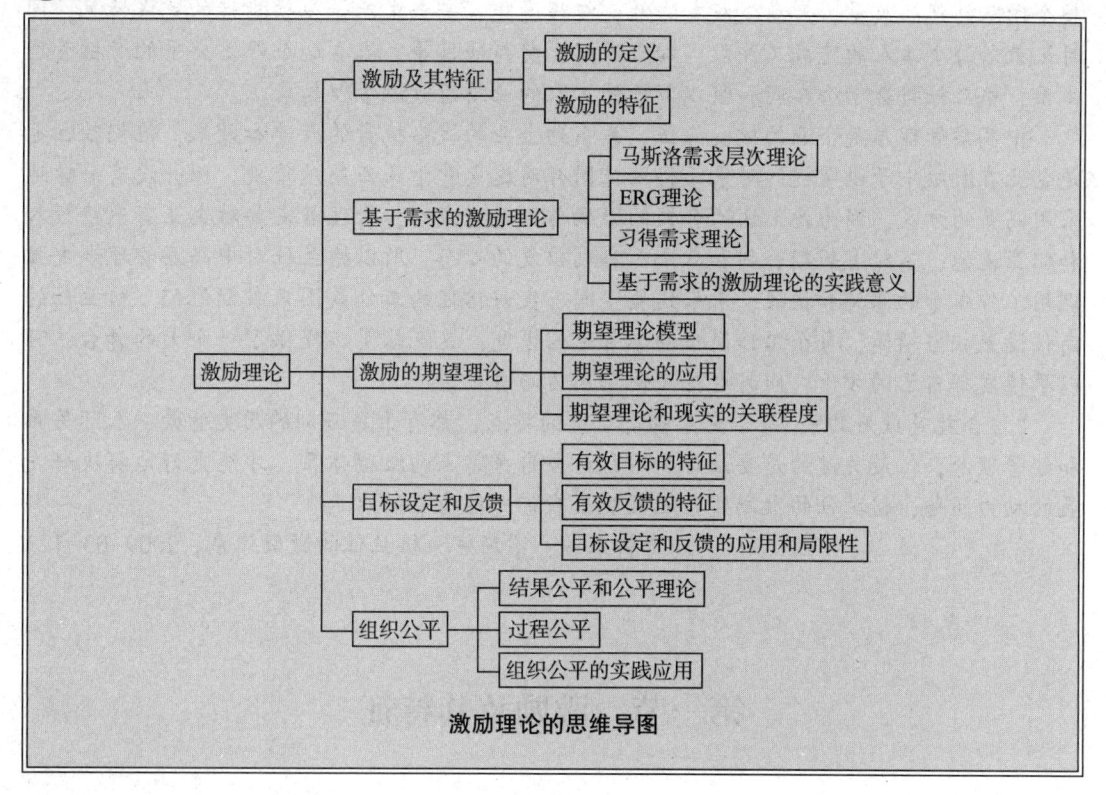

开篇案例

格兰仕的激励体系

格兰仕是微波炉界的"大白鲨",它凭借持续不断的价格战,大幅吃掉竞争对手的利润空间,提前结束了微波炉行业的战国时代。它在拼搏了3年夺下了中国第一的宝座之后,仅用2年的时间又拿下了全球第一的桂冠。如今的格兰仕用实力和业绩成为世界家电行业500强中国入选企业第一名,中国家电出口的两强企业之一。是什么驱动着格兰仕这个"大白鲨"斗志不已、不停游弋呢?答案是格兰仕的激励体系焕发了广大员工的热情和积极性,从而为自身的发展提供了澎湃的动力和竞争的活力。

格兰仕首先看重员工对企业的感情投入,认为只有员工发自内心地认同企业的理念、对企业有感情,才能自觉地迸发出热情、为企业着想。在1万多人的企业里,要让员工都具备主人翁的心态,站在企业利益的角度来做好各环节的工作,在保证质量的同时严格控制住成本,这无疑是很难的。因而他们加强对全体员工的文化培训,用群众的语言和通俗的故事,将公司的理念和观点传达给每位员工。为自己的长远、共同的利益而工作,成了格兰仕人的共识。

在注重感情投入、文化趋同的基础上,格兰仕对待不同的员工,采取不同的激励方法和策略。对待基层工作人员,他们更多地采用刚性的物质激励;而对待中高层管理人员,则更注重采用物质和精神相结合的长期激励。

基层工人的收入与自己的劳动成果、所在班组的考核结果挂钩,既激励个人努力又激励他们形成团队力量。基层人员考核的规则、过程和结果都是公开的。对生产班组要考核整个团队的产品质量、产量、成本降低、纪律遵守、安全生产等多项指标的完成情况，同时记录着每个工人的完成工件数、加班时间、奖罚项目等。依靠这个严格公平的考核管理体系，格兰仕将数十个车间和数以万计的工人的业绩有效地管理起来。

中高层管理层是企业的核心队伍，关系到企业的战略执行的效率和效果，他们往往也是企业在激励中予以重视的对象。格兰仕同样对这支骨干队伍高度重视，但并没有一味地采用高薪的方式，因为他们认为金钱的激励作用是递减的，管理者需要对企业有感情投入和职业道德，不能有短期套利和从个人私利出发的心态。所以格兰仕对中高层管理者更强调用工作本身的意义和挑战、未来发展空间、良好信任的工作氛围来激励他们。格兰仕的岗位设置相当精简，每个工作岗位的职责范围很宽，这既给员工提供了一个大的舞台，可以尽情发挥自己的才干，同时也给了他们压力与责任。

"适合就是最好的"，每个企业都有自身的特点，都有千差万别的历史背景、人际关系和经营理念，但最关键的是要设计和运行适合自身特点的激励体系，才能更好地解决好发展的动力问题，格兰仕的激励体系无疑能给我们一些有益的启示。

(资料来源：梁环宇. 格兰仕的激励体系，2009-03-12)

第一节 激励及其特征

一、激励的定义

激励（Motivation）是一个过程，指个体在实现目标的过程中的努力程度、努力方向和持久程度。

虽然一般而言，激励涉及对所有目标的努力，但在这里，我们把范围缩小到组织目标上，这样更接近我们对工作行为的研究兴趣。

激励定义中包含的三个关键因素主要有：

第一，努力程度。主要是指个体为实现目标愿意付出多大的努力。

第二，努力方向。努力程度高并不一定带来令人满意的工作绩效和结果，正确的努力方向就显得非常重要。所谓努力方向是指有利于组织利益和目标实现的方向。

第三，持久度。激励还包含持久度，是指用来测量个体持续努力的时间长度。

二、激励的特征

（一）激励不等同于工作绩效

因为被激励的程度在很大程度上决定了员工的行为及其工作的努力程度，人们往往将激励的程度等同于工作绩效。事实上，激励和工作绩效是不同的。工作绩效是对员工行为结果的评价。而激励水平只是决定工作绩效的几个可能因素中的一个。当其他条件相同时，激励水平越高的员工，工作绩效越好。但是其他条件往往是不同的，有太多的因素会影响到工作绩效，例如，人格和能力、任务难度可利用的资源、工作条件以及机会等。一个高水平的程序员可能很容易就完成了一个复杂程序的编写，尽管他做这件事的激励程度并不太高。而一个乡村医生可能非常想治好病人的疾病，但是因为医术有限或者医疗条件太差，往往效果不佳。

（二）激励由内在和外在两种形式构成

员工工作动机的激励来源可能是外在的，也可能是内在的。当员工因为工作本身而被激励时，其激励源是内在的。一个喜欢数学的学生，以解决数学难题为乐趣；一名热爱自己工作的员工，以工作本身为乐趣。内在激励可以解释一些现象，当工作条件和报酬都很低的情况下，有些员工依然积极地投身于自己的工作，这些都属于内在激励。那些受到内在激励的员工认为工作本身可以给他们带来一种成就感；他们认为自己在做有意义的事情。

外在激励的工作行为是那些为了获得奖励或者避免惩罚所采取的行为。员工完成工作不是为了工作本身而是为了获得随之而来的结果。例如，一个学生之所以挑灯夜战是为了取得期末考试的好名次，以及由此而带来的家长和老师的表扬；一位员工每天按时上班是为了赢得上司的好感以及随之而来的加薪。可以被称为外在激励源的有工资、表扬以及在组织中的地位，等等。

员工可能被外在激励也可能被内在激励或者同时受到两方面的激励。当员工不是为了工作本身，而是受到工作行为结果的外在激励时，管理者应该在组织所期望的员工行为和员工所期望的行为结果之间建立起清晰的联系。被工作本身激励的员工希望得到富有挑战性的任务，希望得到发挥自身工作潜力的机会。而被外在激励的员工渴望的是工作的结果，比如工资、在组织中的地位、社会联系等。因此，管理者应该针对员工受激励的类型来安排工作。

在了解了什么是激励、激励的来源以及它和工作绩效的关系之后，下面我们进一步探讨哪些因素可以激励员工、为什么员工会被激励以及怎样保持激励的水平。各种激励理论从不同的角度，对员工在组织中的行为进行了解释，从而有助于回答上述问题。我们在本章中将要介绍三种理论：激励的需要理论、激励的期望理论、激励的公平理论。这些理论彼此之间是互相补充的，每一种理论讨论的是组织中激励的不同问题。需要明确的是，每一种理论都有它的优势，换句话说，并没有一个"最好的"理论。为了更好地理解组织中的激励，我们需要同时将这几种理论加以考虑。

第二节　基于需求的激励理论

大多数当代理论都认为激励起始于个人的需求和他们的潜在动机。需求即激发行为以满足需要的不足。在你生命中的某些时刻，你可能对食物和房屋具有强烈的需求；其他时候，你的社交需求可能没有得到满足。没有满足的需求给我们压力，促使我们想办法去减少或满足那些需求。需求越强烈，满足他们的激励就越大。相反，已经满足的需求不再有激励性。

一、马斯洛需求层次理论

(一) 需求层次理论的内容

一个最早和最著名的需求理论是需求层次理论（Needs Hierarchy Theory）。心理学家亚伯拉罕·马斯洛（Abraham Maslow）提出需求层次理论，把学者们提出的无数需求归结为五个基本层次。最低层是生理需求，包括对食物、空气、水和房屋的生物性需要予以满足的需求。第二个层次是安全需求——渴望安全和稳定的环境，远离痛苦、威胁或疾病的需求。情感需求包括对爱情、友情及与人交往的需求。尊重需求包括通过个人成就得到的自我尊重需求，通过被他人承认和尊敬获得的社会尊重需求。最高层次是自我实现，表示对自我成就感——人们的潜能实现的感觉的需求。

需求层次理论：马斯洛提出的五个本能需求按层级排列的激励理论，由低到高分别为生理需求、安全需求、情感需求、尊重需求、自我实现需求。当低一层级的需求得到满足时，人们被激励去满足高一层级的需求。

马斯洛认为我们同时会有多种需求，但行为总被最不满足的需求所激励。当人们满足了低层次的需求时，高一层次的需求就成为主要的动机。这就是所谓的满足前进过程。即使一个人不能满足高层次的需求，他会被它激励直到这种需求最终得到满足。生理需求是最原始、最重要的需求，人们最先被激励去满足它们。生理需求满足后，安全需求成为最强烈的激励因素。当安全需求得到满足后，情感需求成为最重要的需求，如此类推，满足推进过程的例外是自我实现，当人们体验过自我实现后，他们对这种感觉需求更多而不是更少。

(二) 需求层次理论的不足

满足前进过程（Satisfaction-progression Process）是当人的低层次的需求得到满足时，人们被持续激励去满足高一层次需求的过程。马斯洛的需求层次理论是一个著名的行为理论，被专业出版物广为引用。然而，学者们并不经常在实践中应用马斯洛的理论，这是因为它太刚硬，以致不能解释员工需求的动态性和不稳定性。研究者发现，个人的需求并不能被清晰地归为模型中的五种类型。而且，一个需求层次的满足并不必然增加满足更高需求层次的激励。

二、ERG 理论

(一) ERG 理论的内容

美国耶鲁大学组织行为学教授克莱顿·奥尔德弗（Chayton Alderfer）提出 ERG 理论，旨在克服马斯洛需求层次理论的问题。ERG 理论把人们的需求归结为三大类：生存、关系和成长（理论名称由每种需求第一个英文字母组成）。从该理论同马斯洛需求层次理论的对比来看，生存需求对应于马斯洛的生理需求和安全需求，关系需求对应于马斯洛的情感需求，成长需求对应于马斯洛的尊重和自我实现需求。

ERG 理论（ERG Theory）：奥尔德弗提出的三个本能需求按层级排列的激励理论，当低一层级需求得到满足时，人们前进到高一层级的需求，当高一层级需求得不到满足时，人们返回到低一层级的需求。

生存需求包括一个人的生理和与生理有关的安全需求，如对食物、房屋和安全的工作条件的需求。关系需求包括一个人与其他人交往、获得公众认可、在人群中感到安全（例如，人际安全）的需求。成长需求包括一个人的自尊和马斯洛模型中的自我实现概念。

ERG理论说明员工的行为同时受到多个需求层次的激励。即使你的关系需求还没有得到完全满足，你也可能会试图满足成长需求（如很好地完成一项任务）。但是，ERG理论采用了马斯洛需求层次模型的满足前进过程原理，低层次的需求将主导一个人的激励，直到它被满足为止。比如，当生存需求被满足时，关系需求将变得更加重要。

（二）ERG理论的贡献与不足

不过，和马斯洛的模型不同，ERG理论包含了受挫后退过程（Frustration-regression Process），个人不能满足高层次需求时，会受挫而后退到较低的需求层次。例如，如果生存和关系需求已经得到满足，但成长需求的满足受到阻碍，我们会感到受挫，关系需求就会再次成为主要的激励因素。

ERG理论比马斯洛的层次需求理论更受欢迎，主要是因为人们的需求可以更容易地被归为奥尔德弗提出的三种类型而不是马斯洛提出的五种类型。满足前进和受挫后退的结合也可以更好解释为什么员工的需求会随时间而变化。但是，学者们也越来越怀疑人类天生具有相同的需求层次。相反，一些人认为人们会根据个人价值观对需求进行排序。其他人认为人们在个人和社会身份变化时，会改变他们的需求优先性。特别地，当员工认为他们是独一无二（个人身份）时会受到成长需求的驱动，而当他们认识到自己的团队成员属性（社会身份）时，会受到关系需求的驱动。总之，人们可能有需求层次，但在人类的本性中它可能不像ERG理论和马斯洛层次需求理论所假设的那样一成不变。

三、习得需求理论

基于马斯洛和奥尔德弗的需求模型所讨论的是个人的初始需求或本能需求以及它们在生命中的相对重要性。其实，人们还有更高层次的需求或动机，他们在孩童时代就开始学习并获得这种需求或动机，由于父母类型和社会规范而得到加强，这几种成就需要可以同时对人们产生激励作用。心理学家戴维·麦克利兰（David McClelland）致力于研究更高层次需要（他认为是激励的重要来源）：成就需求、合群需求和权力需求。

（一）成就需求

具有强烈成就需求的人希望通过自己的努力完成合理的挑战性目标。他们喜欢独立工作而不是和团队一起工作，他们选择具有一定风险的任务（不是特别容易，也不是不可能完成）。高成就需求的人也渴望明确的反馈和对他们成功的承认。金钱对这种成就驱动型的人激励性很弱，除非它带有反馈和承认的性质。相反，低成就需求的人在受到金钱激励时会提高绩效。

成功的企业家倾向于具有较高的成就需求，可能是因为他们为自己设立了挑战性的目标，在竞争中生存。公司和团队的领导具有相对较低的成就需求，因为他们必须委派任务，亲自参与以建立支持（高成就者通常不具有这些特性）。然而，高成就需求的人可能在大企业做得好，在那里他们可以获得充分的独立，就好像在运作自己的企业。

（二）合群需求

合群需求指寻求他人拥护、和他人愿望和期望一致，避免摩擦和冲突的需要。具有强合群需求的人希望和他人建立积极的关系。他们试图为自己设计一个好的形象，设法被他人喜欢。而且，高合群需求的员工会积极支持他人，尽力化解会议中或其他社交场合出现的冲突。高合群需求的员工在协调方面比低合群需求的员工做得好，比如协调多个部门从事联合项目。他们在销售岗位上也做得比较好，那里的主要工作是和潜在客户培养长期关系。总之，具有高合群需求的员工喜欢和其他人一起工作，不喜欢单独工作，他们具有较好的参与性，擅长协调冲突。

虽然高合群需求的人比较擅长做需要社会交往的工作，但是他们不擅长分配稀缺资源和制定可能引起冲突的决策。例如，研究发现具有高合群需求的管理者比较优柔寡断，在分配资源时也显得不公平。因此，处于决策岗位的人必须具有低的合群需求，以避免他们的选择和行动被个人的认同需求影响。

（三）权力需求

权力需求指控制环境（包括人和物质资源）的欲望。高权力需求的人想控制他人，希望保持他们的领导地位。他们经常依赖说服式的沟通，在会议上提出很多建议，频频公开评价事物。一些人具有高的个人权力需求。他们因为权力的好处而使用权力，他们利用权力谋取职业发展或其他私人利益。个人权力是地位的象征，是满足个人需求的工具，而不是为股东服务的手段。另一些人具有高的社会权力需求，他们把权力作为帮助他人的手段，如提高社会效率或组织效率。

企业和政治领导具有高的权力需求，这种需求激励他们影响他人。然而，麦克利兰认为有效的领导应具有高的社会权力需求，而不是个人权力需求。他们有高水平的利他主义和社会责任感，关注自身行为对他人的影响。换句话说，领导必须在道德标准的框架下行使权力。他们权力需求的伦理导向产生于信任、尊敬领导以及对领导使命的承诺。

（四）学习需求

麦克利兰认为成就、合群和权力需求是学习来的，而不是本能的。据此，他建立了强化这些需求的培训计划。在成就激励计划中受训者在阅读了其他人的故事和在商业游戏中实践了成就导向的行为之后，撰写成就导向的故事。他们也会完成一份详细的两年成就计划，和其他受训者组成一个参照团队，维护他们新发现的成就激励风格。

这些计划在实践过程中取得了一定的成效。例如，在印度，一些参加了成就需求课程的人，随后创立了一些新企业，迅速地融入社会生活中，并且不断增加投资以扩大企业规模，在雇佣员工数量方面比没有参与培训者开办的企业增加了一倍以上。面向北美地区一些小企业主的类似成就课程也使接受培训者的利润产生了较为明显的增加。

四、基于需求的激励理论的实践意义

需求激励理论有以下几个方面的启示。

（一）需求激励理论的应用注意平衡

公司领导需要平衡竞争动机和合作动机。为了达到这种平衡，劳伦斯（A. Lawrence Lowell）和诺瑞亚（Nitin Nohria）建议用金钱或象征性的奖励肯定个人成就和团队工作。组织也应该支持学习动机，为员工提供体验新环境和实践新技术的机会。至于防御动机，公司领导需要尽可能降低对员工安全、福利及员工看重的社会关系的不必要威胁。

（二）需求理论反映不同需求

需求理论也反映了不同的人在不同的时间有不同的需求。有些员工已经达到成长需求而另一些员工还在努力满足他们最低层次的生存需求。人们进入发展新阶段时，需求也会变化，因此一个时间段的激励手段可能在另一个时间段失效。这表明，要给予员工对奖励的选择权。Farm Fresh 超市做到了这一点，给那些在顾客表扬信里得到正反馈的员工奖励分值。当员工积累了足够多的分值，他们就可以选择自己喜欢的礼物。"我们有一个他们可以出去购买商品的清单，"维吉尼亚日用品连锁店的主席罗恩·丹尼斯（Ron Dennis）解释说，"有几百种商品，他们可以选择任何东西，从 T 恤到面包炉、咖啡机和吸尘器。"这些礼物比标准化的奖励更有效，因为员工选择了他们最喜欢的礼物。

（三）需求手段避免单一

需求理论警告我们不要过多依赖金钱奖励作为员工激励的手段。金钱可以在某种程度上激励员工，但还有更有效的激励方式，如挑战性的任务、安排学习机会、来自同事和公司领导的表扬。

第三节　激励的期望理论

我们此前讨论发现人们的行为除了受先天动机的影响，同样也受理性思考过程的影响。这种理性思考过程在一种流行的激励观点——期望理论中得到了最好的阐述。期望理论（Expectancy Theory）基于这样的观点：工作被引导向人们相信可以以此获得期望结果的行为。根据经验我们建立起是否可以达到各种工作绩效水平的期望，也建立起工作绩效和工作行为可以匹配达到特定结果的期望。最后，我们自然会将努力引导至有助于我们满足需求的结果上。

一、期望理论模型

期望理论模型如图 6-1 所示。**期望理论的关键兴趣变量是努力（Effort）**，即个体能量的真实付出。个体的努力水平取决于三个因素：**努力到绩效期望（E→P），绩效到结果期望（P→O），结果效价（V）**。员工的激励受到期望理论模型三元素的综合影响。如果一个元素弱化了，激励就弱化了。

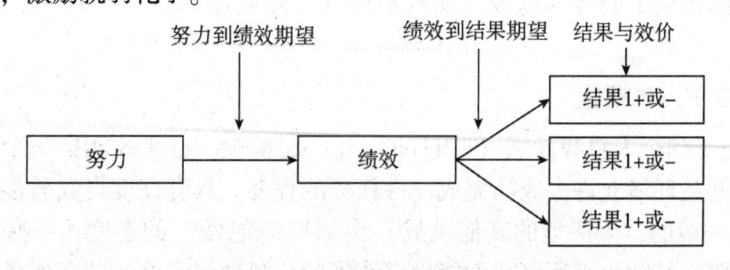

图 6-1　激励的期望理论

（一）E→P 期望

努力到绩效（E→P）期望（Performance-to-performance Expectancy）是个体对他的努

力可以导致特定水平绩效的期望。期望可以用概率来定义，范围从 0.0 到 1.0。某种情况下，员工可能相信他们可以确定无疑地完成任务（概率为 1.0）。在另外的情况下，他们觉得即使付出最大的努力也不可能达到期望的绩效水平（概率为 0.0）。例如，除非你是一个职业滑雪者，否则你可能不会想去尝试滑雪，原因是 E→P 期望非常低，即使你用最大的努力也不可能首先到达山脚。在大多情况下，E→P 期望落在这两个极端中间。

（二）P→O 期望

绩效到结果（P→O）期望（Effort-to-outcome Expectancy）是对特定行为或绩效水平导致特定结果的认知概率。这一概率由此前的学习获得。例如，学生通过一些经历学习到，逃课要么会葬送获得高分的机会，要么根本没有任何影响。在极端的情况下，员工会相信完成特定的任务（绩效）肯定会有一个特定的结果（概率为 1），或者他们可能相信这种结果对成功的绩效没有任何影响（概率为 0）。P→O 期望常常落在这两个极端之间。

P→O 期望的一个重要问题是我们考虑什么样的结果。我们的确不能估计每个可能结果的 P→O 期望值，因为结果太多了。相反，我们只考虑感兴趣的结果。一天，你完成工作的激励可能主要是早点下班去会朋友。其他时候，你完成同样工作的激励可能更多地基于提升或加薪的 P→O 期望。关键问题是，你的激励依赖于一种行为或工作绩效水平会导致某种想要结果的可能性。

（三）结果效价

期望理论的第三个因素是你考虑的每个结果的价值。效价（Valence）指一个人对某项结果的期望满意或不满意。范围由负到正（真实的范围无关紧要，可以是从-1 到+1 或者是从-100 到+100）。效价表明一个人对结果的感觉，取决于他对该结果可以在多大程度上满足或干扰人们需求和动机的认知。它也受到个人价值观的影响。当结果和我们的价值观一致，直接或间接满足我们的需求时结果效价就是正的，当结果和我们的价值观相违背，不能满足我们的需求时，结果效价就是负的。比如，如果你有强烈的关系（社会）需求，你就会对集体活动或其他有助于满足这种需求的事情评价很高。而那些使你不能满足社会需求的结果，如单独在家里工作，将会得到很低的负价。

二、期望理论的应用

期望理论的一个显著特征是它为通过改变人们的 E→P 期望、P→O 期望和结果效价来提高员工激励提供了明确的途径。期望理论的实际应用如表 6-1 所示，下面分别加以阐述。

（一）提高 E→P 期望

E→P 期望受到个人自我效能（Self-efficacy）的影响。自我效能指一个人相信自己有能力、有动机并且环境允许去成功完成一件任务的程度。具有高度自我效能的人对某项特殊的任务（更一般的，生活里的其他挑战）会采取"能做"的态度。一些企业通过确保员工具有完成既定绩效水平所必要的能力、清晰的任务理解和愉快的环境条件来增强这种"能做"的态度。这包括基于员工能力进行员工和岗位的合理匹配，就工作需要进行清晰的任务沟通，为员工完成任务提供足够的资源。培训可以提高自我效能，因此也会提高员工对特定任务的 E→P 期望。类似地，E→P 期望是习得的，因此正面反馈通常会加强员的自我效能。在很多场合下，行为校正和行为模型也会提高 E→P 期望。

表 6-1　期望理论的实际应用

期望理论因素	目的	应用
E→P 期望	增加员工对能够成功完成任务的信心	选择那些有必要知识技能的员工；提供必要的培训，明确工作要求；先安排简单或较少的任务，直到员工可以掌握它们；提供成功完成工作的员工范例；为那些缺乏自信的员工提供培训
P→O 期望	增加员工对好绩效可以有好结果的信心	正确衡量绩效；清晰解释成功绩效可能产生的结果；描述员工的奖金怎样和过去的绩效挂钩；提供那些有好绩效并获得了高奖励的员工范例
结果效价	提高特定绩效结果的期望价值	分配员工重视的奖金；使奖励个性化；使负价结果最小化

（二）提高 P→O 期望

提高 P→O 期望的最明显途径是正确衡量员工绩效，多奖励那些高绩效的员工。许多组织很难将这一直接的方法付诸实施。一些管理者不愿意对绩效差的员工进行负激励，因为他们不想和员工发生冲突。其他管理者不能很好地衡量员工绩效。例如，俄亥俄州大学最近的一项研究表明，在调查的 6 000 人中，只有一小半的人说他们知道怎样提高他们的基础工资或现金奖励。换句话说，大多数员工和经理对他们的薪水具有低的 P→O 期望。

P→O 期望是一种认知，员工应该相信高绩效会有高回报。拥有基于绩效的薪酬体系是重要的，但这一事实必须经过沟通。分配奖金时，应该理解他们的报酬怎样和过去的绩效挂钩。更一般地，企业需要有计划地通过范例、故事和公开仪式解释基于绩效的薪酬体系。

（三）提高结果效价

绩效结果只有在员工重视这些结果时才会影响工作努力。回顾一下我们所学的基于需求的激励理论，就是说，企业必须关注员工的需求和奖励偏好。企业应该建立更多个性化的激励体系以使绩效好的员工可以获得选择奖励的权力。

期望理论也强调发现和综合具有相反效应的需要。这些需要会产生负的效价并会降低现有薪酬体系的有效性。例如，压力可能会使一些员工以最低标准完成工作，即使正常的奖励和工作本身会激励他们提高绩效水平。

三、期望理论和现实的关联程度

期望理论是更难验证的理论之一。尽管如此，它还是一个较好的预测工作努力和激励的理论。例如，期望理论可用于预测人们使用决策支持系统的动机、组织、离职、群体环境的偷懒倾向及组织公民行为表现等。

一些批评意见认为期望理论受到文化的限制，批评该理论做了西方导向的假设，即员工具有强烈的个人控制感觉。事实上，期望理论并没有假设人们感到完全可以控制自己的生活；相反，E→P 期望与员工认为自己对工作环境有所控制的假设是不同的。研究表明，期望理论可以预测员工在不同文化下的激励。

另一个局限是期望理论似乎忽略了情感在员工努力和行为中的重要作用。正如我们所知，情感起着一种调节的作用，引起我们的注意，激发我们采取行动。期望理论的效价因素反映了一部分情感过程，但只是外部的。因此，理论家可能需要按照情感在激励和行动中的重要性信息，重新设计期望理论模型。

第四节　目标设定和反馈

米特尔（Mitel）公司有一个保证项目按时完成的秘密武器，它是一个巨大的数字钟——7英尺[①]长，1英尺高——放在自助餐厅里，计量任何事情的时间，从十分之一秒到很多天，在钟的旁边有一个白板，记录着所有主要项目的时间点。如果一个团队错过了时间限制，米特尔经理就会在该日期上放一个红色的斜线，公告于众。电话设备设计部门的员工起初有抱怨，但结果平息了矛盾。米特尔的平均产品开发周期从70周降到了50周。

米特尔和其他组织发现目标设定是组织激励中最有效的理论之一。目标是员工试图通过努力完成的即时或最终目的。**目标设定是通过建立绩效目标激励员工和明确角色认知的过程。**目标设定可以从两方面提高员工绩效：①延伸努力的强度和持久度；②为员工提供清晰的角色认知，以使他们将努力付诸可以提高工作绩效的行为。

一些组织通过一个规范的程序来设定目标，即所谓的目标管理（**Management by Objectives，MBO**）。MBO程序不尽相同，但一般都是先明确组织目标，然后把它们分解到工作单元和个体员工。MBO也包括了目标发展的定期讨论。虽然有人批评MBO制造了太多的纸面材料，但它确实是目标设定的有效应用。

一、有效目标的特征

目标设定很复杂，而不是简单地告诉某人"努力去做吧"。相反，组织行为学者总结出了使任务努力和绩效最大化的六个条件，包括明确的目标、相关的目标、挑战性的目标、认可的目标、参与目标制定（有时）和目标反馈。

（一）明确的目标

当员工有一个明确的目标而不是"努力去做"时，他们会付出更多的努力。明确目标规定了在一个明确或相对短的时间里，发生变化的可衡量标准，例如，"在后6个月内将废品率降低7个百分点"。明确目标更精确地传达了绩效期望，因此员工可以更加有效和可靠地引导自己的努力。

（二）相关的目标

目标必须和个人的工作相关，在他的控制范围之内。例如，如果员工不能控制生产过程中的浪费，则降低废料的目标就没有价值。

（三）挑战性的目标

当员工有一个挑战性的目标而不是容易完成的目标时，他们会更加积极地应用任务知

[①]　1英尺＝30.48厘米。

识，付出的努力更强、更持久。完成挑战性的目标也满足了一个人的持久或者成长需求。思科（Cisco）公司和其他企业强调"延伸目标"——目标极富挑战性，将员工的努力和激励延伸向绩效巅峰。当员工获得了必要的资源并在过程中没有过度压力时，延伸目标是有效的。

（四）认可的目标

目标应该是挑战性的，员工也需要被委派去完成目标。这样，我们需要找到一个最优的目标困难水平，即目标富有挑战性，但员工仍有动力去完成。这和我们在期望理论部分学到的 E→P 期望相同。完成任务的 E→P 期望越低，员工就越不愿意接受委派。英格斯（Ingeus）公司的招聘和培训主管赛莱萨·瑞恩（Theresa Rein）说："如果目标看起来不能达到，它就很难有激励作用，因为你感觉好像失败一样。"

（五）参与目标制定

有时候当员工参与目标设定后，目标变得更有效。相对于上级委派的目标，员工对自己参与设定的目标更具有认同感。事实上，现在的工人越来越期望能够参与目标设定和其他影响他们的决策。参与也可能会提高目标质量，因为员工具有那些最初形成目标的人所不具有的有用信息和知识。因此，参与可以保证员工接受目标，并且有能力和必要的资源去完成。

（六）目标反馈

反馈是有效目标设定的另一个必要条件。反馈是指人们接收到自己行为结果的任何信息。反馈使我们明白是否达到了目标或是否正确地朝着该目标付出努力。反馈也是激励的基本因素，因为只有在接到目标完成信息后，我们的成长需求才得以满足。反馈对目标设定非常关键，下面将进一步阐述。

二、有效反馈的特征

反馈是目标设定和员工绩效的关键因素。通过沟通什么场合下需要什么样的行为，角色认知得以明确。反馈通过经常提供改进绩效问题的信息，使员工能力提高。这就是所谓的改进反馈，它使人们意识到绩效误区，帮助他们迅速改正错误。最后，反馈也是激励的来源。它满足了人们的需求，使人们更加自信自己可以完成既定的目标。

反馈是目标设定的必要条件，因此不应感到奇怪的是，有效目标设定的许多因素同样适用于有效反馈。

（一）反馈应该是明确的提供的

信息应该关系到目标的具体问题，如"你上个月的销售额超了 5 个百分点"，而不是主观地和概括地说，"你的销售业绩提高了"。注意，明确的反馈关注任务而不是人，这样减少了人们对负反馈的抵触情绪。

（二）反馈必须是相关的

即反馈必须和个人的行为有关，而不是和个人不能控制的条件有关。这保证反馈不受环境因素的干扰。

（三）反馈必须是及时的

行为或结果之后立即反馈，及时帮助员工明白行为和结果之间的明确关系。

(四) 反馈应该足够频繁

多长时间一次反馈算是"足够频繁"？这个问题至少取决于两个因素：第一个因素是员工对任务的知识和经验。反馈是一种强化形式，从事新任务的员工需要更多的行为指导和强化，因此他们应该得到更多的反馈。重复熟悉工作的员工需要的反馈较少。第二个因素是任务周期（完成每项任务需要多长时间）。周期长的工作（如经理人员或科学家）需要的反馈较少，周期短的工作（如杂货店的收银员）需要的反馈较多。

(五) 反馈应该是可信的

员工更愿意接受来自值得信任的途径的反馈（尤其是改进反馈）。提高反馈可信度的流行方法是多渠道反馈。

三、目标设定和反馈的应用和局限性

目标设定和反馈也会有些局限性。存在的一个问题是，当目标和金钱激励紧密挂钩时，许多员工会倾向于选择容易而不是困难的目标。有时候，员工会和上级就自己已经完成的目标进行谈判。具有高自我效能和持久需求的员工倾向于设定挑战性的目标，无论他们最终是否得到金钱奖励。但是，企业主应该把目标设定和薪酬设定过程分开，尽可能弱化目标设定的政治手段。

另一个局限在于，我们不能把目标设定应用于任何工作的任何绩效维度。我们通常会发现一些可衡量的目标，但工作绩效的许多其他维度体现出复杂的和长期的绩效结果，难以衡量。结果是目标设定把员工局限在狭隘的短期绩效指标上。这就形成所谓的"考核什么，就做什么"。因此，目标设定会在短期解决绩效问题的同时，引起更多的长期绩效问题。

尽管存在这些局限，目标设定和反馈还是得到了学术文献和实践经验的广泛支持。目标设定的客观本质尤其得到正确评价。例如，Payless鞋业公司用简单的目标设定过程替换传统的绩效评价系统，评价员工超过、达到或落后于他们的目标。变革提高了绩效，减少了员工绩效活动中常有的组织政治和不公平感。

第五节 组织公平

企业领导和组织行为学者早就知道，要使员工的激励、满意度、组织承诺最大化，必须公平对待员工。虽然这看起来很简单，但**组织公平包括几个问题和两个明显的因素：结果公平和过程公平**。结果公平指我们获得的结果相对于贡献的公平及其相对于其他人的结果和付出的公平。过程公平指决定资源分配的过程的公平性。例如，当其他人而不是你被提升到一个职位时，你可能会有不公平感（分配不公平），但是因为你相信决策制定者没有明显的偏见，他似乎考虑到了所有相关信息才做出决策，所以这种不公平感会有所减少（过程公平）。工作场所公平的每个维度都包含了不同的问题，我们将在下面对其进行介绍。

一、结果公平和公平理论

中国台湾地区最近的劳动立法通过了性别平等,但是超过一半的工作,男人做相同的工作报酬更高。"这不公平。"台北市一家出口公司的一位高级贸易专员韩淑惠如是说,"即使做相同的工作,男同事的月薪也比我高 10 000 台币。"韩淑惠的老板相信男性员工应该得到更高的工资,"这是因为在出国业务旅行方面他们更灵活。"一些雇主公开说,"因为男性是养家者,对收入有更大的需求,所以要为男性员工付高薪。"但韩淑惠和其他女性员工声明这都不是造成巨大收入差距的正当理由。

韩淑惠和该地区的其他女性员工都体验过由于分配不公平而引起的情绪紧张。人们用不同的规则和标准判断什么是"公平"的薪酬分配和其他形式的分配。有些人会采用"等量原则",即每个人得到相同的结果。一些雇主依据"需求原则"(即需求最大的人应该获得的成果比需求小的人多)向男性员工支付更高的工资。韩淑惠采用了组织中最普遍的结果公平原则,即所谓的"公正原则"。根据这一原则,结果应该和个人(或团队组织)的投入成比例。这反映了此前描述的结果公平的伦理原则。员工和组织通常会综合使用这三个原则,在不同的场合使用不同的原则。比如,企业通常会给所有员工发放相同的员工福利(等量原则),给家庭负担重的员工更高的时间工资(Paid Time Off)(需求原则)。但是,至今为止,最常用的结果公平原则是公正,我们在下面加以论述。

(一)公平理论的要素

学者们经过几十年的探索,已经通过公平理论详细阐述了公平原则。**公平理论,即员工通过比较自己和其他人的结果/投入比例判断分配是否公平**。结果/投入比例即你得到的结果量除以你在这种交换关系中提供的投入量。投入包括技能、努力、经验、工作时间、绩效成果及其他员工对组织的贡献。员工将他们的投入看作交换关系的投资。对韩淑惠来说,这些投入可能包括她的责任大小、努力和其他因素。结果是员工从组织中用投入交换得到的东西,包括工资、晋升、承认,或者一间带窗户的办公室。员工得到许多结果,他们分别衡量每个结果和投入,因此确定总价值并不总是很容易。对韩淑惠来说,主要的结果是薪水。

公平理论描述我们和参照人比较结果/投入比例。在前面的例子中,韩淑惠将自己和类似工作岗位的男同事做比较。但是,参照人可能是另一个人、一群人,甚至是过去的自己。他可能是相同工作职位的某个人、另外工作岗位的人,或者其他组织的人。一些研究表明,员工经常收集多方面的信息形成一般化的参照人。但是,在大多数情形下,每个人的参照人都不同,难以确认。

(二)公平评价

我们在确定了自己的结果/投入比例并和参照人的比例进行比较之后就会形成一个公平评价。回顾一下韩淑惠(以下简称韩)的案例,韩感到低报酬的不公正,是因为她的男同事付出与她相当投入的同时,得到了较高的结果(报酬)。

在公正条件下,韩相信她的结果/投入比例和男同事的比例相近。特别是,如果她相信她和男性高级贸易专员提供了相同的投入,那么当两种工作群获得相同的报酬和其他结果时,她将感到公正。如果男性高级贸易专员因为他们工作更有弹性而声明自己付出了更多的贡献,那么他们只有在得到比韩和其他女性贸易专员较高的报酬时,才会感到公正。

最后，有些男性贸易专员可能会有超过报酬的不公正感。他们感到自己的工作和韩的工作有同样的价值，但他们得到了更多的钱。不过，超过报酬的不公正并不如低于报酬的不公正常见。

（三）调整不公平感

当人们感觉到不公平时会产生不舒服的情绪紧张感。紧张感很强烈时，员工就会采取下面一些策略减少不公平。感到报酬低的员工有时会在不影响薪水的前提下，通过减少努力、绩效、组织成员身份来减少他们的投入。或者，他们可能试图增加他们的结果，如个人要求涨工资或加入工会要求改变报酬。韩可能会向老板抱怨或通过地方当局的新立法向政府部门抱怨，以提高她的收益。一些感到报酬低的员工也会利用公司的个人获利渠道增加自己的收益。

除了改变自己的投入和结果，一些人也会对参照人采取行动。感到报酬过高的人会鼓励参照者放慢工作节奏，感到报酬过低的人可能会巧妙地建议报酬高的同事应该做较多的工作。但是，改变参照人的企图并不总是美妙的。英国的员工和股东对高级经理的报酬增长速度极端不满，他们会起来抗议这些过高的报酬。

公平评价是一个主观认知过程，因此减少不公平感的第四个方法就是改变他们的认知。报酬较高的员工通常采取该策略，因为提高他们的认知投入（资历、知识等）比要求降低工资容易。正如皮埃尔·伯顿（Pierre Burton）曾经说过的："我在前半生报酬过低，因此我不在乎后半生的报酬过高。"

如果前面的策略都不管用，员工就会寻求其他具有相当的结果/投入比例的人作为参照人。最后，为降低不公平感，一些人会离开不公平的环境（称为离职）。因此，公平理论解释了员工跳槽和工作变动的事例，也解释了为什么报酬过低的员工会经常旷工，即使他因此会被扣工资。

（四）公平敏感性的个人差异

至此，我们已经讨论了公平理论，知道每个人在特定的环境下都有相同的不公平感。但事实上，人们的公平敏感性是不同的。也就是说，他们的结果/投入偏好和对不同结果投入比例的反应不同。在公平敏感性连续集的一端是"慈善者"——对报酬过低环境容忍的人。他们可能也喜欢相等的结果/投入比例，但是当别人在同等投入的情况下获得较多的报酬时他们并不在意。在公平敏感性连续集的中间，是那些适合标准公平理论模型的人。这些"公平敏感者"希望他们的结果/投入比例等于其他参照人的结果/投入比例。当这些比例不同时，这些人就会感到不舒服。连续集的另一端是特权者，这些人只有在得到比别人高出很多的报酬时才感到满意。他们可能接受和其他人一样的结果/投入比例，但是他们做相同的工作希望比别人得到的更多。

为什么有些人是"慈善者"而有些人是"特权者"呢？人格是一个因素，研究发现"慈善者"具有较多的内控性，而"特权者"倾向于外控性。"慈善者"也有较高的责任心和亲和力。

（五）公平理论的问题

公平理论被组织行为文献广为引用，但它仍有许多局限。一个意见认为，该理论不能明确地预测一个人的动机和行为。它没有指出哪些投入或结果最有价值，也没有指出用以评价结果/投入比例的参照人。这些模糊的和弹性的因素让一些学者认为公平理论没有价值。第二个问题是公平理论对人们是个体主义的、理性的和自私的假定是不恰当的。事实上，人们是社会人，是不同社会团体的成员。他们和这些团体中的其他成员一起分享目标，使自己服从群体规范。最近研究发现，第三个局限是公平理论只考虑了我们在工作场所的部分公正或公平感觉。学者们认为，过程公平和结果公平同样重要，我们在下面进行讨论。

二、过程公平

许多年来，组织行为学学者们认为，在解释一个动机、态度和行为方面，结果公平比过程公平更重要。这种信仰基于一个假设：人主要受到自利的驱动，他们试图使个人收益最大化。现在，我们认识到员工是为公平而寻求公平，并不仅仅是为了提高薪水。因此，在解释员工态度、动机和行为方面，过程公平似乎与结果公平同等重要（一些学者甚至认为前者更重要）。

（一）结构规则

过程公平受到结构规则和社会规则的双重影响。结构规则表示决策制定者应该遵守的政策和惯例。在过程公平的研究中，最明确的结构规则是人们认为他们在决策过程中应该有"发言权"。发言权允许员工传达他们认为和决策制定者相关的事实和看法，提供一个"价值表达"功能，即说出一个人思想的机会。其他结构规则包括，决策制定者是无偏见的，依赖于充足的新的信息，一贯遵守现有的政策，倾听争议的所有方面，允许向更高级的权威者投诉该决策。

（二）社会规则

过程公平也受社会规则的影响，社会规则即员工和决策制定者之间的人际行为标准。这一规则有时候也被称为互动公平，因为它是指决策制定者在过程中怎样对待员工。过程公平文献中两个显著的社会规则是尊敬和可解释性。当员工被尊敬时，他们会感到更多的过程公平。比如，最近的一项研究发现，遭受种族歧视的黑人护士只是在试图解决种族主义问题受到不尊敬待遇时，才会感到委屈。类似地，另一项研究发现，经常忍受疲劳伤害的员工在受到管理者的不尊敬行为后更容易发出抱怨。

另外一个引起关注的社会规则是可解释性。人们相信他们有权力得到决策的解释，尤其是当结果对他们有潜在的负效应时，例如，假设同事得到了一个比你好的办公室（结果不公平）。如果当你听到决策制定者对此的解释仅仅是运气而已时，你会感到不公平。

（三）程序不公平的结果

过程公平对我们的情绪和态度有强烈的影响。比如，缺乏过程公平将会降低组织承诺和信任。员工会对不公平的原因生气，因为这使他们意识到不公平，促使他们处于不公平的境地。愤怒会产生不同的行为反应，学者们将其分为消退和攻击两种类型。注意，这些反应行为和激发我们防御动机的"斗争—逃避"模式有很多相似性。

在消退模式下，经历程序不公平的人不愿意顺从造成不公平的高层权威。如果员工认为他们的老板采取了不公平的决策程序，那么这些员工将会不再服从命令。消退包括消极怠工、缺乏集体主义精神（比如，对其他人缺乏帮助和忍让），不愿承担高绩效水平的任务。

对程序不公平的攻击反应模式会产生许多破坏性的工作行为，包括阴谋破坏、偷窃、冲突、暴力行为等。但是，大多数遭遇不公平的员工会采取温和的报复行动，如表现愤慨、指责决策制定者的能力。研究表明，不公平待遇会破坏我们的自尊和社会地位，尤其是当这种不公平被其他人知道时。因此，员工通过报复恢复他们的自尊，保持自己在和不公平制造者关系中的地位和权力。员工也通过这些破坏性的行为教育决策制定者，减少将来不公平的机会。

三、组织公平的实践应用

纵观组织公平的讨论，显而易见的是，对分配、过程公平或不公平的感受对员工组织有着显著的正面影响或负面影响。我们从公平理论获得的最大收获之一就是，需要持续地向员工公平分配组织的奖励。不幸的是，这可能也是最大的挑战，因为我们大多数人都有独特的关于投入和产出的价值观。决策制定者需要谨慎理解应用于组织的分配规则（公正、平等或需求）的动态特性。

公司领导不仅仅需要考虑奖励分配的公平。他们需要创造一个员工认为决策制定过程也很公平的工作环境。研究发现，培训项目可以帮助人们提高过程公平感。在一个训练项目中，管理者参与角色扮演练习，在训练过程中参加一些过程公平的实践，例如，维护员工的隐私、授予员工对过程的控制权、避免独裁以及体现出支持的风度。教练随后进行评价，接受了过程公平训练的管理者比没有受过训练的管理者感到更公平。在另一个培训项目中，管理者通过讲座、案例学习、角色扮演和讨论等方式接受过程公平训练。三个月过后，相对于没有受过程公平训练的管理者而言，受过训练的管理者的下属体现出了高度的组织协同行为。总之，工作环境中的公平是可以提高的。

本章小结和对管理者的启示

激励是指影响一个人工作自发行为的方向、强度和持久性的内在驱动力。当新一代的员工进入工作岗位，全球化使工作岗位更加多样化时，企业需要重新考虑他们的激励措施。

两种激励理论（马斯洛的需求层次理论和奥尔德弗的 ERG 理论）提出员工的需求层次会随时间而发生变化。马斯洛的理论将需求归结为五个层次，认为在开始时最低层次的需求是最重要的，当低一层级的需求满足时，高一层级的需求就变得比较重要了。奥尔德弗的 ERG 理论把需求划分为三个层次：生存需求、关系需求和成长需求。它认为那些不能满足高一层级需求的人会受挫，进而返回到低一层级的需求。马斯洛和奥尔德弗的理论很流行，但是许多学者对每个人具有相同需求模式的论点提出了质疑。

麦克利兰的习得需求理论认为人们具有后天的需求或动机，这些需求或动机是学习到的而不是先天的，包括成就需求、权力需求和合群需求。

需求激励理论的应用价值是，企业的领导需要平衡各种需求以及由不同的先天动机引发的结果。他们必须认识到，不同的人在不同的时候有不同的需求。这些理论也告诫我们不要过分依赖财务奖励作为员工激励的手段。

期望理论认为工作努力取决于，人们对努力会导致某一特定绩效水平的认知（E→P 期望），人们对某种特定行为或绩效可以导致特定产出的认知（P→O 期望），以及人们对那些产出效价的感知，E→P 期望可以通过提高员工的能力和对绩效的信心而得到提高。P→O 期望通过三方面措施得到提高：准确衡量绩效、对高绩效员工给予高额奖励、向员工说明奖励是基于绩效的。提高结果效价的途径是，发现员工需要什么，并把这些东西作为奖励。

目标设定是激励员工的过程，通过设定目标使员工明确角色认知。有效的目标是具体的、相关的和富有挑战性的，能够委派给员工，并通过有实际价值的反馈得以完成。有些情况下，参与目标设定对员工很重要。有效的反馈是具体的、相关的、及时的、可靠的、足够频繁的。两种逐渐流行的反馈方式是多渠道（360度）评价和高阶教练。非社会渠道反馈也是有益的。

组织公平包括结果公平（我们自身获得的结果相对于贡献的公平及相对于他人贡献和结果的公平）和过程公平（用来决定资源分配的过程公平性）。公正理论考虑了结果公平中常用的原则，包括四个要素：产出/投入比、参照他人、公平评价和不公正的结果。该理论也解释了当人们感到不公平待遇时会采取什么行动。公正敏感性是一种个人特质，能够解释为什么人们对各种不公正程度反应不一。

过程公平受到结构规则和社会规则的双重影响。结构规则表示决策制定者应该遵循的政策和管理，最常见的规则是在决策过程中给员工"发言权"。社会规则指员工和决策制定者之间人际交往的标准，最明显的规则是给予员工尊重并提供决策解释。过程公平和结果公平同等重要，它影响着组织的任务安排、信任、各种逃避和进攻性的行为。

本章练习题

（一）思考题

1. 什么是激励？
2. 马斯洛的需要层次理论与奥尔德弗的 ERG 理论之间的区别与联系是什么？
3. 激励的期望理论给管理者带来何种启示？
4. 激励的公平理论给管理者带来何种启示？
5. 有效反馈的特征包括哪些内容？

（二）案例分析

激励员工除了用钱，试试这五种方法

我们之所以要做激励，是希望让员工更有活力，从而更好地创造价值，取得高绩效。

根据赫兹伯格的双因素理论，驱动员工的有两种因子，一种是保健因素，一种是激励因素。

保健因素包括工资、工作环境、人际关系、职位、管理制度等和工作内容本身没有太大关系的物质利益和工作条件。如果工作中这些条件没有被满足，员工就很容易产生不满。

任何一个企业要想安抚员工，维持工作水平，就必须让这些因素维持在使员工满意的

水平。不过保健因素最大的价值是降低员工的不满，并不能帮助提升员工的绩效。

激励因素则是包括工作本身带来的成就，得到的认可，提升的可能性，成长的空间，精神的鼓励，额外的奖励，等等。

激励因素能够让员工有满足感，这样才会提升绩效。但激励因素必须在具备保健因素的情况下才能发生作用。

所以我们想围绕激励因素从两个角度来讲如何有效绩效员工，一是反向思考，看哪些因素影响员工被激励；二是正向思考，看有哪些激发员工的方法。

1. 破坏组织活力的"七宗罪"

很多企业在做激励的时候，通常会把重心放在激励方案的设计上，却忽略了去营造一个让激励有效化的场域，即创造一个让员工能够被激励到的环境氛围和组织形态，这有时候比激励本身更重要。

所以，我们先来反向思考一下，组织里可能会存在哪些影响员工被激励的问题。

经过研究我们总结了破坏组织活力的"七宗罪"。

（1）没有好产品。一家企业如果没有把产品做好，设置再多的激励也是饮鸩止渴，只能带来短期效益。而且员工是会缺乏底气的。因为他们会不断收到客户的负面反馈。

所以，不如实实在在地先把产品和服务做好，围绕客户的需求，把客户价值做好。

（2）只有物质激励，没有精神激励。很多人会觉得员工太现实，但是我想告诉大家，员工的现实往往是因为我们在企业中只谈物质不谈精神，只谈目标，不谈目标的意义和价值。

根据马斯洛的需求层次理论，每一个人都同时会有生理需求、安全需求、归属需求、尊重需求、自我实现这5种需求，只是在不同的阶段，每种需求的权重是不同的。

所以，我们不仅要有物质激励，也要有精神激励，不仅要关注目标的数字，也要关注目标的意义和价值。

（3）只为结果买单，不为过程鼓掌。"一切为结果而生"，这句话听起来很正确，但是，过程就不重要了吗？

在爱迪生发明电灯泡之前，他做的千千万万次失败的实验就不重要了吗？当然重要。

所以，我们不仅要为结果买单，也要为过程鼓掌。

一定会有一部分的人，他们的工作暂时还没有体现出结果，但不意味着他们的工作是没有价值和意义的。我们要看到这些人，看到他们的工作，给他们鼓掌，鼓励他们。尤其我们要去欣赏有价值的失败，能够允许失败、欣赏失败的氛围和领导者，是企业创新的土壤。

（4）尴尬的团建。团建的目的是增进成员之间的相互了解，增强团队凝聚力。但是很多企业不团建还好，一团建员工就开始离职，就是因为对团建的认识出了问题。

提起团建，很多人能想到的就是K歌、吃饭、旅游。但其实这只是团建的一种，叫生活的团建。

生活的团建不是必需品，如果员工不喜欢，不如不做。更不要把生活的团建变成一种服从性测试，不要员工不想参加就给扣帽子，说对领导有看法，缺乏团队精神，对组织不够忠诚。

团建还有另外两种形式，一种叫思想的团建，一种叫目标的团建。思想的团建是用来统一认知的；目标的团建则是用胜仗来让团队更有凝聚力。

（5）老板没有安放好个人偏好。每个老板都有自己的出身背景，销售出身的会比较重视业务团队，产品出身的会注重产品团队，喜欢运动的会鼓励大家运动，热爱学习的会鼓励大家多学习。

有偏好是很难避免的，但如果你是老板，就要小心不要把个人的偏好变成办公室最大的政治。

企业的发展遵循的是木桶理论，任何一个短板都会限制企业的整体发展。所以，老板要有看到整体的能力。

其次，老板不应该让个人的偏好影响员工的晋升。不要建立规则又破坏规则，这样老板的权威也会大打折扣。

（6）文化和业务两张皮。文化是支持业务发展的，这是我们反复强调的一件事情。所以，我们在看管理模式的时候，不能只谈伦理和道德，要去看企业发展过程中需要什么。

企业的文化，一定是要与企业的商业模式相匹配的。

（7）官僚和腐败。官僚和腐败可能在一定程度上对于部分员工反而有增强活力的作用，但是长远来看，对于整个组织的高绩效一定是一种伤害。

以上这些问题，破坏的是整个组织的活力。如果破坏员工活力的问题没有解决，做了再多正向激励员工的事情，也往往是徒劳的。

2. 激励员工的五个方向

接着我们看看如何正向激励员工，我们总结出来五个方向：

（1）激发成就的价值。一定让员工看到自己工作的成就感，这个是特别重要的。

企业里，有一些部门是比较容易获得成就感的，像销售部，而有一些部门是不容易获得成就感的，像财务、技术部门，一定要创造机会和场合让他们的价值被看见。

（2）激发创新的价值。要激发创新的价值，我们就要学会为过程鼓掌。创新诞生的前提就是在企业里存在允许犯错的土壤。

杰克·韦尔奇说过："我们必须让员工明白，只要你的理由、方法是正确的，那么即使结果是失败的，也一样值得鼓励。"

很多业态模式的创新都是来自一线，但前提是这个组织中要有允许犯错、允许失败、鼓励创新的土壤和机制，这是最重要的。

（3）激发压力的价值。任正非在内部会议上说"我们要把寒气传给每个人"，就是要把压力传导给每一个员工，不要让他们一直在舒适圈子里待着。

一个人往往会有三个圈子：舒适圈、挑战圈、恐慌圈。

作为管理者，要尝试让员工进入挑战圈。这个挑战可能是目标上的挑战，有可能是岗位流动上的挑战，或者是在内部创造假想敌的挑战。

（4）激发人际的价值。一个著名的员工敬业度调查叫作Q12，其中有一条就是"我在企业中有一个或一个以上的好朋友"。当员工在企业中有一个或一个以上的好朋友时，他会更愿意在工作中有投入。这也是人类最基本的社交需求的一个方面。

企业中，虚拟组织是一种很好地让员工之间建立更深情感链接的方式。

其次是打破边界。就像现在很多企业的办公空间都是一个大开间，等级不再那么森严，称呼也越来越平等，这些都有利于建立一种平等、开放的员工关系。

最后是定期的生活团建。创造一些共同的经历，增进互相之间的了解。

（5）激发成长的价值。一个员工离开一家公司，很大的一个原因是他在这个团队中没有学习到新的知识、新的认知，自己有没有进步。所以企业一定要给员工提供这么几个可能性：

第一，在内部鼓励员工做分享，建立教学相长机制。

第二，对于员工的训练机制，其中轮岗磨炼是一种特别好的方式。

第三，在内部要建立一套清晰的晋升机制。

最后我们总结一下：

做好员工激励，可以从两个方面着手，一是清除组织中影响员工激励的环境因素；二是正向激励员工，激发成就的价值、创新的价值、压力的价值、人际的价值和成长的价值。

（资料来源：欧德张. 激励员工除了用钱，试试这五种方法，2023-02-02）

思考问题：结合案例内容思考如何更好地激励员工。

研究课题

如果你是一家企业的管理者，如何在工作中确保公平？

第三部分

群体层面的组织行为及规律

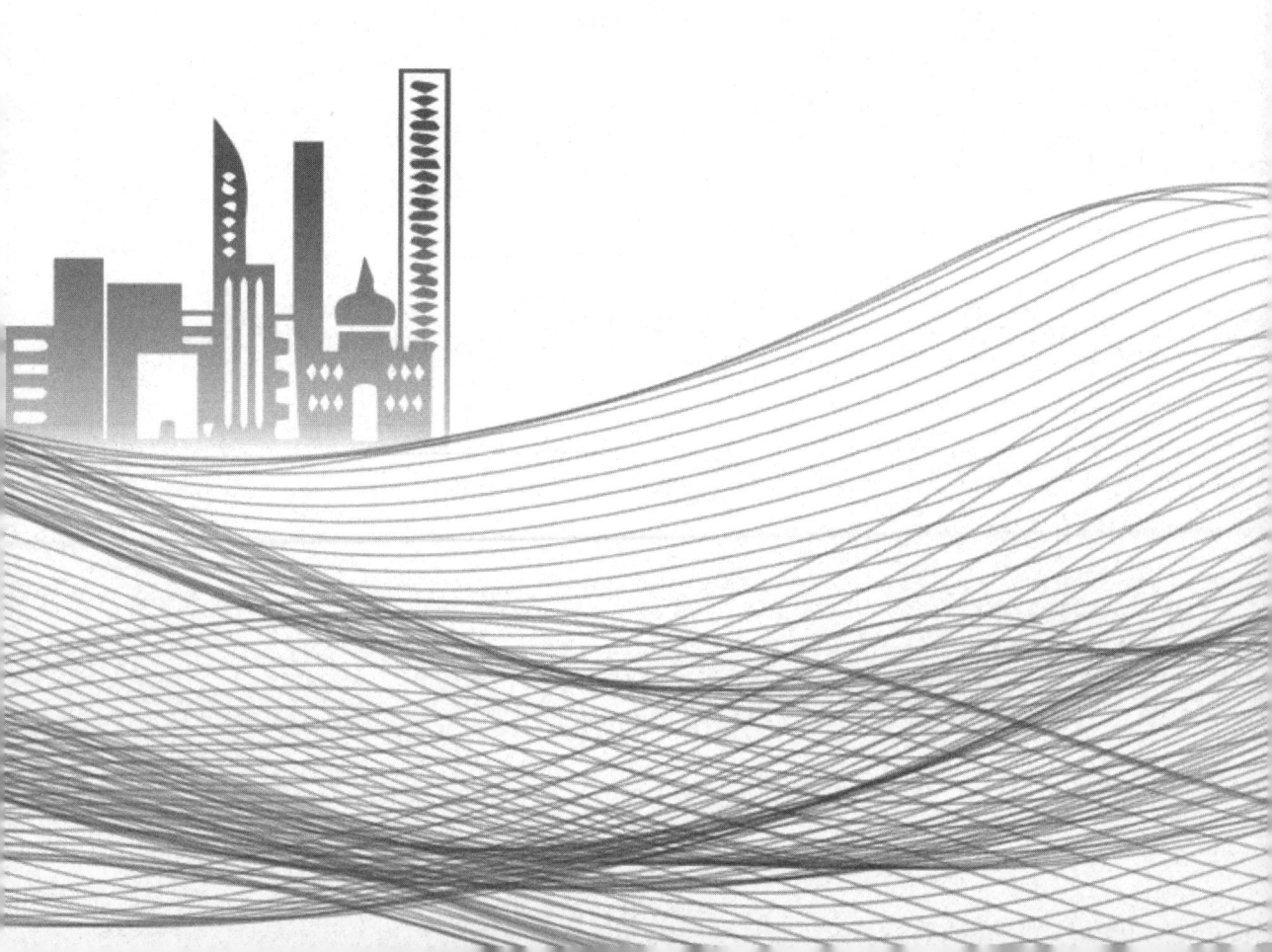

第七章　群体行为的基本原理

名人名言

> 一致是强有力的，而纷争易于被征服。
> ——伊索（约公元前620—前560年，古希腊著名的哲学家、文学家、寓言家）
>
> 谁若认为自己是圣人，是埋没了的天才，谁若与集体脱离，谁的命运就要悲哀。集体什么时候都能提高你，并且使你两脚站得稳。
> ——奥斯特洛夫斯基（1904—1936，苏联著名作家）
>
> 疯狂对个体来说是例外，但对群体来说是规律。
> ——F. 尼采（1844—1900，德国著名哲学家）

学习目标

1. 掌握群体的定义和分类；
2. 掌握群体的特征；
3. 了解并掌握群体决策。

本章关键词

群体；假设群体；实际群体；正式群体；非正式群体；开放群体；封闭群体；次级群体；初级群体；实属群体；参照群体；角色；角色认同；角色知觉；角色期望；角色冲突；规范；群体决策；从众；工作偏差行为；地位；地位特性理论；社会惰化；凝聚力；群体思维；群体转移；头脑风暴法；名义群体法；电子会议法。

思维导图

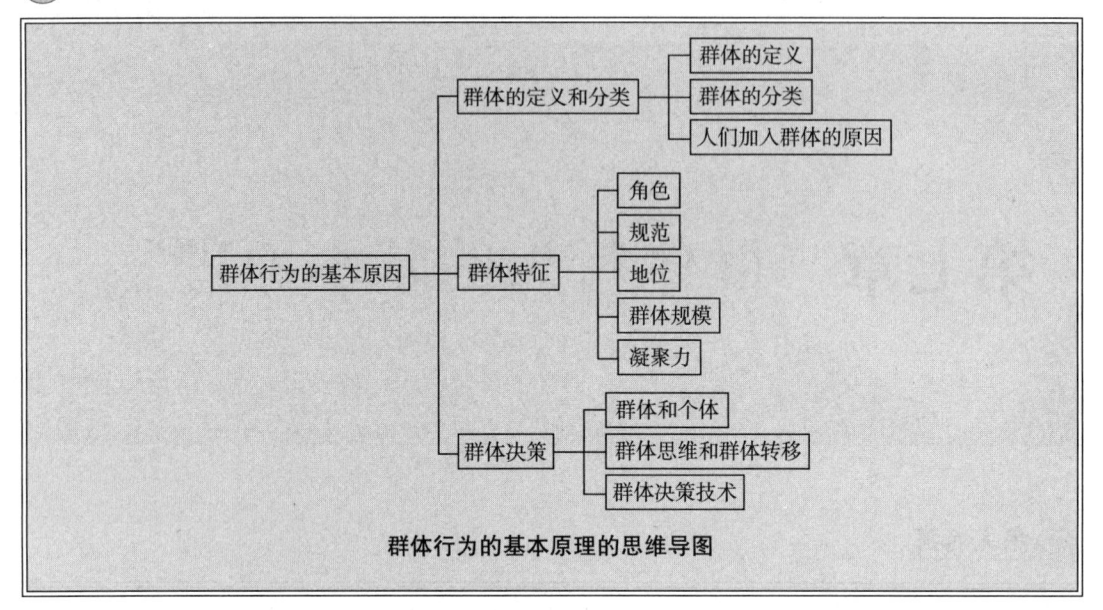

```
                              ┌── 群体的定义
          ┌── 群体的定义和分类 ──┼── 群体的分类
          │                   └── 人们加入群体的原因
          │
          │                   ┌── 角色
          │                   ├── 规范
群体行为的  ├── 群体特征 ──────┼── 地位
基本原因    │                   ├── 群体规模
          │                   └── 凝聚力
          │
          │                   ┌── 群体和个体
          └── 群体决策 ────────┼── 群体思维和群体转移
                              └── 群体决策技术
```

群体行为的基本原理的思维导图

开篇案例

新鸿基证券有限公司的大家庭式管理

香港新鸿基证券有限公司1969年由冯景禧创办，该公司在日成交额高达数亿港元的香港证券市场上，占有30%的份额，公司年盈利额达数千万元，冯景禧的个人财产达数亿美元。他成了称雄一方的"证券大王"。

"新鸿基"之所以能创造出世界证券业少有的佳绩，主要得益于冯景禧的"大家庭"式的经营管理哲学。

"新鸿基"执行董事谭宝信介绍说："在冯景禧的掌管下，公司形成了一股难以形容的奇妙力量。这样的气氛能激发员工的创造性。在这里工作，成就肯定比别的机构大。"

实际情况正如谭宝信所说，冯景禧的"大家庭"式的经济哲学，不但使本国职工感到和谐，而且也使外籍职工感受到"大家庭"的温暖。这样，一种奇妙的力量就自然形成了。这种力量之大是难以形容的。

为了实施"大家庭式"的经营哲学，在管理方式上，他十分重视人的作用，强调发挥人的创造性。他曾声明：服务行业的资产就要靠管理，而管理是靠人去实行的。

新鸿基集团不以拥有巨额资产为荣，而以拥有一大批有知识、有能力、有胆量、善于运用大好时机、敢于接受挑战的人才队伍为骄傲。

冯景禧的管理哲学和用人艺术，既有西方人的科学求实精神，又有东方人和谐情趣的气氛；既有美国现代化管理原则，又有日本人的以感情为核心的人际关系，融东西方优点为一炉。

在管理原则上，他十分强调团结的力量，注重全公司上上下下的团结一致。他在经营业务的大政方针决策之前，总是广开言路，尤其是重视反面意见，然后加以集中，再向全体员工解释宣传，使大家齐心协力。

他在实施公司的决策时俨然像一位"铁血将军",而在体谅下属时又俨然是一个宽厚的长者。如果有哪个职工向他辞职,他首先会询问是否有亏待过他的地方,如有,就诚恳道歉、改正,并全力挽留。因为他知道,失去一个人容易,但培养一个人难。

在管理作风上,他注重以身作则,平易近人。为了使员工心情愉快,他还刻意创造一种"大家庭式"的生活气氛,如组织业余球赛,在周末用公司的游艇观赏海景,亲自参加员工们的国语学习,等等。

许多企业的职工"吃里扒外",对企业不负责任,"大家庭式"的管理不失为医治这种病症的良方。

(资料来源:雷霆万钧的博客. 建造大家庭,2006-12-05)

第一节 群体的定义和分类

一、群体的定义

(一) 什么是群体

群体(Group)的定义是:为了实现特定的目标,两个或两个以上相互作用、相互依赖的个体的组合。

(二) 群体存在的条件

作为一个整体,群体有其自身存在的必要条件:

(1) 群体成员有特定的目标和需要。个体结合成群体正是为了达到某种特定的目标和需要,因此,它们是维系群体存在和运行的基础。

(2) 群体成员之间的互动性与认同性。互动性是指个体之间的存在并不是毫无关联的,而是相互作用、相互影响、相互依赖的。认同性指的是群体成员既认可自己的群体身份,同时又被其他成员认可,相互之间有属于同一群体的归属感、认同感和支持感。

(3) 群体结构的稳定性与规范性。稳定性是指群体一旦形成,其内部关系就不会随成员的流动而变化,每个成员都有自己的角色分工。群体结构存在动态的、相对的稳定。规范性是指群体的存在和运行受到某些规则的影响,群体成员要遵循群体的规范,履行一定的职责和任务。

(4) 群体自身的独立性。群体形成并正常运转后,就会在群体行为规范、群体行动计划、群体价值取向等方面表现出自身的独立性,不会因为个别成员的去留而有所改变。

二、群体的分类

(一) 假设群体与实际群体

按群体是否存在分类,可分为假设群体和实际群体。

(1) **假设群体**,又称统计群体,是为了研究和分析的需要,将人们按照一定的规范和特征划分出来的各类群体,它实际上是不存在的。例如,在心理学研究中,年龄、性别、民族、职业、学习能力、社会思想动态等，都可以作为研究某类群体心理特征的分类依据，从而对群体的共同性来进行分析与研究，但这些群体并非接触性的实际存在的群体，它们只是作为统计或实验的样本。

（2）实际群体是在现实生活中客观存在的群体。群体中成员之间能够彼此意识到对方的存在，并意识到都属于同一群体，彼此之间存在着相互作用、相互影响的关系。例如，工厂里同一流水线上的工人之间的工作是一个分工协作、紧密衔接的过程，他们必须负责好自己的工作，才能保证整个工序合理有效地运转。

（二）正式群体和非正式群体

按照群体的组织属性，群体可划分为正式群体和非正式群体。

1. 正式群体

正式群体是指由正式组织建立、身份公开、其成员有共同的责任和目标、遵循组织的规章制度和行为规范而确立的群体，如政府行政部门、企业以及内部各部门、学校、教会，等等。常见的正式群体有命令型群体和任务型群体两种。命令型群体是由组织结构决定的，由直接向某个主管人员报告工作的下属组成。比如政府首脑与各个部委之间、企业经理与员工之间、各部门负责人与其下属之间所构成的群体都属于命令型群体。任务型群体也由组织结构决定，由完成某项工作任务而聚在一起工作的人构成。任务型群体的界限并不仅仅局限于直接的上下级关系，还可能跨越直接的层级关系。如政府部门在面对突发性事件时组成的应急处理中心、企业在攻关时组成的临时项目小组，以及组织某项会议而成立的会务组等，都属于任务型群体。

2. 非正式群体

非正式群体是一种没有正式的明文规定，个体之间因为具有共同的兴趣和利益，能相互满足需要结合而成的群体。这种群体没有正式的结构，成员之间带有强烈的感情色彩，例如农村新型合作社组织，城市里的行业协会，学术类、文体娱乐类及服务类社团组织等。常见的非正式群体类型也有两种，包括利益型群体和友谊型群体。利益型群体是为了某个共同关心的特定目标而形成的群体，如农村新型合作社组织、各类行业协会。友谊型群体是指基于成员共同特点而形成的群体，如某些文体娱乐爱好者协会、京剧的票友、某个球队的球迷协会等。

（1）正式群体与非正式群体的差异。应当明确一点，正式群体与非正式群体虽然存在多方面的差异，如表7-1所示，但两者并不是完全排斥的，正式群体中包含许多个非正式的群体。正式群体中的非正式群体可能有积极作用，也可能有消极作用，其具体表现如表7-2所示，管理者应善于利用和引导非正式群体，使其对正式群体起到拾遗补阙的作用。

表7-1 正式群体与非正式群体的区别

维度	正式群体	非正式群体
建立条件	明文规定正式结构	无明文规定，无正式结构
运作机制	权威和责任	兴趣和利益
关注的出发点	任务的完成	个人的需要

续表

维度	正式群体	非正式群体
领导权利来源	管理代表	群体给予
行为指南	法律和准则	道德和规范
控制来源	报酬与惩罚	约束

表7-2 非正式群体潜在的积极作用与消极作用

积极作用	消极作用
• 创造一个更有效的整体系统	• 流言蜚语的温床
• 减轻管理者的负担	• 鼓励消极的态度
• 有助于完成工作	• 抵制变革
• 有助于促成合作	• 造成个人和群体之间的矛盾冲突
• 弥补管理者能力的不足	• 拒绝和侵扰一些员工
• 赋予群体满意度与稳定性	• 降低激励和满意度
• 增进交流	• 超出管理者控制的范围之外进行运作
• 为员工的情绪宣泄提供一个"安全阀门"	• 支持从众行为
• 鼓励管理者更为周密地筹划并执行	• 造成角色冲突

（2）正确对待非正式群体的方式。一般来说，在正式群体中会有非正式群体的存在，每一个成员既是正式群体中的一员，往往又是各种非正式群体中的一员。处理好正式群体成员与非正式群体成员的关系，是搞好组织中人际关系、实现组织目标的重要环节。为此，必须做好以下几个方面的工作：

①支持和保护积极型的非正式群体。这类非正式群体的行为目标与组织目标一致或基本一致，其成员服从组织领导，在工作上有进取精神，员工们在完成本职工作后，利用休息时间钻研与工作有关的问题，学习新知识，如企业中自愿组合的攻关小组、工艺革新小组、业余学习小组等。对这类非正式群体，组织应采取大力支持和保护的态度。又如，员工自发组成的书画爱好者协会、摄影协会、棋牌小组、各种球队协会等可以丰富员工生活，陶冶员工情操，提高员工的文化素质，有利于员工的身心健康，这类非正式群体对企业的工作有间接的支持作用。

②发挥非正式群体的积极作用，为实现组织目标服务。利用非正式群体成员之间相互信任、说话投机、有共同语言的特点，引导他们开展批评与自我批评，克服缺点，发扬优点，不断提高思想水平和工作能力。

利用非正式群体成员之间信息沟通迅速的特点，可以及时地收集员工的意见和合理化建议。这样既可以为正式群体目标服务，又可以加强正式群体与非正式群体之间的联系，使管理者做到心中有数。

利用非正式群体成员之间感情密切的特点，引导他们相互取长补短，不断完善自我，从而提高员工素质和工作效率。

利用非正式群体凝聚力强，能较好地满足成员社交、归宿和合群的心理需求特点，引导成员在工作和生活上互相帮助,从而促进企业的安定团结,努力实现组织目标。

③积极改造消极型非正式群体。消极型非正式群体的活动,对组织目标的实现总的来说起消极干扰作用。对这类非正式群体要积极稳妥地进行改造,切忌采取粗暴生硬和简单化的处理办法。要主动接触了解其成员,一旦发现问题及时采取必要措施,改造其消极行为。

坚持用疏导方法做好思想教育。疏导是管好消极型非正式群体的主要方法。管理者要通过调查研究、相互谈心,了解他们的实际情况,坚持原则,陈述利害,加强教育,以改变其与组织目标不相适应的不良行为。

通过行为规范改造来做好引导与培育工作。行为规范改造就是用正确的道德观念、思想观点和良好的行为方式去改造非正式群体的不良消极行为准则。同时,还可以通过开展积极的有益于身心健康的文体活动,组织和吸引消极型非正式群体成员参加,使其改变不良的行为习惯,培养健康的兴趣爱好。当然,如果非正式群体发展到对工作、社会有危害时,应视其情节轻重,给予适当的处理。轻者批评教育,使其转变态度,抛弃恶习;重者应给予纪律处分,对违法犯罪的应移送司法部门予以法律制裁。

④做好非正式群体核心人物的工作。非正式群体的核心人物对其他成员的心理和行为能产生一种自觉自愿的、心悦诚服的自然影响力。因此,做好核心人物的工作,是管好非正式群体的关键。管理者应主动加强与核心人物的沟通,听取他们对工作的意见和建议,争取其理解和支持,从而通过他们去影响其他成员。另外,选拔基层管理人员,如班组长、车间主任等,应尽可能考虑选择在非正式群体中享有威信,而且作风正派、业务能力强的核心人物,以发挥其影响力。

(三)开放群体和封闭群体

按群体的开放程度分类,可分为开放群体和封闭群体。

1. 开放群体

开放群体是一个群体成员变动频繁、流动性强、具有动态性的群体结构,成员间的权力和地位不稳定,与外界联系紧密,内部关系较为松散。正是由于这些特性,群体有很强的新陈代谢能力、外界环境的适应能力以及改革创新能力,但同时这也造成了成员相互之间默契程度不高,不适合承担长期的工作任务的缺点。

2. 封闭群体

封闭群体是一个成员相对稳定,变动较少,等级关系严明,与外界联系较少或根本没有联系,内部组织严密的群体结构。它有利于完成长期规划的任务,能保证任务完成的时效性和准确度,但这种群体也会造成体制的僵化、思想的固化,从而不适应形势发展的需要。

以上两种不同类型的群体适合不同类型的活动,管理者应当根据不同的需要,扬长避短地选择恰当的类型。

(四)初级群体和次级群体

按照结构特征和运作过程的不同,可以把群体分为初级群体和次级群体。

1. 初级群体

**初级群体指的是规模相对较小,有着独特、强烈的认同感,存在亲密人际关系的社会群体。初级群体最早由美国社会组织学家库利（C. H. Cooley）提出。他在1909年撰写的《社会组织》一书中使用了Primary这个词来表示"最初"（First）。他认为，家庭和儿童的嬉戏群体是每个个体所遇到的最初的社会化主体，他相信这类群体对于个人的性格、社会性及其思想意识的形成都是至关重要的。因此，库利把这类群体看作是"人性的培养场所"。这类群体主要包括家庭、孩童时期的同辈群体等。自从库利首次使用这个词后，初级群体的含义有了一定程度的拓展，例如，有人将这个词扩大到用于家族企业或类似血亲纽带关系的裙带群体。按照群体成员联系的纽带，初级群体划分为血缘型、地缘型、友谊型和业缘型等。血缘型初级群体是指建立在婚姻、亲子关系基础上的群体，如家庭。地缘型初级群体是指建立在紧密相连的地域空间基础上的群体，如邻里。友谊型初级群体是指建立在友好、信任基础上的群体，如儿童的游戏群体、成年人的朋友群体。业缘型初级群体是指建立在工作联系基础上的志同道合的群体，如工作小组。

2. 次级群体

次级群体又称作次属群体，是用来表示与初级群体相对应的各种群体，是人类经由社会契约建立的有目的、有组织的社会群体，如学校、职业群体、社团等。次级群体是人们为了达到一定的社会目的而建立起来的。次级群体往往有正式的结构、明确的规章和明确的社会分工。一般来说，次级群体规模比初级群体要大，成员更多，成员之间不一定有直接的个人接触，群体内人们的联系往往通过一些中间环节来建立。次级群体既是个人步入社会所必须加入的群体，也是个人社会活动领域拓展和活动能力增强的标志。

（五）实属群体和参照群体

按照个体实际归宿情况，群体可以分为实属群体和参照群体。

1. 实属群体

实属群体是个体实际归属的或是当下实际参加的群体。个体在其中必须扮演相应的角色，承担义务和享受权利，并与其他成员发生互动关系，且受到群体规范、群体压力等因素的制约。

2. 参照群体

参照群体是个体心目中向往和崇尚的群体。管理心理学认为，参照群体也叫标准群体或榜样群体。这种群体的标准、目标和规范可以成为人们行动的指南，成为人们努力要求达到的标准。个人会把自己的行为与这种群体的标准进行对照，如果不符合这些标准，就会改正自己的行为。例如，工厂的先进班组、机关的先进科室等，它们的规范自然而然地变成每个成员的行为准则。在实际生活中，人们所在的群体并不一定是个人心目中的参照群体。常常会有这样的情况：一个人参加了某一个群体，但他在心目中却把另一个群体作为自己的参照群体。"参照群体"的概念由美国社会心理学家海曼（H. H. Hyman）首先使用。他在1942年撰写的《地位心理学》一书中第一次使用这个概念来表示个人在确定自己的地位时与之进行对比的社会群体。他客观地指出，有些群体内的部分或个别成员，虽然参加了某个群体，但该群体并不是那些成员满意的选择，于是他们就会以心仪的群体作为他们的理想标准参照群体。后来一些社会学家进一步提出了参照群体具有比较功能和导向功能的观点，参照群体理论对今天的管理实践仍具有较强的指导意义。

三、人们加入群体原因

人们加入群体原因如表7-3所示。

表7-3　人们加入群体原因

安全需要	通过加入一个群体，个体能减少独处时的不安全感。个体加入一个群体之后，会感到自己更有力量，自我怀疑会减少，在威胁面前更坚强
地位需要	加入一个被认为是很重要的群体后，成员的身份和地位得到别人承认
自尊的需要	群体能让个人感到自己有价值。也就是说，除了向群体外的人显示自己作为某一群体成员的地位之外，群体成员身份本身也能让成员觉得自我价值提升了
情感需要	群体可以满足其成员的社交需要。人们往往会在群体成员的相互作用中感受到满足，对许多人来说，工作中这种人际相互作用是他们满足感情需要最基本的途径
权力需要	个人无法做到的事通过群体往往能做到，人多力量大
实现目标的需要	有时，为了完成特定的目标需要多个人共同努力，集合众人的智慧和力量。在这种时候，管理人员就要依赖正式群体来完成目标

第二节　群体特征

工作群体不是一群无组织的乌合之众，工作群体是有结构的。群体结构塑造着群体成员的行为，使我们有可能解释和预测群体内部大部分的个体行为以及群体本身的绩效。角色、规范、地位、群体规模和群体凝聚力的大小是群体的一些特征。

一、角色

（一）角色的定义

所有的群体成员都是演员，每人扮演不同的角色（Role），在这里使用**角色这个词，是指在社会性单位中承担某个职位的人都应该表现的一系列行为模式**。如果我们每个人都只选择一种角色，并可以长期一致地扮演这种角色，那么对角色行为的理解就简单多了。但是很不幸，不管是上班，还是下班，我们都要被迫扮演多种不同角色。正如我们看到的，要理解一个人的行为，关键是弄清他现在扮演什么角色。

例如，比尔·派特森（Bill Paterson）是凤凰城（Phoenix）一家大型电子设备生产企业EMM的工厂经理。在工作中，比尔要扮演多种角色，比如，EMM的雇员、公司的中层管理人员、电子工程师、公司在本社区的主要发言人。工作之外，他要扮演的角色就更多了：丈夫、父亲、天主教教徒、扶轮社员[①]、网球选手、雷鸟乡村俱乐部的会员、家族协会的总裁，等等。这些角色中有很多是相互兼容的，有一些则相互冲突，如比尔的宗教信仰，会不会影响到他的管理决策——比如裁减雇员、虚报报销单、向政府部门提供准确的

[①] 扶轮社是聚集世界各行业领袖与专业人士的国际机构。其目的是为各种事业提供人道主义的服务与倡导高道德指标，以便建立诚信可靠和平的社会。它是世界上第一个成立的服务性社团。它于1905年2月23日在美国伊利诺伊州芝加哥市创立。

信息等？公司最近的一次晋升要求比尔调往别处，但其家人却非常希望他留在凤凰城，他对工作角色的要求，应该在丈夫和父亲的角色要求面前让步吗？

和比尔一样，我们每个人都需要扮演多种角色，我们的行为随着我们所扮演角色的不同而不同。因此，不同的群体对个体的角色要求不同。

（二）角色认同

角色认同（Role Identity）是指人们的态度和实际行为与角色保持一致的状态。当人们清楚地认识到环境要求自己做出重大改变时，他们往往能够迅速地变换自己所扮演的角色。例如，当工会的办事员被提升为基层管理人员时，他的态度在随后的几个月中就会发生变化，从支持工会转向支持管理层。但是如果后来由于公司财务困难，他又被降到原来的位置，那么他的态度也会改变，又转变为支持工会。

（三）角色知觉

人们对自己在某种环境下应该做出什么样的行为的认识，就是**角色知觉**（Role Perception）。我们做出某种相应的行为，是以我们认为别人希望我们怎样作为基础的。

我们的这些认知来自周围的各种刺激：我们的朋友、书本、电影、电视。例如，当今很多执法人员是通过阅读约瑟夫·沃姆巴夫（Joseph Wambaugh）的小说而学会他们的角色行为的；准律师们则通过阅读《法律与秩序》学习作为律师应该如何做；电视节目 CSI 对刑侦人员的描绘，则会指导人们如何从事刑事学。当然，在贸易和专业领域设立学徒制度的主要原因，就是让初学者通过观察业内"老手"从而学会应该怎么做。

（四）角色期望

角色期望（Role Expectations）是指别人认为你在一个特定的情境中应该做出什么样的行为反应。你的行为方式在很大程度上取决于作为某一角色，在当时情况下你该如何做。例如，人们一般认为美国联邦法官要表现得彬彬有礼、举止高贵；而橄榄球队的教练则要咄咄逼人、充满活力并善于激励自己的球员。

在工作场合中，借助于心理契约（Psychological Contact）的观点来考察角色期望很有意义。雇主和雇员之间存在一种不成文的约定——心理契约，它规定了双方的期待，也就是雇主对雇员的期待，以及雇员对雇主的期待。事实上，正是这种心理契约规定了每个角色的行为期待。一般来说，雇员期待雇主公正地对待雇员，给他们提供可以接受的工作条件，清楚地下达每天的工作任务，对员工的工作好坏给予反馈；同样，雇主期待雇员工作态度认真，听从指挥，忠于组织。

如果是雇主没能满足心理契约中雇员所设的角色期待，雇员的绩效和工作满意度就会受到消极影响。如果是雇员没能满足雇主的角色期待，通常会受到某种形式的纪律处罚，甚至被解雇。

（五）角色冲突

当个体发现，满足一种角色的要求，就很难满足另一种角色的要求时，就产生了**角色冲突**（Role Conflict）。在极端情况下，可能包含这样的情境：个体所面临的两个或更多的角色期待是相互矛盾的。

比尔·派特森所扮演的多种角色中，有一些是相互冲突的。比尔试图调和他作为丈夫和父亲的角色期待与作为 EMM 公司经理的角色期待。家庭角色强调家庭稳定，要求他考虑妻子和孩子希望他留在凤凰城的强烈愿望；EMM 公司期望员工服从公司的需要和要求。虽然调往别处可能和比尔对财务收入和职业兴趣的需求相吻合，但现在他面临的问题是家庭角色期待和事业角色期待之间的冲突。

二、规范

所有群体都形成了自己的规范（Norms）。**所谓规范，就是群体成员共享的一些行为标准。**群体规范让群体成员知道自己在一定的环境条件下应该做什么、不应该做什么。群体规范被群体成员认可并接受之后，它们就成为影响群体成员行为的手段，并且不需要借助多少外力来帮助。不同的群体、社区和社会有着不同的群体规范，但不管怎样，每个群体都有自己的规范。

（一）霍桑实验与规范

行为科学家一般认为，直到20世纪30年代早期，人们才开始真正重视规范对工人行为的重要影响。这一进步主要来自1924—1932年在芝加哥西部电气公司的霍桑工厂开展的一系列实验。霍桑实验是由西部电气的管理层发起的，之后由哈佛大学的教授埃尔顿·梅奥（Elton Mayo）主持，实验的主要结论如下：

①工人的行为与情感紧密相关；
②群体对个人行为的影响显著；
③群体标准在确定个人工作量时非常有效；
④金钱对个人工作量的影响不及群体标准、情感和安全等因素。

群体形成的规范包括很多"不许"。不许做抢定额者，完成太多的工作量；不许做寄生虫，完成太少的工作量；不许对任何工友打小报告。群体通过一定的方法来落实规范；对于破坏规范的工人，群体处理的方法既不温和，也不阴险，包括讽刺、辱骂、嘲弄，甚至是拳打他们的臂膀。群体成员还会排斥破坏集体利益的人。

（二）从众

作为群体的一员，你渴望得到群体的接受，因为你希望被接受，所以你容易遵从群体规范。大量证据表明群体对成员产生强大的压力，促使他们改变态度和行为，与群体标准保持一致。

个人会遵从自己所属的所有群体的压力吗？当然不是，因为人们属于很多群体，不同群体的规范不同。有些情况下，人们的规范相互抵触，因此，**人们遵从已经加入的或者有意加入的相对重要的群体的规范，这种情况称为从众。**重要的群体被称为参照群体（Reference Groups），它们的特点是：个人在意其他成员认同自己是群体的一员，或者希望自己是群体的一员；觉得群体成员对自己很重要。结论就是，不同群体对成员产生的压力不同。

（三）工作偏差行为

故意破坏重要的组织规范，并旨在威胁组织或员工安宁的行为就是工作偏差行为（Deviant Workplace Behavior），又称反社会行为或粗暴的工作行为。表7-4展示了工作偏差行为的几种类型，每种类型都有例子说明。

表 7-4 工作偏差行为的类型

类 别	示 例
生产	提前离开
	故意慢吞吞地工作
	浪费资源
财产	蓄意破坏
	谎报工作时间
	偷盗组织财产
政治	表现出偏袒行为
	散布谣言
	指责同事
人身攻击	性骚扰
	谩骂
	偷同事的东西

由于受到一般规范的约束，员工个人的反社会行为受到工作群体环境的影响。证据表明，工作群体的反社会行为状况是预测个人在工作中反社会行为的重要指标。换句话说，工作偏差行为一旦受到群体规范的支持就会迅速蔓延。

而且，仅仅是因为属于群体就会增加个人的偏差行为，换言之，个人可能平常并没有偏差行为，但是一旦加入工作群体后，偏差行为的概率就增加了。事实上，近期的一个研究表明，和单独工作的员工相比，在群体中工作的员工更可能说谎、欺骗和偷窃。一般情况下，员工担心会被逮住，但是在群体里有了匿名护身，他们不像以前那么担心了，觉得群体里其他人也有同样的机会或者理由去偷窃，这使他们产生一种错误的信心，敢做更加冒险的行为。

三、地位

（一）地位的定义

地位（Status）指别人对群体或群体成员的位置或层次的一种社会性的界定，它渗透在社会的各个角落。我们生活在一个充斥着等级秩序的社会，尽管我们已做了很大努力，但我们在追求无等级社会的征途上步履维艰。即使是很小的群体也有自己的角色、权力和仪式，以便区分群体成员。在理解人类行为时，地位是一个重要的因素，因为它是一个重要的激励因素，如果个体认识到自己对自己地位的认知与别人对自己地位的认知不一致时，就会做出一定的行为反应。

（二）决定地位的因素

根据地位特性理论（Status Characteristics Theory），不同的地位特性造就群体内的地位层次。而且，地位一般源自以下三者之一：

①掌握控制他人的权力；

②有能力实现群体目标；
③个人特征。

有权力控制群体成果的人往往被视为地位高，这主要是因为他们能够控制群体资源。因此，首先，当一个群体的正式领导者或者经理能够分配资源，比如分派工作任务、安排日程以及决定加薪时，他们往往被视为地位高。其次，所做贡献影响到群体成败的成员一般也拥有高地位。例如，运动团队中表现出色的队员通常比一般队员的地位高。最后，拥有受到群体积极评价的个人特征——如长相好看、智慧、金钱或者友善的人格——通常比缺少这些特征的人地位高。

（三）地位和规范

地位对规范的力量和从众的压力有一些有趣的影响。例如，地位高的群体成员通常比其他成员拥有更多的偏离规范的自由，但前提是地位高的成员，其活动对群体目标的实现无碍。地位高的人比地位低的同伴更能抵御从众压力，如果一个人受到群体的高度重视，但同时又不需要或者不在乎群体提供的社会回报，那么他便可以不怎么理会从众压力。

（四）地位和群体互动

群体成员的交往方式受到地位的影响，地位高的人更容易咄咄逼人，他们的声音通常更大，更频繁地批评别人，更多的命令式语言，更多地打断别人的讲话。但是地位差异实际上会抑制群体观点的多样性以及群体的创造力，因为地位低的成员在群体讨论中往往不活跃。有些情况下，地位低的成员掌握着对群体有帮助的技能和观点，但是他们的技能和观点很难被充分利用，从而也就降低了群体的整体绩效。

（五）地位不公平

让群体成员相信他们的地位层次是公平的这一点很重要。当成员认为群体存在不公平时，就会产生不均衡感，并最终引致各种各样的修正性行为。

与正式地位相对应的外在形象也是维持公平感的重要因素。如果我们觉得一个人的地位与组织赋予他的地位形象不对称时，就会产生地位不协调感。比如，一个低级别的员工却拥有条件更优越的办公室时，地位不协调感就产生了。简言之，员工期望个人所拥有的配置和他们的地位相匹配。

在群体内部．通常有一致的地位标准，因此，成员在群体内的等级具有高度一致性。但是，当人们在不同群体间切换时，如果新的群体具有不同的地位标准，或者新的群体成员具有不同的背景，他们就可能面临冲突情境。例如，企业主管人员可能用个人收入或公司的发展速度作为衡量个人地位的决定因素；蓝领工人的标准可能是资历年限。在由不同种类的人组成的群体中，或者不同种类的群体必须互相依赖时，如果群体尝试协调或者要求不同的层次和不同的地位标准一致化可能会引发冲突。

（六）地位和文化

文化差异是否会影响地位？答案是绝对肯定的。

地位的重要程度在不同文化间存在差异，例如，法国对地位高度敏感，而且，不同国家具有不同的地位标准，在拉丁美洲和亚洲，地位往往来自家庭地位或者组织中的正式职位。相反，虽然地位在美国和澳大利亚也很重要，但是不会明显"写在你的脸上"，并且地位更多来自成就，而不是头衔或者家庭背景。

这些分析是为了帮助你在和来自不同文化背景的人打交道时，知道哪些人物有地位。如果一个美国管理者不明白，办公室的大小并不是衡量日本管理层职位高低的标准，或者如果他不知道英国人对家谱和社会级别是多么的重视，他很可能无意间冒犯他的日本或者英国伙伴，并因此削弱他的人际交往效果。

四、群体规模

群体规模能够影响群体的整体行为吗？答案很明确：能，但其影响力取决于你用哪个因变量。事实表明，小群体完成任务的速度比大群体快，并且在小群体中个体绩效也要好一些。但是，如果群体要做的是问题索解，则大群体比小群体表现要好。把这个结论转换成数字可能多少有点风险，但我们可以利用一些参数，大群体——12人或者12人以上的群体——更善于吸收多种不同的观点。如果群体的目标是调查事情的真相，那么应该是大群体更有效。相反，小群体善于完成生产性任务，因此，成员在7人左右的群体在执行任务时更为有效。

一个与群体规模有关的最重要发现是社会惰化（Social Loafing）。所谓社会惰化是指一种倾向，即个人在群体工作时付出的努力不如单独一个人工作时多。这个发现挑战了这样一个逻辑：群体整体的生产力至少应该等于群体成员个体生产力的总和。

一般人对群体的刻板印象是，群体精神会激励其成员更加努力地工作，从而提高群体的整体生产力。20世纪20年代末，德国心理学家马克斯·瑞格尔曼（Max Ringelman）在拔河实验中，比较了个人绩效和群体绩效。他原来以为，群体绩效会等于个人绩效的总和，也就是说，3个人一起拉绳的拉力就是一个人单独拉绳时的3倍，8个人一起拉绳的拉力是一个人单独拉绳时的8倍。但是，研究结果没有证实他的期望。1个人单独拉绳的平均拉力是63千克。在3人群体中，平均每个人的拉力是53千克，在8人群体中，平均每个人的拉力降为31千克。

用相似的实验任务来重复瑞格尔曼所做的研究，也基本上支持瑞格尔曼的发现。群体绩效随着群体规模的增大而增大，但是在群体中加入新的成员会降低产出率。因此，就总的生产力来讲，4人群体的生产力大于3人群体的生产力，但随着群体规模的增大，群体成员个体的生产力却降低了。

社会惰化效应是由什么原因造成的呢？也许是缘于群体成员认为其他成员没有尽到应尽的职责。如果你认为别人是懒惰或无能的，你可能就会降低自己的努力程度来重塑公平。另一种解释是群体责任的扩散。因为群体活动的结果不能归结为具体某个人的作用，个人投入与群体产出之间的关系很模糊，在这种情况下，个人就会"搭便车"来沾群体的光。换言之，当个人认为自己的贡献无法衡量时，群体的效率就会降低。

五、凝聚力

（一）什么是凝聚力

不同的群体有着不同程度的**凝聚力**（Cohesiveness）。**凝聚力是指群体成员互相之间的吸引程度，以及群体成员在多大程度上愿意留在该群体**。一些工作群体具有凝聚力，可能是因为成员有很多时间在一起，或者群体的规模比较小，成员的互动比较多，又或者是群体面临着外部威胁，而威胁把大家紧密地联结在一起。凝聚力很重要，因为它和群体生产力相关。

（二）凝聚力、绩效规范与生产力的关系

研究结果一致表明：凝聚力与生产力的关系，取决于群体所设定的和绩效相关的规范。如果和绩效相关的规范标准高（产出高、工作质量高，和群体之外的个人合作多），那么凝聚力高的群体比凝聚力低的群体有更高的生产率。但是，如果一个有凝聚力的群体的绩效规范标准低，那么生产率也会比较低。当凝聚力和绩效规范标准都低时，生产率会下降到低至中度的范围。这些结论总结在图7-1中。

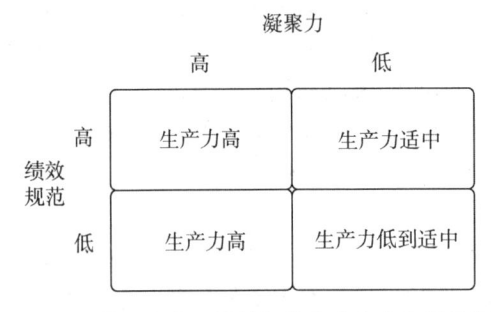

	凝聚力高	凝聚力低
绩效规范高	生产力高	生产力适中
绩效规范低	生产力高	生产力低到适中

图 7-1 群体凝聚力、绩效规范和生产力之间的关系

（三）提高群体凝聚力的途径

要提高群体凝聚力，可以尝试下列一条或几条同时用：

(1) 缩小群体的规模。
(2) 鼓励成员对群体目标的认同。
(3) 增加成员在一起的时间。
(4) 提高群体的地位和让人感觉加入群体有难度。
(5) 挑起和其他群体的竞争。
(6) 奖励整个群体而不是奖励某个成员。
(7) 从时空上隔离群体。

第三节　群体决策

很久以来，北美和其他很多国家的法律体系基于这样一个基础信念：两个人比一个人有智慧，这一点在这些国家的陪审团制度中表现得最为明显。现在，这种信念已经扩展到一个新的领域，即组织中的许多决策都是由群体、团队或委员会做出的。著名心理学家西蒙（H. A. Simon）在企业管理研究中，运用控制论和决策分析方法，把古典决策理论和行为决策成功地结合起来，因此而获得了1978年诺贝尔经济学奖。他提出，管理就是决策，群体决策是其重要方面。所谓**群体决策，就是群体成员共同参与决策的过程，是实现群体目标的重要手段**。群体决策包括以下三个维度：

第一维度，群体成员参与决策的程度。从很少参与决策到充分参与决策，不同的参与程度对决策结果的可接受性很有影响。

第二维度，群体决策的内容，包括管理、日常人事、工作本身和工作条件四个方面。

第三维度，群体决策的范围，可分为大范围和小范围。

群体决策是实现群体目标的有效手段。恰当地运用这一手段，将大大提高群体的效率。我们可以把群体决策看成一个开放的动态系统，它既包括群体成员在各决策阶段的活动和作用，也考虑到来自群体外部的各种信息的影响。在群体决策中，群体成员对于所要决定的问题有各种可供选择的解决办法，同时，群体对于其成员在决策中的选择也有巨大影响。群体决策的过程大致可以分为以下三个阶段：

第一阶段，诊断问题。在此阶段，群体确认问题的性质和问题产生的原因，提出解决这些问题的标准。

第二阶段，提出多个可供选择的解决方案。群体成员提出各种可能的解决方法。

第三阶段，分析可选择的办法，做出决策。通过群体讨论比较和权衡不同方案的利弊，选择有可能获得最佳结果的解决方案。

一、群体和个体

在组织中，群体决策的应用范围很广，但这是否意味着群体决策优于个人单独决策呢？对这个问题的回答取决于多个因素。下面，我们首先分析群体决策的利与弊。

（一）群体决策的优点

群体可以带来更完整的信息和知识。通过综合多个个体的资源，群体可以在决策过程中接纳更多的信息。除了接纳更多的信息以外，群体能够在决策过程中体现异质性的优势，增加观点的多样性。群体为多种方法和多种方案的讨论提供了机会。而且，群体提高了决策的可接受性。许多决策在做出之后并不被人们接受，但是，参与决策的群体成员往往会积极支持决策，并鼓励别人也接受决策。

（二）群体决策的缺点

尽管存在上述诸多优点，群体决策也存在缺点。群体决策很费时间，因为群体决策所用的时间比个人决策多；群体决策存在从众压力，群体成员希望被群体接受和重视的愿望可能会导致不同意见被压制；群体讨论可能受到少数人的控制，如果讨论是由能力不高的成员控制，群体的运行效率就会受到不利影响；群体决策还会面临责任不清的问题，在个人决策中，谁对最后的结果负责是很明确的，而对于群体决策，每个成员的责任都不清楚。

（三）效果与效率

群体决策和个体决策孰优孰劣？这取决于衡量决策效果的标准。就准确性而言，群体决策通常优于群体中一般成员的个人决策。但是如果与群体中最准确的成员相比，群体决策比不上该成员的个人决策。如果速度是衡量标准，个体决策优势更大。如果创造性重要，那么群体决策比个人决策更有效。如果有效性是指最终方案的可接受性，那么还是群体决策好。

在考察决策效果时不能不考虑决策效率。就效率这一点来说，群体决策总是劣于个体决策。就同一个问题而言，群体决策所用时间总是比个体决策所用时间多，而且很少有例外。例外的情况是指，进行一种决策需要了解多方面的信息，在这种情况下，如果是采用个体决策形式，决策者就要花费大量时间来查阅资料，向别人咨询。由于群体可以包括来自多个领域的成员，他们了解多方面的信息，这样，寻求信息所花费的时间就可以大大减少。但正如我们已经指出的，群体决策在效率方面的优势，毕竟只是例外情况。一般情况下，群体不如个体效率高。因此，在决定是否采用群体决策形式时，应权衡一下群体决策在决策效果上的优势能否超过它在效率上的损失。

二、群体思维和群体转移

群体决策中的两个现象（群体思维和群体转移）可能潜在地影响群体客观评估各种方案和达成高质量决策的能力。

（一）群体思维

1. 群体思维的概念

你有过这样的经历吗？在会议、课堂或非正式群体中，你本来很想说出自己的看法，但最终还是放弃了。可能是因为你比较害羞，但也可能是由于被群体思维所限。**群体思维（Group Think）现象是指在群体成员都追求群体意见一致性的情况下，群体寻求一致性的规范使得群体无法客观地评估待选方案，并且使得那些不落俗套的、少数人的和不受欢迎的观点难以充分地表达出来。**群体思维现象还包括个体在群体的压力作用下，其心智效率、对事实的认识和道德判断的下降。

2. 群体思维的表现

群体思维现象的症状表现如下：

（1）群体成员把任何反对他们所做假设的意见合理化。不管事实与他们基本假设的冲突多么强烈，成员的行为都是继续强化这种假设。

（2）对于那些时不时怀疑群体共同观点，或怀疑大家所信奉的论据的人，群体成员对他们施加直接压力。

（3）那些持有怀疑或不同看法的人，往往通过保持沉默，甚至降低自己看法的重要性，来尽力避免与群体观点不一致。

（4）存在一种无异议错觉，如果某个人保持沉默，大家往往认为他表示赞成。换句话说，缺席者就被看作是赞成者。

从历史上看，美国外交政策决策过程的研究表明，在不成功的政府决策中，这些症状处处可见，比如1941年毫无准备的珍珠港事件和越南战争的升级等。更近一些的事件，比如"挑战者"号和"哥伦比亚"号航天飞机的灾难都和美国国家航空和宇宙航行局（NASA）在决策过程中产生明显的群体思维症状相关。

3. 群体思维发生的条件

所有的群体都会产生群体思维吗？并非如此。群体思维在下述情况时最经常发生：

（1）有明确的群体身份；

（2）群体给成员一种正面的形象，而且成员希望保持这种形象；

（3）成员意识到群体的正面形象面临着一种来自集体的威胁。

因此，群体思维，更多的是作为保护群体正面形象的工具，并不是一个镇压反对者的机制。

4. 减少群体思维的对策

为了把群体思维减到最小化，管理者需要控制群体规模。虽然没有一个魔力数字可以完全消除群体思维，但是，当群体规模超过 10 人时，成员的个人责任感就会下降。管理者还要鼓励群体领导人让小组所有成员在群体中充分给出意见，小组领导人尽量不要提出自己的观点，尤其是在商议的初始阶段。另外，可以让一个群体成员扮演唱反调的人，让他公开挑战多数人的观点，提出不同的意见。

（二）群体转移

在比较群体决策与成员个体决策时，有证据表明两者存在差异。有些情况下，群体决策比个体决策保守，但大多数情况下，群体倾向于向冒险转移。

在群体讨论中，往往会出现这种现象，即群体讨论会使群体成员的观点朝着更极端的方向转移，这个方向是讨论前他们已经倾向的方向，因此，保守的会更保守，激进的会更冒险，这种现象称为群体转移（Group Shift）。群体讨论通常会进一步夸大群体最初的观点。

事实上，群体转移可以看作是群体思维的一种特殊形式。群体的决策结果反映了在群体讨论过程中形成的占主导地位的决策规范。群体决策结果是变得更加保守，还是更加激进，取决于在群体讨论之前占主导地位的讨论规范。例如，有些情况下，最初的群体倾向是风险回避（冒险），那么群体就会变得更加谨慎（冒险）。

对于群体决策为什么通常比较冒险，人们有多种解释。比如，有些学者认为，在群体讨论中，群体成员相互之间变得更加熟悉了，随着彼此之间的相处越来越融洽，他们会变得更加勇敢和大胆。另一种看法是，大多数第一世界的国家崇尚冒险，那些敢于冒险的人得到人们的敬慕，群体讨论时会鼓励成员向别人表明自己至少与别人一样愿意冒险。不过，对群体转移最合理的一种解释是，群体决策分散了责任。群体决策使得任何一个人用不着单独对最后的选择负责任，即使决策失败，也没有一个成员能够承担全部责任，所以群体会更冒险。

要运用群体转移的这些特点，你必须清楚群体决策容易扩大每个群体成员最初的观点，朝着更冒险的方向转移；群体决策究竟朝着更保守还是更冒险的方向转移，取决于群体成员在开展讨论前已经有的心理倾向。

三、群体决策技术

群体决策的最常见形式发生在互动群体（Interacting Groups）中。在这些互动群体中，成员之间通过言语的和非言语的互动，面对面地交流。但我们在讨论群体思维时已经指出，互动群体会对成员个人形成压力，迫使他们达成从众的意见。头脑风暴法、名义群体法和电子会议法是一些常用的群体决策方法，它们能够减少传统的互动群体法的固有问题。

（一）头脑风暴法

头脑风暴法（Brain Storming）旨在克服互动群体中产生的妨碍创造性方案的从众压力。头脑风暴法通过产生观念的过程，鼓励大家把所有的想法讲出来；在这个过程中，群体成员只需畅谈自己的观点，不许批评他人已提出的观点。

在典型的头脑风暴法中，6~12人围坐在一张桌子旁，群体领导以清楚明了的方式说明问题，让每个参与者都了解将要谈论的问题。然后，在给定的时间内，大家自由发言，尽可能地提出想到的各种解决问题的方案——在这段时间内，任何人都不得发表评论。所有提出来的方案都记录下来，以备之后的讨论和分析使用。

头脑风暴法的确可以产生很多观点，但是这种方法并不是很有效。很多研究都表明个体在单独工作的时候产生的观点，比其在群体中用头脑风暴法时产生的观点要多。一个主要的原因是产出障碍。换句话说，当人们在群体讨论中刚想到一个观点时，其他人可能马上说了出来，这就阻碍了思考的进程，并最终削弱了大家彼此观点的分享。

（二）名义群体法

名义群体法（Nominal Group Technique）限制成员在决策过程中的相互讨论和沟通，因此，使用"名义"一词。和传统的会议一样，群体成员全都列席会议，不过成员独立地做出决策。具体来讲，提出问题以后，有以下几个步骤：

（1）群体成员聚在一起，并在进行讨论之前，每个群体成员写下自己对解决这个问题的看法或观点。

（2）在这个安静阶段之后，每个群体成员都要向群体中其他人说明自己的观点，一个人接一个人地进行，每人每次表达一种观点，直到所有的观点都被表达并且记录下来——通常要使用记录纸或记录板。将所有的观点都记录下来后再进行讨论。

（3）紧接着群体开始讨论这些观点，并进一步澄清和评价这些观点。

（4）然后每个群体成员独自对这些观点进行排序。排序最靠前、选择最集中的那个观点就是最终决策结果。

名义群体法的主要优点在于，它允许群体成员正式地聚在一起，但又不像互动群体那样限制了个体的思维。研究结果表明，一般情况下，名义群体法优于头脑风暴法。

（三）电子会议法

最新的一种群体决策方法将名义群体法与复杂的电脑技术结合起来，我们称之为电子会议法（Electronic Meetings）。只要技术条件完备，这个概念就很简单了。50人左右围坐在马蹄形的桌子旁，面前除了一台电脑终端之外，一无所有。问题呈现给参与者后，每个参与者把自己的意见输入电脑。个人的意见和投票都会显示在会议室中的投影屏幕上。电子会议法的主要优势是：匿名、可靠、迅速。与会者可以采取匿名形式把自己想表达的任何想法表达出来。参与者一旦把自己的想法输入电脑，所有的人都可以在屏幕上看到。与会者可以真实地把自己的态度表达出来，而不用担心受到惩罚。而且这种决策方法非常迅速，因为没有闲聊，讨论时不会离开主题，大家在同一时间可以互不妨碍地相互"交谈"，而不会打断别人。

不过，早期的一些证据表明电子会议法并不能取得预期的效果。综观许多的研究结果，我们发现，与面对面的群体决策相比较，电子会议法会降低群体的效果，它需要更多的时间来完成任务，并会降低成员的满意度。即便如此，从近期人们对以电脑为中介的交流（Computer-mediated Communication）的热爱可见，电子会议法会得以保留，而且在未来会更加流行。

本章小结和对管理者的启示

绩效。许多群体特征和绩效具有相关性。比较重要的有角色认知、规范、地位差异、群体规模和群体凝聚力。

角色认知与员工的绩效评价存在积极的相关关系。下属对自己工作的认知与上司对该下属工作的认知是否存在一致性，会影响到下属是否被上司视为一名有效员工的看法。员工的角色认知在多大程度上满足老板的角色期望，该员工就会得到多高水平的绩效评价。

群体规范通过创建是非标准来控制群体成员的行为。特定群体的规范可以帮助管理者了解成员的行为。管理者会发现，当群体规范支持高产量而不是限制产量时，成员个人的绩效水平就会明显地高起来。同样地，如果群体规范支持反社会行为，个人参与工作偏离行为的可能性就会更大。

地位不平等会导致挫败感，给生产率带来负面影响，并降低成员继续留在群体的意愿。就那些对公平敏感的个体而言，不一致很可能会降低他们的激励水平，并增加他们找回公平的尝试（例如换份工作）。而且，因为地位低的人通常较少参加群体讨论，所以，在地位差异明显的群体，地位低的员工会减少对群体的投入，他们的工作表现也往往不佳。

群体规模对群体的绩效影响取决于群体要完成的工作任务。规模大的群体面临查找事实类的任务时，效果更好；而规模小的群体在面临采取行动类的任务类型时，效果更佳。社会惰化的原理告诉我们，管理层如果想使用大规模群体，必须有相应的衡量群体内个体绩效的方法。

凝聚力对群体生产力有很大的影响。凝聚力是否影响生产力，取决于和绩效有关的群体规范。

满意度和角色认知与绩效的关系一样，老板和员工对员工工作的看法是否一致与员工的高满意度相关。同样地，角色冲突和工作压力、工作不满意度相关。

许多人愿意和与自己地位相当或者比自己地位高的人交流，而不愿意与比自己地位低的人交流。因此，我们可以想到，那些不需要与比自己地位低的人有太多交流的员工，其工作满意度最高。

我们可以直观地预测群体的规模与满意度的关系：规模大的群体满意度低。成员参与社会互动的机会随着群体规模的增大而减少，成员对群体成就的认同感也随之降低。与此同时，拥有更多的成员还会带来分散、冲突以及小群体，而这些都会降低群体成员的满意度。

本章练习题

（一）思考题

1. 简述群体的定义。
2. 群体存在需要什么样的条件？
3. 正式群体与非正式群体存在哪些差异？

4. 试述如何正确对待非正式群体。
5. 试述提高群体凝聚力的途径。
6. 简述群体决策的优点和缺点。
7. 试述群体思维的表现、发生的条件和减少群体思维的对策。

(二) 案例分析

提升团队凝聚力，教你三招

一个能打胜仗的团队，一定是有凝聚力的团队。那么如何**提升团队凝聚力**呢？可以总结为三句话：

1. 每个人都是领导中的领导

这句话的意思是，一个人自信并不是方方面面都自信。

比如，某个人在写字上很没有自信，所以如果有人要他在书上写寄语，他就会很为难。

某个人五音不全，所以在唱歌上也没有自信。

但是并不能由此就把这个人定义为一个不自信的人。因为这个人觉得自己还是挺自信的，因为他在其他事情上获得了自信。

这个人的自信心可以是来自这么多年来他自身对管理实践的研究、对企业文化的研究、在授课现场和学员的互动问答。

由此可见，每个人都是领导中的领导，隐含的意思就是，**我们要发挥每个人在自己所擅长领域的领导者地位，并让其他人在这个领域成为他的跟随者，从而培养每个人的自信心**。

所以，**培养自信的来源**，并非只能来自与业务相关的领域。

比如某员工特别爱好美食，那么跟吃有关的团建都可以交给他来张罗。某员工特别喜欢运动，那么可以让他带团队去运动。

在自己擅长领域培养出来的自信，能够带来一个人整体的自信。

2. 随时随地制造胜利

"随时随地制造胜利，让团队活在赢的状态中。"这个观点出现在很多公开的场合，但是我们还是看到有很多管理者在实践中犯错，因为总是只能看到赢的单一维度。

随时随地制造胜利，就是要找到赢的不同角度。可以是过程指标，也可以是结果指标；可以是同比，也可以是环比；可以是增长率，也可以是人均。

当你有赢的心态，处处皆可创造赢的可能。

这个世界不缺乏美，缺乏的是发现美的眼睛。某种程度上，在带团队的过程中，也不缺乏胜利，缺乏的是发现胜利的眼睛。

所以作为管理者，除了要有能力带领团队不断打胜仗之外，也要学会找到不同的赢的角度，从而让团队保持有信心的状态。

对团队而言，**不是有了希望而坚持，而是因为坚持了就会有希望**。坚持的动力来自信心，信心对于团队就是凝聚力。

当然，我们也不能为了找到"赢"而去创造"赢"，否则时间久了很容易把自己给迷惑了。

作为管理者，看问题要更全面，既要看到哪里做得不够，也一定要看到哪里做得够。

3. 不要捧杀员工，也不要棒杀员工

我们发现很多团队的管理者喜欢在团队内部树立标杆。这种榜样的树立当然是重要的，但是对表现优异的员工进行包装宣传，除了对外发声，更主要的是要鼓励优秀员工分享经验，和其他团队成员加强联系、互动，而不要把他塑造成明星。

所谓明星，就是给予一些特殊化的对待。比如，开会的时候，管理者特意招呼明星员工坐到自己身边。

当管理者过度关注优秀员工，甚至给予特殊优待，就等于在创造优秀员工和正在变优秀的其他员工之间的隔阂，导致优秀员工被孤立。这样的团队，很容易缺乏凝聚力。

不要棒杀员工则更容易理解。

假如管理者对一个员工只有批评，只有打击，会让员工变得很没有自信，久而久之就会脱离团队。

对员工，不管是表扬还是批评，出发点都是希望员工变得更好，而不是让他处在更大的压力之下。

最后我们来总结一下：

要打造一支有凝聚力的团队，可以从这三个方面做起。

第一，发挥每个人在自己擅长领域的领导者地位，并让其他人在这个领域成为跟随者，从而培养他的自信心。一个人**自信心构建**的过程，也是他人格成熟的过程。

第二，要随时随地制造胜利，让团队活在赢的状态中。当你有赢的心态，当你有发现赢的眼睛，那么处处可以创造赢的可能。

第三，既不要捧杀明星员工，也不要棒杀做得不够好的员工。

在团队内部树立标杆很重要，但是不要培养明星，尤其是给予差异化对待，会让明星员工和其他员工之间形成很强的距离感，从而让明星员工被放在火上烤。

对于做得不好的员工，也不能一味打击批评，否则很容易打击自信。要懂得发现人之所长，用人所长。

（资料来源：欧德张，提升团队凝聚力，教你三招，2023-02-09）

思考问题：结合材料分析作为管理者如何提高群体的凝聚力。

研究课题

为什么说群体的凝聚力会随着群体成员数量的增加而下降？

第八章 工作团队建设与管理

📝 名人名言

> 人们在一起可以做出单独一个人所不能做出的事业；智慧+双手+力量结合在一起，几乎是万能的。
> ——韦伯斯特（N. Webster，1758—1843，美国辞典编纂者、政论家和编辑）
>
> 如果人人都负责，实际上就等于无人负责，对吗？
> ——佚名

🎯 学习目标

1. 掌握团队的定义；
2. 了解团队的类型；
3. 了解如何塑造高效团队；
4. 了解团队与质量管理的关系。

📍 本章关键词

团队；问题解决型团队；自我管理型团队；跨职能型团队；虚拟团队。

第八章　工作团队建设与管理

思维导图

```
工作团队建设与管理
├── 群体与团队的差异
│   ├── 团队盛行的原因
│   ├── 团队的定义
│   └── 团队与群体的比较
├── 团队的类型
│   ├── 问题解决型团队
│   ├── 自我管理型团队
│   ├── 跨职能型团队
│   └── 虚拟团队
├── 塑造高效团队
│   ├── 高效团队的模型
│   ├── 塑造高效团队注意的问题
│   ├── 高效团队的主要构成因素
│   ├── 高效团队的有效性
│   └── 高效团队解析
└── 团队与质量管理
```

工作团队建设与管理的思维导图

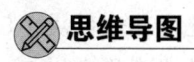

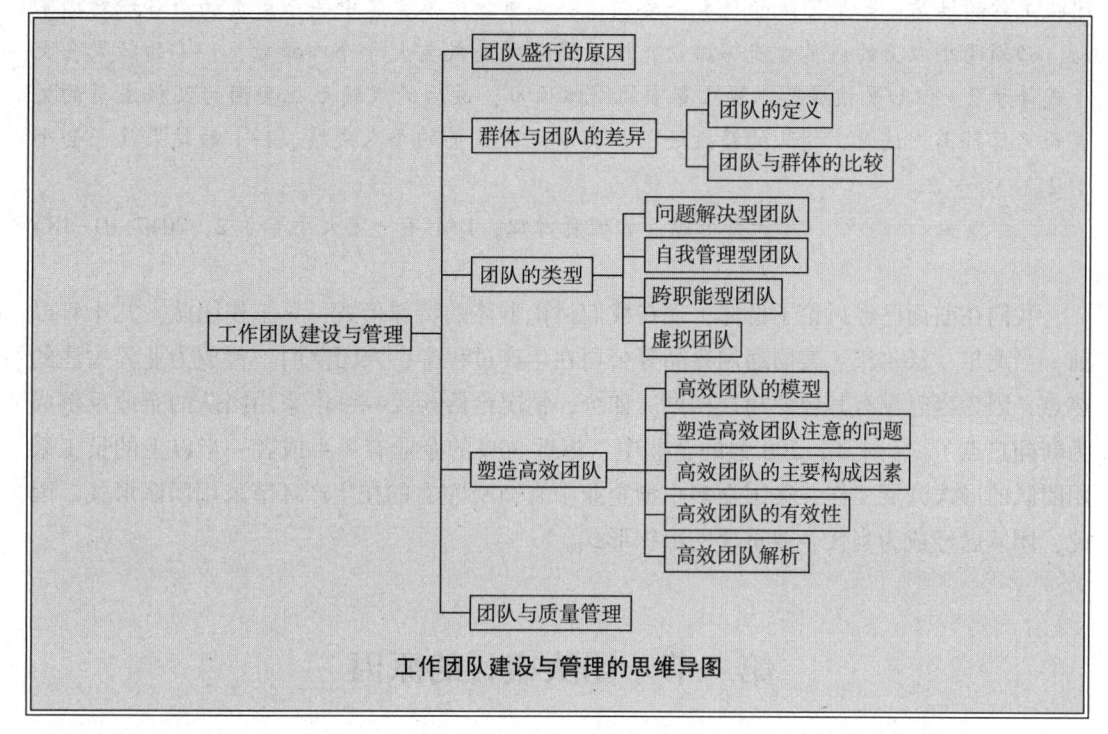

开篇案例

1+1 不一定大于等于 2

2004 年 6 月，拥有 NBA 历史上最豪华阵容的湖人队在总决赛中的对手是 14 年来第一次闯入总决赛的东部球队活塞。赛前，很少有人会相信活塞队能够坚持到第七场。从球队的人员结构来看，科比、奥尼尔、马龙、佩顿，湖人队是一个由巨星组成的"超级团队"，每一个位置上成员几乎都是全联盟最优秀的，再加上由传奇教练菲尔·杰克逊对其的整合，在许多人眼中，这是 20 年来 NBA 历史上最强大的一支球队，要在总决赛中将其战胜只存在理论上的可能性，更何况对手是一支缺乏大牌明星的平民球队。

然而，最终的结果却出乎所有人的意料，湖人几乎没有做多少抵抗便以 1∶4 败下阵来。湖人的失败有其理由：OK 组合相互争风吃醋，都觉得自己才是球队的领袖，在比赛中单打独斗，全然没有配合；而马龙和佩顿只是冲着总冠军戒指而来的，根本就无法融入整个团队，也无法完全发挥其作用，缺乏凝聚力的团队如同一盘散沙，其战斗力自然也就会大打折扣。

明星员工的内耗和冲突往往会使整个团队变得平庸，在这种情况下，1+1 不仅不会大于或等于 2，甚至还会小于 2。在工作团队的组建过程中，管理层往往竭力在每一个工作岗位上都安排最优秀的员工，期望能够通过团队的整合使其实现个人能力简单叠加所无法达到的成就。然而，在实际的操作过程中，众多的精英分子共处一个团队之中反而会产生太多的冲突和内耗，最终的效果还不如个人的单打独斗。

在通常情况下，团队工作的绩效往往大于个人的绩效，但也不是那么绝对，这取决于团队工作的性质：如果团队的任务是要搬运一件重物，单凭其中一个成员的力量绝对搬不动，必须两个以上的成员才能够搬动，这时团队的绩效要大于个人绩效，1+1 的结果会大于或等于 2；但如果换成是体操比赛中的团体项目，最后的成绩往往会因为某位成员的失误而名落孙山，这时，团队的绩效还不如其中优秀成员的个人成绩，1+1 的结果反而会小于 2。

（资料来源：管理资源吧，1+1 不一定大于等于 2，2017-01-18）

我们在前面已经讨论了群体，现在我们讨论群体的特殊形式——工作团队。几十年以前，当戈尔、沃尔沃、美国通用食品等公司在生产过程中引入团队时，曾成为业界关注的热点，因为当时没有其他公司这样做。如今，情况恰恰相反——不采用团队的企业反倒成为新闻热点了。《财富》500 强的企业中，将近 80% 的企业有一半或者一半以上的员工采用团队的形式开展工作。美国众多小型企业中有 70% 左右的在生产环节采用团队形式。因此，团队已经成为当代企业重要的组织形式。

第一节　团队盛行的原因

团队为什么会如此盛行？

事实表明，如果某种工作任务的完成需要多种技能、经验，那么由团队来做的效果通常比个人做的效果好。当组织为了更有效果和更有效率地参与竞争而进行重组时，团队有助于组织更好地利用雇员的才能。管理人员发现，在多变的环境中，团队比传统的部门结构或其他形式的稳定性群体更灵活，反应更迅速。团队能够快速地组合、部署、重组和解散。

不过，团队的激励作用也不可忽视。我们曾在之前讨论过员工参与的激励作用。团队能够促使雇员参与决策。例如，在 John Deere 公司，一些工作者既为生产线上的员工，同时又是访问顾客的销售员。这些员工比传统的销售人员更了解产品特性；通过在外出旅行中与农场主交谈，这些按时间计酬的员工开发了新的技能，对工作更加投入。因此，团队如此盛行的另一种解释是：团队有助于管理人员增强组织的民主气氛，提高员工的激励水平。

团队作为员工参与的一种形式，在确认问题、寻找备选方案以及在这些备选方案中做出选择方面，通常比个人单独工作更有效。同样地，团队成员能快速地分享信息、调整任务，然而在由主管负责的传统部门中，这些过程更慢，并且容易出现更多的错误。同时，团队主要提供高级客户服务，因为它们比个人更能向客户提供广泛的知识和专业技能，这一共享信息和回应外部环境的能力解释了团队为什么被认为是知识管理中的一个重要因素。

许多情形下，员工在团队中工作时，至少有两个理由让员工更活跃、更忙碌。一个原因是员工有联合的动机，通过激励手段去实现他们认同并从属的群体目标；第二，员工能执行团队机构中更丰富的工作，而这个任务对个人来说太复杂了，不能独立完成。例如，康宁公司（Corning, Inc.）依赖于三个高绩效的团队在纽约欧文的工厂制造蜂窝金属陶瓷过滤器，这个任务对任何独自工作的员工来说都太复杂了，然而团队成员在执行整个工作过程中，共同经历了更高水平的任务识别、技能多样性（通过工作轮换）自治，以及其他工作设计等环节要素。[1]

第二节 群体与团队的差异

一、团队的定义

群体与团队并不完全相同，因此，我们需澄清工作群体和工作团队的差异。

在此前，我们把群体定义为：**为了实现某个特定的目标，由两个或两个以上相互作用和相互依赖的个体组合而成的集合体**。在工作群体（Work Group）中，成员通过相互作用，共享信息，做出决策，并帮助彼此更好地承担自己的责任。

管理学家斯蒂芬·P. 罗宾斯（Stephen P. Robbins）认为：团队就是由两个或者两个以上的，相互作用、相互依赖的个体，为了特定目标而按照一定规则结合在一起的组织。我们这里把团队定义为：**团队是由员工和管理层组成的一个共同体，该共同体合理利用每一个成员的知识和技能协同工作，解决问题，达到共同的目标**。

工作群体中的成员不一定要参与到需要共同努力的集体工作中，他们也不一定有机会这样做。因此，工作群体的绩效，仅仅是每个群体成员个人贡献的总和。在工作群体中，不存在一种积极的协同作用，使群体的总体绩效大于个人绩效之和。

二、团队与群体的比较

工作团队（Work Team）则不同，它能够通过成员的共同努力而产生积极的协同作用。团队成员努力的结果使得团队的绩效水平远大于个体成员绩效的总和。这些定义有助于澄清为什么现在许多组织围绕工作团队重新组织工作过程。管理人员是为了通过工作团队的积极协同作用，提高组织绩效。团队的广泛使用为组织创造了一种潜力，使组织能够在不增加投入的情况下提高产出水平。不过，应该注意，我们说的是"潜力"，构建团队不是变戏法，并不能保证一定产生积极的协同作用。仅仅把工作群体换种称呼，改称工作团队，不能自动地提高组织绩效。详见表8-1。在本章后面几节中，我们将论证，成功的或高绩效的工作团队具有一些共同特征，如果管理人员希望通过运用工作团队来提高组织绩效，就要先保证他们的工作团队具有这些特点。

---

[1] 史蒂文·L. 麦克沙恩，玛丽·安·冯·格里诺. 组织行为学（第三版）[M]. 井润田，王冰洁，赵卫东，译. 北京：机械工业出版社，2007：187.

表 8-1 工作群体与工作团队的差异

差异的方面	工作群体	工作团队
目标	信息共享	集体绩效
协同作用	适中（有时是消极的）	积极的
责任与义务	个体	个体的、共同的
技能	随机的、变化的	补充性的

第三节 团队的类型

团队可以做各种各样的事情，包括生产产品、提供服务、谈判协议、协调项目、提供建议以及做出决策。下面，我们将介绍组织中最常见的四种团队：问题解决型团队、自我管理型团队、跨职能型团队和虚拟团队。

一、问题解决型团队

我们看一下 20 年前，那个时候团队刚刚开始盛行，大多数团队的形式都很相似。这些团队一般由来自同一个部门的 5~12 个钟点工人组成，他们每周花几个小时的时间来碰碰面，讨论如何提高产品质量和生产效率，以及改善工作环境。我们把这种团队称为**问题解决型团队**（Problem-solving Team）。在问题解决型团队里，成员就如何改进工作程序和工作方法互相交换看法或提供建议。尽管他们没有太多权力去单方面采取行动。举例来讲，美林（Merrill Lynch）证券公司创建了一个问题解决型团队，目的是要找出一种可以减少新开现金管理账户时间的方法。团队建议将程序从 46 个步骤减少到 36 个，从而成功地把开户所需时间从 15 天减少到 8 天。

二、自我管理型团队

问题解决型团队的做法行之有效，但在调动员工参与工作决策及实施的积极性方面尚嫌不足。这种欠缺导致企业努力尝试建立一种真正独立自治的团队，不仅能够解决问题，还能执行解决方案，并对工作结果承担全部责任。

自我管理型团队（Self-managed Work Teams）是由若干个员工（通常 10~15 人）组成的群体，他们从事高度相关或者相互依存的工作，承担着很多以前由自己上司所承担的很多职责。通常情况下，他们的职责包括计划和安排工作内容、分配工作任务、一起控制工作节奏、做出运营决策、采取行动解决问题、和供应商和客户合作等。彻底的自我管理型团队甚至可以挑选自己的成员，并让成员相互进行绩效评估。结果就是，管理职位的重要性下降，甚至会被取消。

下面，我们以美国伊顿公司（Eaton Corp）旗下的 Aeroquip 全球管材供应部的一个工厂为例，分析如何在企业中有效利用自我管理型团队。该工厂坐落在阿肯色州奥扎克山区的中心，生产液压制动用的管子，用于卡车、拖拉机和其他重型设备。1994 年，为了提高质量和生产力，伊顿公司的管理层放弃了生产线管理，把工厂的 285 名工人划分为 50 多个自我管理团队。工人突然发现自己可以参与之前仅仅属于管理层的决策——例如,设定团队的工作日程、挑选新的员工、与供应商谈判、拜访客户、惩处带来麻烦的成员等。从1993年到1999年,公司对客户要求的回应时间缩短了99%,生产力和产出水平增加了50%,事故率降低了一半。

近来,商业杂志上充斥着成功地运用自我管理型团队的文章,不过读者还是应该慎重对待这个问题。有些组织采用了自我管理型团队,结果却令人失望。例如,在组织裁员时期,自我管理型团队就会带来麻烦,因为员工通常觉得认可团队管理等同于拿自己开刀。对自我管理型工作团队效果的总体研究表明,采用自我管理型团队并不一定带来积极效果。而且,虽然这些团队成员的工作满意度通常比较高,但他们有时也会有较高的缺勤率和离职率。结果的不一致性表明,自我管理型团队的有效性需要视具体环境而定。除了裁员之外,其他因素,例如团队规范的强度和内容、团队承担的任务类型、报酬结构等,也会显著影响团队的绩效。最后,管理人员在引入全球性的自我管理型团队时需要小心。有材料表明这种团队在墨西哥并不顺利,主要是因为在墨西哥的文化里,人们对模糊和不确定性的容忍度低,员工非常尊重权威。

三、跨职能型团队

波音公司为了C-17项目中垫片的自动化生产,创建了一个工作团队,其成员来自生产、计划、质量、加工、设计工程、信息系统等部门。该团队提出的建议在很大程度上缩短了项目的周期和成本,并提高了项目质量。

波音公司的案例实现了**跨职能型团队(Cross-functional Teams)的应用。这种团队由来自同一等级、不同工作领域的员工组成,他们聚到一起的是为了完成某项任务。**

横向的、跨越部门界线的群体形式已经被许多组织采用多年。例如,在20世纪60年代,IBM公司为了开发卓有成效的360系统,组织了由公司多个部门员工组成的、大型的任务攻坚队。任务攻坚队(Task Force)其实就是一个临时性的跨职能团队。同样,由多个部门的员工组成的委员会(Committees)是另一种跨职能团队。但跨职能团队的兴盛是在20世纪80年代末。所有主要的汽车制造公司——包括丰田、本田、尼桑、宝马、通用汽车、福特、戴姆勒-克莱斯勒——目前都采用跨职能团队来协调复杂的项目。哈雷-戴维森(Harley-Davidson)公司依靠不同的跨职能团队来管理不同的摩托车生产线,这些团队成员来自哈雷的设计、生产和采购部门,还包括一些外面的供应商代表。

总之,跨职能团队是一种有效的方式,它能使组织内(甚至组织之间)不同领域员工互相交换信息,从而达到激发新观点、解决问题和协调复杂项目的目的。当然,管理跨职能团队并不是管理野餐会,在其形成的早期阶段往往要消耗大量的时间,因为团队成员需要学会处理复杂多样的工作任务。在成员之间,尤其是那些背景、经历和观点不同的成员之间,建立起信任并能真正地合作也需要一定的时间。

四、虚拟团队

以上介绍的团队类型都是面对面地开展工作。**虚拟团队(Virtual Teams)就是采用计算机技术把分散在不同地方的成员联结起来,以实现共同目标的团队。**虚拟团队允许人们利用通信网络合作——利用广域网、视频会议或者电子信箱——无论他们只相距一个办公室，还是相隔百里千里。

其他团队可以做的，虚拟团队都可以做，如信息共享、做出决策、完成任务等。虚拟团队还可以把同一组织内部的成员，甚至把组织内的成员和其他组织的员工（比如供应商和合资伙伴）联结在一起。虚拟团队可能只存在几天时间，因为它是为了解决某个问题；也可能存在几个月时间，为了完成某个项目；也可能永久存在。

虚拟团队和面对面交流的团队主要存在三点不同：

（1）没有超语言和非语言暗示；

（2）社会环境受限；

（3）能够超越时间和空间的限制。

在面对面的交谈中，人们使用超语言（声质、音调和音量）暗示和非语言（使眼色、面部表情、手势和其他身体语言）暗示，这些暗示可以通过提供附加信息来明确交流内容；而基于网络的交流却没有这些暗示。虚拟团队常常苦于社会关系的欠缺和队员间直接交流的稀少，无法复制面对面讨论中正常的互相让步，尤其是当成员都未曾谋面时。虚拟团队往往是任务导向型，缺乏社会情感信息的交流。因此，虚拟团队成员的满意度低于面对面交流团队成员的满意度也就不足为奇了。此外，即使成员之间相隔千里之遥，或相差12个甚至更多的时区，虚拟团队也能开展工作。虚拟团队能够把本来不可能合作的人们召集在一起工作。

像惠普、波音、福特、摩托罗拉、通用、洛克希德·马丁（Lockheed Martin）、惠尔丰（VeriFone）、英荷/壳牌（Royal Dutch/Shell）等一些公司，已经非常依赖虚拟团队了。例如，洛克希德·马丁公司，为了给美国军方制造一种新型的隐形战斗机，构建了一个虚拟团队。这个团队的工程师和设计师来自全球不同地区，他们将同时完成这项斥资2 250亿美元的项目。公司预期，该团队将花费10年时间制造出这种飞机，而且可以节约2.5亿美元开支。

第四节　塑造高效团队

一、高效团队的模型

寻找影响团队有效性因素的努力一直没有停止过。但是，近期的研究分析了之前的"一长串因素清单"，并把它们归纳为一个相对集中的模型。图8-1总结了目前所知道的影响团队有效性的全部因素。正如你所看到的，这个模型中有很多和群体相关的概念我们在第七章已经介绍过。

二、塑造高效团队注意的问题

以下的讨论是基于图8-1中的模型。在学习的过程中要谨记以下两点忠告：

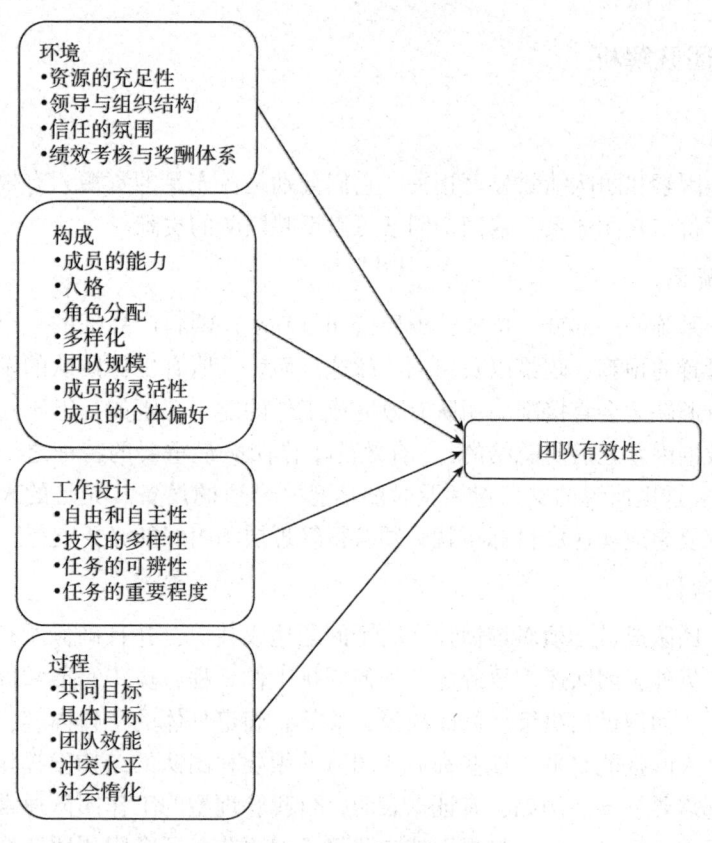

```
环境
  •资源的充足性
  •领导与组织结构
  •信任的氛围
  •绩效考核与奖酬体系

构成
  •成员的能力
  •人格
  •角色分配
  •多样化
  •团队规模
  •成员的灵活性
  •成员的个体偏好                → 团队有效性

工作设计
  •自由和自主性
  •技术的多样性
  •任务的可辨性
  •任务的重要程度

过程
  •共同目标
  •具体目标
  •团队效能
  •冲突水平
  •社会惰化
```

图 8-1　团队有效性模型

（一）团队的形式和结构不同

图 8-1 中展示的模型试图概括各种类型的团队，但是你必须小心，不能把模型的预测照搬到所有的团队中。在使用该模型时，你应该把它看成是一种指导，而不是一成不变的处方。

（二）模型假定

团队工作优于个人单独工作。因此，在个人可以把工作做得更好的情形下，创造"高效"团队就相当于完美地解决错误的问题。

三、高效团队的主要构成因素

构成高效团队的主要因素可以归纳为四类：
(1) 资源因素和其他促进团队有效性的环境因素；
(2) 团队的组成；
(3) 工作设计；
(4) 反映团队状况以及影响团队有效性的过程变量。

四、高效团队的有效性

团队有效性在这个模型中是什么意思呢？一般来讲，它包括衡量团队生产力的客观标准、管理人员对团队绩效的评价以及员工满意度的总体水平。

五、高效团队解析

(一) 环境

有四个环境因素和团队绩效显著相关,它们分别是:充足的资源、有效的领导、信任的氛围、绩效评价与奖酬体系。这四个因素可以反映团队的贡献。

1. 充足的资源

团队是组织系统的一部分。比如,道氏公司(Dow)塑料产品部的一个研究团队必须遵从道氏公司设置的预算、政策以及惯例。就这点而言,所有工作团队的发展都依赖群体外部的资源。资源缺乏会直接削弱团队有效完成工作的能力。正如一组研究人员回顾了13个影响群体绩效的因素之后所总结的,"有效的工作团队最重要的特征之一是群体能够获得组织的支持"。这里所说的支持包括及时的信息、合适的设备、充足的人员、鼓励以及行政支持。团队要想成功达成目标,就必须获得管理层和组织的必要支持。

2. 领导与结构

在团队中,团队成员必须对谁做什么这个问题达成共识,并且确保所有的成员承担相同的工作负荷。另外,团队还需要确定:如何安排工作日程,员工需要掌握什么技能,如何解决团队冲突,如何做出决策、修改决策,等等。确定具体的工作内容,并使工作任务适应团队成员个人的技能水平,这些都需要团队的领导和团队的结构发挥作用。当然,并不是所有时候都需要领导。例如,有证据表明,自我管理型的工作团队通常比正式任命领导的团队表现优秀。而且,领导如果干涉自我管理型团队,还会阻碍团队取得高绩效。在自我管理型团队中,团队成员承担了很多本应由管理者负担的职责。

在传统的管理团队中,我们知道有两个影响团队绩效的重要因素:领导的期望以及他的情绪。对团队有积极期望的领导通常能够实现期望值。以军队中的一个排为例,如果排长的期望值较高,那么这个排的训练效果就会较好。而且,研究还发现,展现积极情绪的领导所管理的团队绩效较高,离职率较低。

3. 信任的氛围

高绩效团队的成员相互信任,并且信任团队领导者。团队成员的彼此信任有助于加强合作,降低互相进行行为监督的需要,使人们相信团队其他成员不会利用自己。当对其他成员产生信任时,团队成员就不怕冒险和暴露自己的不足。同样,信任还是领导的基础,这一点我们将在第十一章探讨。信任对领导者而言非常重要,因为信任使得群体成员愿意接受并忠于领导者所设的目标和所做的决策。

4. 绩效评价与奖酬体系

怎样才能使团队成员在集体层次和个人层次上都具有责任心呢?传统意义上以个人为导向的评估与奖酬体系必须有所变革,以反映团队绩效。

个人绩效评估、固定的小时工资、个人激励等与开发高绩效团队的目标是有所抵触的。因此,除了根据个体的贡献进行评估和奖励之外,管理人员还应该考虑以群体为基础进行绩效评估、利润分成、收入分成、小群体激励及其他方面的变革,来强化团队的奋进精神和承诺。

（二）成员构成

这个范畴的变量和团队的人员配置相关，具体包括：团队成员的能力和人格、角色的分配和多样性、团队规模、成员的灵活性、成员是否偏好以团队的形式来工作，等等。

1. 成员的能力

团队绩效在一定程度上取决于成员个人的知识、技能和能力。有时候我们也会看到，由普通队员组成的运动团队——因为卓越的训练、坚强的意志和紧密的配合——反而能够击败由有天赋的运动员组成的团队。这种情况是新闻的绝佳题材，因为它代表爆冷。正如一个古老的谚语所说的："最快的不一定赢得赛跑，最强的不一定赢得战争，但人们还是愿赌强者胜。"团队绩效不仅仅是团队成员个人能力的加总，不过，这些能力是团队可以做什么以及团队有效性有多高的参数。

一个团队要想有效运作，成员需要具备以下三种技能：

①成员具备技术专长。

②成员具有解决问题和进行决策的技能，也就是说他们能够找出问题、提出解决问题的建议并权衡这些建议，然后做出有效的决策。

③成员具有善于聆听、反馈、解决冲突及其他人际关系的技能。

如果一个团队没拥有以上三类成员，就不可能充分发挥其绩效潜能。成员的合理搭配至关重要。团队中一种类型的人过多，其他两种类型的人自然就少，这会降低团队绩效。但在团队形成之初，不一定需要以上三方面的成员全部具备。在必要时，一个或多个成员去学习团队所缺乏的某种技能，从而使团队充分发挥其潜能的事情并不少见。

对团队成员能力的研究获得了一些关于团队构成和团队绩效的有益启示。首先，当任务引发大量思考时（例如，解决一个复杂的问题，像重建一个生产线），尤其是当团队内部工作量分配平均时，高能力的团队（团队的成员多数智商较高）绩效更好（团队绩效并不是取决于最弱的队员）。高能力的团队更擅长适应不断变化的环境，他们可以更有效地应用之前的知识来解决一系列新问题。

其次，虽然高能力的团队通常比低能力的团队有优势，但也不是所有情况都如此。例如，当工作任务简单（单个团队成员都可以独立解决的任务），高能力团队的表现就相对较差，可能是因为高能力团队在完成这些任务时感到枯燥，于是把注意力转向了其他更富挑战性的活动，而低能力团队则会专注于该任务。高能力团队更适合解决复杂的问题。因此，团队能力与工作任务匹配很重要。

最后，团队领导的能力也很重要。研究表明，在努力完成任务的过程中，聪明的团队领导可以帮助不够聪明的队员。然而，不聪明的领导者则会使高能力团队平庸化。

2. 人格

通过此前的学习，我们知道人格对员工的个人行为影响显著。这个观点还可以扩展到团队行为。研究表明，大五人格模型中的很多维度都和团队有效性相关。特别是，在外向性、宜人性、尽责性、对经验的开放性、情感的稳定性等维度得分高的团队，管理层对他们的团队绩效水平评定的级别也较高。

有趣的是，证据表明，人格特征的方差（Variance）比均值（Average Value）更重要。举例来讲，虽然一个团队的尽责性水平的均值较高是件好事，但是当高尽责性的成员和不太尽责性的成员在一起时，绩效就会降低。"这可能是因为，在这种团队里，高尽责性的成员不仅需要完成自己的工作任务，还需要重新去做低尽责性成员的工作。这种差异可能会带来贡献的不公平感。"另外，一个和人格有关的有趣发现是，"一个坏员工带坏整个办公室"。如果一个员工缺乏最起码的，例如宜人性，就会对整个团队的绩效产生负面影响。因此，一个团队中即使只有一名成员在宜人性，或尽责性，或外向性上得分低，团队的内部流程运转也会受阻，整体绩效也会降低。

我们越来越明白为什么这些特质对团队绩效很重要。例如，尽责性高的员工很宝贵，因为他们很懂得支持团队的其他成员，他们通常也明白什么时候支持才是需要的。外向性的员工在培训和激励遇到困难的团队成员中表现更优秀。当一个团队的构成与它的工作环境不匹配时（例如，团队的组织结构松散，但是项目却需要队员密切配合），情感稳定的成员就显得更加重要了，因为他们可以更好地适应环境，并帮助其他成员适应。成员开放性高的团队更擅长于借助计算机技术做决策。开放性高的队员彼此之间交流更畅通，激发的观点更多，从而使得团队更富创造力。当一个不可预见的变革发生时，成员尽责性高、情绪稳定、开放性高的团队可以更好地应对并适应变化，人格还会影响团队对周围环境的回应方式。例如，外向的团队和宜人性高的团队反对提供个人奖励，因为个人倾向的激励和这些团队的社会本质相抵触。

人格构成对团队的成功也很重要。团队最好吸纳那些外向、宜人性高、尽责性高、情绪稳定、对经验的开放性高的成员。管理层应该尽量使团队内部这些特质的差异变小。

3. 角色分配

不同的团队有不同的需要，团队选拔成员时应该考虑是否能够填补所有不同的角色。我们可以确定九种可能的团队角色（见图8-2）。成功的工作团队应该填补所有的角色空缺，并且根据个人的能力和偏好进行挑选。（许多团队中一个成员同时担任多个角色。）管理人员需要了解每个成员可以给团队带来什么个人优势，再根据这些优势挑选成员，并根据成员的偏好分配工作。通过把个人偏好与团队角色需要匹配起来，管理人员可以促进团队成员更好地合作。

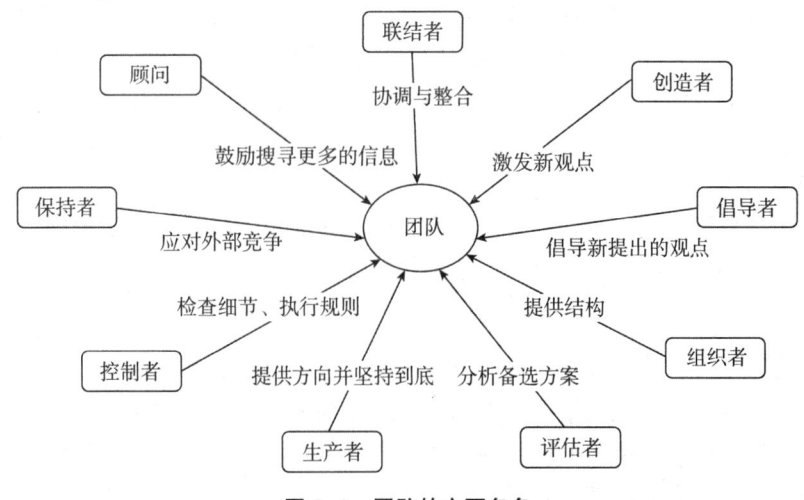

图8-2 团队的主要角色

4. 多样性

正如之前提到的，团队的多数活动需要许多不同的技能和知识。在这种要求下，我们可以得出以下结论：由不相似的个体组成的异质性团队，更有可能具备多种能力和得到更多信息，从而更有效。研究结果支持该结论，尤其是在解决认知需要创造力的任务的时候。

当一个团队在人格、性别、年龄、教育程度、职能化专业、经验等方面存在多样性的差异时，这个团队就可能获得有效完成任务所需的不同特征。虽然这样的团队可能在引入和吸纳不同的职位时会遇到更多冲突，不太有利，但是，研究结果通常显示，异质的团队比同质的团队表现得更好。基本而言，多样性会引发冲突，冲突会进一步激发创造力，创造力会改善决策。一项研究发现，在认知任务方面，与由不同种族和不同性别的异质团队相比，由男子构成的同质团队的表现最差。这是真实的，因为全部成员都是男性的团队过于好斗，容易产生决策失误。

但是，种族和国家不同会有什么结果呢？证据表明，这种差异会阻碍团队的运行，至少在短期内会这样。对需要不同观点的任务而言，文化差异似乎是一种财富，但事实上，存在文化异质性的团队在成员相互合作以及解决问题方面会出现困难。好的一面是，这些困难过段时间就会消失。与新构建的文化同质的团队相比较，新构建的文化异质的团队绩效较差，这种绩效差异大约会在三个月后消失。原因在于，文化异质的团队需要一段时间来学习如何解决争论，以及学习解决问题的不同方法。

多样性问题中有一个问题受到了群体和团队研究者的密切关注，这就是群体成员在多大程度上分享某个共同的人口属性——比如年龄、性别、种族、教育水平、在一个组织的工作年限——以及这种属性对离职率的影响。我们把这个变量叫作群体人口统计学（Group Demography）。

我们在此前讨论了个体的人口特征，下面我们将在群体的环境中讨论这些人口特征。我们所关注的并不是这个成员是男性还是女性，或者这个成员为组织服务了 1 年还是 10 年，我们要研究的是这个成员的特性及与其他工作伙伴的关系。让我们来一起弄清楚群体人口统计学的逻辑，回顾它的论据并考虑它的意义。

群体、团队和组织都由同生群[①]（Cohort）组成，同生群的个体具有共同的人口特征。例如，所有在 1960 年出生的人具有相同的年龄，这意味着他们有着相同的经历，家里人口多，经常吃不饱；1970 年出生的人经历了"文化大革命"，计划经济的物质匮乏；1980 年出生的人经历过计划生育，缺少兄弟姐妹的相伴；1990 年和 2000 年出生的人大多是独生子女，自我中心倾向较为明显，与 1960 年和 1970 年以后出生的人存在着巨大差异。因此，群体人口统计学提出，像年龄、加入某个工作团队或者组织的日期等特征，能够帮助我们预测离职率。本来，人口统计学的逻辑是：由不同经历构成的成员离职率更高，因为成员之间交流困难。这种情况下，更容易发生冲突和权力斗争，并且一旦发生就容易趋向激烈。剧烈的冲突会降低群体的吸引力，因此员工更可能离职。同样，在权力斗争中失败的员工更倾向于主动离职，而不是被迫离开。

---

① 在某种程度上与优势种和建群种相联系，它们在生物群落内部共同形成一个物种的综合体，叫作同生群。同生群也是生物群落中的结构单位。

为了验证该理论，学者进行了大量的研究，研究结果比较一致。例如，在部门或者不同的工作群体中，如果大部分成员都是在同一时间加入该群体的，那么那些不在该时间进入的人群就会有较高的离职率。而且，同生群之间存在较大差距时，离职率也会比较高。一起进入群体或者组织的人，或者差不多同时进入的人，他们更容易相互交流，对群体或者组织有相似的看法，也更倾向于留下。另外，如果成员的入职日期分布不连续或者有凸起，那么该群体就会有较高的离职率。

这一系列的调查表明，一个团队的组成是预测离职率的重要指标。差异本身不能预测离职率，但是如果一个团队差异性较大就会导致离职。如果团队中的每个人都和其他人存在适度差异，那么认为自己是局外人的感觉就会减少。因此，对某个特质而言，离差的大小比特质的大小更重要。

5. 团队规模

美国在线（AOL）科技公司的总裁指出，团队成功的秘密在于"从小处着眼，团队规模在7~9人最理想"。这个建议得到了实证的支持。通常来讲，最有效的团队，其成员数量不超过10人，专家建议团队的成员数量在能够完成任务的前提下，越少越好。不幸的是，管理人员普遍倾向于把团队做得过大，这是不正确的。团队要想提出不同的观点、开发不同的技术，需要4~5人；管理者看来严重低估了增加成员所带来的协调问题的几何增长。团队成员过多会降低凝聚力和彼此的信任度，增加社会惰化现象，并且，越来越多的人相互交谈会减少。除此之外，大的团队不容易相互协调，尤其当存在时间压力时。因此，在设计团队时，管理人员应该把成员的数量控制在10人以内。如果一个工作单位正常需要10人以上，那么作为管理者，你想要保证团队的有效性，就可以考虑把这个群体分成两个小团队。

6. 队员的灵活性

在由具备灵活性的员工所组成的团队里，成员可以完成彼此的工作。这是团队的一个明显优势，因为团队可以提高适应能力，并且不会过于依赖某个成员。因此，如果团队挑选重视灵活性的成员，并对他们进行轮岗培训，使他们可以胜任彼此的工作，那么长期来看，这样可以提高团队的绩效。

7. 队员的个体偏好

不是每个员工都是团队选手。如果可以选择的话，很多员工都会选择不参与团队。当要求偏好独立工作的人组成团队时，团队的士气和成员个人的满意度就会直接受到威胁。这表明，挑选团队成员时，在考虑个人的能力、人格和技能时，还需要考虑个人的偏好。高绩效的团队一般由偏好群体工作的个体组成。

（三）工作设计

为了完成重要的任务，有效的团队必须一起工作、共同承担责任。他们必须不仅仅是名义上的团队。基于此前工作设计的概念，工作设计包括以下变量：

(1) 自由和自主性；
(2) 使用不同技能和天赋的机会（技能的多样性）；
(3) 完成一项完整的、可识别的任务或产品的能力（任务的可辨性）；
(4) 从事的任务或项目对他人有着重大影响（任务的重要性）。

有证据表明，这些特征可以提高成员的激励水平，并增加团队的有效性。这些工作设计特征之所以有激励效果是因为它们可以增加工作的趣味性，从而增强成员对工作的责任感和主人翁感。

（四）运作程序

和团队有效性相关的最后一个类别是运作程序变量。运作程序变量包括成员对共同目标的承诺、团队具体目标的设定、团队效能、管理冲突的水平、最低水平的社会惰化现象。

为什么运作程序对团队有效性重要呢？回答这个问题的一种方法是回到社会惰化现象这个话题去找线索。我们知道，1+1+1 并不一定等于 3。在团队任务中，不是每个成员的贡献都明显可见，所以个人倾向于减少努力程度。社会惰化意味着负面的协作，整体效能小于单个效能的加总。不过团队通过其运作程序可以产生积极的结果，使团队创造的产出大于个体产出的总和。实验室研究里通常把研究型团队作为研究对象，因为这些团队可以吸收不同个体的多样化技能，从而产生更多有意义的研究，团队产生的研究要多于个体做出的独立研究的总和。也就是说，团队产生积极的协作。团队的过程收获大于团队的过程损失。

1. 共同目标

有效的团队拥有一个共同的有意义的目的；这个目的为成员指引方向，提供动力，并让成员愿意为它贡献力量。这个目的是一种愿景，它比具体的目标宽泛。

一个成功团队的成员会投入大量的时间和精力，去讨论、设计属于他们集体和个人的目标，并最终达成共识。这个共同的目的，一旦被团队接受，它的作用就好比天体导航对船长的作用，即在任何情况下它都起到指引方向的作用。

2. 具体目标

成功的团队会把他们的共同目的转变成为具体的、可以衡量的、现实可行的绩效目标。正如目标会使个体提高绩效水平一样，目标也能使群体充满活力。具体的目标不仅有助于沟通的顺畅，而且还有助于团队把精力集中在如何实现目标上。

而且，和对个体目标的研究结果一致，团队目标也应该具有挑战性。研究发现，有难度的目标可以提高团队在这些目标维度的绩效水平。因此，质量目标有助于提高质量，速度目标有助于提高速度，准确度目标有助于提高准确度，等等。

3. 团队效能

有效的团队对自己有信心，他们相信自己可以成功。我们将这种信心称为团队效能（Team Efficacy）。成功孕育成功。有成功经历的团队增强了未来成功的信心，信心又会进一步激励他们更加努力地工作。如果管理者可以做点事情来提高团队效能的话，他们应该做什么呢？下面两点可供参考：

（1）帮助团队取得小成功。小成功可以帮助团队树立信心，当团队的绩效记录逐渐变好时，团队成员就会相信未来的努力会赢得更大成功。

（2）提供技能培训。管理人员需要考虑通过提供培训来提高成员的技术和人际技能。团队成员的能力越强，团队就越可能树立信心，并越有能力把信心转化为现实。

4. 冲突程度

团队有冲突不一定是坏事。正如我们将在后面讲到的，完全没有冲突的团队将会变得缺乏生气、停滞不前。因此，冲突实际上可以提高团队效率。但是并非所有类型的冲突都有益，关系冲突——源于人际不相容、紧张和憎恶——总是灾害性的。不过，在团队执行非日常性工作时，成员之间就任务内容产生的争论（称为任务冲突）就是无害的。事实上，因为冲突降低了群体思维的可能性，所以冲突通常是有益的。任务冲突可以激发成员展开讨论，并对问题和解决方案进行严格的评估，最终带来更好的团队决策。因此，有效的团队会有适度的冲突。

5. 社会惰化

在上一章，我们已经了解到，个体可能会隐身于群体中。因为个人贡献无法衡量，他们会成为社会惰化的一员，搭群体努力的便车。高绩效团队通过使其成员在集体层次和个人层次上都承担责任，来弱化这种倾向。一个成功的团队能够使其成员独自或共同为团队的目的、目标和行动方式承担责任。因此，团队成员应该很清楚哪些是个人的责任、哪些是大家共同的责任。

（五）把个人转化为团队选手

到目前为止，我们已经充分论证了团队的价值及其日益盛行的原因，但是很多人并不是天生的团队选手。而且，许多组织有培养个人成就、创建鼓励竞争的工作环境的传统，在这种情况下，只有强者才可以生存。如果这些组织采用团队管理的方式，那么他们该怎么对待那些他们培养出来的、自私自利的、坚信"我必须照顾好自己"的员工呢？而且，不同的国家对个人主义和集体主义的评价也不同，团队比较适合集体主义倾向明显的国家。但是，如果一个组织想引入工作团队，而组织的成员又大多出生并成长于个人主义倾向明显的社会，这样组织应该怎么办呢？一位研究者恰当地描述了美国团队的地位："美国人在成长过程中并没有学会在团队中要怎么做，在学校里，我们从来没有收到一张来自团队的报告卡，或从未听说过和哥伦布一起航行到美洲的其他海员的名字。"这种局限性在加拿大人、英国人、澳大利亚人以及在其他个人主义国家的人身上都很明显。

（六）挑战

之前的观点旨在说明团队的一大阻力是来自个人的抵制。判断一名员工是否成功不会以他的个人绩效作为评价标准。作为一名优秀的团队成员，个人还必须能够开诚布公地交流、应对差异和解决冲突、为了团队的利益而升华个人目标。对很多员工而言，这样做是一项困难的（有时候甚至是无法实现的）任务。在下面的情况中塑造团队选手所面临的挑战最大：

（1）国家的文化是高度个人主义的；

（2）引入团队的组织具有重视个人成就的传统。

这说明了美国电话电报公司、福特、摩托罗拉以及其他美国大型公司的管理人员所遇到的问题。这些公司通过雇用和奖励公司之星而蓬勃发展，它们还创造了一种鼓励个人成就和个人奖赏的竞争性氛围。如果这些公司突然强调团队管理，它们的员工会非常震惊。一位大公司的老员工（之前独立工作时表现很好）是这样描述加入团队的经历的："我受到了教训。我20年来第一次在评估中得到了负面的评价。"

另外，当引入团队的组织，其员工持有强烈的集体主义观念时——比如在日本或者墨西哥，或者当一个新组织在成立之初就引入团队管理作为组织结构时，管理者面临的挑战就不会那么棘手。土星公司（Saturn Corp.）是一家由通用汽车控股的美国公司，公司自成立之初就以团队作为组织结构的基础。公司招聘每位员工时都要考虑他们能否适应团队工作、能否成为一个优秀团队的选手，这是招聘的基本标准，每一位新员工都必须达到这个标准。

（七）塑造团队选手

我们归纳一下，要把员工培养为团队选手，管理人员有几个基本的选择：

1. 挑选

一些人已经具备了成为有效的团队选手所需的人际技能。招聘团队成员时，管理人员应该确保，候选人除了具备工作岗位所需的技术能力之外，还应该能够同时满足团队角色和技术要求。

面对那些信奉个人贡献且没有团队技能的候选人时，管理者基本上有三种选择：

（1）让候选人接受培训，从而把他培养为团队选手。

（2）如果培训不奏效，则把这名候选人调到组织的其他没有团队的部门（如果有可能的话）。

（3）不聘用该候选人。

现有的组织如果决定以团队为中心实施工作再设计，那么不难想象，一些员工不愿意成为团队选手，并且无法通过培训来改变。不幸的是，这些员工最后通常变成团队管理的受害者。

2. 培训

从一个比较乐观的论调来看，大部分重视个人成就的员工通过培训可以转化为团队选手。培训专家通过一些训练让员工体会到团队工作带来的满足感，他们通常为员工提供工作坊，帮助员工有效地解决问题、沟通、谈判、管理冲突以及指导多方面的技能。

例如，爱默生电器（Emerson Electric）在密苏里州的专业发动机部门，就成功地让650名员工不仅接受，而且欢迎团队培训。公司从外面请咨询专家，让其来培训工人在团队工作中的实际技能。不用一年时间，员工就强烈认可团队工作的价值。

3. 奖酬

为了鼓励合作能力而不是竞争能力，组织还必须重新设计奖酬体系。贺曼贺卡公司（Hallmark Cards）在个人激励体系中增设了年终分红这一奖项，奖励实现团队目标的员工。蓝十字保险公司（Bluecross）调整了原来的奖酬体系，将个人目标和有益的团队行为分开进行奖励。

对员工晋升、加薪及给予其他奖励，都应该考虑员工在团队中是否善于与人合作。这并不是说要忽视个人贡献，而是说要平衡好个人贡献以及对团队的无私贡献。一些行为，如教导新同事、和团队成员分享信息、帮助解决团队冲突、掌握团队目前缺乏但是急需的新技能等，都应该受到奖励。

最后，不要忘了员工可以从团队工作中获得的内在激励。团队能产生友情，作为成功团队不可缺少的一员会使人感到兴奋和满意；有机会让自己得到发展以及帮助队友成长，也会令人得到满足和感到激励。

第五节 团队与质量管理

正如我们在此前讨论的，提高质量的问题近年来备受管理者的关注。在这一节，我们将分析团队在质量管理项目中的重要地位。

质量管理（Quality Management，QM）项目的核心在于过程改善，而员工参与是过程改善的关键。换言之，QM需要管理者鼓励员工分享观点，并把观点付诸实施。正如一位研究者所言："除非在团队中，否则任何一个（质量管理的）过程和技术都不能被理解和应用。所有的技术和过程都需要深度的交流、练习、回应、修改、协调和排序。简言之，它们所需要的环境只有优秀的工作团队才可以提供。"

团队能够很自然地成为给员工提供共享观点、实施改善的工具。正如波音公司的一位质量管理专家吉尔·摩沙德（Gill Mosard）所言："当你的测评系统告诉你过程失控时，你需要工作团队来系统地解决问题。并非每个人都需要知道如何制作各种花哨的绩效控制图，但每个人都应该知道他的工作进程，这样他才能判断自己是否有所进步。"

需要留意的是，团队不能解决所有问题。团队工作所需的时间和资源通常都多于个人独立工作。团队增加了沟通方面的需求，团队需要去管理冲突，团队需要召开会议。因此，采用团队时应该考虑好处是否大于成本——事实并非总是这样。由于被团队带来的好处冲昏了头，一些管理人员是在个人独立工作更有效的情况下引入团队的。因此，在你匆忙决定采用团队之前，应该仔细衡量，采用团队的方式是工作所需，还是因为团队可以带来收益。

如何来确定你所在的群体是否更适合团队工作呢？下面三个测试可以帮助你确认所处环境是否适合采用团队合作：

（1）多人工作是否比一个人工作的效果好？一个很好的预测指标是工作的复杂程度，以及对不同观点的需要程度。不需要多样性投入的简单工作最好还是由个人去完成。

（2）工作是否可以为群体成员创造一个共同目的或者一系列目标，并且这个共同目的或者一系列目标要超出个人目标的简单加总？例如，许多新车经销商的服务部门引入团队的模式，把客服代表、修理工、配件专卖商和销售代表联结在一起，这种团队有利于管理集体责任，确保顾客的需要得到满足。

（3）群体的成员互相依赖吗？当工作任务相互依赖时（也就是整体的成功取决于每部分的成功，并且每个部分的成功又取决于其他部分的成功），团队工作有意义。足球很明显是团队运动，队员需要相互依赖、密切合作才能取得成功。与此相反，除了接力赛之外，游泳队并不是真正意义的团队。游泳队是由个人组成的群体，个人单独比赛，团队的总体绩效仅仅是所有个体绩效的简单加总。

本章小结和对管理者的启示

对员工的工作影响最大的莫过于在工作中引入团队这一趋势。从独立工作转换为团队工作，员工需要与他人合作，共享信息，解决差异，并且为了团队的利益而最小化个人利益。有效的团队具有以下共同点：

(1) 充足的资源；

(2) 有效的领导；

(3) 相互信任的氛围；

(4) 能够反映团队贡献的绩效评价与奖酬体系。

高效团队的成员不仅具备专业技能，还具有解决问题的能力、决策能力以及人际技能；他们在外向性、宜人性、尽责性、情感稳定性等人格维度的得分也较高。高效团队的规模通常比较小（不多于10人），而且成员最好是有着不同背景。他们可以满足职位要求和灵活度，并且乐意成为团队的成员。高效团队的工作为成员提供自由和自主权，使他们有机会使用不同的技能和天赋，有能力完成一项完整的、可识别的任务或产品。而且，他们承担的任务对他人有着很大的影响。除此之外，高效团队的成员还愿意为了实现团队的共同目的和具体目标而努力，他们对团队的能力和管理冲突的水平有信心，并且很少有社会惰化现象。

因为个人主义倾向的组织和社会更加强调吸引和奖赏个人成就，所以在这种环境下创建团队的难度就会比较大。要想转变这种状况，管理人员在挑选成员时，要考虑他们是否具有成为有效的团队选手所需的人际技能，同时培训与开发他们的团队技能，并根据合作程度确定奖励。

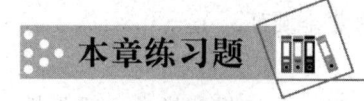

本章练习题

(一) 思考题

1. 什么是团队？
2. 试述团队的类型。
3. 如何塑造高效团队？

(二) 案例分析

如何让员工爱上团建？

"我这一辈子最讨厌干的事情，就是集体活动……被迫参与一些看上去不孤独的集体活动，但是其实并没有缓解内心的孤独。"前段时间某综艺上，脱口秀演员李雪琴的一番话，引发了很多年轻人的共鸣。

而数据调查也显示，年轻人好像真的越来越不喜欢团建了。根据脉脉数据研究院发布的《2021互联网人生存状况调查》显示，在"90后"职场人中，只有两成人喜欢团建，"95后"则只有11.4%，"00后"更是勉强超过10%。

团建真的变成了一种年轻人讨厌的形式主义集体活动了吗？经过了解，我们发现，其实很多人认为的团建，包括很多公司在做的团建，都是有太多的局限性了。

很多人理解的团队建设只是吃喝玩乐、大家玩玩狼人杀、玩玩真心话大冒险……游戏的环节固然要有，但只玩游戏的团建是远远不够的。团队建设本质上是实现情感上凝聚、目标上结盟、利益上共享。其主要的表现形式包括以下三个大类。

1. 思想的团建

宗教是全世界存在时间最久的组织，其基业长青的秘诀在于对思想的统一，也就是我们通常说的信仰。信仰是什么？我们的理解是对信念的坚持和敬畏，再辅以仪式感就会促发。而信念又是什么？就是对假设的相信。

什么是我们对商业的假设呢？比如说，我们相信能够用科技改变世界，我们相信让天下没有难做的生意，我们相信让人间充满光明……这些都是不同的商业组织植入企业员工的对假设的相信，在商业领域里面，我们称之为"愿景"或"使命"。

在任何团队建设的过程中，这种思想上的一致性才会创造我们行动的一致性，其形式也最为单一，就是一遍一遍反复地讲、反复地沟通、反复地宣导，让每一步的胜利都去印证这个假设的成立，从而慢慢地形成共同假设，从后知后觉到先知先觉，再到不知不觉的完整过程。

而在宣导的过程中，所有世界伟大的领袖都掌握了一个规律，如下图所示：

黄金圆环法则

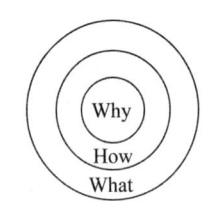

多数人：What—How—Why

激励型领袖：Why—How—What

就是在思想的团建中，我们最需要讲明白的一点就是 why，也就是为何要这么做，为何而战？（推荐一个 TED 演讲视频《关于伟大领袖如何激励的黄金圆环》）

2. 生活的团建

工作的激情源于生活，一个不热爱生活的人也很难带领大家快乐工作，毕竟人不是机器，而在生活的团建中最重要的是三个点：

一是释放点：就是营造让大家可以互相坦荡交心的环节；

二是甜蜜点：一个能够让大家为之感动的环节；

三是记忆点：留下可以记忆的存证，比如视频、照片或是邮件。

以前在带团队的时候，我们就会要求主管在每个月的团建中做到"三个一"：一次聚餐，一次感动，一场旅行！带年长的团队成员去看纵贯线或是张学友的演唱会，带年轻的成员去看话剧《活着》，带有活力的成员集体去踩动感单车，带文艺男女青年去大理丽江漂泊，你都会得到很奇妙的效果和收获。

3. 目标的团建

企业是为了满足客户需求从而实现商业价值而存在的，最终我们的行为还是需要拿到业绩结果，所以目标的团建才是最完美的团建，也是团建的最高表现形式。我们通过目标的团建去帮助团队成员找到最真实的自我，突破极限，让梦想和激情永续。

同时在团队中创立一个精神，塑造一个军魂，构建一片土壤，成为文化坐标，这也是管理者自身向更高阶领导力成长的最好磨炼。当然这里指的是打胜仗。

不可否认，打败仗也是一种团建，但绝对不是最好的团建，打完败仗后的总结和心理重建其实也是寻找另一种"赢"的过程。

从企业规模上来看，在不同人数阶段，团建的方向也是不同的：

团建人数	团建方向
1~20 人	行动！行动！再行动！
20~50 人	平衡各部门的利益，凝聚人心
50~200 人	拥抱变化的能力
200~1 000 人	文化的力量和愿景使命的驱动
1 000~5 000 人	建好边界，树好篱笆，开始裂变
5 000 人以上	臣服的力量

所以，好的管理者一定是一个好的团建官，能够在团队的不同时期采用不同的团建方式，带领团队走向下一个阶段。

(资料来源：欧德张，如何让员工爱上团建？2021-07-06)

思考问题：结合案例内容谈谈如何开展有效的团队建设。

【知识档案】

黄金圆环法则

黄金圆环法则是由美国营销顾问西蒙·斯涅克（Simon Sinek）在 TED 演讲中提出的一个用来阐释激励人心的领袖力的模型。这个模型的核心是一个"黄金"圆圈，意思是领袖素质的根本来源是回答"为什么"。

在列举一系列成功领袖后，西蒙·斯涅克提出了黄金圆环法则，眼观世界上所有伟大的领袖的生活方式都是一样的，但又与其他人完全相反，就是黄金圆环法则："why""how""what"。世界上大部分人都知道自己在做什么，其中一部分人知道自己怎么去做，这可以称作为自己的差异价值，但很少人知道自己为什么要做这件事情，这是西蒙·斯涅克做出的术语解释。因此，成功的伟大领袖就是极少数的人，他们是从里到外的生活方式，从为什么到怎么做，再到是什么，与大多数人完全相反。把大脑与黄金圆环法则相比较，就很容易发现从里到外与从外到里是完全不一样的感觉，当人们能感觉到你的理念时，就会对你的产品抱有希望。

黄金圆环的中心是"为什么"（why），第二个环是"怎么做"（how），最外面的环是"是什么"（what）。为什么？怎么做？是什么？这个黄金圆环解释了为什么有的组织和领导者能够激发行动，而其他的不能。

作为结果，我们思考的方式、我们行动的方式和我们沟通的方式，在这个黄金圆环上都是从外到内的。我们通常习惯于从最清楚的再到最模糊的。但是激励型的领导者和组织却反其道而行之，不管他们的规模大小，不管他们所在行业的种类，都主张从内到外地思考、行动和沟通。

在这个黄金圆环上，当我们从外向内沟通时，我们可以让人们理解大量复杂的信息，比如特点、好处、事实，还有图表，但就是无法激发他们的行动。当我们可以从内向外沟通时，我们就是在直接与大脑中控制行动的部分沟通，然后人们再理性地考虑我们所说和做的"怎样"和"什么"。这就是那些勇敢大胆决定的来源。人们不因你所做的而埋单，他们因你所做的理由而埋单，你的行动就证明了你的信念。

> 黄金圆环给我们的启示包括以下几个方面：
>
> 启示一：以终为始。思考问题从"为什么"开始，通过"挑战现状、挑战自我、战胜自我"，从而实现创新与发展。
>
> 启示二：由内而外。从"为什么"找到新目标；再研究"怎么做"；然后通过"是什么"明确结果，落地实施。
>
> 启示三：循环提高。从"为什么""怎么做"到"是什么"，不断设定新目标、完善新思路、发展新成果，闭环优化，循环提高。

思考问题：

请结合上述材料内容谈谈你的看法。

研究课题

如何打造一支高效的创新创业团队？

第九章 沟通、冲突与谈判

名人名言

有效的沟通取决于沟通者对议题的充分掌握,而非措辞的甜美。

——葛洛夫(1936—2016,美国英特尔公司董事长)

学习目标

1. 描述沟通的过程;
2. 对比口头沟通与书面沟通的优劣;
3. 比较链式、轮式和全通道式网络的有效性;
4. 了解小道消息的影响因素;
5. 认识有效沟通的常见障碍;
6. 阐述跨文化沟通的潜在问题;
7. 管理者如何正确处理冲突;
8. 谈判的方法与技巧。

本章关键词

沟通;口头沟通;书面沟通;有效沟通;跨文化沟通;冲突;谈判。

思维导图

```
沟通、冲突与谈判
├── 沟通概念与过程
│   ├── 沟通的概念
│   ├── 沟通的功能、特点与作用
│   ├── 沟通的过程
│   └── 沟通的方向与原则
├── 沟通的类型
│   ├── 人际沟通
│   └── 组织沟通
├── 高效沟通的障碍
│   ├── 过滤
│   ├── 选择性直觉
│   ├── 信息超载
│   ├── 情绪
│   └── 沟通恐惧
├── 当前有关沟通的一些问题
│   ├── 进一步研究的沟通问题
│   ├── 男女之间的沟通障碍
│   ├── 委婉恰当的沟通
│   └── 跨文化沟通
├── 冲突
│   ├── 冲突的定义
│   ├── 冲突观念的变迁
│   ├── 冲突的过程
│   └── 冲突管理的原则和策略
└── 谈判
    ├── 谈判策略
    ├── 谈判过程
    ├── 谈判中的一些问题
    └── 谈判的基本技巧
```

沟通、冲突与谈判的思维导图

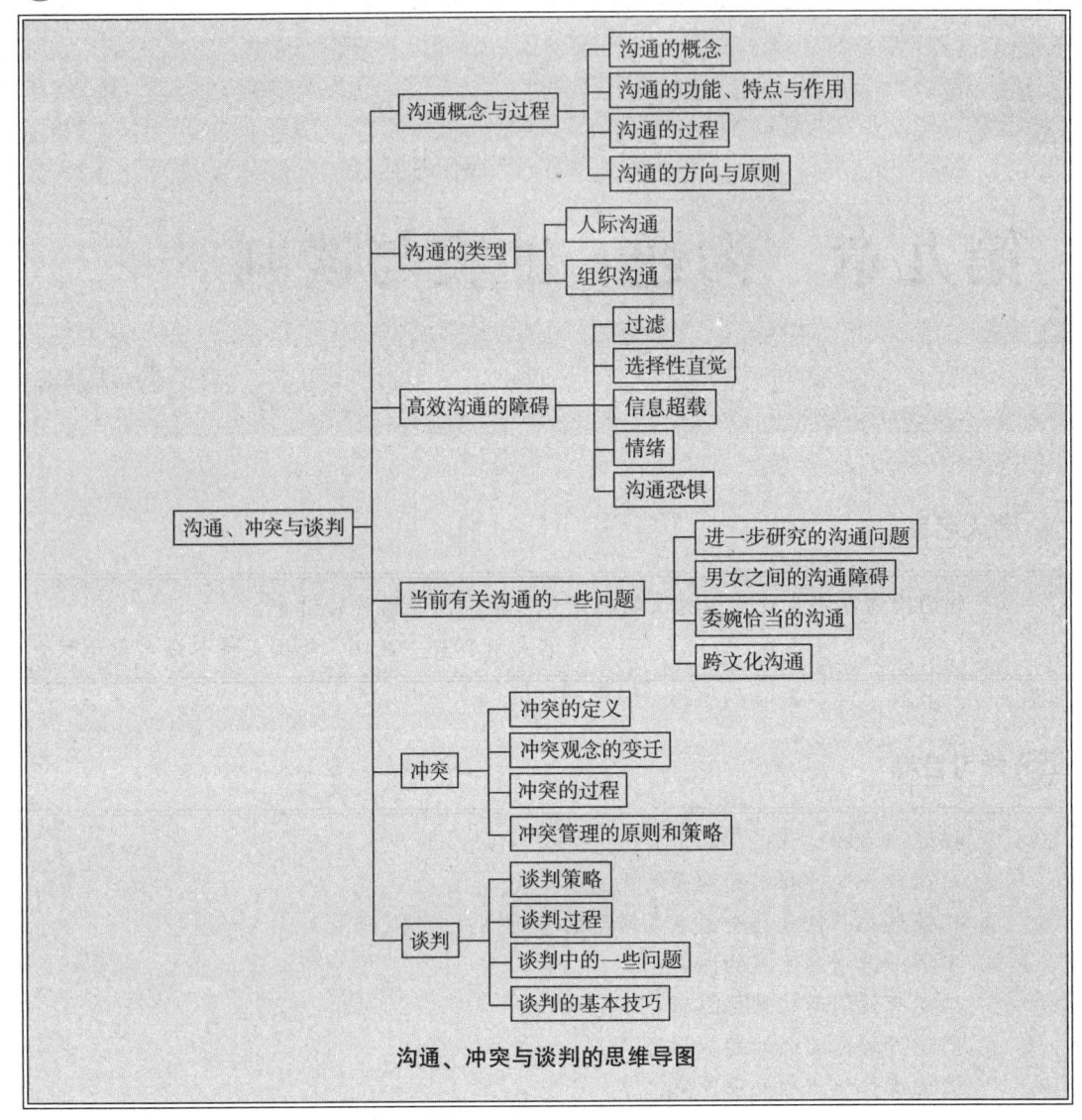

开篇案例

新任主管的沟通攻略

可能很多经理人都有过类似的经历。我有一个朋友 X 经理，几年前他因为表现突出，被公司破格提拔为部门主管。当时比他有资格提升的人很多，有些人心里不服。大家虽然表面上不说，但会在工作配合中较劲，比如：不接受额外的工作要求和任务，推辞说自己有事，或者干脆说："这事你怎么不给别人干，偏偏给我干？"所以他上任后压力很大。不过他在员工问题上还是处理得不错，包括和员工沟通、为他们创造空间和机会、调整自己的心态和做事方法等，逐渐赢得了大家的支持。我想他的一些做法也许值得借鉴。

1. 不要怕和下属推心置腹

作为新任主管需要明白沟通对于部门之间合作的重要性，不仅注重部门内部的沟通，而且要与下属进行充分沟通。人往往都是具有本位主义的，长期缺乏沟通常常会忽略了自己的问题，而把问题都归咎在对方身上。由于员工在沟通中通常处于被动地位，所以新任主管首先应该加强和员工的主动沟通，除了正式会议之外，要利用更多机会和员工单独交流。单独交流会让员工感觉到更受重视和尊重，既拉近了情感又赢得了理解。

2. 不要怕变革的阻力

部门经理的更替很正常，但对于这个部门来说，也许就会面临一次变革。只要变革就会有问题和阻力，但有时候不变革也可能潜伏更大的问题。新任领导一定会推行一些新的方案和战略部署以提高绩效，否则换帅就没有意义。于是，就有了"新官上任三把火"，但这火该怎么个烧法？什么时候烧？是先了解情况因柴烧火，还是根据以往的经验为火烧柴？作为领导，有时既像做政治思想工作的支部书记，又像是传教士。尤其在变革中，需要用自身的热忱去感染下属，焕发他们追求的激情。同时，还要多花时间对下属进行培训，以培训赢得共识，驱动变革和管理。

3. 随时随地随人的激励

除了业绩奖励之外，人性化的细小激励有时候会事半功倍。如果能把要求和赞美有效地结合起来，效果就微妙了，这些事情可以从平时的行为上着手。

新任主管可以准备一个专用的笔记本，用来记录员工的一些细小进步和改变，如某位员工以前总是用大量文字形式给新任主管提出方案，主管说过几次想要他给表格形式的，但有一天在他的笔记本上出现了这样的记录："阿智今天用表格形式提交了方案。"下午他和阿智说，这份方案做得非常好，因为使用了表格形式，希望以后能继续看到这样的方案。后来，那位员工做的方案一次比一次棒。

4. 把成功留给下属

作为领导，其实不是要展现自己，而更多的是要成就别人。

比如：有时重要的客户，下属会需要主管来共同出席。在这种情况下，主管要表现出非常积极配合的态度，对于拜访的准备活动进行一些探讨和准备，并且给下属以提示性的建议，或者是补充几个重要的细节。好的领导，会把成就感留给下属，而不只是自己去冲锋陷阵。领导的这种态度会直接提升下属的工作表现和对团队的感情，工作效率自然会稳步提升。

（资料来源：涂文开. 新任主管的沟通攻略，2006-05-01）

第一节 沟通概念与过程

任何群体或组织都脱离不了沟通（Communication）。通过将一个人的信息传向另一个人，信息和观点得以传递。但是沟通不仅仅是传播信息，还指信息要被人理解。在一个群体中，如果一个人说德语，而其他人都不懂德语，那么说德语的这个人就不会被真正理解。因此，沟通既包括对意思的传递，也包括对意思的理解。

在本章，我们将阐述良好的沟通对群体和组织有效性的重要性。因为一个人醒着的时间中有70%用于沟通——写、读、说、听,所以,缺乏有效沟通是抑制组织成功的重要因素之一。研究表明,沟通问题最常被认为是人际冲突的原因。

一、沟通的概念

我们认为,沟通就是在两个或两个以上的人中,通过语言文字、符号、身体动作和行为,将信息和思想传达给接受者的过程。

二、沟通的功能、特点与作用

(一)沟通的功能

在群体或组织中,沟通有四种主要功能:控制、激励、情绪表达和提供信息。

1. 控制(Control)

沟通可以通过几种方式来控制员工的行为。员工们必须遵守组织中的权力等级和正式的指导方针。当员工对工作不满时,首先需要与直接上司交流,员工还要按照工作说明书去工作,遵守公司的政策法规,等等。在这些情况下,沟通实现的是控制功能。另外,非正式沟通也控制行为,比如,当群体其他成员戏弄或者攻击一位过于勤奋的成员(他使其他成员相形见绌)时,群体是在通过非正式沟通的方式控制该成员的行为。

2. 激励(Motivation)

沟通通过各种有效途径来激励员工,明确告诉员工做什么、如何去做,没有达到标准时应如何改进。从前面对目标设定和强化理论的介绍部分可以看到如何进行操作。具体目标的设置、实现目标过程中的反馈,以及对理想行为的强化等操作都有激励作用,而又都需要用沟通来实现。

3. 情绪表达(Emotional Expression)

对很多员工来说,工作群体是主要的社交场所员工通过群体内的沟通来表达自己的挫折感和满足感。因此,沟通提供了一种释放情感的情绪表达机制,并满足了员工的社交需要。

4. 提供信息(Information)

沟通有助于决策。沟通可以为个体和群体提供决策所需要的信息,使决策者能够确定并评估各种备选方案。

这四种功能无轻重之分。要使群体运转良好,就需要在一定程度上控制员工、激励员工提供情绪表达的手段,并做出决策。你也可以这样看,群体或组织中几乎每一次沟通都能实现这四种功能中的一种或几种。

(二)沟通的特点

1. 随时性

我们所做的每一件事情都是沟通,沟通体现在生活的方方面面:当你在与他人交谈时;当你在向公众发表演讲时;当你在阅读报纸;上网搜集资料时;当你在接打电话;收发传真时;等等。每个人每天在社会生活中,为了生活、学习和工作的顺利进行,随时随地都要面对不同的人,针对不同的事进行不同的沟通活动。

2. 双向性

我们既要收集信息，又要给予信息。沟通不是一个纯粹单向的活动，而是双向的、互动的反馈和理解的过程，是一种动态系统。沟通的双方都处于不断地相互作用中，刺激与反应互为因果。如乙的语言是对甲的语言的反应，同时也是对甲的刺激。

3. 情绪性

信息的收集会受到信息传递方式的影响。信息在传递过程中很可能会造成信息失真。导致信息失真的原因有很多种，例如，发送者在编码过程中不认真、信息内容混淆、通道选择不力或噪声过高等，此外，个人的感情和情绪、知觉、理解和接受能力、价值观以及不良的倾听习惯都有可能导致信息失真。

4. 互赖性

沟通的结果是由双方决定的。沟通双方需要对方配合他，拥有相互补充的信息，离开了其中的一方，另一方则不能达到沟通的效果。沟通越深入，两者之间的依赖性越强。

（三）沟通的作用

具体来说，沟通的作用表现在以下几个方面：

1. 有助于改进个人以及组织做出的决策

任何决策都会涉及"干什么""怎么干""何时干"等问题，每当遇到这些亟须解决的问题时，管理者就需要从广泛的单位内部的沟通中获取大量的信息情报，然后进行决策，或建议有关人员做出决策以迅速解决问题。下属也可以主动与上级沟通，提出自己的建议，供领导者做出决策时参考，或经过沟通取得上级领导的认可，自行决策。单位内部的沟通为各个部门和人员进行决策提供了信息，有利于提升判断能力。

2. 能促使各部门协调有效地开展工作

单位中各个部门和各个岗位是相互依存的，依存性越大，对协调的要求就越高，而协调只有通过沟通才能实现。没有适当的沟通，管理者无法与下属就工作目标、工作方式、工作方法、工作要求等达成共识，下属就可能对下达给他们的任务和要求产生错误的理解，不能正确圆满地完成工作任务，从而带来效益方面的损失。

3. 有利于形成氛围良好、有战斗力的团队

领导者和下属建立良好的人际关系和组织氛围，有利于提高职工的士气。充分的沟通可以使领导者了解员工的需要，关心员工的疾苦，在决策中就会考虑员工的要求，以提高他们的工作热情。除了技术性和协调性的信息外，员工还需要鼓励性的信息。人们一般都会要求对自己的工作能力有一个恰当的评价。如果领导的表扬、认可或者满意能够通过各种渠道及时传递给员工，就会带来某种工作激励。同时，良好的内部人际关系更离不开沟通。思想上和感情上沟通可以增进彼此的了解，消除误解、隔阂和猜忌，即使不能达到完全理解，至少也可取得谅解，从而营造和谐的组织氛围。所谓"大家心往一处想，劲往一处使"就是有效沟通的结果。

三、沟通的过程

沟通发生之前都存在一个意图，我们称为"要被传递的信息"。它在发送者与接收者

之间传送。信息首先被编码（转化为信号形式），然后通过某些媒介物（通道）传送至接收者，由接收者将收到的信号转译回来（解码）。这样，一个"意图"，就从一个人传给了另一个人。

图9-1描绘了沟通过程（Communication Process）这一模型，它包括8个主要部分：①发送者；②编码；③信息；④通道；⑤解码；⑥接收者；⑦干扰；⑧反馈。

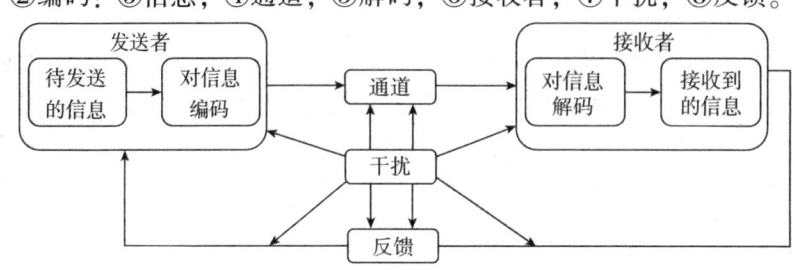

图 9-1　沟通过程

发送者（Sender）把头脑中的想法进行编码（Encoding）而生成信息。信息（Message）是发送者通过编码而产生的真实的实物产品。当我们说话时，说话的内容就是信息；当我们写的时候，写出的内容是信息；做手势的时候，胳膊的动作和面部的表情就是信息。通道（Channel）是指传送信息的媒介物。它由发送者选择，发送者必须确定采用正式通道还是非正式通道。正式通道（Formal Channels）由组织建立，它传递那些与工作活动相关的信息。正式通道一般按组织中的权力网络去运行，其他的信息形式，如个人信息或社会信息，在组织中通过非正式通道（Informal Channels）传递。非正式的通道是自发的，是对个人所选择回应的产物。接收者（Receiver）是信息指向的客体，但在信息被接收之前，接收者必须先将通道中加载的信息翻译成他理解的形式，这就是对信息的解码（Decoding）。干扰（Noise）指沟通中遇到的障碍，它会使信息的清晰度降低。举例来说，干扰可能源自知觉问题、信息负荷过多、语义困难或者文化差异等。沟通过程的最后一环是反馈环。反馈（Feedback）是指对信息的传送是否成功，以及传送的信息是否符合原本意图进行核查。反馈可以确定信息是否被理解。

四、沟通的方向与原则

（一）沟通的方向

沟通的方向可以是垂直的，也可以是水平的，在垂直维度上，沟通还可以进一步划分为自上而下的沟通和自下而上的沟通两种。

1. 自上而下的沟通

在群体或组织内，从一个水平向另一个较低水平进行的沟通称为自上而下的沟通。管理者与下属之间的沟通，我们通常认为是自上而下的模式。当群体的领导者和管理者给下属分配目标、指导工作、通知政策和程序、指出需要注意的问题以及提供工作绩效的反馈时，都属于自上而下的沟通。不过，自上而下的沟通并不一定需要口头沟通或者面对面的交流。当团队的领导给成员发送电邮，提醒员工某任务的完成期限即将来临时，他就是在使用自上而下的沟通。

2. 自下而上的沟通

自下而上的沟通是指在群体或组织内由低水平向高水平进行的沟通，员工向上级提供反馈、汇报工作进度、上报当前存在的问题时，就是使用自下而上的沟通。自下而上使得管理者了解员工对他们的工作、同事和组织的总体看法，管理者还依赖这种沟通去取得改善工作的主意。在组织中自下而上的沟通例子有：基层管理者准备的供中高层管理者审阅的绩效报告、意见箱、员工态度调查、申诉程序、主管与部属之间的讨论和非正式的提意见座谈会（通过这种方式，员工有机会与老板或高层管理者代表一起确认和讨论问题），等等。

3. 水平沟通

当沟通发生在同一工作群体的成员之间、同一等级的工作群体成员之间、同一等级的管理者之间以及任何等级相同的人员之间时，我们称为水平沟通。

如果群体或组织中的垂直沟通十分有效，那么为什么还需要水平沟通呢？因为在节省时间和促进合作方面，水平沟通十分有必要，在有些情况下，这种水平关系是上级正式规定的；但大多数情况下，它是为了简化垂直方向的交流，加快工作速度而产生的非正式沟通。因此，从管理的角度来看，水平沟通存在有利的一面，也有不利的一面，因为如果所有沟通都严格遵循正式的垂直结构，那就会妨碍信息的有效性和精确性，而水平沟通在这方面的效果较好。在一些情况下，上级了解并支持水平沟通。但是，在下列情况下，水平沟通会产生功能失调性的冲突：当正式的垂直通道受到破坏时，当成员越过或避开他们的直接领导做事时，当上司发现所采取的措施或做出的决策他都不知道时。例如，管理者可能认为，让经验丰富的员工去传递如何完成工作的要求，比自己亲自告诉每位新员工组织的所有期望要有效率。这样的沟通的确有效，但是，如果这些经验丰富的员工中，有人串通来试图控制系统，或者如果他们暗地里挖管理者的墙角，那么水平沟通对管理者而言就是有害了。

（二）沟通的原则

1. 准确性原则

沟通的目的是要将发送者的信息准确地传递给接收者。这在实际生活中是不容易达到的，因为在传递的过程中会出现多种多样的失真情况，要想避免这种现象，首先要从信息的发送者对信息的把握做起。这就要求发送者有较高的语言或文字表达能力，并熟悉接收对象，了解其信息接收习惯以及接收能力，才能使整个传递过程真实有效。

2. 完全性原则

完全性原则包含两方面的意思：首先，信息的发送者要提供全部必要的信息，并且根据接收者的反馈回答询问的全部问题；其次，在组织中，主管人员位于信息交流的中心，我们应该重视他们的作用。但是在实际工作中，有些上级主管往往越过下级主管人员而直接向有关人员发指令、下命令，使下级主管人员处于十分尴尬的境地。这样既不利于组织内部成员的沟通，也不利于任务的最后完成。

3. 时效性原则

所谓时效性原则，指的是沟通过程中，发送者和接收者要在尽可能短的时间内进行沟通，并使信息发挥效用。不论是自上而下的沟通、自下而上的沟通或者横向的沟通，除了应注意准确性以及完全性原则外，还应考虑到时效性原则。

第二节 沟通的类型

一、人际沟通

群体成员之间传递信息主要是依赖三种沟通方式来传递：口头沟通；书面沟通和非言语沟通。

（一）口头沟通

传递信息的最主要形式是口头沟通（Oral Communication）。常见的口头沟通包括：演讲、正式的一对一讨论和群体讨论，以及非正式的谣言和小道消息。

口头沟通的优势在于速度和反馈。口头信息可以在最短的时间内得以传达并收到反馈。如果接收者对信息的内容表现出不确定的样子，接收者快速的反馈将会让发送者早早察觉，并随之做出快速纠正。

然而，在组织传递信息或者当信息需要经过很多人传递时，口头沟通的劣势就表现出来了。一条信息经过的人数越多，信息失真的可能性就越大。如果你在聚会时玩过电话游戏，你就会知道问题的严重性，每个人按照自己的方式解释信息，当信息传达到最终的接收者时，信息的内容已经和最初相差甚远了。在一个组织里，如果决策和其他公共信息都是通过口头方式、严格按照正式的等级格局上下传达，那么信息失真的可能性就非常大了。

（二）书面沟通

书面沟通（Written Communication）包括备忘录、信函、传真、电子邮件、即时通信、组织的期刊、公告栏的通知，以及其他通过书面文字或者符号传递信息的方式。

书面沟通通常是有形和可证实的，一旦打印出来，发送者和接收者都有了沟通记录，而且信息可以无限期地保存，如果随后关于该信息的内容产生了问题，书面沟通材料仍然有效，这一点对那些复杂漫长的沟通而言尤其重要。一个新产品的市场推广计划里包括大量任务，并且需要延续几个月的时间。把思想诉诸书面表达之后，最初设计推广计划的人随时可以翻阅。书面沟通的最后一个好处来自沟通过程。相比口头表达而言，你通常会更加斟酌书面用语。书面表达信息时，你必须比口头表达更加全面认真地考虑要表达什么。这样，书面沟通往往经过深思熟虑，更加清晰合理。

当然，书面信息也有不足，一是它耗费时间，可能10~15分钟就可以说完的内容却需要你用一个小时的时间来书写。二是缺乏反馈。口头沟通允许接收者快速回应自己听到的内容，而书面沟通却天生没有反馈机制。结果就是，无法保证寄出的备忘录一定能寄达，并且即使对方收到了，也不能保证接收者真正理解发送者的意图。

（三）非言语沟通

如果不考虑非言语沟通（包括身体动作、讲话时的语调或重音、面部表情、发送者与接收者的身体距离），那么任何关于沟通的讨论都是不完整的。举例来讲，在一个单身俱乐部，一个扫视、凝视、微笑、皱眉或者挑逗性的身体动作都在传达某种意思。

可以这样说，每个身体动作都有意义，没有任何动作是人无缘无故发生的。例如，通过身体语言我们可以表达"帮帮我吧""我很孤单""我有空""不要打搅我""我很苦闷"。而且这些几乎都是无意识的动作。我们通过非言语的身体语言表达自己的处境：我们扬起眉毛表示不信任，我们抱起双臂以隔离自己或者保护自己，耸耸肩膀表示无所谓，眨眨眼睛表示亲密，手指敲来敲去表示没有耐心，拍拍前额表明忘了做某事，等等。

身体语言传达的两点最重要的信息如下：

①个人对他人的喜欢程度，或者对他人观点的感兴趣程度；

②信息的发送者与接收者的相对地位。

例如，对那些自己喜欢的人，人们通常保持较近的身体距离，并且接触的次数也较多。同样，如果你感到你比对方的地位高，你更倾向于展示身体动作（例如交叉双腿或者懒洋洋的坐姿），这些身体动作反映了一种随意和放松的姿态。

身体语言是言语沟通的补充，并且通常会使语言沟通更复杂。某种身体姿势或者动作本身并不具有明确固定的含义，但当它和语言结合起来时，就使得发送者的信息更为全面了。

即使你一字不漏地读完会议摘要，你还是很难像亲自参加会议或看过会议记录那样抓住会议的实质内容，因为会议摘要没有对非言语信息的记录，也缺乏对词汇或短语的重点强调。

个体给自己留出的空间距离称为身体距离。身体距离也是有意义的。但是，多大的身体距离才合适在很大程度上取决于文化规范。例如，某些欧洲人认为是"商务性"的距离，在北美人眼中却是"亲密性"的距离。如果某人所站的位置比你认为的恰当距离近，意味着他对谈话感兴趣，但如果他站得比正常距离远，则意味着他对谈话不感兴趣或不喜欢。

对接收者来说，留意沟通中的非言语信息十分重要。在倾听信息发送者发出的言语意义的同时，还应注意非言语线索，尤其要注意二者之间的矛盾之处。老板可能告诉你她有时间和你谈一个紧急的预算问题，但你所得到的非言语信息却可能告诉你此时并不是讨论该问题的时机。如果我们想通过言语表达一种情感，例如信任，而在非言语中却传递了相互抵触的情感"我对你没有信心"，那么就会使接收者产生误解。

二、组织沟通

到此为止，我们已经探讨了人际沟通，下面我们转向组织沟通，包括正式的网络、非正式的小道消息等。

（一）正式的网络

正式的网络可能非常复杂，它可以包括数以百计的人，以及六层或者六层以上的等级。为了简化我们的讨论，我们把这些网络简单归纳为三种常见的小群体——链式、轮式、全通道式——每个小群体五个人。虽然我们的例子有可能过于简单，但仍然可以确认每种网络的独特之处：

链式（Chain）严格遵循正式的命令系统。在严格的三层结构的组织中，沟通渠道基本就是链式沟通网络。

轮式（Wheel）把领导者作为所有群体内沟通的核心。轮式的沟通网络常见于有着强势领导者的团队中。

全通道式（All-channel）允许所有的群体成员相互之间进行积极的沟通。在自我管理型团队中，通常可以看到全通道式网络；所有的群体成员都自由做贡献，没有任何人担任领导职位。

如表9-1所展示的，每种网络的有效性取决于强调哪种因变量。如果精确度是重要的因变量，链式的效果最好；轮式有助于领导的产生；全通道式最有助于提高成员的满意度。

表 9-1　小群体网络与有效性标准

标准	网络		
	链式	轮式	全通道式
速度	适中	快	快
准确性	高	高	适中
有领导出现	适中	高	无
成员的满意度	适中	低	高

（二）非正式的小道消息

当然，在群体内部和群体之间，正式沟通并不是唯一的沟通系统。非正式系统——小道消息——也是信息源。例如，调查发现，75%的员工最先得知的关于某事的消息，是来自于小道信息的传闻。

小道消息有三个特点。首先，它不受管理层控制；其次，大多数员工认为它比高级管理层通过正式沟通渠道发布的公告更可信、更可靠；最后，它在很大程度上有利于圈内人们的自身利益。

沿着小道消息途径流动的信息准确吗？有证据表明，其中75%的信息是准确的。是哪些条件可以提高消息的准确性呢？哪些条件会滋生谣言呢？

人们一般认为谣言之所以产生，是由于谣言可以激发闲言碎语，但真实情况很少是这样的。如果某情境对我们来说十分重要，但有关的信息又很模棱两可，并且会激起人们的焦虑情绪，这时小道消息会作为对情境的反应而出现。

谣言之所以在组织中盛行，是因为工作环境通常包括重要性、模棱两可以及焦虑这三个因素。在大型组织中，保密和竞争是司空见惯的——诸如新老板的任命、裁员的决定、工作任务的重新安排等事件，都为小道消息的产生和延续创造了有利条件。

显然，对于任何群体或组织的沟通网络来说，小道消息都是其中重要组成部分，值得我们认真了解。对员工而言，小道消息弥足珍贵，因为它可以把正式的沟通转化为自己所在群体的"行话"。小道消息还可以让管理者了解组织的士气如何，知道员工哪些事情重要，以及帮助员工缓解焦虑。因此，小道消息具有过滤和认为反馈双重机制，帮助管理者找出和员工相关的重要信息。也许更重要的是，管理者能够对小道消息分析并预测其流向，前提是只有一小部分人（不足10%）积极向其他人传递信息，了解哪一个联络人认为某种信息重要，能够提高管理者对小道消息传播模式的解释和预测能力。

管理层能够彻底消除小道消息吗？不能！不过，管理者应该限定小道消息的范围和影响，从而把其消极效果减少到最低。表9-2提供了减少小道消息消极结果的几项建议。

表 9-2　减少小道消息消极影响的建议

序号	建议内容
1	公布重大决策的时间安排
2	公开解释那些看起来不一致或隐秘的决策和行为
3	对目前的决策和未来的计划，强调其积极一面的同时，也指出其不利的一面
4	公开讨论事情可能的最差结局，这肯定比无言的猜测引起的焦虑程度低

资料来源：L. Hirschhorn. Managing Rumors [C]. In L. Hirschhorn (ed.), Cutting Back, SanFrancisco: Jossey-Bass, 1983.

第三节　高效沟通的障碍

一、过滤

过滤（Filtering）指发送者有意操纵信息，以使信息显得对接收者更为有利。比如，一名管理者告诉上级的信息都是上级想听到的东西，这名管理者就是在过滤信息。

过滤的主要决定因素是组织结构中的层级数目。组织在纵向上的层级越多，过滤的机会就越多。不过，只要存在地位差异，就会存在过滤现象。例如，害怕传达坏消息、想取悦上司等因素都会导致员工只告诉上司那些他们认为上司会喜欢的消息，从而扭曲了自下而上的沟通。

二、选择性知觉

本书在前面介绍了**选择性知觉（Selective Perception）**，这是人们在评价他人时经常用到的一条捷径。我们在这里再次提到这个概念是因为**在沟通过程中，接收者会根据自己的需要、动机、经验、背景及其他个人特点有选择地去看或听信息**。在解码的时候，接收者还会把自己的兴趣和期望带进信息之中。面试主考如果认为女职员总是把家庭放在事业之上，就会发现女性求职者具备这个特点，无论求职者是否真有这种想法。人们看到的不是事实本身，人们把自己所看到的东西进行解释并称之为事实。

三、信息超载

个人处理数据的能力有限。**当我们需要处理的信息超出了我们的处理能力时，就产生了信息超载（Information Overload）**。由于电子邮件即时通信、手机、传真、会议以及掌握所在领域发展趋势的需要，当下的管理人员和专业人士面临信息超载的可能性很大。

当信息超出了个人的处理和运用能力时，人们往往挑选、忽视、跳过、忘记信息或者推迟处理，直到超载的问题结束时再处理。不管怎样，结果就是信息的丢失和沟通效率的降低。

四、情绪

接收信息时，接收者的心情也会影响到他对信息的解释。不同的情绪感受会使个体对同一信息的解释截然不同。极端的情绪体验，如狂喜或悲痛，都可能阻碍有效的沟通。这种状态下，我们常常无法进行客观而理性的思维活动，往往做出情绪性的判断。

五、沟通恐惧

有效沟通的另一个主要障碍在于，有些人（估计人群中有5%~20%）受沟通恐惧（Communication Apprehension）或者焦虑之苦。虽然有很多人害怕在众人面前讲话，但沟通恐惧却是一个更为严重的问题，因为它影响所有的沟通技巧。有沟通恐惧的人在口头沟通或书面沟通时会感到紧张和焦虑，或者在两种情况下都如此。例如，你会发现有口头沟通恐惧的人和他人面对面沟通时特别困难，或者在打电话时感到极其焦虑。结果就是，即使电话是最快捷、最合适的沟通方式，他们也会依赖备忘录或者传真来传达信息。

研究表明，口头沟通恐惧者回避需要口头沟通的场合。在自由挑选工作时，有口头沟通恐惧的人往往不会选择某些工作，比如教师工作，因为这个职位非常需要口头沟通。然而，几乎所有的工作都或多或少地需要口头沟通。更需要留意的是，有证据表明，高恐惧者会曲解工作对他们的沟通要求，从而把沟通需求降到最低。因此，管理人员必须清楚，组织中一些人会大量减少口头沟通，并且自圆其说，认为要有效完成工作并不一定需要更多的沟通。

第四节　当前有关沟通的一些问题

一、进一步研究的沟通问题

组织沟通中有三个问题需要进一步的研究：
（1）为什么男性与女性相互沟通有困难？
（2）委婉恰当的沟通活动在组织中有什么意义？
（3）个人如何改善跨文化沟通，有哪些技巧？

二、男女之间的沟通障碍

社会语言学家底波拉·坦恩（Deborah Tannen）的经典研究为我们理解男女沟通风格的差异提供了重要线索，她的观点特别有助于解释为什么性别差异经常导致口头沟通障碍。坦恩的基本观点是，男性通过交谈来强调地位，女性则通过交谈来建立关系，当然，她的观点并不是适用于所有的男性和所有的女性。

坦恩指出，沟通是一种寻求平衡的活动，它巧妙处理亲密性和独立性需要两者之间的冲突。亲密性强调融洽和共性，独立性则强调分开和差异。问题的关键在于：女性使用的语言是建立联系和亲密性的语言，男性使用的语言是建立地位和独立性的语言。对于大多数男性来说，交谈主要是保护独立性和维持自己在社会格局中等级地位的手段；而对于大多数女性来说，交谈则是一种寻求亲密关系的谈判，在谈判中寻找并付出承诺和支持。

在交谈中，男性常常比女性更直截了当，男性可能会说："我想你在这一点上是错的。"女性则可能会说："你看过市场部在这一问题上的调查报告吗？"（言下之意是这份报告会指出你的错误所在。）虽然男性常常把女性的不直接视为"遮遮掩掩"或"鬼鬼祟崇",但是女性也不像男性那样在乎地位或者渴望高人一等,尽管直截了当的风格通常会带来这些。

女性通常没有男性自负。女性经常会轻描淡写自己的权威或者成就,以免使自己看起来像在吹牛,同时也是为了顾及他人的感受。不过,男性总是误解这一点,并错误地认为女性缺乏自信心和竞争力。

最后,男性还常常批评女性无时无刻不在道歉。女性道歉的次数的确比男性多。男性把"对不起"这句话视为一种缺点,因为他们认为说这句话意味着那位女性要接受责备,而在他看来,她根本不需要受责备。女性也知道自己不必受责备,但她们常常用"对不起"来表达遗憾,并试图让谈话回归平衡:"我知道你肯定对此事感到难过,我也感到很难过。"对多数女性而言,"对不起"是为了表达对他人的理解和关心,而不是为了道歉。

三、委婉恰当的沟通

绝大多数人都知道应该如何修饰词汇去做到委婉恰当(Political Correctness)。多数人都会避免使用残废、瞎子、老头这样的词汇,而代之以身体残疾、视力障碍、长者这样的称呼。例如,某报纸允许记者使用"老年人"一词,但同时提醒他们说,老年人的界限因人而异,一群超过75岁的人并不一定就是老年人。

我们必须注意他人的感受,一些词汇确实很古板,并会干扰和冒犯他人。面对越来越多元化的劳动力队伍,我们必须了解哪些词可能冒犯到他人。但是,委婉恰当的沟通也有副作用,它使得我们的词汇越来越复杂,人们之间的交流也越来越困难,比如应该对"垃圾""配额"和"女人"这三个词语不陌生,但这三个词都冒犯了一个或多个群体,于是它们被这样的词语取代:"消费后的废弃物品""教育平等"和"女性同胞"。但问题在于,这些替代性词汇所传递的意义往往不如原词那么表达贴切。

词汇是沟通的主要工具。我们如果在使用词汇时剔除掉那些不够委婉的词汇,那么就降低了用最清楚、最准确的方式表达信息的可能性。大多数情况下,发送者和接收者使用的词汇越多,准确传递信息的概率就越高。如果从词汇库中删去某些词汇,则加大了准确沟通的难度。如果进一步用那些意义不易于理解的新术语替代原有词汇,那么接收者得到的信息能够和我们的原意保持一致的可能性就更低了。

我们必须注意自己所使用的词汇是否会冒犯他人,但同时还应注意,不要把语言的清理工作推向极端,以致阻碍了沟通的准确性。目前还没有一种简单的办法来处理这种艰难困境,但是作为管理者,应该知道两者之间的取舍关系,并找到一个合理的平衡点。

四、跨文化沟通

即使在最好的条件下,也很难做到有效沟通。跨文化因素显然增加了沟通的困难,在一种文化背景下易于理解和接受的手势,在另一种文化下就有可能被视为无聊和下流。

(一)跨文化沟通面临的问题

一位文化障碍研究者指出,在跨文化沟通中,存在着四个和语言障碍有关的具体问题。

1. 语义造成的障碍

同一词汇对不同的人而言其含义不同，对于来自不同民族文化的人来说尤其如此。例如，有些词汇无法在不同文化中进行互译。知道"sisu"一词的意思有助于和芬兰人进行交流，但这个单词却很难译成完全对等的英语，它的意思有点像"胆量"或"坚持不懈"。同样，俄罗斯的新兴资本家与英国、加拿大的生意伙伴相互交流时也有困难，因为英语中的效率、自由市场、规则等词汇很难直接翻译成俄语。

2. 词汇的内在含义造成的障碍

在不同的语言中，同一词汇的意义也不相同，例如，美国和日本的商业人员在谈判中也面临很多困难，因为日语中的"hai"被翻译为"是"，但"hai"的意思也可能代表"是，我正在认真听"，而不代表"是，我同意"。

3. 语调差异造成的障碍

在一些文化中，语言是规范的；而在另一些文化中，语言却是不规范的。在一些文化中，语调的变化取决于交谈的语境；人们在家里的说话方式和在社交情境、工作环境中是不同的。如果在一个应该使用正式风格的情境中，你使用了非正式的个人风格，那会令人尴尬且不合时宜。

4. 认知差异造成的障碍

使用不同语言的人实际上看待世界的方式也不一样。爱斯基摩人对雪的认识与我们非常不同，他们有很多描述雪的词语。同样，泰国人对"no"的认识显然与美国人有很大差异，因为前者的词汇中并没有"no"这个词。

（二）跨文化沟通的建议

关于文化方面的建议。当你和来自不同文化的人进行沟通时，为了减少错误的认知、解释和评价，你应该首先评价文化语境。如果他们的文化背景和你的相似，你遇到的困难会少一些。除此之外，下面四条原则会对你有所帮助。

（1）在证实相似性之前，先假设有差异。大多数人常常自认为别人与自己非常相似，但实际情况并非如此，来自不同国家的人通常是非常不同的。因此，在得到证实之前，应先假定你们之间有差异，这样做会减少犯错误的可能性。

（2）重视描述而不是解释或评价。相比描述来说，对某人言行的解释和评价更多是在观察者的文化和背景基础上进行的。因此，你要给自己留出充分的时间，去根据文化因素调整你进行观察和解释的角度，在此之前不要急于做出判断。

（3）共情。传递信息之前，先把自己置身于接收者的立场上，想想发送者的价值观、态度、经历、参照点是什么，你对他的教育、成长和背景有什么了解，试着根据别人的原本面貌认识他。

（4）暂且把你的解释作为假设。当你对新情境提出一种见解，或站在异国文化的角度上思考问题时，把你的解释作为假设对待，它还有待于更进一步的检测。仔细评价接收者提供的反馈，看看它们能否证实你的假设。对于重要决策，你还可以和文化背景相同的同事一起分析检查，以保证你的解释是准确的。

第五节 冲突

一、冲突的定义

有关冲突的定义实在太多。尽管这一术语在意义上存在分歧,不过大多数的界定中都包括了一些共同的主题:冲突必须被各方感知到;冲突是否存在是一个知觉问题。如果人们没有意识到冲突,则常常会认为没有冲突。在定义当中另外的共同之处是,存在意见的对立或不一致,并带有某种相互作用。这些因素所构成的条件决定了冲突过程的出发点。

冲突(Conflict)可以理解为一种过程,当一方感觉到另一方对自己关心的事情产生不利影响或将要产生不利影响时,这种过程就开始了。这是一个广义的定义,它描述了从相互作用变成相互冲突时所进行的各种活动。它包括了在组织中人们经历的各种各样的冲突,如目标不一致;对事实的解释存在分歧,以及对行为预期的不一致等。在此基础上,我们把**冲突定义为行为主体之间,由于目的、手段分歧而导致的行为对立状态**。可以从三个方面去理解这个定义:①冲突是特殊的关系行为;②冲突的行为主体可以是个体、群体或组织;③冲突是分歧的表面化,即分歧外化为行为。

二、冲突观念的变迁

谈到群体和组织中冲突的作用时,最恰当的说法是它们也是相互"冲突"的。一派观点认为必须避免冲突,因为它意味着群体内的功能失调,我们称其为传统观点。另一派观点认为冲突是任何群体与生俱来的、不可避免的结果。但它并不一定是坏事,它具有对群体工作绩效产生积极影响的潜在可能性。我们称其为人际关系观点。第三派观点代表着当代思想,它认为冲突不仅可以成为群体内的积极动力,实际上某些冲突对于有效的群体工作来说是必不可少的。我们把这种思想称为相互作用观点。下面具体介绍一下这三种观点。

(一)传统观点

冲突的早期观点认为所有的冲突都是不良的、消极的,它常常与暴乱、破坏和非理性同时使用,以强化其消极意义。在这里,冲突是有害的,是应该避免的。

在 20 世纪 30 年代和 40 年代,这种传统观点(Traditional View)与在群体行为方面占优势的态度相符合。人们认为冲突是功能失调的结果,导致冲突的原因来自这样几个方面:沟通不良;人们之间缺乏坦诚和信任;管理者对员工的需要和抱负缺乏敏感性。

这种认为所有冲突都不利的观点,使我们采用简单的办法来对待引发冲突的个人行为。为了避免所有冲突,提高组织和群体的工作绩效,我们就必须仔细了解冲突的原因,并纠正这些组织中的功能失调。尽管当代的大量研究提供了强有力的证据,驳斥这种认为降低冲突水平会提高群体工作绩效的观点,但是,我们中的很多人仍使用这种老掉牙的标准来评估冲突情境。

(二)人际关系观点

冲突的人际关系观点(Human Relations)认为,对于所有群体和组织来说,冲突都是与生俱来的。由于冲突无法避免，人际关系学派提倡接纳冲突。这些支持者是这样解释它的存在的：冲突不可能被彻底消除，有时它还会对群体的工作绩效有益。20世纪40年代末至70年代中叶，人际关系观点在冲突理论中占据统治地位。

（三）相互作用观点

人际关系观点接纳冲突，而相互作用观点（Intertions View）则鼓励冲突。该理论认为，融洽、和平、安宁、合作的组织容易变得静止、冷漠并对变革与革新的反应迟钝。因此，这一观点的主要贡献在于，它鼓励管理者要维持一种冲突的最低水平，从而使群体保持旺盛的生命力，善于自我批评和不断推陈出新。

从相互作用的观点可以看出（这也正是我们在本章中持有的观点），认为冲突都是好的或都是坏的看法显然并不合适，也不够成熟。冲突是好还是坏取决于冲突的类型。

相互作用的观点并不认为所有冲突都是好的，而是认为一些冲突支持了群体的目标，并能提高群体的工作绩效，它们是功能正常的（Functional）、具有建设性的冲突。但也有一些冲突阻碍了群体的工作绩效，它们是功能失调的（Dysfunctional）、具有破坏性的冲突。

功能正常的冲突与功能失调的冲突之间有什么差异呢？研究表明，你需要首先辨别一下冲突的类型。具体而言，冲突主要包括三种类型：任务冲突、关系冲突和过程冲突。

任务冲突（Task Conflict）与工作的内容和目标有关，关系冲突（Relationship Conflict）着重于人际关系，过程冲突（Process Conflict）指向工作如何完成。研究表明，绝大多数的关系冲突是功能失调的。为什么呢？因为在关系冲突中表现为人与人之间的敌对、不和与摩擦。它加剧了人们人格之间的差异，降低了相互之间的理解，因而阻碍了组织任务的完成。另外，低水平的过程冲突和中低水平的任务冲突是积极的、功能正常的。要使过程冲突具有建设性，必须使它保持在最低水平上。如果在群体中建立的任务角色不够清晰，在谁应该做什么方面存在过多争论，则会导致冲突的功能失调，完成任务的时间会被拖延，成员也会按照不同的目标工作。中低水平的任务冲突会对群体的工作业绩有积极影响，因为它激发了人们针对不同观点进行讨论，而这一点有助于使群体的工作水平更上一层楼。

三、冲突的过程

我们可以把冲突过程划分为五个阶段：潜在的对立或失调、认知与人格化、行为意向、行为和结果。图9-2描绘了这一过程。

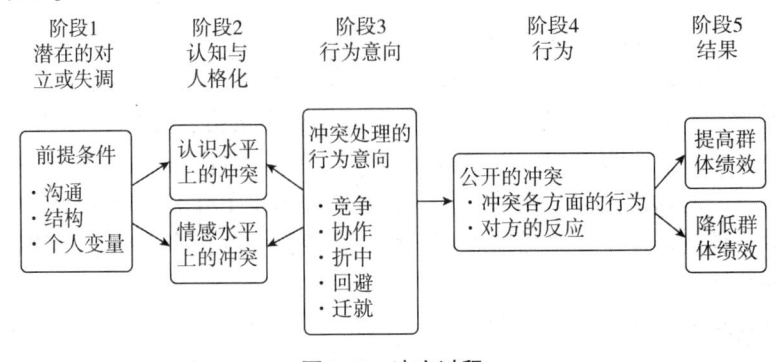

阶段1　　阶段2　　阶段3　　阶段4　　阶段5
潜在的对　认知与　行为意向　行为　结果
立或失调　人格化

前提条件　→　认识水平上的冲突　→　冲突处理的行为意向　→　公开的冲突　→　提高群体绩效
・沟通　　　　情感水平上的冲突　　・竞争　　　・冲突各方面的行为　　降低群体绩效
・结构　　　　　　　　　　　　　　・协作　　　・对方的反应
・个人变量　　　　　　　　　　　　・折中
　　　　　　　　　　　　　　　　　・回避
　　　　　　　　　　　　　　　　　・迁就

图9-2　冲突过程

(一) 阶段1：潜在的对立或失调

冲突过程的第一步表明了可能产生冲突机会的条件。这些条件并不一定直接导致冲突，但它们是冲突产生的必要条件。为了简化起见，我们可以把这些条件（常常也把它们视为冲突源）概括为三类：沟通变量、结构变量和个人变量。

第一个变量是沟通（Communication）。苏珊在一家全球性的从事医药保健及个人护理产品的多元化企业采购部已工作了3年，她喜爱这项工作很大程度上是因为她的上司提姆·麦吉尔是个非常容易共事的人。但是不巧的是提姆在6周前因职位提升调离了采购部，原有的职位由查克·本森来接替。最近一段时间里，苏珊感觉她目前的工作总是一团糟。她抱怨道："提姆和我在工作想法上有很多共同之处，但查克却完全不一样。他经常是今天让我按他的想法做这件事，我照办了，但明天却说我做错了。我感觉他总是口是心非，心里想的和实际表达出来的往往不是一回事。自从他到来的第一天就是这样。而且，他几乎天天冲着我为了某件事而大喊大叫。你知道，有些人是非常容易交流和沟通的，但是查克绝不属于这样的人。"

苏珊的谈话表明沟通可能是他们产生冲突的原因。这些不一致的因素来自误解、语义理解上的困难以及沟通通道中的"噪声"。

根据对一些研究成果的综述，词汇含义的差异、使用的专门术语、信息交流的不够充分，以及沟通渠道中的噪声这些因素构成了沟通障碍，并成为冲突的潜在条件。具体而言，有研究表明，培训差异、选择性知觉、缺乏有关他人的必要信息等，会导致语义理解方面的困难。研究进一步指出一个惊人的发现，当沟通过少和过多时都会增加冲突的潜在可能性。显然，当沟通达到一定程度时，效果是最佳的，继续增加沟通则会过度，其结果增加了冲突的潜在可能性。另外，沟通渠道也影响到了冲突的产生。人们之间沟通时会对所传递的信息进行过滤，来自正式的或已有的通道中的沟通偏差都会增加冲突产生的潜在可能性。

第二个变量是结构（Structure）。夏洛特和特瑞两个人同在波特兰家具市场工作，这是一家大型平价家具店。夏洛特是柜台销售人员，而特瑞是公司信贷部的经理，这两位女性员工彼此相识多年，而且具有很多相似之处，她们住得很近，大女儿又同在一所中学读书，而且是好朋友。事实上，如果夏洛特和特瑞从事不同工作的话，她们可能会成为好朋友。但实际上，她们两人却时常发生冲突。夏洛特的工作是销售家具，她干得很出色，但她的很多主顾要采用信用付款方式。特瑞的工作是确保公司在信用贷款方面的损失减少到最低限度，她时常会拒绝夏洛特刚联系好的顾客的贷款申请。她们之间的冲突毫无个人问题，是各自的工作要求导致的。

夏洛特和特瑞之间的冲突事实上是结构造成的。这里的"结构"概念包括了这样一些变量：群体规模、群体成员分配的任务的具体化程度、管辖范围的清晰度、员工与目标之间的匹配性、领导风格以及奖励系统和群体间相互依赖的程度。

研究表明，群体规模和任务的具体化程度可以成为激发冲突的动力。群体规模越大，任务越专门化，则越可能出现冲突，另外，有人发现任职时间和冲突呈负相关。在群体成员都十分年轻，并且群体的离职率又很高时，出现冲突的可能性最大。

对于活动负责人的界定模糊性越高，出现冲突的潜在可能性就越大。管辖范围的模糊性也增加了群体之间为控制资源和领域而产生的冲突。组织内的不同群体有着不同的目标。比如，采购部关注的是及时以低价购进原料；市场部关注的是出售产品和获得收益；质量控制部关注的是提高产品质量，保证产品符合标准；生产部关注的是维持稳定的生产流程和有效的操作。群体之间的目标差异是产生冲突的主要原因之一。当组织中不同群体追求的目标不同时，一些部门本身存在矛盾和不协调（如波特兰家具市场的销售部和信贷部），从而增加了冲突出现的可能性。

有一些迹象表明，封闭型领导风格（通过严密和持续的监督来控制员工行为的领导风格）增加了冲突的潜在可能性，但有关这方面的证据并不充分。过于依赖参与的领导风格也会激发冲突。研究发现，参与风格与冲突之间为高相关，这显然是因为参与方式鼓励人们提出不同意见，表现出差异。研究还发现，如果一个人获得的利益是以另一个人丧失的利益为代价，则这种报酬系统也会产生冲突。最后，如果一个群体依赖另一个群体（而不是二者相互独立）或群体之间的依赖关系表现为一方的利益以另一方的牺牲为代价，都会成为激发冲突的力量。

第三个是个人变量（Personal Variables）。

你是否曾经遇到过你第一眼看见就觉得不喜欢的人？他的很多观点你都不赞同。而且，即使是一些很细微的特点，比如，他说话的声音、微笑的神态以及其他个性方面的特点都会令你讨厌。我们每个人都遇到过这种人。当你和这种人共事时，常常存在发生冲突的可能性。

最后一类潜在的冲突源是个人因素。前面已指出，其中包括每个个体都拥有的价值系统和人格特征，它们构成了一个人与众不同的风格。

研究证据表明，某些人格类型（如十分专制、教条的人）有可能导致冲突。但是，在社会冲突的研究中，有一个非常重要却又常被人们忽视的因素：价值观的差异。价值观的差异能很好地解释很多问题，如偏见、个人对群体的贡献与应得报酬之间的不一致，等等。比如，某些管理者不喜欢黑人员工，一些人认为这些管理者的看法表明了他们的无知；某位员工认为他的薪水应该为 5 500 元，但他的老板却认为他只应得 5 000 元；一个人认为这本书非常有趣、值得一读，而另外一个人则觉得它很无趣，等等。所有这些都是某种价值判断。价值系统的差异往往是导致冲突可能出现的一个重要原因。

（二）阶段2：认知和人格化

如果阶段 1 中提到的条件表明对其中一方关心的事情造成某种程度的消极影响，那么，在阶段 2 中潜在的对立和失调就会显现出来。只有当一方或多方意识到冲突或感受到冲突时，前面所说的条件才会导致冲突。

在冲突的定义中我们强调，必须有知觉存在。也就是说，一方或多方必须意识到前面提到的条件存在。然而，认识到（Perceived）冲突的存在并不意味着它人格化了。换句话说，A 可能认识到 B 与 A 之间意见十分不一致……但这并不一定会让 A 感到紧张或焦虑，也不一定会影响到 A 对 B 的感情。当个体有了情感上的卷入时，则为情感（Felt）水平上的冲突，此时各方都会体验到焦虑、紧张、挫折或敌对。

这里有两点请记住：第一，阶段 2 之所以重要，是因为此时冲突问题容易被明确地凸显出来。在这一过程中，双方确定了冲突的性质。反过来，这种"意义明确的过程"非常重要，因为冲突的界定方式对于可能存在的解决办法有着深远影响。比如，如果我把薪水上的差异界定为一种零和情境（也就是说，增加了你的薪水，则我的薪水就会减少），那么，我当然不乐意妥协。但如果我把冲突界定为一种潜在的双赢情境（即薪水总量是可能提高的，因此你我都可以得到自己希望的加薪），则会增加折中方案的可能性。可见，冲突的界定非常重要，因为它通常可能勾勒出解决冲突的各种办法。第二，情绪对于知觉的影响十分重要。研究发现，消极情绪会导致问题的过于简单化处理，导致信任感降低，针对对方表现出来的行为也会做出负面解释；相反，积极情绪则增加了针对困难问题考察其各项因素中潜在联系的可能性，采取更为开阔的眼光和视野看待情境，采用的解决办法也更具创新性。

（三）阶段3：行为意向

1. 行为意向

行为意向（Intention）介于个体的认知、情感以及他的外显行为之间，指的是要以某种特定方式从事活动的决策。

为什么要把行为意向作为独立阶段划分出来呢？为了明确了解自己如何针对他人的行为做出回应，你必须首先推断他人的行为意向。很多冲突之所以不断升级，主要原因在于一方错误地推断了另一方的行为意向。另外，行为意向与行为之间也还有一段明显的距离，因此，一个人的行为并不总能准确地反映出他的行为意向。

在图9-3中，作者试图确定冲突处理的主要行为意向。我们使用两个维度：其一是合作性（一方愿意满足另一方愿望的程度）；其二是自我肯定性（一方愿意满足自己愿望的程度）。并根据这两个维度确定了五种冲突处理的行为意向：竞争（自我肯定但不合作）、协作（自我肯定且合作）、回避（不自我肯定且不合作）、迁就（不自我肯定但合作）和折中（合作性与自我肯定性均处于中等程度）。

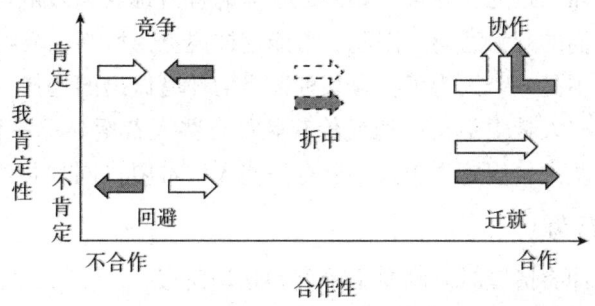

图9-3 冲突处理的行为意向维度

2. 竞争

当一个人在冲突中寻求自我利益的满足，而不考虑冲突对另一方的影响时，他就是采取竞争的做法。这方面的例子有试图以牺牲他人的目标为代价来实现自己的目标，试图说服对方自己的结论是正确的而对方的是错误的，以及当问题出现时试图怪罪别人。

3. 协作

当冲突双方均希望满足各方利益时，我们就可以进行相互之间的合作，并寻求相互受益的结果。在协作中，双方的意图是找到解决问题的办法，而不是迁就不同的观点，其做法是坦率地澄清差异与分歧。这方面的例子有：试图找到双赢的解决办法，使双方目标均得以实现，寻求可以综合双方意见的最终结论。

4. 回避

个体可能意识到了冲突的存在，但希望逃避它或抑制它。有关回避的例子有：试图忽略冲突；回避与自己不同的其他意见。

5. 迁就

如果一方为了安抚对方，则可能愿意把对方的利益放在自己的利益之上。换句话说，迁就指的是为了维持相互关系，一方愿意做出自我牺牲。这方面的例子有：愿意牺牲自己的目标使对方达到目标；尽管自己有所保留，但还是支持他人的意见；原谅某人的违规行为并允许他继续这样做。

6. 折中

当冲突各方都寻求放弃某些东西，从而共同分享利益时，则会带来折中的结果。在折中做法里，没有明显的赢家或输家。他们愿意共同承担冲突问题，并接受一种双方都达不到彻底满足的解决办法。因此，折中的明显特点是，双方都倾向于放弃一些东西。这方面的例子有：愿意接受每小时2美元的加薪，而不是自己提出的3美元加薪；承认对某一具体问题的看法有部分的相同之处，以及对于违反条约承担部分责任。

在冲突情境中，行为意向为各方提供了总体的指导原则。它界定了各方的目标。但人们的行为意向并不是固定不变的。在冲突过程中，由于人们的重新认识或由于另一方对于行为的情绪反应，行为意向也会发生改变。不过，研究表明，人们在采取何种方式处理冲突上总有一种基本的倾向。具体而言，上述六种处理冲突的行为意向中，各人有各人的偏好，这种偏好是稳定而一致的，并且，如果把个体的智力特点和人格特点结合起来，则可以很有效地预测到人们的行为意向。因此，可能这样说更为恰当：五种处理冲突的行为意向是相对稳定的，而不是一个人为了符合某种恰当的环境做出的选择。也就是说，当人们面对冲突情境时，有些人希望不惜一切代价获胜；有些人希望寻求一种最佳的解决方式；有些人希望逃避；有些人希望施惠于人，还有一些人则希望"同甘共苦"。

（四）阶段4：行为

大多数人在考虑冲突情境时，倾向于看重和强调阶段4。为什么呢？因为在这一阶段冲突是显而易见的。行为阶段包括冲突双方进行的声明、活动和态度。

冲突行为通常是冲突各方实施行为意向的公开尝试。但与行为意向不同，这些行为带有刺激性。由于判断失误或在实施过程中缺乏经验，有时外在行为会偏离原本的行为意向。

如果把阶段4看作一个相互作用的动态过程，会对我们的思考有所帮助。比如，你向我提出要求；我针对此提出争辩；你威胁我；我反过来予以还击，如此继续下去。图9-4形象化地表现了冲突行为。所有的冲突都处于这个连续体的某一位置上。在连续体的低端，冲突以微弱、间接、高度控制紧张状况为特点。学生在课堂上针对教师所讲的内容提出问题就是这方面的一个例子。如果冲突水平升级到连续体的最顶端，则具有极大的破坏性。罢工、骚乱和战争都显然落在最顶端位置。大多数情况下，处于连续体顶端位置的冲突常常是功能失调的。功能正常的冲突一般来说位于冲突连续体的较低水平。

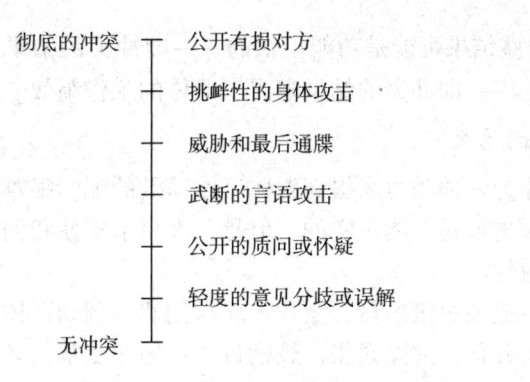

```
彻底的冲突 ┬── 公开有损对方
          ├── 挑衅性的身体攻击
          ├── 威胁和最后通牒
          ├── 武断的言语攻击
          ├── 公开的质问或怀疑
          ├── 轻度的意见分歧或误解
无冲突    ┴
```

图 9-4　冲突强度的连续体

如果冲突的特点是功能失调的，双方如何来降低冲突水平呢？反过来，当冲突水平过低需要提高时，双方又应采取哪些办法来提高冲突水平？冲突管理技术可以教给我们这些知识。表 9-3 列出了主要的冲突管理技术，它帮助管理者控制冲突的水平。请注意，有些解决技术在前面冲突处理的行为意向中已经谈到，这一点并不令人意外。因为在理想情况下，个体的行为意向会转变为相应的行为。

表 9-3　解决冲突的技术

冲突管理技术	
问题解决	冲突双方面对面会晤，通过坦率真诚的讨论来确定问题并解决问题
提出一个更高目标	双方提出一个共同的目标，该目标不经冲突双方的协作努力是不可能达到的
资源拓宽	如果冲突是由于资源缺乏造成的，那么对资源进行开发就可以找到双赢的解决办法
回避	逃避或抑制冲突
缓和	通过强调冲突双方的共同利益来弱化它们之间的差异性
折中	冲突双方各自放弃一些有价值的东西
权威命令	管理层运用正式权威解决冲突，然后向卷入冲突的各方传递它的希望
改变个人因素	通过行为改变技术（如人际关系训练）转变造成冲突的态度和行为
改变结构因素	通过工作重新设计、工作调动、建立合作等方式改变正式的组织结构和冲突双方的相互作用模式
激发冲突的技术	
运用沟通	利用模棱两可或具有威胁性的信息可以提高冲突水平
引进外人	在群体中补充一些在背景、价值观、态度和管理风格方面均与当前群体成员不同的个体
重新建构组织	调整工作群体；改变规章制度；提高相互依赖性，以及实施其他类似的结构变革以打破现状
任命一名吹毛求疵者	在群体中安排一名批评家，他总是有意与组织中大多数人的观点不一致

（五）阶段 5：结果

冲突双方的行为—反应互动导致了最终结果，正如我们在冲突过程模型中（见图

9-2）表明的，这些结果可能是功能正常的——即冲突的结果提高了群体的工作绩效，也可能是功能失调的——即冲突的结果阻碍了群体的工作绩效。

1. 功能正常的结果

冲突是怎样作为一种动力来提高群体工作绩效的呢？很难想象会有这样一种情境：公开的或激烈的敌对情境是功能正常的。但是，大量事实使我们认识到，中低水平的冲突可以提高群体的有效性。

如果冲突能够提高决策质量，激发革新与创造，调动群体成员的兴趣与好奇，并提供一种渠道使问题公开化，解除紧张，鼓励自我评估和变革的环境，那么，这种冲突就是建设性的。有证据表明，在冲突中由于允许百家争鸣的局面，一些不同寻常的建议或由少数人提出的建议会在重要决策中受到重视，并因此而提高了决策质量。冲突还是治疗和矫正集体思考与集体决议的办法，它不允许群体消极地、"不加思考"地赞同下面的决策：建立在不堪一击的假设基础上的决策、未充分考虑其他备选方案的决策，以及拥有各种其他弊端的决策。冲突向现状提出挑战，并进一步产生了新思想，它促使人们对群体目标和活动进行重新评估，提高了群体对变革的迅速反应能力。

由于缺乏功能正常的冲突，公司遭受损失的例子很多。汽车业巨头——通用汽车公司的例子就足以说明这个问题。从20世纪60年代末到90年代末，通用汽车的很多问题都可以追溯到功能正常的冲突的匮乏。他们聘用并提升那些总是"点头称是的好好先生"，这些人对组织极为忠诚，以至于从不对公司的任何活动质疑。组织中的大多数管理者都是保守的盎格鲁-撒克逊白人男性，他们在美国的西部长大，抵制变革，更愿意回忆过去的成功而不是面对新的挑战。他们几乎把过去的工作视为一种神圣的理念，而且在未来还要继续保持，另外，由于这些公司的高层管理者都栖身于底特律的总部办公室里，仅仅与通用公司内部的高层人士进行社会交往，这使他们进一步远离了与其有冲突的观点。

以上证据可以使我们推断，提高劳动力的文化多元化会为组织带来效益。确实，在这方面得到了研究证据的支持。研究表明，在异质的群体和组织中，成员多样性和灵活性的增强可以提高创造力，改进决策质量，促进变革。比如，研究者对完全由美国白人组成的群体与包括了亚洲人、拉丁美洲人、美国黑人在内的多种族群体进行了对比，发现种族多样化的群体比单纯的白人群体工作效率更高、思维更灵活、想法更独特。

同样，对专业人员（调查对象为系统分析员和研究与开发人员）进行的研究也支持了建设性冲突的价值。一项研究对22个系统分析员团队进行了调查，发现群体中的一致性越低，工作效率就可能越高。对研究与开发人员进行的调查也发现，当其中存在一定的智力冲突时，他们的工作效率最高。

2. 功能失调的结果

冲突对群体或组织绩效的破坏性结果已经广为人知了，有关这方面的内容可以客观合理地概括为：失控的对立与冲突带来了不满，它导致共同纽带的破裂，并最终使群体灭亡。有大量文献阐述了冲突（在这里指的是功能失调的冲突）是如何降低群体有效性的。比较明显的不良结果有沟通的迟滞、群体凝聚力的降低、群体成员之间的明争暗斗成为首位，而群体目标降到次位。在极端情况下，冲突会导致群体功能的停顿，并可能威胁到群体的生存。

但是，由于冲突过多而导致组织灭亡的例子并不像我们的第一感觉那么多。例如，纽约一家十分知名的律师事务所 Shea & Gould 关门的原因主要是其 80 名合伙人难以和睦相处。一位十分熟悉该组织的法律顾问说:"这家公司的合伙人之间在最基本的、具有原则性的问题上存在差异,因此从根本上他们是没法协调的。"这名顾问还提到了他们的最后一次会议:"你们没有经济上的问题,有的只是人格上的问题,你们彼此相互怨恨。"

激发功能正常的冲突。众所周知,激发功能正常的冲突是一件很艰难的工作,尤其在美国的大型企业中。一名企业顾问曾这样说:"高级管理层中有很大一部分人是冲突的回避者,他们不喜欢听负面意见,不喜欢从不利的方面谈论或思考问题。他们之所以能升到高层位置,常常正是因为他们从不去激怒上司。"另一名顾问也指出,当自己的意见与上司不一致时,北美企业中至少 70% 的人会保持沉默,听任上司去犯错误,即使他们知道自己的想法更好。

这种抑制冲突的文化在过去还说得过去,但在今天激烈的全球经济竞争当中却是绝对不可行的。那些不支持和不鼓励不同意见的组织会发现自己的生存受到严重威胁。组织在激励员工挑战现有系统并开发新思想上可以采取一些措施,下面我们具体来看看这些内容。

沃尔特·迪士尼公司(Walt Disney)鼓励无规则限定和可以随意打断的大型会议,以发生摩擦并激发创新观点;惠普公司对那些被视为"格格不入"的持不同意见者,或者是那些虽然自己的意见未被管理层采纳但依然坚持己见者给予奖励;赫曼-米勒公司(Herman Miller Inc.)是一家办公家具生产商,该公司每一个员工都可以评估和批评自己上司的正式系统;HM 公司也有这样一个鼓励人们提出不同意见的正式系统,员工们可以对上司质疑,而不受到处罚,如果分歧意见仍得不到解决,该系统将提供第三方进行调解。

皇家荷兰壳牌集团(Royal Dutch Shell Group)、通用电气(General Electric)、博希公司(Anheuser-Busch)都在决策过程中引入了喜欢吹毛求疵的提意见者。比如,博希公司的政策委员会在考虑一项重大举措时(诸如是否涉足某一行业或进行一项大投资,等等),常常会把对该问题持各种意见的人组织到一个群体中,这一过程通常使得公司采取的决策与方案不同于原先的想法。

能够成功地激发功能正常的冲突的组织都有一个共同特点:它们奖励持异议者而惩罚冲突的回避者。不过,对管理者来说,真正的挑战还是当他们听到自己不想听到的消息之时。这些消息会让他们感到血往上涌、怒发冲冠或者希望破灭,但其不能表现出来。管理者需要学会以平常心对待坏消息。他们不愤怒指责、不讽刺挖苦、不爱答不理、不咬牙切齿,而是心平气和地问道:"你能详细谈谈所发生的事吗?"或"你认为我们该怎么办?"真诚地表达"感谢你让我注意到这一点",会降低今后再出现类似沟通问题的可能性。

四、冲突管理的原则和策略

(一)冲突管理的原则

冲突管理是有规律可循的,掌握这些规律和基本原则,对于有效地处理冲突可以起到事半功倍的效果。具体而言,冲突管理应遵循的主要原则有以下三点。

1. 适度原则

倡导建设性冲突,避免破坏性冲突,将冲突水平控制在适当的水平。西方的现代冲理论认为，冲突对于组织的影响既有积极的方面，又有消极的方面，冲突水平过高或过低都会给组织和群体带来不利影响。因此，在冲突管理中应当注意，对于引起冲突的各种因素、冲突过程、冲突行为加以正确处理和控制，努力把已出现的冲突引向建设性轨道，尽量避免破坏性冲突的发生和发展，适度地诱发建设性冲突，并把冲突维持在适当的水平之内，以便达到"弃其弊而用其利"的冲突管理目标。

2. 全面系统原则

实行全面系统的冲突管理，而不是局限于事后的冲突控制和处理。传统的冲突管理把工作的重点放在冲突发生后的控制或处理上，比较被动。实际上，冲突的形成、发展和影响是一个系统的过程，现代冲突管理理论认为：冲突管理不仅仅是公开冲突发生后的事情，而且应当是潜在冲突、知觉冲突、意向冲突、行为冲突（公开冲突）、结局冲突等所有冲突阶段的事情，必须对冲突产生、发展、变换、结果的全过程、所有因素、矛盾和问题进行全面管理，才能把原则落到实处，尽量减少破坏性冲突的消极作用，充分发挥建设性冲突的积极作用，最大限度地减少冲突管理的成本。

3. 具体分析原则

具体问题具体分析，随机应变地处理冲突。也就是说不存在一成不变、放之四海而皆准的冲突管理理论和管理方法：必须针对具体的情况，根据所处的环境条件，实事求是地分析问题、认识问题，灵活采用适宜的策略和方法随机应变地处理冲突。

（二）冲突管理的策略

冲突管理的策略有很多种，需要特别注意的是任何策略都有其理论背景和适用范围，必须依据上述冲突管理的原则巧加运用，不能无条件地照搬照套。

1. 选择合适的冲突管理策略

大量的事实表明，人们可以使用不同的冲突管理策略，理论上，我们在不同的情况下使用不同的策略，但实际上，绝大多数人都有自己偏爱的策略。

合作策略通常被认为是解决冲突的首选方法。使用合作冲突管理策略的团队里能更加开放和迅速地讨论，准确询问搭档的意见，以及更充分解释他们行动的原因。但是，这种策略也只能在一定的情况下发挥作用。特别地，这种策略最适合用在当团队里没有完全的利益冲突和团队成员充分信任以及开放地共享信息的时候。

"回避"通常会被认为是一种无效的冲突管理策略。竞争的策略通常情况下也是不太合适的，因为在组织中几乎就没有完全的对立。但是，在明确自身是正确的以及冲突需要尽快解决的时候，它又是必要的。当问题对于你而言不如对其他团队重要，或是其他团队潜在的权力更大的时候，比较适合使用迁就策略。但同时，迁就策略可能给对方一些不切实际的期望，因此，刺激他们以后在你这里寻求更多。长期看来，迁就策略不是解决冲突，而是有可能产生更多的冲突。

当冲突双方的双赢没有希望通过合作来解决，双方拥有相等的权力，以及双方解决冲突都有时间压力的时候，妥协策略可能是最合适的。但是妥协很少是最终的解决办法，因为这种策略可能造成团体忽略选择双赢的策略。

2. 改善任务和目标

当工作中的任务和目标产生冲突时，可以从以下三个方面进行改善：

（1）强调崇高目标。崇高目标是处于冲突中的团体所支持的共同目标，它比引起冲突的个人或是部门目标更重要。通过增加对群体共同目标的承诺，在看待竞争性的个人或是部门水平的目标时，成员会较少关注以及感觉不到同时的冲突。崇高目标同时也会潜在地减少差异引起的问题，因为他们建立了共同的参考框架。

（2）减少任务互赖性。冲突随着彼此依赖程度的增加而增加，因此，最小化功能失调的冲突可能包括了减少团队间的互赖性水平。如果成本可行，可能通过划分资源来减少互赖性，这样一来，每个群体都有自己的专用资源，增加了可用资源的数量，减少了任务之间的互赖性和关联性，进而减少了冲突的产生。

（3）使规则和程序更加明晰。很多冲突是由于模糊的规则引起的。因此，这类冲突可以通过建立清晰的规则与程序来最小化。规则使资源分配更加清楚，比如，学生什么时候可以使用打印机、图书馆借书的时间是多长等。

3. 提高沟通与理解水平

沟通对于有效冲突管理是非常关键的。这包括将平时很少有机会遇见的员工非正式地聚集起来，也包括在差异被识别和讨论时的正式程序。通过提高机会、能力以及动机来共享信息，对于员工来说，比起仅仅依靠陈规和情感获得信息，他们对其他人产生极端的感觉的情况更少见了。直接沟通更好地提供了对他人或部门的工作环境与资源限制的理解。

团队的建设活动有助于减少冲突，因为每一位参与者都必须彼此了解。对话会议也常常有助于开展团体讨论，面对团队成员之间的差异。

第六节　谈判

谈判几乎渗透到组织和群体中每个人的相互作用之中。有一些谈判是很明显的，如劳资双方进行的谈判，另一些谈判则不那么明显，如管理者与上司同事、下属之间的谈判；销售人员与客户之间的谈判；采购代理与供应商之间的谈判。还有一些谈判十分微妙：如一名工人经过很短时间的利弊权衡后，决定接一个同事的电话。在今天以团队为基础进行工作的组织中，成员们越来越发现自己与共同工作的同事之间没有直接的权力关系，他们甚至可能不归属于同一名上司，此时，谈判技能就变得十分关键了。

我们把**谈判**（Negotiation）定义为，**双方或多方互相交换产品或服务，并试图对他们之间的交换比率达成协议的过程**。请注意，在这里，谈判和洽谈（Bargaining）两个术语可以互换使用。

本节的主要内容是对比两种谈判策略，提供一个有关谈判过程的模型，确定谈判中人格特征的作用，总结谈判中的性别与文化差异，并简要介绍第三方谈判。

一、谈判策略

谈判有两种基本方法，即分配谈判和综合谈判。二者的对比如表9-4所示。

表 9-4　分配谈判与综合谈判

谈判特点	分配谈判	综合谈判
可以利用的资源	进行分配的资源数量固定	进行分配的资源数量可变
主要动力	一赢一输	双赢
主要利益	相互对立	相互融合或相互一致
关系的焦点	短时	长时

（一）分配谈判

你在报纸上看到一则二手车的销售广告，该车似乎是你一直想要的那种。你去看了车，发现很合意，因而想买下来。车主报了价，可你不想花那么多钱，于是你们二人针对价格开始讨价还价。你所运用的这种谈判策略称为分配谈判（Distributive Bargaining）。分配谈判最明显的特点是在零和条件下操作。也就是说，我所获得的任何收益恰恰是你所付出的代价，反之亦然。以上面所说的旧车为例，你从卖主那里讲下来的每 1 美元都让你省了钱；相反，卖主多得的每 1 美元都来自你的身上。因此，分配谈判的本质是，对一份固定大小的利益谁应分得多少进行协商。

在分配谈判中可能最常引用的例子就是劳资双方有关工资的谈判了。通常，工人代表在谈判桌前总是想从资方那里尽可能多地得到钱。由于在谈判中工人每 1 分钱的增加都提高了成本，因而谈判双方都表现出攻击性，并把对方视为必须击败的对手。

图 9-5 描绘了分配谈判的实质。A、B 代表谈判双方。每一方均有自己希望实现的目标点，也有自己的抵制点，抵制点表明最低可接受的水平。如果在抵制点以下，人们会中止谈判，而不会接受不利于自己的解决方案。每个人目标点与抵制点之间的区域为愿望范围。如果双方的愿望范围存在一定的重叠，就会有一个问题解决的区域，使双方的愿望均能实现。进行分配谈判时，你的战术主要是试图使对手同意你的目标点或尽可能接近它。以下是使用这一战术的几个例子：劝说你的对手达到他的目标点毫无可能性，而在接近你的目标点上接受解决方案是明智的，申辩你的目标是公正的，而对手的则不是；试图调动对手的情感让他觉得应对你慷慨，从而使达成的协议接近你的目标点。

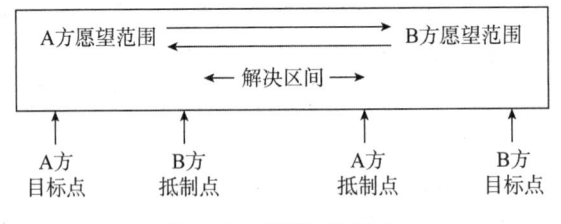

图 9-5　谈判区的标示

（二）综合谈判

一家女士运动服生产商的一名销售代表与一位小型服装零售商谈好了一宗接近 15 000 美元的订货，销售代表按照程序打电话给公司的信贷部门。但她被告知，这名客户过去曾有拖延付款的记录，因此公司不同意他贷款购货。第二天，销售代表与厂里的信贷经理一起讨论了这个问题。销售代表不想失去这笔买卖，信贷经理也是一样，但他同样不希望被收不回来的欠款困扰。双方开诚布公地考察了他们有可能的所有选择。经过细致严谨的讨论，最后达成的解决办法满足了双方的要求：信贷经理同意这笔买卖，但服装商需要提供银行担保，以确保如果 60 天内不付款公司可以得到赔偿。

销售人员与信贷经理之间的谈判就是综合谈判（Integrative Bargaining）的例子。与分配谈判相比，综合谈判是基于这样的假设来解决问题的，即至少还存在一种处理办法能得到双赢的结果。

对于发生在组织内部的行为，当其他情况相同时，综合谈判会比分配谈判更为可取。原因何在呢？因为前者建构的是长期关系并推进了将来的共同合作。它将谈判双方团结在一起，并使每个人离开谈判桌时都感到自己胜利了。相反，分配谈判则使一方成为失败者，它可能引发憎恨，并使得那些需要在持久基础上共同工作的人分离得更远。

那么，为什么在组织中我们看不到太多的综合谈判呢？答案在于，这种谈判要想取得成功，必须具备一些条件。这些条件包括信息的公开和双方的坦诚；各方对对方需求的敏感性；信任别人的能力以及双方维持灵活性的愿望。由于在组织中常常达不到这些条件，因此，当我们看到通常谈判建立在为赢而不惜任何代价的动力基础上时，也就不该太感到意外了。

二、谈判过程

图 9-6 提供了谈判过程的简化模型，它表明谈判包括五个阶段：①准备与计划；②界定基本规则；③阐述与辩论；④讨价还价与问题解决；⑤结束与实施。

准备与计划
↓
界定基本规则
↓
阐述与辩论
↓
讨价还价与问题解决
↓
结束与实施

图 9-6 谈判过程

（一）准备与计划

谈判开始前，你需要做一些必要的准备工作。冲突的实质是什么？导致这一谈判的经过是什么？谁卷入了冲突，他们又是怎样理解冲突的？

你想从谈判中得到什么？你的目标是什么？例如，假设你是戴尔电脑公司的采购部经理，你的目标是对供应商提供的键盘进行大幅压价。你要确保这个目标不被其他问题干扰，成为你所谈判的中心内容。那么，以下做法会对你有所帮助：把你的目标写下来，找到自己可以接受的结果范围，从"最希望达到的目标"到"可接受的最低限度"，并把你的精力集中在这上面。

你还要评估一下，对方对你的谈判目标有什么想法。他们可能会提出什么要求？他们坚守自己立场的程度如何？对他们来说有哪些无形的或隐含的重要利益？他们希望达成什么样的协议？如果能预期到对手的立场与观点，你就能更好地利用事实和数字支持你的观点，反击对方的观点。

从基斯·罗森鲍姆（Keith Rosenbaum，一家位于洛杉矶的大型律师事务所的合伙人之一）的经验中可以看出评估对方情况的重要性："当我们要为收购一家企业而进行谈判时，我们发现这位企业主正在经历令人厌烦的离婚事件。我们与他太太的律师关系很好，并了解到卖主的净资产价值。加州的法律是夫妻财产共有，所以我们知道他不得不把所有的一切都分给太太一半。我们知道了他的时间安排；我们知道他哪些东西希望分哪些东西不希望分；我们知道的东西比他想让我们知道的东西多得多。我们可以给他制造一点点麻烦，并得到一个好价钱。"

一旦你收集到了需要的信息，就要运用这些信息提出一种策略。例如，在象棋比赛中，有经验的棋手都有自己的策略，他们事先就知道在具体情境下应做出何种反应。作为谈判策略的一部分，你还应该确定各方达成谈判协议的最佳替代方案（Best Alternative to a Negotiated Agreement, BATNA）。你的最佳替代方案决定了谈判时你可接受的最低水平。只要你所得到的报价高于该方案，谈判就不会陷入僵局。反过来说，如果你的报价不能让对方感到高出他的最低方案，你也别指望自己能获得谈判的成功。如果你在进入谈判时对双方的最低接受方案有比较清楚的了解，即使你不能满足他们的要求，你也可能会使对方做些改变。

（二）界定基本规则

制订出计划并产生出策略后，你就可以和对方一起，就谈判本身界定其基本规则和程序。谁将进行谈判？谈判在哪里进行？谈判期限是多长（如果有时间限制的话）？谈判中的哪些问题需要限定？如果谈判陷入僵局，应遵循什么样的具体程序？在这一阶段中，双方将交流他们的最初报价和要求。

（三）阐述与辩论

相互交换了最初观点后，你和对方都会就自己的提议进行解释、阐明、澄清、论证和辩论。但是，这个阶段不一定就是对抗性的，它可以成为双方就以下问题交换信息的机会：为什么这些问题很重要？怎样才能使双方达到最终的要求？此时，你会给对方提供所有支持你观点的材料。

（四）讨价还价与问题解决

谈判过程实际上是一个为了达成协议而相互让步的过程，谈判双方毫无疑问都需要做出让步。

（五）结束与实施

谈判过程的最后一步是将已经达成的协议规范化，并为实施和监控制定出所有必要的程序。对于一些重要谈判（包括各种劳资谈判、租赁条款谈判、购买房地产谈判、提供高层管理职位的谈判），需要在订立正式合同时敲定各种细节信息。不过，在大多数情况下，谈判过程仅仅以握手言别结束。

三、谈判中的一些问题

我们最后考察在谈判方面目前存在的四个问题，以此作为这部分内容的结束：人格特质在谈判中的作用；谈判中的性别差异；文化差异对谈判风格的影响；通过第三方的帮助来解决差异与分歧。

（一）人格特质在谈判中的作用

如果你知道一些有关谈判对手人格特征方面的信息，能否预测到他的谈判战术呢？你会倾向于回答"是"。比如，你可能假定高冒险倾向的人在谈判中会表现出更多攻击性，并很少做出让步。出乎意料的是，研究证据并不支持这种直觉。

对于人格与谈判之间关系的总体评估发现，人格特质对谈判过程与谈判结果都没有明显的直接影响。这一结论非常重要，它表明在每一次谈判事件中，你应该更关注的是事件本身和情境因素，而不是对手的人格特点。

（二）谈判中的性别差异

男性与女性在谈判时有差异吗？性别是否会影响到谈判结果？对于第一个问题的答案是"否"，但对于第二个问题的答案是"是"。

很多人都持有这样的刻板印象：在谈判中，女性比男性更容易合作。然而研究证据并不支持这种信念。不过，人们发现，相比女性来说，男性进行谈判时结果更好，尽管二者之间的差异并不很大。有人提出假设，这种差异可能源于男性和女性对于结果的看法持有不同的价值观。"对女性来说，有可能多得几百美元的薪水或拥有一间办公室并不如建立和维持人际关系那么重要。"

相信在谈判中女性会比男性更"友好"的看法，很可能受到性别因素的干扰，以及大多数大型组织中女性通常缺乏权力这一事实的影响。研究表明，不论性别如何，低层级的管理者都会安抚他们的对手，并使用委婉的说服策略而不是直接的对质和威胁。当女性与男性在权力基础上相似时，他们的谈判风格并没有明显的差异。

有证据表明，女性对于谈判的态度以及自己作为谈判者的态度与男性有着明显差异。管理层的女性对谈判的预期表现出更低的自信，她们在谈判结束后对自己的成绩也更不满意，即使她们达到了与男性相似的成绩和结果。

后一个结果表明，当女性对活动十分感兴趣时，她们可能会因为谈判的失败而过度责备自己。

（三）谈判中的文化差异

尽管在人格特征与谈判风格之间，我们并没有看到显著的直接关系，然而文化背景与谈判风格却似乎很有联系。民族文化不同，谈判风格差异很大。

法国人喜欢冲突。他们常常通过思考和反驳他人的观点而获得认可，提高声誉。因此，法国人更愿意花费很长时间来达成谈判协议，而且他们并不过在意对手是否喜欢自己。中国人也会拖长谈判时间，但其原因是他们相信谈判永无止境。当你以为和中国经营者已经敲定了每一个细节并获得了最终解决办法时，中国的经营者会面带微笑，然后重新开始谈判的全部过程。与日本人一样，中国人的谈判是为了发展相互关系和对共同工作做出承诺，而不仅仅是为了把每一个细节讨论清楚。美国人在全世界以缺乏耐性和希望受人喜欢著称。来自其他国家的精明谈判者常常利用这些特点，通过拖延谈判时间和建构友谊而达到最终的解决目的。

谈判的文化背景显著地影响到谈判的准备程度与方式。诸如，谈判相对来说是更注重任务还是更注重人际关系？使用什么样的谈判战术？应该在哪里进行谈判？为了进一步清楚阐明这些差异，下面我们来看看两项研究，它们比较了不同文化对商业谈判的影响。

第一项研究比较了北美人、阿拉伯人和苏联人。调查的因素有谈判风格、针对对方的提议做出什么反应、对让步的看法以及如何处理谈判的最后期限。北美人依赖事实和逻辑来说服别人，他们根据客观事实反驳对方的提议，很少在谈判的初期为了建立关系而做出让步，而且常常会回报对手做出的让步。他们认为谈判的最后期限十分重要。阿拉伯人则试图通过感染对方的情绪来说服别人，他们以主观的感觉来反驳对方的提议。他们可以在谈判过程中的任何时刻做出让步，并肯定会回报对手的让步，但他们对待谈判的最后期限很随意。苏联人的辩论基础则基于他们所声称的理想，他们把对手做出的任何让步都视为软弱的表示，并且几乎从不给予回报。最后，苏联人倾向于忽视谈判的最后期限。

第二项研究调查了北美人、日本人和巴西人在半个小时谈判会议中表现出的言语与非言语战术，其中一些差异十分有趣。比如，在30分钟里，巴西人平均说"不"的次数达到83次，是日本人的5倍、北美人的9倍。30分钟里，日本人长达10秒以上的沉默至少出现5次，而北美人的沉默时间平均为3.5秒，巴西人没有表现出沉默。日本人和北美人打断对方谈话的次数相等，但巴西人打断对方谈话的次数是日本人和北美人的2.5~3倍。最后，日本人和北美人在谈判过程中，除了握手之外与对方没有其他的身体接触，而巴西人则在半小时的谈判中与对方身体接触近5次。

（四）第三方谈判

前面我们一直讨论的是双方直接的谈判方式。但有时，谈判中的个体或群体代表会陷入僵局，而且无法通过直接谈判解决他们的分歧。在这种情况下，他们会寻求第三方的帮助以找到一种解决办法。谈判的第三方主要担当四种基本角色：调停人、仲裁人、和解人和顾问。

1. 调停人

调停人（Mediator）是中立的第三方，他使用劝说、讲道理、建议其他解决方案等方法来促成谈判协议。在劳工谈判和民事纠纷中，这种方法得到了广泛使用。

调停谈判的总体效果相当显著，其和解率几乎达到60%，谈判双方的满意度为75%左右。但是调停能否成功的关键因素是情境。也就是说，冲突双方必须愿意通过谈判来解决他们的冲突。另外，冲突强度不能太高，当冲突处于中等水平时，调停方式最为有效。最后，对调停人的认知也很重要，调停人必须被人们认为是中立的，并且不具有强制性。

2. 仲裁人

仲裁人（Arbitrator）是运用权威来达成协议的第三方。仲裁可以是自愿的（主动要求的），也可以是强制的（根据法律或合同来强制双方）。

谈判双方设定的规则不同，仲裁人的权力也不相同。比如，仲裁人有时只能从谈判双方最近一次的报价中选择一个方案，有时则可以毫无约束地提出协议目标，或者根据自己的意愿自由选择或做出评判。

相比调停来说，仲裁最大的优点在于它常常使问题得到解决。这种做法是否存在副作用，取决于仲裁人如何使用"强硬做法"。如果一方感到彻底失败，显然他不会满意，并且不愿意接受仲裁者的决策。在而后的时间里，冲突有可能再度暴露出来。

3. 和解人

和解人（Conciliator）是受到谈判双方信任的第三方，他在谈判双方之间提供非正式的沟通渠道。电影《教父》中罗伯特·杜瓦尔（Robert Duvall）的角色就是一个例子。作为唐·科利奥尼（Don Corleone）的继子兼律师，杜瓦尔扮演的正是科利奥尼家族与其他黑手党家族之间的和解人。

在国际关系中，在劳工、家庭和社区冲突中，和解方式有着广泛的应用。对比和解方式与调停方式之间的有效性的确是件难事，因为二者在很多地方是相互重叠的。在实践当中，和解人更多扮演的是一种沟通渠道，但他们也进行实情调查、解释信息，并劝说争论双方达成协议。

4. 顾问

顾问（Consultant）是专业技术纯熟且公正无偏的第三方，它试图通过沟通与分析，并借助自己在冲突管理方面的知识来敦促问题得以解决。与前面各角色相比，顾问的作用不是解决问题，而是增进冲突双方的相互关系，并使他们最终能自己找到和解方案。顾问不提供具体的解决办法，他帮助各方学会理解对方，并能与对方共同合作。可见，这种做法注重长期效果，因为它在冲突双方之间建构起了新型而积极的认知与态度。

四、谈判的基本技巧

谈判的实质是在有利益冲突的各方之间寻找可行的解决途径。对于谈判者而言，获得自己的谈判目标就是谈判的成功。但从组织的角度看，成功的谈判意味着冲突结果不但帮助组织取得它的目标，并且通常还要冲突双方保持长期的合作关系和积极地处理未来冲突的氛围。成功谈判需要掌握以下几种基本技能：

（一）充分的准备

谈判者应该提前收集信息并充分了解己方所处位置。应该知道自己谈判的最终目标是什么，为什么它是可行的及如何完成目标。另外，谈判者要获得成功，还应该知己知彼，如对方的谈判策略、偏好和可能的立场，是采取竞争性还是合作性的态度？

（二）建立谈判程序

谈判成员应该建立起清楚的谈判程序，每个人都应该清楚解决冲突的时间限制和冲突的内容。对于社会群体之间的冲突，程序应该包括由谁来参加谈判。清晰的程序能帮助谈判者集中于主要关心的问题上，并避免毫无结果的争论。

（三）有效的沟通

在谈判过程中，谈判者应该进行有效的沟通，了解对方的利益要求及关注的核心问题。突出这些利益和关注的焦点问题比只注意各方所表现出的立场更可能获得成功。不管是竞争性的还是合作性的谈判，都需要把握一定的技巧，将注意力集中于主要目标而不是纠缠于琐碎的细节。

（四）确定达成的协议

谈判结束时，各方应该确定所达成的协议。在非正式谈判中，例如一场解决小争论的谈判，一方可能只是简单地陈述自己对协议的理解，以确认另一方对此有相同的理解。对于比较正式的谈判，例如，对一名领导者更新的工作安排，对一个团队进行的政策修订，或工会—管理者谈判，商议的结果必须有书面陈述。特别当结果很复杂或必须向群体进行传达时，书面文件更便于人们日后回顾确认协议细节的记录，避免不必要的争议。

本章小结和对管理者的启示

仔细回顾本章内容，你会发现沟通和员工满意度的关系存在一条共同的线索：不确定性越少，满意度越高。沟通中如果存在失真、模糊和不一致现象，会增加不确定性，从而对满意度产生负面影响。

沟通中的失真现象越少，传达到员工的管理信息中与发送者原本意图相符的就越多。失真减少会进一步降低不确定性，并使群体的任务更明确，更多地利用纵向、横向以及非正式渠道，能够促进沟通的通畅性并降低不确定性，从而改善群体绩效与满意度。我们应该知道，言语沟通和非言语沟通如果不一致，会增加不确定性并降低满意度。

研究结果进一步表明，要做到完美沟通是不可能的。而且，研究结果还表明，有效的沟通（包括感觉到的信任度、感觉到的精确度、沟通的意愿、高层管理者的接纳性、对上层的信息需求）与员工的生产力之间存在正相关关系。因此，选择合适的渠道、做一个有效的倾听者、运用反馈，等等，都有助于沟通效果的改善。不管怎样，人的因素所造成的失真问题不可能完全消除。沟通过程是信息的交换过程，但是交换过去的却不一定完全是发送者的原意。不管发送者所期望的是什么，接收者解码后的信息只是反映接收者所认为的现实。也正是这个所谓的"现实"，最终会决定绩效、接收者的激励水平以及满意度。激励的问题很重要，所以我们简要回顾一下沟通对激励水平的重要影响。

期望理论中提到，一个人的努力程度取决于他对努力—绩效、绩效—回报、回报—目标满意度这三个关系的认知。如果个体没有足够的数据来判断这些关系的关联性高低，激励就会减弱。当回报不明确、决定和衡量绩效的标准模糊，又或者当个体不清楚这些努力能否带来满意的绩效时，员工的努力水平就会降低。因此，沟通对员工激励水平的高低有很大的影响。

最后，沟通效果还和离职率有关。老板可以通过一些活动和新员工沟通自己对他们真实角色的期望。一项研究对比了两种组织的离职率：给员工提供真实角色期望的组织，以及不提供真实角色期望或者只提供正面信息的组织。结果表明，就平均值来讲，后者的离职率比前者高出29个百分点。这足以说明，管理者应该在招募与选拔的过程中向求职者传达真实、准确的工作信息。

很多人想当然地把冲突与群体和组织的不良工作绩效联系在一起。本章内容表明，这种假设常常是不正确的。冲突对群体或组织单元的作用可以是建设性的，也可以是破坏性的。

过高或过低的冲突水平都会阻碍群体或组织的有效性，使群体成员的满意水平降低，离职率和缺勤率提高，并最终导致生产率下降。但是，当冲突达到最佳水平时，则会使组织中的自满和冷淡降到最低限度，它通过创设富有挑战性、充满生机的问题情境，使员工感到工作更有趣味，并进而提高他们的动机水平。而且组织中也需要一定数量的离职率，从而减少不合适者和不称职者。

当管理者面对的冲突水平过高并需要降低其水平时，我们可以提供哪些建议呢？不要误以为某种冲突的处理意见是放之四海而皆准的，你应该选择一种最符合当前情境的行为意向。下面我们给你提供一些行为指南：

（1）运用竞争。当采取迅速果断的活动极其重要时（在紧急情况下）；当你需要实施一项不受人欢迎的重大措施时（缩减开支，推行一项不受人欢迎的规章制度，惩罚）；当该问题对组织的前程极为重要，而你又知道自己是正确的时；当你为了对付那些从非竞争性行为中受益的人时。

（2）运用协作。当你发现两个方面都十分重要并且不能进行妥协或折中时；当你的目的是学习时；当你需要融合不同人的不同观点时；当你需要把各方意见合并到一起从而获得承诺时。

（3）运用回避。当问题微不足道，或还有更紧迫、更重要的问题需要解决时；当你认识到不可能满足你的要求和关心时；当问题解决后带来的潜在破坏性将超过它能获得的利益时；当收集信息比立刻决策更重要时；当其他人能更有效地解决冲突时；当这一问题与其他问题无关或是其他问题的导火索时。

（4）运用迁就。当你发现自己是错的，希望倾听、学习一个更好的观点，并能表现出自己的通情达理时；当该问题对别人比对你更重要，并可以满足别人和维持企业时；当你为了对以后的事情建立社会信任时；当别人胜过你，造成的损失会最小时；当融洽与稳定至关重要时；当你允许下属从错误中得到学习从而发展时。

（5）运用折中。当目标十分重要，但不值得采用更为自我肯定的做法造成潜在的破坏性时；当对手拥有同等的权力能为共同的目标做出承诺时；当一个复杂问题可以达成暂时的和解时；当时间十分紧迫需要采取一个权宜之计时；当合作或竞争办法都不成功时，它可以作为一项备用方案。

实践表明，谈判是一种始终存在于群体和组织中的活动。分配谈判能够解决争端，但它常常对谈判一方或多方的满意度产生消极影响，因为它看重的是短时效果，而且是对抗性的。相反，综合谈判更容易为谈判各方提供令人满意的结果，并建构起持久的关系。

本章练习题

（一）思考题

1. 什么是沟通？
2. 试述沟通的障碍及改善的方法。
3. 试结合实际阐述跨文化沟通面临的问题及跨文化沟通的建议。
4. 冲突具有哪些积极作用、哪些消极作用？
5. 功能正常的冲突与功能失调的冲突之间有什么差异？它的功能是由哪些因素决定的？
6. 在哪些条件下冲突会对群体有益？
7. 冲突的过程模型中包括了哪些要素？根据你的亲身经历，举例说明冲突是怎样经历五个阶段的。
8. 管理者如何在他的部门中激发冲突？
9. 在分配谈判中，哪些因素界定了和解区间？
10. 为什么在组织中综合谈判并未得到广泛应用？
11. 男性与女性对谈判的看法有没有差异？如果有的话，差异在哪里？
12. 为了提高你的谈判效果，你应做些什么工作？

（二）案例分析

关于冲突是否有益于组织的辩论

正方观点

让我们简要总结一下冲突能为组织带来的有利影响。

冲突可以带来激进的变革。冲突是一种很有效的机制，管理层通过它能极大地改变现有的权力结构、当前的互动模式以及人们固有的态度。冲突促进了群体的内聚力，尽管冲突增加了群体之间的敌对，但外界的威胁容易促使群体成员团结起来成为一个整体。群体间的冲突提高了个体对自己所属群体的认同感，增强了团结一致的感觉，消除了群体内部的差异和愤怒。

冲突提高了群体和组织的有效性。冲突的出现刺激了人们对新方法和新目标的寻求，并为变革开辟了道路。成功地解决冲突会带来更好的效果，它使成员之间更为信任、更为坦诚，相互之间吸引力更强，也会使未来的冲突不受个人情感的影响。事实上，人们发现，由于小分歧数目的增多，大摩擦的数目反而减少了。

冲突带来了稍高一些但更具建设性的紧张水平。如果冲突水平过低，则各方都缺乏足够的积极性来针对冲突做些工作。

当群体或组织回避冲突时，则可能受到冷漠、迟滞、群体思维及其他"虚弱疾病"的困扰。事实上，组织失败的原因更多来自冲突太少，而不是太多。近10年来，不少大型组织纷纷倒闭或经受着严重的财政挫折，这中间有史密斯·科罗纳打字机公司（Smith Corona）、西都联合公司（Western Union）、凯马特公司（Kmart）、蒙哥马利·沃德公司（Montgomery Ward）、莫里森·纳德森公司（Morrison Knudsen）、灰狗巴士长途汽车公司（Greyhound）以及数据计算机公司（Digital Computer）。这些公司有一个共同特点：对变化反应迟钝。它们的管理层变得太安于现状了，因而无法或不愿意实施变革。其实这些组织完全可以从功能正常的冲突中获益。

反方观点

的确，冲突可能是任何群体或组织中的一个固定组成部分，要想彻底化解冲突可能是不现实的。但是，我们没有理由仅仅因为冲突的存在而去崇拜它。所有的冲突都是功能失调的，这就是管理层的一项主要任务是通过人为力量尽可能使冲突减少到最低限度的原因，以下几个方面支持这种观点。

来自冲突的消极结果具有极大的破坏性。与冲突有关的一系列消极结果是十分可怕的。最明显的方面有：离职率提高、员工满意度下降、工作群体的效率低下、消极怠工员工抱怨与罢工，以及身体上的攻击。

有效的管理者建设团队精神。优秀的管理者建立合作的工作团队。冲突则正好与此目标背道而驰。成功的工作群体和成功的运动队一样，每个队员都知道自己的角色并支持其他队员的活动。对于一个运行良好的团队来说，它的整体效果应大于部分之和。管理者通过把内部冲突降到最低水平和促进内部合作两个办法来建设团队精神。

认可并激发冲突的管理者难以在组织中生存。在各种组织中，大多数首席执行官对冲突都持传统观点，那么所有认为冲突有价值的看法都值得商榷。传统观点认为任何冲突都是不利的。因此，当管理者的上级主管对其进行绩效评估时，如果发现他们在化解冲突的工作上表现不力，则常常不会对他们评价太好。反过来，这又减少了他的晋升机会。在这种环境下，任何希望晋升的管理者都会明智地遵循传统观点，化解任何冲突的外在迹象。不遵循这一建议的管理者最终会过早地离职。

问题：请结合上述材料内容谈谈你的看法。

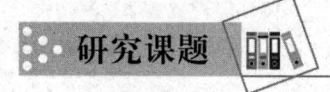

研究课题

一般情况下组织召开的会议会有哪些通病？如果你是会议组织者，应该如何组织召开一场有效的会议？

提示内容：没有明确的目标与程序、没有准备、主管失控、无法发言或离题、盲从或漠然、无人负责、无人追踪、太多人参加……

第十章 领导、领导力与领导理论

名人名言

> 理性和判断力是作为一个领导者的基本素质。
> ——泰西塔斯（古罗马的一个史官）
>
> 领导者就是那些想象力和预见力极度发达，但恐惧感发育不良，并且对胜负概率没有概念的人。
> ——罗伯特·贾维克（1946—，美国人工心脏的制造者）

学习目标

1. 比较领导与管理的异同；
2. 列出有效领导者的特质；
3. 定义并举例说明俄亥俄州领导维度；
4. 比较并对比特质理论与行为理论；
5. 阐述菲德勒的权变模型；
6. 描述魅力型领导者的特点；
7. 对比变革型领导与交易型领导。

本章关键词

领导；领导力；权力。

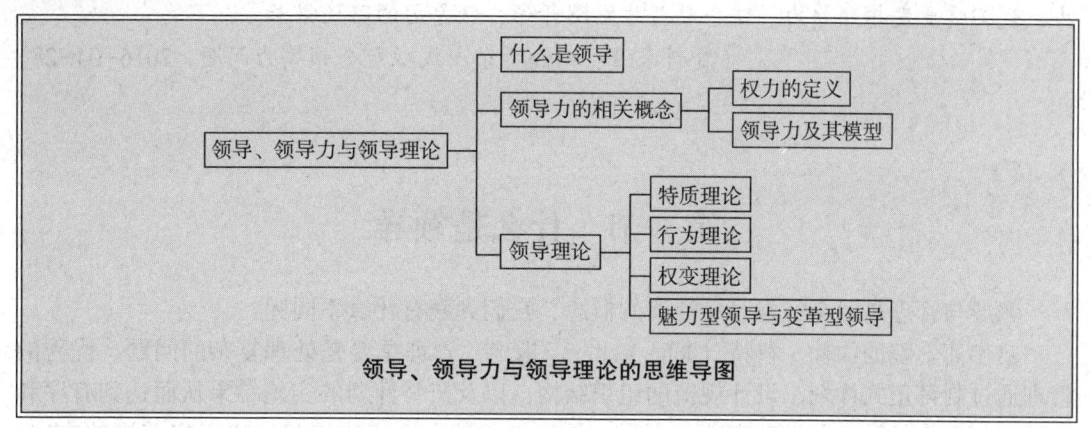

第十章 领导、领导力与领导理论

思维导图

```
领导、领导力与领导理论 ─┬─ 领导力的相关概念 ─┬─ 什么是领导
                       │                    ├─ 权力的定义
                       │                    └─ 领导力及其模型
                       └─ 领导理论 ─┬─ 特质理论
                                   ├─ 行为理论
                                   ├─ 权变理论
                                   └─ 魅力型领导与变革型领导
```

领导、领导力与领导理论的思维导图

开篇案例

个人成功是个领导力问题

记得2007年,一家房地产上市公司请我去给他们的高管讲讲管理。当时政府对房地产业采取了一些调控措施,房地产业的日子一时不太好过,于是该公司想:我们现在是不是要重视一下管理了?但是,这个调控很快过去,房地产业的日子又好起来了,这个公司后来大概又不琢磨管理的事了。

过去一些年,许多公司不太思考管理和领导力的事情:一是市场需求旺盛,它们站在了能把猪吹起来的风口上;二是决定它们竞争能力的主要是政府关系等非市场因素。但是事情总是会变化的。

有时候,预测未来的最好办法是回顾过去。回顾过去,我们可能会惊讶地发现,许多现在人们习以为常的观念,其实历史很短,比如"个人成功"。

管理大师德鲁克说,个人成功是个新近才有的概念。在过去,农民的儿子是农民,铁匠的儿子是铁匠,没有通过个人奋斗取得成功这回事。可以印证德鲁克的话是:所谓的"成功学"的确是最近一二百年才在美国兴起,而流传到中国则是最近30年的事情。

有趣的是,德鲁克本人在谈论领导力时,似乎忘记了,领导力和成功一样,是个历史概念。德鲁克说,古希腊人色诺芬的《居鲁士的教育》,是第一本系统讲述领导力的著作,也是迄今为止最好的领导力著作。

另有西方领导力学者则说,《孙子兵法》是最早的在当时和现在都有巨大影响力的领导力著作。而《孙子兵法》成书的时间,很可能比《居鲁士的教育》还要早上100多年。为什么要到19世纪初期,人们才会开始讨论这些角色共有的抽象特性,也就是领导力?

中国人开始讲领导力,比成功学应该还要晚一些。原因在于,过去30年的中国,就和19世纪初期的英国一样,社会在经历大转型。一方面,转型这个过程本身呼唤领导力;另一方面,转型的一个趋势就是从以权力为中心转型到以领导力为中心——这个趋势现在才刚刚开始。

最近30年的社会转型,使得我们开始相信个人可以通过奋斗取得成功,个人需要通过奋斗取得成功，所以成功学在中国颇为流行。同样，我们开始相信我们可以发挥领导力，我们需要发挥领导力。这个趋势才刚刚开始，领导力的路还很长。

(资料来源：刘澜．个人成功是个领导力问题，2016-04-28)

第一节　什么是领导

领导与管理是两个经常容易混淆的概念，它们到底有什么不同呢？

哈佛商学院的约翰·科特（John Kotter）指出，管理主要是处理复杂的问题。优秀的管理通过制订正式计划、设计规范的组织结构，以及监督计划的实施结果从而达到有序和一致。相反，领导主要处理变化的问题。领导者设置一个未来愿景，以确定前进的方向，接着，领导者与大家一起讨论该愿景，并激励大家克服障碍，从而达成一致。

虽然科特给两个概念划了一个界限，但是研究人员和一线管理者通常不这样划分界限。因此，我们需要通过另一种方式来定义领导，这种定义可以帮助我们理解在理论和实践中领导的含义。

我们把领导（Leadership）定义为：**影响一个群体实现其愿景或一系列目标的能力**。这种影响的来源可能是正式的，如来自组织中的管理职位。由于管理职位在一定程度上与正式授予的权威相关，一些人可能会认为领导角色仅仅来自在组织中所担任的职位。但是，并非所有的领导者都是管理者，也不是所有的管理者都是领导者。仅仅由于组织提供给管理者某些正式权力并不能保证他们实施有效的领导。我们发现那些非正式任命的领导，即影响力来自组织的正式结构之外的领导，他们的影响力与正式领导的影响力同等重要，甚至更为重要。换句话说，一个群体的领导者可以通过正式任命的方式出现，也可以从群体中自发产生出来。

一个组织如果要达到最佳效果，就需要强有力的领导与强有力的管理，认识到这点很重要。当今世界变化不断，我们需要领导有能力挑战现状、构建未来愿景，而且有能够激发成员实现愿景的意愿。例如，汽车制造业的三大巨头（福特、通用、戴姆勒—克莱斯勒）都认为自己的管理工作很优秀，却发现自己在领导方面不够有效，因为它们不能准确预测未来趋势（而它们的竞争对手如丰田，却可以准确预测未来趋势）。我们同样需要管理者制订具体的计划、构建有效的组织结构、监督每日的实施情况。

第二节　领导力的相关概念

一、权力的定义

（一）权力

权力（Power）指个体 A 对个体 B 施加影响，并使 B 按照 A 的意愿行事的能力。这个定义表明权力的两个方面：

（1）权力是潜在的，无须通过实践来证明它的有效性。
（2）权力需要一种依赖关系。

权力可以存在但不被使用，因此，我们可以说权力是一种能力或潜力。一个人可以拥有权力，但不运用权力。也许关于权力最重要的一点在于权力是依赖（Dependency）的函数。B 对 A 的依赖性越强，则在他们的关系中 A 的权力就越大。反过来，依赖感取决于 B 感知到的其他选择方案以及 B 对 A 所控制的选择方案的重要性的评价。只有当一个人控制了你所渴望拥有的事物时，他才拥有对你的权力。如果你想获得一个大学文凭，并且不得不参加一门课的考试来达到这一目的，而你目前的老师是全校中唯一讲授这门课的老师，那么他就拥有了对你的权力，你的选择是极其有限的，所以你会高度重视是否通过考试。

（二）领导与权力的比较

如果细心地比较一下我们对权力的描述，以及在前面两章对领导的介绍，你就会发现这两个概念是密切相关的。领导者将权力作为实现群体目标的手段。同时，权力又是促使领导努力达成目标的工具。

领导与权力的区别是什么呢？

（1）目标的相容性。权力不要求构成权力关系的双方具有一致的目标，只需要依赖性。然而，领导则要求领导者和被领导者的目标具有一定的一致性。

（2）影响的方向。领导权侧重于向下对下属施加影响，而尽量减少横向的和向上的影响。权力则不然。

（3）研究重点。关于领导的研究主要强调领导方式，它寻求对下列问题的答案：一个领导者应该有多强的支持性？下属应在多大范围内参与决策？相反，关于权力的研究更为广泛，主要关注赢得服从的权术方面。因为群体和个人都可以使用权力来控制其他个体或群体，所以权力的实施者不只局限于个人的范畴。

（三）正式权力

正式权力来源于个人在组织中的职位。正式权力可以是强制力、奖赏的能力，也可以是正式的权威。

1. 强制性权力

强制性权力（Coercive Power）建立在惧怕的基础之上。如果不服从会带来消极的后果，那么鉴于对这种消极后果的惧怕，个体往往会对该权力就范。这种权力依靠体罚或者威胁使用体罚，如身体的疼痛，限制活动而引致挫败感，以及对基本的生理或安全需要的控制。强制性权力的一个例子是性骚扰，一些个体利用权力或职位并以有害的方式来强制或者威胁他人。研究表明，权力差距大的时候容易发生性骚扰。

2. 奖赏性权力

与强制性权力相对应的是奖赏性权力（Reward Power）。当人们服从他人的愿望或指示是因为这种服从能给他们带来益处时，奖赏性权力就产生了；因此，如果一个人能够给其他人带来大家认为有价值的奖赏，那么这个人对其他人就拥有了权力。奖赏可以是财务性的，也可以是非财务性的：

（1）财务性的：控制工资水平、加薪、奖金；

（2）非财务性的：认可、晋升、有趣的工作任务、友好的同事、个人喜欢的轮班方式或者销售区域安排。

3. 法定性权力

在正式的群体或组织中，获取一种或多种权力基础的最常见的途径大概要算一个人在组织结构中的职位了。由此获得的权力就是法定性权力（Legitimate Power），它意味着控制和使用组织资源的正式权威。职位的权威包括强制性和奖赏性权力。但是，法定性权力的涵盖面比强制性和奖赏性更为宽泛。特别值得一提的是，这种权力包括组织成员对职位权威的接受和认可。

4. 个人权力

在组织中要想拥有权力不一定需要通过正式职位来获取。例如，在英特尔公司，很多能力突出的芯片设计师就具有权力，但是他们并不是管理者，也没有正式的权力。他们拥有的是个人权力——这些权力来自个体独有的某些特点。在本节，我们研究个人权力的两种基础——专家性权力，以及来自他人的尊重和羡慕。

（1）专家性权力。专家性权力（Expert Power）来源于专长、技能和知识。由于世界的发展越来越依靠技术的发展，专门的知识技能也由此成为权力的主要来源之一。工作分工越细，专业化越强，我们目标的实现就越依赖专家。例如，我们知道医生因为具有专业技能而拥有专家性权力，所以我们大多数人都听从于医嘱。除此之外，我们还可以看到，计算机专家、税务会计师、经济学家、工业心理学家以及其他各种专家，都会因为他们的技能而获得一定的专家性权力。

（2）参照性权力。参照性权力（Referent Power）的基础是对于某个拥有理想的资源或个人特质的个体的认同。如果我喜欢你、尊重你并且羡慕你，那么，你就可以对我施加权力，因为我想取悦于你。参照性权力的形成是由于对他人的崇拜以及希望自己也成为那样的人。参照性权力有助于解释为什么人们会花几百万美元请名人做产品广告。获取参照性权力的一个途径是展现魅力。一些具有参照性权力的人，尽管没有正式的领导职位，却也能够对他人施加影响，这是因为他们富有魅力、精力充沛、招人喜欢，以及能令他人动情。

5. 权力基础的有效性

研究结果清楚表明，在三种正式权力（强制性、奖赏性、法定性）基础和两种个人权力（专家性、参照性）基础中，个人权力来源最有效。专家性权力和参照性权力都和员工对上司的满意度、组织承诺以及绩效正相关，而奖赏性权力和法定性权力则与那些变量无相关性。而且，正式权力的来源之一——强制性权力——实际上会适得其反，因为它和员工满意度和承诺表现出负相关。

二、领导力及其模型

（一）领导力

领导力（Leadership）就是指在管辖的范围内充分地利用人力和客观条件以最小的成本办成所需的事，提高整个团体的办事效率。比较常见的领导力开发方法包括《CEO必读12篇》中的领导力提升、EMBA及EDP项目等。领导力与组织发展密不可分，因此常常将领导力和组织发展放在一起，衍生出了更具实战意义的课程"领导力与组织发展"。

领导力心理学是以心理学为基础,以管理应用为实践,以组织实验为依托,塑造管理者的领导魅力;重新审视管理者的误区,突破管理瓶颈,改善管理氛围;培养管理工作中让别人说"是"的能力——让否定、拒绝、抵抗、放弃变成认同、接纳、支持、执行;应用于领导、管理、沟通、团队、策划、营销等诸多领域。

(二)领导力五力模型

1. 领导力五力模型的构成

根据领导力概念谱系,领导力是支撑领导行为的各种领导能力的总称,其着力点是领导过程;换言之,领导力是为确保领导过程的顺利进行或者说领导目标的顺利实现服务的。基于领导过程进行分析,可以认为,领导者必须具备如下领导能力:

(1) 对应于群体或组织目标的目标和战略制定能力(前瞻力);

(2) 对应于或来源于被领导者的能力,包括吸引被领导者的能力(感召力)及影响被领导者和情境的能力(影响力);

(3) 对应于群体或组织目标实现过程的能力,主要包括正确而果断决策的能力(决断力)和控制目标实现过程的能力(控制力)。

这五种关键的领导能力就构成了领导力五力模型(见图10-1)。

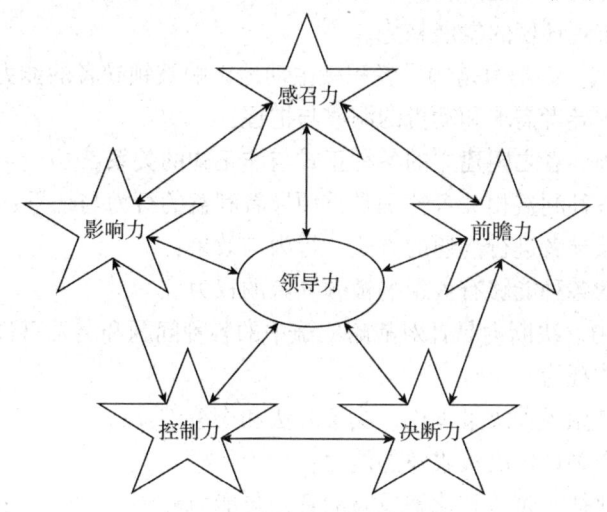

图10-1 领导力五力模型

领导力五力模型中的五种领导能力对领导者而言都非常重要,但这些领导能力并不处于同一层面,在五种领导力中,感召力是最本色的领导能力,一个人如果没有坚定的信念、崇高的使命感、令人肃然起敬的道德修养、充沛的激情、宽厚的知识面、超人的能力和独特的个人形象,他就只能成为一个管理者而不能修炼为一个领导者,因此,感召力是处于顶层的领导能力;但是,一个领导者不能仅仅追求自己成为"完人",领导者的天职是带领群体或组织实现其使命。这样就要求他能够看清组织的发展方向和路径,并能够通过影响被领导者实现团队的目标,就此而言,前瞻力和影响力是感召力的延伸或发展。是处于中间层面的领导能力;同时,领导者不能仅仅指明方向就万事大吉,在实现目标的过程中随时都会出现新的意想不到的危机和挑战,这就要求领导者具备超强的决断力和控制力,在重大危机关头能够果断决策、控制局面、力挽狂澜,也就是说,作为前瞻力和影响力的延伸和发展，决断力和控制力是处于实施层面的领导能力。

2. 领导力五力模型分析

（1）领导感召力。感召力是最本色的领导能力，领导学理论中最经典的特质论研究的核心主题就是感召力。感召力主要来自于以下五个方面：

①具有坚定的信念和崇高的理想；

②具有高尚的人格和高度的自信；

③具有代表一个群体、组织、民族、国家或全人类的伦理价值观和臻于完善的修养；

④具有超越常人的大智慧和丰富曲折的阅历；

⑤不满足于现状，乐于挑战，对所从事的事业充满激情。

（2）领导前瞻力。前瞻力从本质上讲是一种着眼未来、预测未来和把握未来的能力。具体分析，前瞻力的形成主要与下列因素有关：

①领导者和领导团队的领导理念；

②组织利益相关者的期望；

③组织的核心能力；

④组织所在行业的发展规律；

⑤组织所处的宏观环境的发展趋势。

（3）领导影响力。影响力是领导者积极主动地影响被领导者的能力，主要体现为：

①领导者对被领导者需求和动机的洞察与把握；

②领导者与被领导者之间建立的各种正式与非正式的关系；

③领导者平衡各种利益相关者特别是被领导者利益的行为与结果；

④领导者与被领导者进行沟通的方式、行为与效果；

⑤领导者拥有的各种能够有效影响被领导者的权力。

（4）领导决断力。决断力是针对战略实施中的各种问题和突发事件而进行快速和有效决策的能力，主要体现为：

①掌握和善于利用各种决策理论、决策方法和决策工具；

②具备快速和准确评价决策收益的能力；

③具备预见、评估、防范和化解风险的意识与能力；

④具有实现目标所需要的必不可少的资源；

⑤具备把握和利用最佳决策及其实施时机的能力。

（5）领导控制力。控制力是领导者有效控制组织的发展方向、战略实施过程和成效的能力，一般是通过下述方式来实现的：

①确立组织的价值观并使组织的所有成员接受这些价值观；

②制定规章制度等规范并通过法定力量保证组织成员遵守这些规范；

③任命和合理使用能够贯彻领导意图的干部来实现组织的分层控制；

④建立强大的信息力量以求了解和驾驭局势；

⑤控制和有效解决各种现实的和潜在的冲突以控制战略实施过程。

第三节　领导理论

一、特质理论

纵观历史，强有力的领导人，如佛陀、拿破仑、毛泽东、丘吉尔、撒切尔夫人和里根等，都被描述为特质明显的人。例如，玛格丽特·撒切尔担任英国首相时期，人们一般这样描述她：自信、铁腕、坚定、果断。

（一）领导特质理论（Trait Theory of Leadership）内容

根据人格特征区分领导者和非领导者。像玛格丽特·撒切尔（Margaret Hilda Thatcher）、南非前总统曼德拉（Nelson Rolihlahla Mandela）、维京集团的 CEO 理查德·布兰森（Richard Branson）、苹果公司的共同创办人史蒂夫·乔布斯（Steven Paul Jobs）、美国运通的主席肯尼斯·切诺特（Kenneth Chenault）等都被公认是领导人，他们通常被描述为富有魅力、热情、果断。人们从人格、社会、身体和智力等方面去研究领导，以及从这些方面去区分领导与非领导，这种做法可以追溯到领导研究的最初阶段。

许多试图分离领导特质的研究都以失败而告终。比如，20 世纪 60 年代末的一份研究综述了 20 篇研究报告，共列出了近 80 项领导特质，然而其中只有 5 项特质在 4 篇以上的文章中出现。到 20 世纪 90 年代，经过无数的研究和分析之后，能够得到的结论也莫过于"多数领导者和其他人不同"，但是关于领导者具备的独特特质到底是什么这一问题却有很多不同看法，不同的综述有不同的观点。当时对这个问题的认识很含混。

当研究人员开始根据大五人格结构去划分特质时，突破终于出现了。大五人格结构包括外向性、宜人性、尽责性、情感稳定性、对经验的开放性。有一点很明确，那就是在关于领导的研究综述中出现过的几乎所有特质都可以划分在大五人格结构的某个维度下面。这个方法使下列观点得到一致的、强有力的支持：特质是领导力的预测指标；抱负和活力（领导者普遍具备的两个特质）可以划归到外向性下面，研究者不再强调这两个具体的特质，而是把它们纳入外向性这一更宽泛的概念中进行分析。

一份对领导的全面研究综述（以大五为中心）发现，外向性是有效领导者的最重要特质。但是结果也显示，外向性和领导气度（Leader Emergence）的相关度高于它和领导有效性（Leader Effectiveness）的相关度。这并不令人特别惊讶，因为爱好交际且有权威的人更倾向于维护自己在群体情境中的地位。尽责性和对经验的开放性两个维度也和领导有着较显著的、一致的相关关系，不过没有外向性与领导的相关性强。宜人性和情感稳定性两个维度则和领导的相关性不强。总体而言，特质论对研究领导有一定贡献。外向的（喜欢和人交往，并能够坚持自己的权利）、尽责的（遵守纪律、严守承诺）、对经验开放度高的（有创造力的、灵活的）领导的确在领导力方面有优势，这表明优秀的领导具备一些共同特质。

近期的研究表明，还有一项特质会影响领导的有效性，那就是情商（EQ）。我们已经在此前讨论过这一概念。支持 EQ 的学者指出，如果情商不高，一个人即使受过出色的训练、拥有高水平的分析能力和令人佩服的预见力，并能够提出无数个了不起的观点，也无法成为一个优秀的领导人。对于一个人在组织中能否晋升这一点非常明显。情商似乎是影响有效领导的关键因素，因为情商的一个重要组成部分是移情（Empathy）。具有移情能力的领导能够感受到他人的需要，善于聆听下属说什么（并且自己不说），并能读懂他人的反应。正如一位领导人所言："移情包含关心这个内容，尤其是当你关心和你一起工作的人时，能够促使他们在境况变糟时仍然留下来为你工作。多数情况下，仅仅关心这一项就能够为你赢来下属的忠诚。"

尽管支持者认为情商很重要，但是情商与领导有效性之间的相关关系研究却较其他特质为少。一位综述者指出："推测情商的实际作用的时机还不成熟，尽管有这样的警示，情商还是被不少组织视为治疗组织弊病的万能药，这是因为当前的观点认为情商是实现有效领导的关键因素。"

（二）领导特质理论的结论

根据最新的研究成果，我们做出以下两点结论：

（1）特质可以预测领导。20年前的研究结果却恰恰相反，不过这可能是因为当时缺乏划分和构建特质的有效工具，而大五人格结构弥补了这个不足。

（2）特质对领导气度和领导仪态的预测效果，好于对现实中有效领导者与无效领导者的预测效果。当一个人表现出领导气度，并且其他人视之为带领群体实现目标领导时，他未必能够成功。

二、行为理论

由于早期对特质的研究并没有取得预期效果，于是，在20世纪40年代末期，研究者开始把注意力转到一个不同的方向。他们开始研究具体的领导者表现出的行为，想知道有效的领导者是否具有独特的行为方式。我们用现代的例子来说明，西贝尔系统（Siebel Systems）公司的主席汤姆·西贝尔（Tom Siebel）和甲骨文的CEO拉里·埃里森（Larry Ellison）都曾成功地领导各自的公司度过了艰难时期。而且他们两人具有共同的领导风格——严厉、强硬和专制。这是否表明专制行为被大多数领导者偏爱？为了回答这一问题，我们在此介绍三个不同的领导行为理论（Behavioral Theories of Leadership），不过我们先来看看行为观点在实践中的意义。

如果领导的行为理论是成功的，它的意义将与特质理论的意义大不相同。如果特质理论正确，那它就会为有需要的群体或组织选拔"正确"的人提供了基础；如果行为研究能够发现决定有效领导的关键行为因素，我们就可以培训出领导者。特质理论与行为理论在实践方面的差异源于两者的理论假设不同。特质理论假定领导者是天生的，而不是后天可以培养的。然而，如果我们把具备某些具体行为的人当作领导，那么我们就可以培养领导——我们可以设计一些项目，把领导的行为模式移植给期望成为有效领导的人。显然，后者是一条更令人兴奋的研究途径，因为它意味着领导者的队伍可以不断壮大。如果培训有效，我们可以拥有无数个有效的领导者。

（一）俄亥俄州立大学的研究

最全面且被后人重复最多的行为理论来自20世纪40年代末期在俄亥俄州立大学

(Ohio State University)进行的研究，俄亥俄州的研究者旨在确定领导行为的独立维度。他们根据下属对领导行为的描述，最初列出了1 000多个因素，最后归纳出两大类——结构维度和关怀维度，这两大类基本上涵盖了下属给出的行为描述。

（1）结构维度（Initiating Structure）指的是在追求目标的过程中，领导者在多大程度上愿意界定和建构自己与下属的角色，它包括组织、工作关系和工作目标行为。高结构特点的领导者向小组成员分派具体工作，期望员工保持一定的绩效标准，并强调工作的最后期限。拉里·埃里森和汤姆·西贝尔的行为都体现了高结构特点。

（2）关怀维度（Consideration）是指领导者在多大程度上尊重和关心下属的看法与情感，并愿意和下属建立相互信任的工作关系。高关怀特点的领导者关心下属的生活、健康、地位和满意度。他们通常被描述为愿意帮助下属解决个人问题、友善、平易近人，并公平对待每一位下属。美国在线时代华纳公司（AOL Time Warner）的总裁理查德·帕森斯（Richard Parsons）具有高关怀特点，他的领导风格是典型的员工取向，强调合作与达成共识。

人们曾经认为俄亥俄州的研究结果是令人失望的。然而，近期的一个研究综述指出：对这个双因素概念模型的否定显得过于草率，因为该综述分析了160项研究，结果发现，结构维度和关怀维度都与有效领导相关。具体来讲，关怀维度与个体的相关性更强。换句话讲，高关怀特征的领导，其下属具有更高的工作满意度和激励水平，并且对领导更加尊重；而结构维度与群体和组织的高生产力、高绩效水平相关性更强。

（二）密歇根大学的研究

差不多与俄亥俄州立大学的研究同期，密歇根大学（University of Michigan）调查研究中心也对领导行为进行了研究，两者的研究目的也相似：确定有效领导者的行为特点。

密歇根大学的研究团队也将领导行为划分为两个维度，分别称为员工导向和生产导向。员工导向的领导者（Employee-oriented Leader）重视人际关系，他们关心下属的需要，并认可员工的差异性。相反，生产导向的领导者（Production-oriented Leader）更强调工作技术或工作任务，他们更关心群体任务的完成情况，并把群体的成员视为达到目标的工具。这两个维度——员工导向与生产导向——与俄亥俄州立大学研究中的两个维度高度相关。员工导向型领导和关怀维度相似，生产导向型领导和结构维度相似。事实上，研究领导的多数学者在使用这两组维度时都认为它们是没有差别的。

密歇根大学的研究者的结论十分认可员工导向的领导者。员工导向的领导者与群体高生产率和高工作满意度呈正相关；而生产导向的领导者则与低群体生产率和低工作满意度联系在一起。虽然密歇根大学的研究表明，员工导向型领导（或称之为关怀维度）比生产导向型领导（或称之为结构维度）重要，但是，俄亥俄州的研究赢得了更多的关注，因为该研究认为关怀维度和结构维度都是影响有效领导的重要因素。美国得克萨斯大学（University of Texas）的行为科学家罗伯特·布莱克（Robert R. Blake）和简·莫顿（Jane S. Mouton）两人在俄亥俄州立大学研究和密歇根大学研究的基础上，提出了管理方格（Managerial Grid）理论（现在有时被称为领导方格理论）。管理方格理论包括"关心人"和"关心生产"两种领导风格；这两个风格实质上相当于俄亥俄州立大学的关怀维度与结构维度，以及密歇根大学的员工导向和生产导向维度。

（三）特质理论与行为理论小结

根据研究文献可以得知，行为理论和特质理论加深了我们对领导有效性的理解。具有某种特质的领导，以及具有高关怀特点、高结构特点行为的领导，的确更加有效。也许特质理论和行为理论可以结合起来。例如，你可能认为尽责的领导（尽责性是一个特质）会表现出高结构性特点（结构维度属于行为特征），也许外向的领导（外向性是一种特质）更关怀下属（关怀是一种行为）。遗憾的是，我们还不确定是否存在这种联系，将来的研究需要将两者结合起来去探讨。

三、权变理论

许多领导者的起起落落——比如安然的总裁肯尼思·莱（Kenneth Lay）和杰弗瑞·斯基林（Jeffrey Skilling）——表明，预测成功的领导远比确认一些特质或者行为复杂得多。在20世纪中期，研究者认为无法在特质和行为方面获得一致的结果，因此，他们转向研究情境的影响作用。领导风格与有效性之间的关系表明，在条件A下，X风格恰当可行；Y风格则更适合条件B；Z风格更适合条件C。但是，条件A、B、C到底是什么呢？虽然提出领导有效性取决于情境这样一个观点很容易，但要把这些情境条件确认并分离出来还是颇有难度。研究结果表明，某些情境变量的分离方法比其他方法更为成功，并因此而赢得了更为广泛的认可。我们将首先介绍其中的菲德勒模型，并在接下来继续介绍领导者—成员交换理论和路径—目标理论。

（一）菲德勒权变模型

第一个综合的领导模型是由弗雷德·菲德勒（Fred Fielder）提出的。菲德勒权变模型（Fiedler Contingency Model）指出，有效的群体绩效取决于以下两个因素的有效匹配：领导者的风格以及情境对领导者的控制程度。

1. 确定领导风格

菲德勒相信影响领导成功的关键因素之一是领导者的基本领导风格，因此他第一步就是要找出这种基本领导风格。为此，他设计了 LPC 问卷（Least Preferred Coworker Questionnaire），问卷旨在测量个体属于任务取向型还是关系取向型。问卷由16组对照形容词构成（如快乐-不快乐、高效的-无效的、开放的-戒备的、支持的-敌对的）。作答者需要首先回想一下和自己共事过的所有同事，并从中找出一个自己最不愿意共事的人；然后，运用上述16组形容词对该人进行评价，评价等级为1~8级。菲德勒相信，根据一个人对 LPC 问卷的回答，可以判断出他的基本领导风格。如果以相对积极的词汇描述最难共事者（LPC 得分高），则回答者很乐于与同事形成友好的人际关系。也就是说，如果你把最难共事的同事描述得比较积极，根据菲德勒模型你就是关系取向型。相反，如果你对最难共事的同事看法比较消极（LPC 得分低），那你可能对生产力更感兴趣，因而被称为任务取向型。另外，有大约16%的回答者的分数处于中间水平，很难被划分为任务取向型或关系取向型，从而超出了该理论的预测范围。因此，下面的讨论都是针对其余84%的人进行的，他们要么是高 LPC，要么是低 LPC。

菲德勒认为一个人的领导风格是固定不变的。假定某个情境需要任务取向的领导者，而在此领导岗位上的却是关系取向型的领导者，那么要达到最佳效果，要么改变情境，要么替换领导者。

2. 确定情境

用 LPC 问卷对个体的基本领导风格进行评估之后，管理者必须评估情境，并将领导者与情境进行匹配。菲德勒列出了三项权变维度，他认为这三项维度是确定领导有效性的关键要素：

①领导者-成员关系：领导者对下属的信任、信赖和尊重程度。
②任务结构：工作任务的结构化或非结构化程度。
③职位权力：领导者对权力变量，如聘用、解雇、训导晋升、加薪等的影响度。

菲德勒模型的下一步是根据这三项权变变量来评估情境：

①领导者-成员关系是好还是差；
②任务的结构化程度是高还是低；
③职位权力是强还是弱。

菲德勒指出，领导者-成员关系越好，任务的结构化程度越高，职位权力越强，则领导者拥有的控制力越强。比如，在一个非常有利的情境中（此时，领导者的控制力很强），一位薪酬经理深得员工的尊重和信任（领导者-成员关系好），他所从事的工作（如薪金计算、报表填写）具体明确（工作结构化高），工作还赋予了他奖惩员工的自由（职位权力强）；相反，在一个不利的情境中，一个名为 United Way 组织的自愿筹资小组的主席可能不受大家欢迎，同时对小组的控制力也很弱。总之，我们把三项权变变量结合起来，便得到八种不同的情境或类型，每个领导者都可以从中找到自己的位置（见图 10-2）。

类别	Ⅰ	Ⅱ	Ⅲ	Ⅳ	Ⅴ	Ⅵ	Ⅶ	Ⅷ
领导-成员的关系	好	好	好	好	差	差	差	差
任务结构	高	高	低	低	高	高	低	低
职位权力	强	弱	强	弱	强	弱	强	弱

图 10-2 领导者八种情况类型

3. 领导风格与情境匹配

掌握了个体的 LPC 分数并评估了三项权变维度之后，菲德勒模型指出，二者相互匹配时，会达到最佳的领导效果。根据研究结果，菲德勒做出总结，任务取向的领导者在非常有利和非常不利的情境下的工作更有效（见图 10-3）。据此，菲德勒预测，当处在Ⅰ、Ⅱ、Ⅲ、Ⅶ、Ⅷ型的情境时，任务取向的领导者干得更好。而关系取向的领导者则在中等有利的情境，即Ⅳ、Ⅴ、Ⅵ型的情境中工作更有效。近几年来，菲德勒将八种情境类型归纳为三个。现在，他认为任务取向的领导者在高控制和低控制的情境中表现最佳，而关系取向的领导者在中等控制的情境中表现最好。在试图匹配领导者与情境时，我们可以运用菲德勒的研究成果。个人的 LPC 分数决定了他最适用于何种情境类型，而情境类型则通过对三项权变因素的评估来确定，这三项因素分别是领导者-成员关系、任务结构和职位权力。但是要记住，按照根据菲德勒的观点，个人的领导风格是固定不变的。因此，要提高领导者的有效性，实际上只有两条途径：

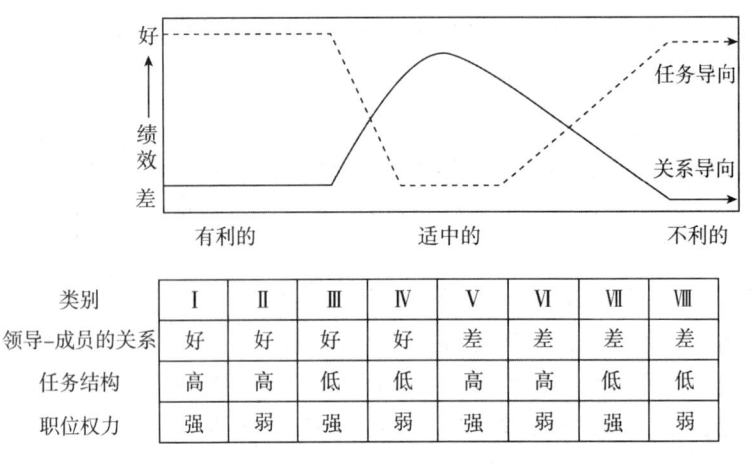

图 10-3 菲德勒模型的研究结果

类别	Ⅰ	Ⅱ	Ⅲ	Ⅳ	Ⅴ	Ⅵ	Ⅶ	Ⅷ
领导-成员的关系	好	好	好	好	差	差	差	差
任务结构	高	高	低	低	高	高	低	低
职位权力	强	弱	强	弱	强	弱	强	弱

替换领导者以适应情境。这就好比在棒球比赛中，教练可以根据击球手的情境特点而决定起用左手投球手还是右手投球手。因此，举例来讲，如果群体所处的情境被评估为十分不利，而目前的管理者又是关系取向型，那么用一个任务取向的管理者来替换他就能够提高群体绩效。

改变情境以适应领导者。要改变情境，我们可以重建任务，也可以提高或者降低领导者对加薪、晋职、训导等活动的控制力。

4. 评估

总体来说，有很多研究对菲德勒模型的总体效度进行了考察，并得出十分积极的结论。很多研究结果支持菲德勒模型，或者至少支持其中一部分。如果在运用该模型进行预测时，使用的是简化的三种情境类型，而不是之前的八种类型，那么就有更大量的数据支持菲德勒的结论。但是，LPC 量表以及该模型在实际应用中也存在一些不容忽视的问题。例如，LPC 量表背后的逻辑是什么还不是很肯定，而且，一些研究发现回答者的 LPC 分数并不稳定。除此之外，权变变量实际评估起来也过于复杂和困难。在实践中，往往很难确定领导者-成员关系有多好，任务的结构化有多高，以及领导者拥有的职权有多大。

（二）领导-成员交换理论

到目前为止，我们所介绍的领导理论大多都基于这样一个假设：领导者对待所有下属的方式是一样的。这些理论假定：领导者使用一种非常同质的风格对待工作单位的所有人。但请你回想一下自己在群体中的经历。你是否注意到，在群体中领导者对待不同下属的方式非常不同？领导者对自己的圈内人士是否更为眷顾？如果你对这两个问题的回答都是肯定的，那你已经接触到领导者-成员交换理论的理论基础。领导者-成员交换理论（Leader-member Exchange Theory，LMX）指出，由于时间压力，领导者与下属中的少部分人建立了特殊关系。这些人成为圈内人士，他们受到信任，得到领导者更多的关照，也更可能享有特权。而其他下属则成为圈外人士，他们与领导者共处的时间较少，获得满意奖励的机会也较少，他们的领导-下属关系是在正式的权力系统基础上形成的。

该理论指出，在领导者与某一下属进行接触的初期阶段，领导者就暗自将该下属划入圈内或圈外，并且这种关系是相对稳定不变的。领导者通过奖励那些他想与之建立密切关系的下属，并惩罚那些他不想建立密切关系的下属来促使 LMX。但是要保持 LMX 关系不受破坏，领导者和下属都必须不断为该关系投入。

领导者到底怎样挑选圈内人和圈外人尚不清楚，但有证据表明领导者倾向于将具有下面特点的人员选入圈内：与领导者的态度和人格特质相似，或者能力水平高于圈外人士（见图10-4）。例如，下属如果是掌握型取向（Mastery Orientation）——为了把工作做好，非常重视对工作所需技能和知识的学习，往往可以发展亲密的 LMX，因为这些员工能够为上司提供有价值的信息和经验。结果就是，上司为这些员工提供发展技能和自我提高的机会，这也有利于组织发展。不过，频频与上司交流似乎仅仅对高 LMX 的员工有利，原因很可能在于，上司觉得与低 LMX 的员工频频交流很令人讨厌且浪费时间。在此需要指出的是，虽然是领导者在进行选择，但是下属的特点对领导的归类决策起驱动作用。

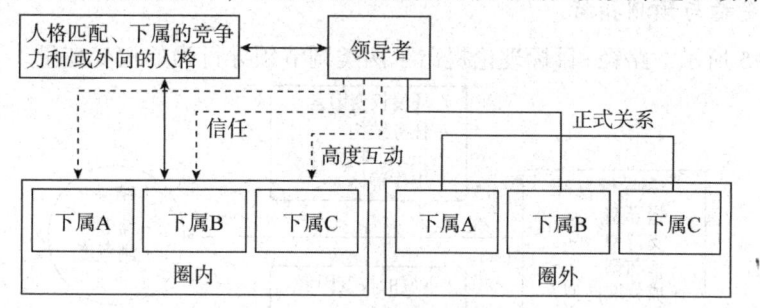

图 10-4　领导者-员工交换理论

几乎没有下属愿意成为领导者的圈外人。但是，成为领导者的圈内人也有危险，因为你的运气会随着领导的起伏而变化。举例来讲，当 CEO 被免职时，他的圈内人通常一起离开。当泰科（Tyco）的 CEO 丹尼·斯科茨洛夫斯基（Dennis Kozlowski）被开除时，他最亲密的助手——CFO 马克·斯沃茨（Mark Swartz）最后也被迫辞职，虽然马克在华尔街享有盛誉，并被视为最理解泰科公司复杂事务的执行官之一。

验证 LMX 理论的相关研究在整体上都支持该理论。具体来说，相关的理论和研究为以下观点提供了大量佐证：

①领导对待下属的方式有差异；

②这种差异绝不是随机的；

③与圈外的下属相比，圈内的下属有着较高的绩效等级、较低的离职倾向，并且对上司的满意度较高，整体满意度也较高。

这些关于圈内成员正面结果的研究发现并不奇怪，我们都知道自我实现预言的存在。领导者把资源投到他们期望表现最好的下属身上，因为领导者认为圈内的成员最有竞争力，所以他们会把资源投到圈内人身上，从而在不知不觉间实现了预言。

（三）路径-目标理论

加拿大多伦多大学（University of Toronto）的组织行为学教授罗伯特·豪斯（Robert House）创建的路径-目标理论，从俄亥俄州立大学提出的研究领导的两个维度以及激励的期望理论中吸收了一些要素。

1. 理论内容

路径-目标理论（Path-goal Theory）的核心在于，领导者的工作是为下属提供信息、支持或者其他必要的资源，从而帮助下属实现他们的目标。"路径-目标"这一概念来自这样一种观点，即有效的领导者帮助下属明确工作目标，从而为下属指明前进的道路；此外，还要帮助下属清理各种路障，使下属的道路更加通畅。

2. 领导行为

豪斯确定了四种领导行为：指导型领导让下属知道自己对他们的期望，安排工作日程，并对如何完成任务给予具体指导；支持型领导十分友善，并表现出对下属需求的关怀；参与型领导在决策之前与下属共同磋商，并充分考虑下属的建议；成就取向型的领导设置有挑战性的目标，并期望下属发挥他们的最佳水平。与菲德勒的观点相反，豪斯认为领导者是灵活的，同一领导者可以根据不同的情境需要而体现出任何一种领导风格。

3. 权变变量与预测指标

如图10-5所示，路径-目标理论提出了两类调节领导行为的权变变量。

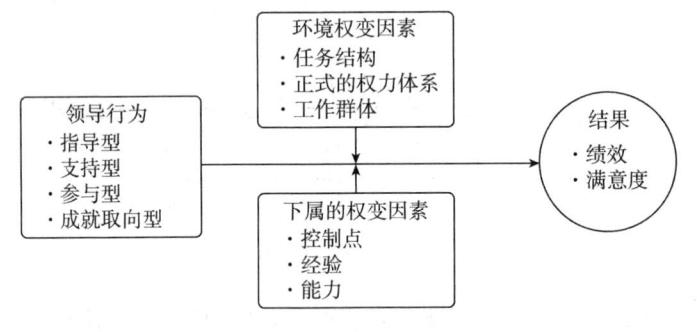

图 10-5 路径-目标理论

（1）处于下属控制范围之外的环境变量（任务结构、正式的权力系统以及工作群体）。

（2）下属人格特征中的部分特点（控制点、经验、感知到的能力）。

要实现下属的工作产出最大化这一目标需要恰当的领导行为，环境因素决定了哪种类型的领导行为最合适，而下属的个人特点决定了如何解释环境和领导者的行为。因此，该理论指出，当领导行为与环境结构资源重复多余时，或者当领导行为与员工的特征不一致时，领导效果不佳。举例来讲，路径-目标理论对以下几点做出预测：

①与具有高度结构化和安排完好的任务相比，当任务不明朗或压力过大时，指导型领导会带来更高的满意度；

②当下属执行结构化任务时，支持型领导会带来员工的高绩效和高满意度；

③对于能力突出或经验丰富的下属，指导型的领导可能被视为累赘多余；

④内控型下属对参与型领导更为满意；

⑤当任务结构不清时，成就取向型领导能够提高下属的期待水平，使他们坚信努力工作必会带来高绩效。

（3）评价。由于路径-目标理论过于复杂，要验证它非常困难。一项综述显示，研究数据对理论的支持与否不一致。正如这项综述的作者所说："这些结果表明，要么就是有效的领导没有像理论指出的那样去消除员工路径中的路障和陷阱，要么就是这些障碍的本质与理论提出的观点不一致。"另外一项综述表明，理论缺少支持是"令人震惊和失望的"。这些结论受到一些学者的挑战，这些学者指出，目前对该理论的验证性研究还不足以下结论。因此，我们可以放心地说，"陪审团"仍在关注路径-目标理论的有效性。因为验证该理论的工作非常复杂，所以这个"案子"的审理还需要假以时日。

四、魅力型领导与变革型领导

下面，我们考察两个当代的领导理论。它们有着共同的主题，都把领导者看作能够通过自己的言语、观点和行为激励下属的个人。这两个理论是魅力型领导理论和变革型领导理论。

（一）魅力型领导理论

约翰·肯尼迪（John Fitzgerald Kennedy）、马丁·路德·金（Martin Luther King）、罗纳德·里根（Ronald Wilson Reagan）、比尔·克林顿（William Jefferson Clinton）、玛丽·凯·阿希（Mary Kay Ash）（玫琳凯化妆品的创始人）、史蒂夫·乔布斯（苹果电脑的共同创始人）以及纽约市的前市长鲁迪·朱利安尼（Rudy Giuliani）都是公认的魅力型领导者，经常被大众提起。那么，他们有什么共同点吗？

1. 什么是魅力型领导

马克斯·韦伯（Max Weber）是一位社会学家，也是第一位讨论魅力型领导的学者。一个多世纪以前，他把魅力（在希腊语中是"礼物"）定义为"人格中的一种品质，具有这种品质的人和普通人不同，他们看起来好像被赋予了超自然的或超人的能力，或者至少是某种罕见的能力或品质。一般常人不可能拥有这些特质，他们被视为神圣的或者典范的。因此，具有这些特质的人就被当作领导对待了"。韦伯指出，魅力型领导是理想的权威类型之一。

最早在组织行为学研究领域分析魅力型领导的是罗伯特·豪斯。根据豪斯魅力型领导理论（Charismatic Leadership Theory），下属在观察到某些行为时，会把它们归因为英雄式的或者非凡的领导力。有很多研究尝试找出魅力型领导者的特征。最好的一个文献综述指出了这类领导的四个特征：愿景、为了实现这个愿景而不惧风险、对下属的需要敏感，以及行为与众不同。对这些特征的描述如表10-1所示。

表10-1 魅力型领导者的关键特征

1. 有远见并能清晰表达，有远见——这是表达为个人的理想化目标；在远见中提出的未来要比现在好；能够明确地表达远见的重要性，并让他人理解
2. 承担个人风险，愿意为了实现远见而承担高风险，承受高成本，自我牺牲
3. 对下属的需要敏感，了解他人的能力，并回应他们的需要和感受
4. 表现出不同寻常的行为，表现出创新的、打破陈规的行为

资料来源：J. A. Conger, R. N. Kanungo. Charismatic Leadership in Organizations [M]. Thousand Oaks, CA: Sage, 1998.

2. 魅力型领导者影响下属的过程

魅力型领导者在现实中如何影响下属？有资料表明，影响过程包括以下四个步骤：

首先，领导者明确公布一个有吸引力的愿景。愿景（Vision）是指关于如何达到目标的长期战略。愿景可以把组织现在和更加美好的未来联结起来，从而给员工提供了一种连续的感觉。例如，在苹果公司，史蒂夫·乔布斯为iPod鼓气时指出，"iPod将和苹果公司制造出的任何东西一样无愧于苹果的产品"。iPod实现了苹果的目标：提供突破性的便于使用的技术。苹果的战略是产品要具备用户容易掌握的界面，并且可以快速上传和轻松编排歌曲。iPod 是市场上第一款将数据存储和音乐下载联结起来的主流产品。

一旦确定了愿景，领导者就会向下属表达较高的绩效期望，并表明自己相信下属可以达到这些目标。这会激发下属的自尊和自信心。中心软件（Central Software）的 CEO 保罗·古多尼斯（Paul Gudonis）说，传达信心是管理人员工具箱中最重要的工具。

接着，领导者通过语言和行动灌输一套新的价值观，并且用自己的行为给下属树立学习的榜样。例如，对以色列银行职员的一项研究表明，魅力型领导者之所以有效是因为下属对他们有认同感。

最后，魅力型领导者表现出动情的通常是超乎传统的行为，以表现出对愿景的信心和勇往直前的气魄。魅力型领导者会感染情绪，让下属在不知不觉间染上领导表达的情感。下次你再看马丁·路德·金（Martin Luther King）的"我有一个梦想"的演讲时，注意一下听众的反应，这将有助于你理解魅力型领导者如何把自己的情感传递给下属。

富有感召力的愿景的关键特征是它以价值观为中心、能够实现以及使得既有超脱的想象空间又清晰明了。愿景应该能够激发感召力和独树一帜，并带来能够凸显组织特性的新秩序。如果愿景不能够为组织和成员提供一个明显好于现状的未来，那它多数会失效。好的愿景能够与时间和环境匹配，并且能够反映组织的独特之处。而且，组织的成员也必须对实现这个愿景有信心。愿景看起来应该既有挑战性，又能够达到。此外，清楚明了而又包含丰富想象力的愿景更容易被理解和接受。

3. 魅力型领导的不足

许多商界的魅力型领导者都成了名人，每个公司都想要一个魅力型 CEO，为了吸引这些人，公司为他们提供了空前的自由和资源，比如随时待命的私人飞机、享用价值 3 000 万美元的顶层公寓、免息贷款购买海边别墅和艺术品、由公司付酬的护身保安，以及其他王室般的奢侈性福利。一项研究表明，即使业绩平平，魅力型 CEO 也可以利用他们的领导魅力来获得高薪。

不幸的是，魅力型领导者虽然引人注目，但他们却未必尽力为组织谋取最大利益。安然（Enron Corp）、泰科（Tyco Electronics）、世界通信（World Com）和南方保健（Health South）的领导者不顾一切地利用组织的资源来追逐个人利益，他们违背法律、越过道德底线、对财务数字造假，目的就是短时间内提高股票价格，从股票期权中牟取数以百万计的暴利。这些人利用手中的权力以自己的想象来重塑公司，他们经常完全混淆组织利益和个人利益的界限。在领导魅力受利己主义驱使最严重的时候，领导者甚至把个人目标凌驾于组织目标之上。这些领导者完全受不了批评，围在身边的都是"应声虫"，他们因为取悦领导而得到好处。于是，在这种环境下，人们即使意识到领导犯了错误，也只好沉默，因为他们不敢挑战这些"国王"或"王后"。

一项研究调查了 29 个公司（例如，通用电气、沃尔玛、惠普等），这些公司都是从优秀走向卓越（15 年间，这些公司的股票累积回报至少是股票市场均值的 3 倍）。调查结果发现，这些公司都没有本我驱动的魅力型领导者。尽管这些公司的领导者都非常有抱负、有动力，但是他们的抱负是以公司为导向的，并非为了自己。他们创造了卓越的成就，但并没有因此而大肆张扬。他们承揽失误和业绩差的责任，而把成功归功于他人。他们引以为荣的是为组织培养了优秀的领导者，在自己离开公司之后，这些新生代的领导者可以带领公司取得更大的成功。

当然,我们并不是说魅力型领导者是无效的。整体而言,他们的领导有效性得到了数据的支持。我们要说的是,一个魅力型领导者并不总能解决问题。诚然,公司若由一个魅力型领导者掌舵,成功的可能性会更大。但是,成功与否,在一定程度上取决于情境和领导者的愿景。一些魅力型领导者——比如阿道夫·希特勒(Adolf Hitler),如果在说服下属追求愿景方面过于成功,也有可能带来灾难。

(二) 变革型领导理论

1. 交易型领导者和变革型领导者

还有一个研究流派在关注如何区分变革型领导者和交易型领导者,本章前面介绍的大多数领导理论——如俄亥俄州立大学的研究、菲德勒的模型、路径-目标理论,讲的都是交易型领导者(Transactional Leaders)。这种领导者通过明确角色和任务要求来指导或激励下属向着既定的目标前进。变革型领导者(Transformation Leaders)鼓励下属为了组织的利益而超越自身利益,并能对下属产生深远而不同寻常的影响。当代的变革型领导者有雅芳的钟彬娴、维京集团的理查德·布兰森、波音的 CEO 吉姆·麦克纳尼(Jim McNerney)等。变革型领导者表现出以下特质:

①他们关心每个下属的日常生活和发展需要;
②他们帮助下属用新观念看待老问题,从而改变了下属看问题的方法;
③他们能够激励、唤醒和鼓舞下属为达到群体目标而付出更大的努力。

表 10-2 简单列出并定义了区分两类领导者的主要特征。

表 10-2 交易型领导者和变革型领导者的特征

交易型领导
权变奖励:契约注明努力会得到奖励,承诺奖励优秀的绩效,认可员工取得的成就
例外管理(积极的):关注并寻找突破规则和标准的方法,采取正确的行动
例外管理(消极的):只有当没有达到标准时才进行干预
放任管理:放弃职责,避免做决策
变革型领导者
魅力:提供远见和使命感,灌输自豪感,赢得尊重和信任
感召力:对员工寄予厚望并就此和员工沟通,通过一些符号来强调努力,运用简单的方式传达重要的目的
智力激发:激发员工的智力、理智,促使其认真解决问题
个性化关怀:关心员工,根据每个员工的不同需要而有差别地给予指导性建议

资料来源:B. M. Bass. From Transactional to Transformational Leadership to Share the vision [J]. Organizational Dynamics,1990.

变革型和交易型领导者并不会采用截然对立的方式处理问题,这两种风格互相补充,但是这并不意味着两者同等重要。变革型领导是在交易型领导的基础上发展起来的,前者带来的下属努力水平和绩效水平要优于纯粹的交易型领导。反过来不成立,因此,如果你是一个优秀的交易型领导,而且不具备变革型领导的特质,那么你只会成为一个业绩平平的领导者,最优秀的领导者同时具有上述两者的领导特征。

2. 全距领导模型

图 10-6 展示了全距领导模型。放任管理（Laissez-faire）是最消极的，因而也是最无效的领导行为。这种风格的领导几乎都是无效的。例外管理（Management by Exception），无论是积极的还是消极的，都比放任型管理稍稍好一点，但是还称不上有效领导。实施例外管理的领导往往在有问题发生时才出现，通常已经太迟了。权变奖励型（Contingent Reward）可能是有效的领导风格，但是，权变奖励型的领导不可能激发员工去完成超出工作职责的任务。只有剩下的四种领导风格——都属于变革型领导的一部分——可以激励下属努力工作去超出预期水平，并愿意为了组织的利益牺牲他们的个人利益。个性化关怀（Individualized Consideration）、智力激发（Intellectual Stimulation）、感召力（Charisma）、魅力（Idealized Influence）都能够促使员工更加努力提高他们的生产力、道德水平和满意度，并带来更高的组织效率、更低的离职率和缺勤率，还能改善组织的适应能力。由这个模型可以得知，当领导者经常使用这四种变革型领导行为时，他们的行为通常最为有效。

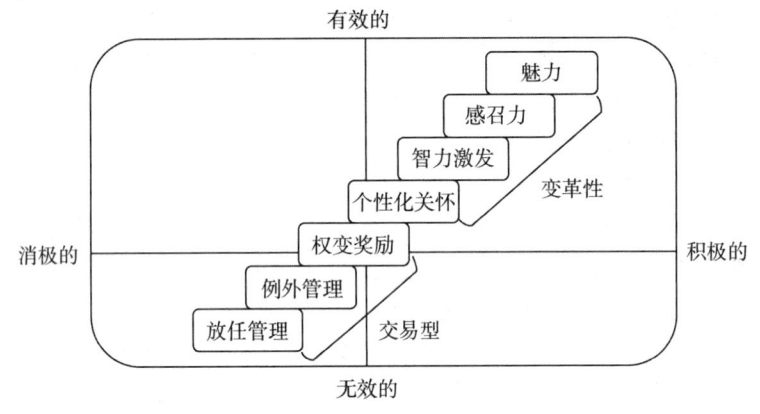

图 10-6　全距领导模型

3. 变革型领导如何发挥作用

在过去几年里，学者为了解释变革型领导如何发挥作用而进行了大量的研究。变革型领导激励下属提高创新和创造水平。例如，美国陆军上校莱昂纳德·翁（Leonard Wong）发现，在伊拉克战争中，军队鼓励"反应而不是预谋、顺从而不是创新、坚持而不是大胆"，针对这些问题，该上校鼓励尉官创新和冒险。变革型领导更为有效，因为他们本身更具创造力，并鼓励下属发挥创造力。

目标是解释变革型领导发挥作用的另一个关键因素。变革型领导的下属更倾向于追求志向远大的目标，这些下属熟悉并接受组织的战略目标，相信所追求的目标对自己本身也很重要。威瑞信公司（VeriSign）的 CEO 斯特拉顿·斯卡拉沃斯（Stratton Sclavos）曾说："这涉及绘制路线图——能够清楚地告诉员工目的地在哪里，以及如何达到目标。更为重要的是，要选择那些对实现该目标持有同样激情、承诺、担心和竞争力的人来共事。"

斯卡拉沃斯对于目标的看法提到了愿景（Vision）。这和研究结果一致，愿景在解释魅力领导如何发挥作用时非常重要。研究还表明，愿景可以部分地解释变革型领导的效果。事实上，有一项研究发现，在解释企业的成功时，愿景甚至比富有魅力的（感情洋溢的、生机勃勃的、精力充沛的）沟通风格更重要。变革型领导还会引发员工的忠诚，以及增加他们对领导的信任感。

4. 对变革型领导的评价

支持变革型领导优于交易型领导的研究证据给人留下了深刻的印象。变革型领导在不同的国家或地区（韩国、俄罗斯、以色列、印度、肯尼亚、挪威、中国台湾地区）、不同的职业（中学校长、海军司令、部长、商业协会的主席、军校生、工会代表、学校教师、销售代表）以及不同的工作水平中都得到了支持。对美国、加拿大和德国军官的大量研究表明，每个层次的变革型领导的评价结果都好于相应层次的交易型领导。一项综述（分析了87个验证变革型领导的研究）发现，变革型领导和员工的激励水平和满意度水平相关，还和领导的高绩效与有效性相关。

变革型领导理论也不是完美的。问题主要集中在：严格来讲，权变奖励型领导是否只是交易型领导者的一个特点？而且和全距领导模型的观点相反，权变奖励型领导有时候比变革型领导更有效。

概括一下，研究结果总体上表明，变革型领导（而不是交易型领导）与低离职率、高生产力以及高员工满意度的相关度很高。和领导魅力一样，变革型领导也可以通过学习得到。对加拿大银行管理者的一项研究发现，接受变革型领导培训的管理者所管辖的分行的绩效水平明显高于没有接受该培训的管理者所管辖的分行。其他的研究也取得了类似的结果。

5. 变革型领导与魅力型领导

关于变革型领导是否与魅力型领导相同尚存有争论。将魅力型领导引入组织行为学领域的研究者罗伯特·豪斯认为两个概念是同义的，两者的差异就好比"适度的"与"适中的"那样。不过，首先研究变革型领导的学者巴纳德·巴斯（Bernard Bass）却认为，魅力只是变革型领导的一部分，变革型领导比魅力更广泛，领导魅力本身不足以"解释变革型领导的全过程"。另一位研究者认为："纯粹的魅力型（领导）可能希望下属接受领导的世界观，并且不要深究；而变革型领导试图给下属注入质疑现有观点的能力，并使他们最终具备质疑领导提出的观点的能力。"虽然很多研究者相信变革型领导比魅力型领导更广泛。但研究却发现，在现实里面，那些在变革型领导上得分高的人，往往在魅力型领导上得分也高。因此，在实践中，测量魅力型领导与测量变革型领导差不多是等同的。

本章小结和对管理者的启示

领导力在我们理解群体行为方面起着重要作用，因为通常是领导者为群体指明目标和方向。领导力是预测群体行为准确度较高的指标，因此它对改善群体绩效非常有价值。

在一定程度上，领导的成功取决于领导者具有"合适的要素"。具有合适特质（外向、尽责、开放），并展现出合适行为（关怀、结构维度）的领导更可能成为有效的领导者。

说领导成功取决于情境也是正确的。需特别指出的是 LPC 理论和 LMX 理论认为环境因素对领导是否有效至关重要。

越来越多的组织开始寻找能够展现变革型领导气质的管理者。他们希望领导者有愿景、有魅力，并有能力带领下属实现愿景。虽然真正的领导有效性是在合适的时间表现出合适的行为,但证据充分表明,人们对领导者应该具备什么形象有一个相对统一的看法。

如果一个管理者正在考虑寻找有效的领导者来填补组织的关键职位空缺,那么他应该选择那些具有一定特质和行为倾向的候选人,并且还应该特别留意他们是否具有魅力和感召力。从讨论中我们也看到,通过展现这些特点,我们都可以成为更优秀的领导者。

本章练习题

(一) 思考题

1. 什么是领导?
2. 简述权力的定义。
3. 领导与权力的区别是什么?
4. 什么是领导力?
5. 简述领导力五力模型。
6. 结合实际分析菲德勒权变模型。

(二) 案例分析

当不好领导不是做得太少,而是做得太多

老板凡事都亲力亲为到底是因为什么?

L是某家教育培训学校的校长,最近L特别忙,出入各大课堂活动,办公室难见人影,爱学习、求进步是件好事,但作为校长是不是应该把心思、把时间花在业务线上?原来,在教育培训这个行业有着明显的名师光环效应,为了保证培训班更有吸引力,获得更好的品牌声誉,满足学员多种层次的需求,行业内的众多学校会不惜成本挖角。那么如何确认候选老师的实力呢?听课、试课是个不错的办法。这不,L总放心不下下属办事,亲自听课确认。乍一看,老板亲自选拔人才,这是非常科学的做法,但在我们看来是典型的管理"低效"行为。高效的管理者,应该把精力用在科学调配资源上,借助团队的力量,低成本达成目标。其实他完全可以把候选人才的资料做成一个数据库,按照各种指标去筛选匹配,比如是否跟知名机构合作过、客户需求好评度等。一旦圈定人才目标后,可以请副总去完成后续的事项,在时间充裕的情况下也可以亲力亲为。

1. 建立信任关系,下属的成功亦能决定上级的成功

纵观浩瀚历史长河,古今中外大获成功的管理者都是通过调动各种资源来完成目标工作,尤其值得管理者思考的是:信任下属,下属的成功亦能决定上级的成功。

"我没有座位是不要紧的,总裁的工作是如何给员工安排适合他们每个人的座位。"前惠普全球副总裁孙振耀说,对一个企业而言,最重要的不是技术,而是人才。有了人才之后,如何用好、用对人才是对管理者的一个重大考验。

管理者信任下属,这是惠普的成功之道。惠普一直都重视员工提出的新思路和技术建议。在《惠普之道:美国合伙人的创业思维》一书中,戴维·帕卡德(David Packard)特别提到惠普另一创始人比尔·休利特(Bill Hewlett)的"戴帽子过程"。当一位富有创造性的创新者满怀热情地提出一种新思路,比尔马上戴上一顶"热情"帽子认真地倾听他的意见,在适当的地方还表示惊讶和赞赏,并问了一些十分温和的问题。而后,比尔又把创

新者叫来，戴着"询问"帽子提出一些非常尖锐的问题，并对创新者的思路进行深入探讨。可以肯定，即便最后否定了这个项目，受到尊重的创新者也将收获满足感、成就感。

在高效的管理者手里，每个人都会发挥出他们的用途。唐太宗李世民可谓大唐王朝最杰出的 CEO，堪称求贤若渴、知人善任的典范，特别擅长激活团队力量。唐太宗秉持"智者取其谋，愚者取其力，勇者取其威，怯者取其慎"，信任人才并且通过取长补短实现人才合理任用。文学馆"十八学士"在李世民治国安邦平天下的大业中大放异彩，初有"房谋杜断"，后有长孙无忌、褚遂良等，放手让下属们去干事业。最值得称道的是，唐太宗不计前嫌、不问出身，重用建成太子旧部魏徵、王珪，降将尉迟恭、秦琼等。正是这些栋梁之材，在李世民的调度和指挥下，发挥各自的聪明才智，才有初唐"贞观之治"的大好局面。

2. 老板凡事都亲力亲为到底是因为什么？

在许多人的印象里，称职的管理者最好是一个"全才"。"老板能干就让他干好了，图个轻松。"企业持这种想法的人不在少数。但我们发现很多案例里个人能力强的管理者并不一定能长期管理好一家企业。换句话说，基业长青的企业，都不是靠管理者的个人能力横扫六合的。

近日也有读者很困惑，在《世界经理人》网站留言：老板凡事都亲力亲为到底是因为什么？

有人认为：第一种情况：公司小、业务不复杂，没有必要增加人员和人力成本支出。第二种情况：正如前面所讲"不放心"，要么压根儿就不放心任何人，要么是身边没有放心的人。于是养成了"亲力亲为"的习惯。第三种情况：不知道如何放权和监督，不知道如何选人和用人，公司缺乏管理层次，业务线条也不清晰，没有科学的划分职能职责。

还有人认为：凡亲力亲为的老板，其公司一般都不大，再者，其思想行为保守，不相信外人（不放心，就如管理行为上的监督），并缺乏经营管理理念，另外其公司没有真正意义的复合型人才。

这些人的看法一语中的。在过去多年的企业访谈中我们发现：有些企业管理者把重要且难度较大的工作留给自己去做，是因为他们认为其他人无法胜任，怕搞砸了。即便如此，管理者要做的也不应该是亲力亲为、大包大揽，而是去寻求合适的左膀右臂。而要做到这一点，一要给下属机会，二要懂得授权。

3. 一个累坏了的管理者，是一个最差劲的管理者

李嘉诚曾说："假如今日没有那么多人替我办事，我就算有三头六臂，也没有办法应付那么多的事情，所以成就事业最关键的是要有人帮助你，乐意跟你工作，这就是我的哲学。"

学会做一个聪明的领导者。英国证券交易所前主管 N. 古狄逊（N. Goodison）总结出了著名的管理学经典——"古迪逊定理"，该理论指出：管理是让别人干活的艺术，一个累坏了的管理者，是一个最差劲的管理者。

历史上的案例不胜枚举。譬如励精图治却难挽败局，可谓累坏了崇祯皇帝。朱由检继位时大明王朝正值风雨飘摇当中。一次崇祯皇帝因病宣布取消当日早朝，没想到被殿中文臣批评，遂不仅带病上朝，还进行了自我检讨。崇祯皇帝兢兢业业，六次下罪己诏，把所有心思都放在工作上。但是，任凭他如此勤奋，也无法挽救日渐衰微的帝国。《明史》点评崇祯帝："且性多疑而任察，好刚而尚气。任察则苛刻寡恩，尚气则急遽失措。"真是可惜又可怜。

4. 管理者应如何参悟"古迪逊定理"打开局面？

韩非子说："下君尽己之能，中君尽人之力，上君尽人之智。"意思是尽己之能不如尽人之力，尽人之力又不如尽人之智，高明的领导者不仅善聚众力，更善集众智，也就是常言所说："借人者强，借智者王。"领导者要成为"上君"，就必须对下属进行合理的授权。

所谓授权，就是指为帮助下属完成任务，领导者将所属权力的一部分和与其相应的责任授予下属。使领导者能够做领导的事，下属能够做下属的事，这就是授权所应达到的目的。合理地授权可以使领导者摆脱能够由下属完成的日常任务，自己专心处理重大决策问题，还有助于培养下属的工作能力，有利于提高士气。

正确的授权应该包括四个方面的内容：

（1）着眼于下属的长处，信任下属的能力；
（2）不仅交付下属工作，还要授予下属权力；
（3）授权后尽量不要做细枝末节的干涉，发挥下属的自主性；
（4）对下属给予适当的指导，不放任自流，还应该加以必要的监督和指导。

5. 如何成为教练式管理者？

教练式管理就是将体育教练对运动员的督导、培训方式系统性地运用到企业管理领域中。教练的过程不仅是实现一个目标的过程，同时也是一个挖掘运动员、团队最大潜能的过程，它既着重于目标的实现，也着重于运动员、团队在实现目标过程中的成长。教练与成员之间在深层次的信念、价值观和愿景方面相互联结形成了一种协作伙伴关系。

教练式的管理者不是大事小事亲历亲为的保姆，而是给予下属最大的成长空间，发现并培养得力的下属。激活员工智慧，拥有真正的团队能量，建设适应知识经济环境下的现代高效企业，关键还是在于相信员工，相信员工有能力、有潜力、有意愿。如何"激发"出来？这就是"教练"的工作了，也正是管理者的天职。

作为管理者，给下属机会也是给自己机会，何乐而不为呢？

（资料来源：郁伟. 古狄逊定理：当不好领导不是做得太少，而是做得太多，2020-11-06）

问题：请谈谈你对聪明的领导者的认知和理解。

研究课题

你心目中合格的领导者应该具备哪些特质？

第四部分

组织层面的组织行为及规律

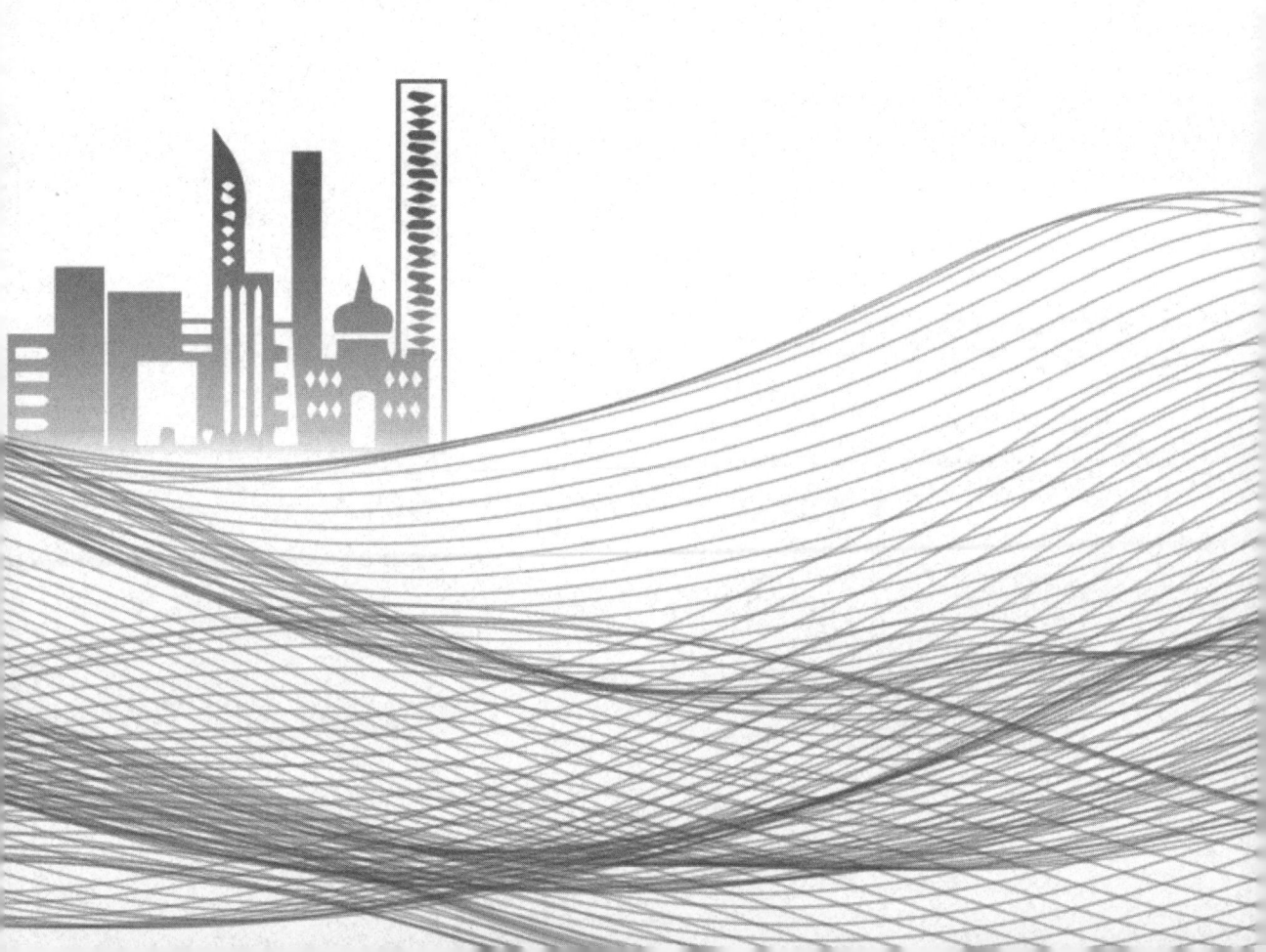

第十一章 组织文化

名人名言

> 人们塑造组织，而组织成型后就换为组织塑造我们了。
> ——丘吉尔（1874—1965，英国前首相，政治家）

学习目标

1. 理解组织文化的概念；
2. 明确组织文化的构成；
3. 明确组织文化的作用；
4. 掌握有效营造和维系组织文化的方法；
5. 掌握引导组织成员学习组织文化的方法；
6. 明确营造道德性组织文化的途径；
7. 明确营造积极向上的组织文化的途径；
8. 理解全球化背景下组织文化多元化趋势。

本章关键词

组织文化；组织文化营造；组织文化维系；组织文化多元化。

思维导图

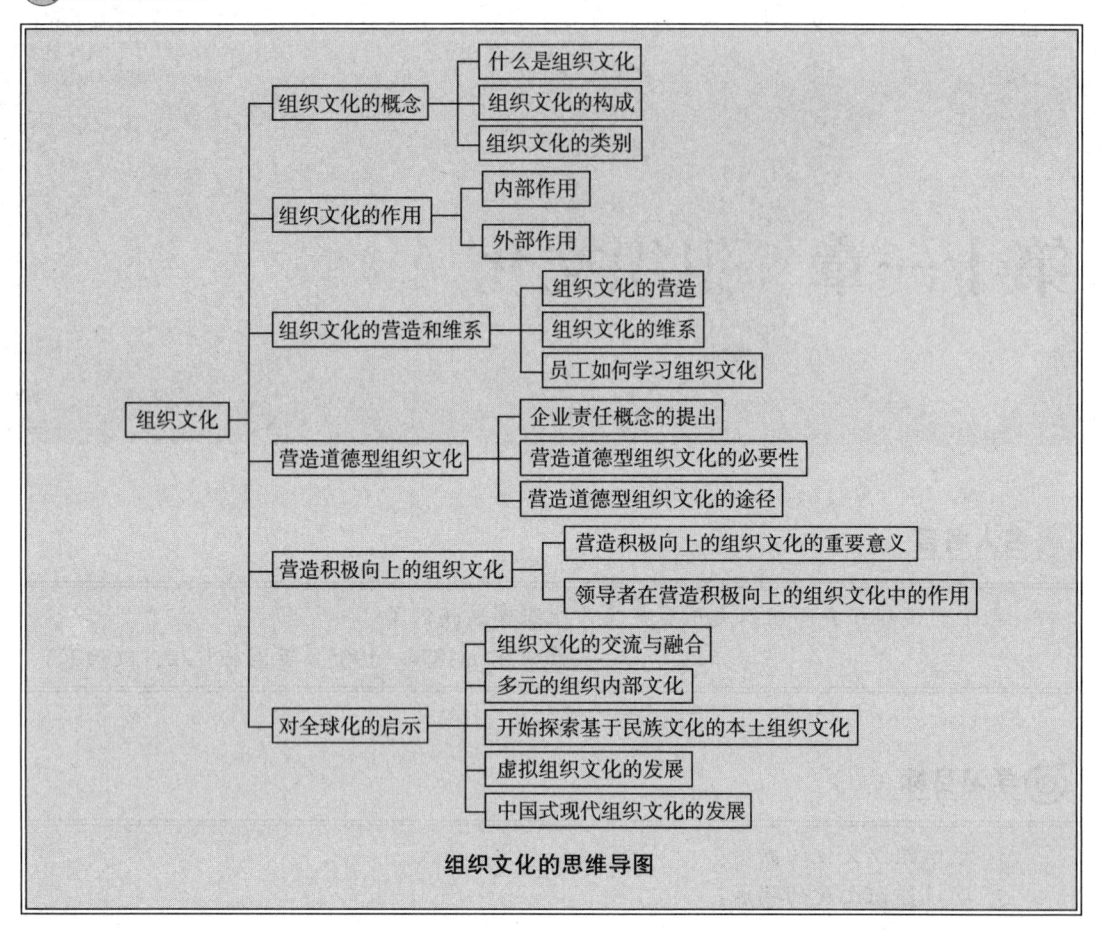

```
组织文化
├── 组织文化的概念
│   ├── 什么是组织文化
│   ├── 组织文化的构成
│   └── 组织文化的类别
├── 组织文化的作用
│   ├── 内部作用
│   └── 外部作用
├── 组织文化的营造和维系
│   ├── 组织文化的营造
│   ├── 组织文化的维系
│   └── 员工如何学习组织文化
├── 营造道德型组织文化
│   ├── 企业责任概念的提出
│   ├── 营造道德型组织文化的必要性
│   └── 营造道德型组织文化的途径
├── 营造积极向上的组织文化
│   ├── 营造积极向上的组织文化的重要意义
│   └── 领导者在营造积极向上的组织文化中的作用
└── 对全球化的启示
    ├── 组织文化的交流与融合
    ├── 多元的组织内部文化
    ├── 开始探索基于民族文化的本土组织文化
    ├── 虚拟组织文化的发展
    └── 中国式现代组织文化的发展
```

组织文化的思维导图

开篇案例

坚守至臻之艺

从2012年开始，爱马仕在中国的门店开始了一轮扩店。爱马仕中国区总裁曹伟明说，每隔七八年，爱马仕都要对重点店面重装升级，旨在为顾客提供更好的购物体验，也是对品牌传统的坚持与创新。杭州湖滨银泰店的扩店，对于爱马仕中国区更有着里程碑式的意义。在曹伟明看来，相比北京和上海，杭州具有独特的历史和自然的禀赋，和爱马仕的品牌精神相契合："杭州坐享西湖胜景，同时有着丝绸等方面的手工艺传统，这和爱马仕所崇尚的手工艺精神是一致的。"同时，杭州所辐射的周边区域新富阶层的崛起与高端产品消费品位的升级，也是爱马仕布局杭州的战略考量之一。

与扩店开张同期进行的是"爱马仕手工艺盛典"（Festivaldes Métiers），其向公众展示专属的八种经典工艺，这是爱马仕在中国第四次举行这样的盛典。来自皮具、马具、丝巾、制表等八个领域的九位杰出的手工艺匠专程从欧洲来到杭州湖滨银泰中心，现场向公众展示一件件手工艺臻品的成长历程。爱马仕将自身定位为"手工艺品牌"，而非"奢侈品牌"。曹伟明认为，爱马仕对精湛手工艺始终不懈的追求，成为其品牌基因的重要内核。

"当然，在坚持传统的同时，还要不断创新，贴近顾客的需求，这是爱马仕品牌176年以来铸就经典的不竭动力。"

在手工艺盛典上，出现了两位爱马仕手工艺大师。一位负责制作凯莉"Kelly"包，她介绍说每个包都会由一名工匠独立完成，共需15~20个小时，最后在成品上签名。在整个制作过程中必须保持专注，一次微小的失误，都可能需要对即将完成的作品重新返工。另一位是负责丝巾制版的工匠，她以一张"Wa, KON"（意为妇女世界）的丝巾为例，说明了制版过程。这张丝巾一共有46种颜色，相应将制出46张版，共需200小时，需要制版师工作一年。

谈及对爱马仕的品牌精神的理解，曹伟明谦逊地表示，自己还在学习和感受的阶段，但他给出了一系列形容词：优雅、精致、低调、内敛。他认为，每一个人眼中都有一个爱马仕，其品牌的特质是通过一件件手工艺品呈现出来的。在中国，他欣喜地看到，越来越多的年轻顾客开始真正用心去感受爱马仕的手工艺品质与精神，而非仅仅把它作为彰显财富的凭借。

（资料来源：曹理达. 坚守至臻之艺，2013-12-17）

第一节 组织文化的概念

强有力的组织文化，不仅能够确保组织的员工清楚认识到"在这里应该如何做事"，而且能够使组织具有较好的稳定性。但是，在一些发展成熟的组织中，它有时也会成为组织变革的主要障碍。因此，我们应该认识到，每个组织都有属于自己的文化，而且每种文化所产生的力度也不同，它对组织成员的态度和行为也会产生比较明显的影响。

把组织视为一种文化的想法相对来说还是最近的现象。在这里，文化指的是组织成员中的一个意义共享的体系。直到20世纪80年代中期，大部分人仍把组织简单地看作协调和控制一群人的理性工具。它们具有垂直分层，拥有多个部门，存在权力关系，等等。但组织具有更多的内容，它们还像个体一样有自己的个性。这种个性可能是呆板的，也可能是灵活的；可能是冷漠的，也可能是热情的；可能是积极主动的，也可能是消极保守的。通用电气公司的办公室布局和员工特点与通用面粉公司（General Mills）的就不一样。哈佛大学与麻省理工学院同属教育系统，仅查尔斯河之隔，但除了组织结构的特点之外，各有自己独特的情感和个性。组织理论家们现在承认，组织文化对于成员的生活起着重要作用。不过，有意思的是，组织文化最早作为影响员工态度和行为的一个独立变量，其起源却可以追溯到50多年前的制度化（Institutionalization）概念。[①]

当组织开始了制度化，它就有了自己的生命力，独立于组织的创建者和任何组织成员之外。罗斯·佩罗特（Ross Perot）在20世纪60年代初创立了电子数据系统公司（Electronic Data Systems, EDS），并于1987年离开这家公司，创立了一个新公司——佩罗特系统工程公司（Perot Systems）。EDS至今依然生气勃勃，尽管它的创建者已经离去。索尼、柯达、吉列、麦当劳、迪士尼等公司，都是一些可以离开任何成员而独立存在的组织的

[①] P. Selznick, "Foundations of the Theory of Organizations," American Sociological Review, February 1948, pp. 25-35.

例子。

另外，当组织制度化后，它本身便有了价值，而不仅仅是因为它提供了产品或服务才有价值。它有了恒久性，如果最初设定的目标不再重要了，它也不会因此而退出自己的领域，而是重新界定它的目标。这方面一个经典的例子是美国畸形儿基金会（March of Dimes）。它最初创办的目的是募集资金对抗小儿麻痹症。当20世纪50年代小儿麻痹症彻底消灭后，该基金会并没有关门大吉，而是重新界定了自己的目标，把资金用于降低出生缺陷和减少婴儿死亡率的研究工作上。

组织的制度化运作，使组织成员对什么是恰当的行为，或者从更根本上说，什么是有意义的行为，有了共同的理解。因此，一个组织具有持久的制度化后，对员工来说，哪些是可以接受的行为模式便一目了然、不言而喻了。

我们将会看到，这其实与组织文化所做的事情完全相同。因此，了解组织文化的构成内容，以及它的产生、维系和学习的方式，将有助于提升解释和预测员工工作行为的能力。

一、什么是组织文化

《辞海》对文化的解释是：文化是指"人类社会历史实践过程中所创造的物质财富和精神财富的总和。从狭义来说，是指社会的意识形态，以及与之相适应的制度和组织机构"。"作为意识形态的文化，是一定社会政治和经济的反应，又给予巨大影响和作用于一定的社会的政治和经济"。

相对于一般国家、民族或社会等宏观范畴的文化而言，组织文化是一种微观文化。任何一个社会组织都有自己的微观文化，不同类型的组织会有其不同类型的组织文化。

最早提到组织文化概念的是霍桑（Hawthorne），他描述了工作小组的文化。组织文化这个主题是在20世纪70年代早期盛行起来的。当时管理者和研究者一样开始寻求能使组织在竞争的环境中得以生存的秘诀，其中企业文化是人们普遍关注、研究最为深入的组织文化研究领域。关于组织文化的概念，众多学者有着不同的表达，其中影响比较大的观点如下：

特雷斯·E. 迪尔（Terrence Deal）和阿伦·A. 肯尼迪（Allan Kennedy）认为，企业文化是价值观、神话、英雄和象征凝聚而成，这些价值观、神话、英雄和象征对公司的员工具有重大的意义。

威廉·大内（William Ouchi）认为："传统和气氛构成一个企业的文化，同时，文化意味着一个企业的价值观，如进取、保守或灵活，这些价值观成为企业员工活动、建议和行为的规范。管理人员以身作则，把这些规范灌输给员工，再一代一代地传下去。"

斯蒂芬·P. 罗宾斯（Stephen P. Robbins）把组织文化定义为：组织文化是组织成员共有的一套意义共享的体系，它使组织独具特色，区别于其他组织。

综上所述，**组织文化是指组织在生存和发展过程中形成的，区别于其他组织的，为全体成员共同接受的价值观念、行为准则、团队意识、思维方式、工作作风、心理预期和团体归属感等群体意识的总称。**同时，组织文化是有层次性的。广义的组织文化是指企业在建设和发展中形成的物质文明和精神文明的总和。包括组织管理中硬件和软件，外显文化和内隐文化两部分。狭义的组织文化是组织在长期的生存和发展中所形成的为组织所特有的，且为组织多数成员共同遵循的最高目标价值标准、基本信念和行为规范等的总和及其在组织中的反映。

二、组织文化的构成

组织文化的内容非常丰富，主要有组织目标与宗旨、组织价值观、作风与传统习惯、行为规范、组织精神、经营哲学、职业道德、组织精神等。组织作为一种文化意识，渗透于组织管理各个部分、各个部门和全部过程。

（一）组织的价值观

价值观是人们对客观事物的优劣、重要性以及性质进行评价的标准。组织的价值观是组织在运营过程中为使组织获得成功而形成的基本信念、行为准则和是非标准。

不同的组织具有不同的价值观，组织的价值观为组织成员提供一种共同的意识和认同感，构成组织成员的日常行为准则。组织信奉什么样的价值观，就会产生什么样的经营作风和组织形象。所以组织的价值观是组织文化的核心和基石，是组织保持特色和取得成功的必要条件。一般优秀的组织都会注意塑造和完善其价值观，以不断适应环境变化和组织发展的需要。

（二）组织目标

组织目标是组织生存与发展战略的核心。组织目标决定了组织的性质，旨在回答"我们的组织是什么""应该是什么""将是什么"这些根本性问题。组织目标是组织价值观的集中体现，是发动、凝聚和激励组织成员的焦点，又是组织文化建设的出发点和归宿点，决定着组织文化发展的方向和塑造形式。

（三）组织的经营哲学

组织的经营哲学是组织在长期生产经营过程中所形成的基本哲理和观念，它是组织领导者对组织的发展战略、经营方针和基本信念上的哲学思考。它作为组织文化的重要内容，具有相对稳定性；它的形成受制于组织所处环境，社会经济制度，以及组织领导人自身素质特点等因素的影响。组织经营哲学极大地影响着组织的价值取向和员工的奋斗目标，是处理组织一切问题的最基本依据。不同的组织会有不同的经营哲学，导致不同的经营理念。

（四）组织的行为规范

组织的行为规范是在组织共享的价值观指导下，由组织的规章制度、组织机构设计、管理工作程序、组织成员的行为标准和技术操作制度等一系列组织活动与工作的标准所构成。组织的行为规范可以用文字表达出来，也可以通过习惯和意念等为组织成员所感知。行为规范表明组织鼓励和提倡什么行为、制止和限制什么行为，对于组织成员的行为具有指导性和约束力，是人们在组织中工作与活动的行为标准和准则。组织的行为规范和规章制度是组织文化中实实在在的行为文化层面的内容部分。

（五）组织精神与团队精神

组织精神是组织在运营过程中逐步形成，由组织管理者所倡导，有全体职工所认同的群体意识，是企业的观念、宗旨、目标和行动计划的总和表现。组织精神体现组织的精神面貌，也是组织文化的象征。团队精神是企业精神的组成部分，它是指某一特定组织团队为谋求自身生存和发展而长期形成的,并为团队成员所认同的一种健康、向上的群体意识。团队精神是组织的一种特殊的精神风貌,支持着每个成员的意识与行为。

(六) 组织形象

组织形象是社会公众和组织成员对组织的整体印象和总体评价。组织形象是组织产品、服务、人员素质、经营作风以及公用关系等在社会公众中留下的具体印象。成功的组织形象,有利于提升组织的识别能力,提高知名度和声誉,增强组织的凝聚力和竞争力,给组织成员以自豪感和自信心,并使组织产品产生更多的附加值。组织形象是组织文化的外貌,组织文化是组织形象的根本。

(七) 组织文化的其他方面

除了上述内容外,人们还把组织的风俗、传统习惯、职业道德、工作环境、人际关系、群体意识、民主制度等内容归入组织文化范畴。

三、组织文化的类别

(一) 主文化与亚文化

组织有统一的文化吗?这是许多人的一个共同性的问题。从组织文化的内涵角度看,它代表了组织成员所拥有的共同认知,当我们把文化界定为一个意义共享的体系时,这一点已经很明确了。因此,我们应该预期,组织中来自不同背景或处于不同层级的员工,倾向于使用相似的术语来描述组织文化。

但是,承认组织文化具有一些共同性质,并不意味着其中不存在亚文化,很多大型组织中都存在一个主文化以及众多的亚文化。

主文化(Dominant Culture)体现的是一种核心价值观,它为组织中绝大多数成员所认可和共享。当我们谈到一个组织的文化时,通常就是指组织的主文化。正是这种宏观角度的文化,使组织具有自己独特的个性。亚文化(Subculture)通常在大型组织内部发展起来,反映了其中一些成员所面临的共同问题、情境和经历。这些亚文化通常可能在组织内部的部门设计和地理分隔的基础上形成。例如,采购部可以有本部门成员共享的、独特的亚文化。它既包括主文化中的核心价值观(Core Values),又包括采购部成员所特有的一些价值观。同样,如果组织的某个办公室或工作单元远离组织总部,它也可能表现出不同的风格特点。重申一下,在这种情况下该机构依然保持了组织的核心价值观,但为了适应本工作单元的特殊情况又会有所调整。

如果组织中没有主文化,而是由多种亚文化组合而成组织文化,那么,这一组织文化作为独立变量的价值就会大大减弱,因为在这种情况下,员工对哪些行为恰当、哪些行为不恰当缺乏一致的解释。正是由于组织文化中的"意义共享",其成为引导和塑造员工行为的有力工具。我们可以说,微软的文化重视进取和冒险,并且,利用这些信息可以更好地理解微软经营者和员工的行为。当然,我们也不能忽视这样一个现实:许多组织还同时拥有亚文化,这些亚文化同样会影响到员工的行为。

(二) 强文化与弱文化

组织文化还有强弱之分。当前,关于把组织文化划分为强文化与弱文化的观点也正在逐渐流行起来。这种观点指出,强文化对员工行为的影响更大,并与降低流动率有着更直接的关系。

在强文化（Strong Culture）中，组织的核心价值观得到强烈而广泛的认同。接受核心价值观的组织成员越多，对核心价值观的信念越坚定，组织文化就越强。与这种界定相一致，强文化会对其员工的行为产生巨大影响，因为这种高强度以及高度的认同感会在组织内部创造一种有力的行为控制氛围。例如，以西雅图为基地的诺德斯特姆公司（Nordstrom），在零售业中创建了一种十分强劲的服务文化。该公司的员工对公司期望自己所做的事情十分清楚，这种期望又对塑造他们的行为有着相当深远的影响。

强文化的一个具体结果是员工的流动率更低。在强文化中，组织成员与组织的立场保持着高度的统一。这种目标的一致性造就了内聚力、忠诚感和组织承诺。反过来，这些特征又降低了员工脱离组织的可能性。

强文化会提高行为的一致性。在这个意义上，我们应当认识到，强势的组织文化可以扮演正规化的替代物。高度正规化的组织会带来行为的可预测性、秩序性和一致性。我们认为，强文化同样也能达到上述目的，而且无须书面的文件。因此，我们应该把组织文化和正规化两种方式看作殊途同归。组织文化越强，管理层就越不用费心制定规章制度来规范员工的行为。当员工接受了组织文化时，那些规章制度就内化在他们心中了。

（三）组织文化与民族文化

我们在探索组织文化的内涵时始终都在强调，要想对不同国家的组织行为做出精确预测，就应该考虑民族差异（即民族文化）的影响。但是否民族文化会优先于组织文化呢？例如，IBM 的德国分公司，更可能反映的是德国的民族文化，还是 IBM 自身的组织文化呢？

研究表明，民族文化比组织文化对员工的影响更大。因此，在 IBM 慕尼黑分公司中的德国员工，更多受到德国文化的影响而不是 IBM 的企业文化的影响。换句话说，组织文化对员工行为的影响很大，但民族文化的影响更大。

不过，在招聘员工阶段如果可以反映出人们的自我决策，我们刚才的结论就需要做些修正了。例如，对于一家英国的跨国企业来说，当意大利分公司招聘员工时，可能会更少考虑那些"典型的意大利人"，而会聘用那些做事风格符合公司思路的员工。我们应该可以预计，跨国公司在员工选拔的过程中，会寻觅并雇用那些与组织的主文化相匹配的员工，即使这些员工可能在某种程度上并不具备本国人的典型特点。

第二节　组织文化的作用

组织文化对组织成员、组织的内部经营管理都具有影响，同时，组织文化也影响组织与外部环境的互动。因此组织文化的作用可以从内、外及两个方面阐释。

一、内部作用

组织文化对组织内部影响表现在以下方面：

（一）组织文化是凝聚组织成员感情的纽带

组织文化为员工提供一种认同观，并增强了员工对组织的忠诚度。当员工对公司的价值观内化后，就会发现工作带来的内在满足更大，觉得自己与其他同事一样。员工的工作动机增强了，对组织的忠诚度也会提高。组织文化形成的群体意识，寄托了全体成员的理想、信念和追求，从而使大家对组织产生认同感、归属感、使命感，并由此形成强烈的向心力和凝聚力。

（二）组织文化具有导向和意义建构作用

组织文化决定一个企业的价值取向，规定着企业所追求的目标。卓越的企业文化，引导企业对崇高理想和目标的追求，使企业主动适应健康、先进的社会需要，从而把企业引入成功。被誉为管理之神的松下幸之助认为，对于一个企业来说，技术力量、销售力量、资金力量以及人才力量等都是重要因素，但是最根本的还是正确的经营理念。只有在正确的经营理念的基础上，才能真正有效地使人员、技术和资金发挥作用。

（三）组织文化对组织员工具有约束作用

组织文化通过共有价值观念体系的倡导、行为规范的确立和文化氛围的形成，产生一种强有力的整体影响力和约束力，从而对组织成员的思想和行为具有约束和规范作用。规章制度等"硬约束"固然有效，但是由于其具有刚性的特点，无法估计人的复杂情况及其多方面的需要，因此它的调节范围和功能是有限的。组织文化注重的则是企业精神、价值观等软因素，并通过群体意识、社会舆论、共同礼仪和习俗等内容对组织成员形成"软约束"。无形的、非正式的、非强制的行为准则对员工形成强大的心理约束，使员工进行自我控制，这种约束比有形约束力量更强大。

（四）组织文化对组织发展的障碍作用

组织文化的作用并不总是积极和有益的，有时组织文化也会成为组织发展的一种障碍和束缚。

我们以一种不加评判的方式对待文化，也就是说，我们不去说它好与不好，只是把它作为一种存在加以研究。正如前面的概括，它的许多功能对组织和员工都十分重要。文化提高了组织承诺，增强了员工行为的一致性。很明显，这对企业是大有裨益的。从员工角度来说，文化也很重要，因为它降低了模糊性，能告诉员工事情应该怎样做，以及哪些事情很重要。但是，我们也不应忽视文化——特别是强文化——对组织有效性可能造成的不利影响。

1. 变革的障碍

如果组织的共享价值观与进一步提高组织效率的要求不一致，它就会成为组织的束缚。当组织面对着动态环境时，最有可能出现这种情况。如果环境正在发生迅速的变化，那种牢固不变的组织文化就可能不合时宜了。因此，当组织面对稳定的环境时，行为的一致性是组织的资本；但是，它也可能束缚组织的手脚，使组织难以应对变幻莫测的环境。这有助于我们理解一些组织的高层管理者这些年来为了适应变幻莫测的环境所直面的挑战，例如三菱公司、柯达公司、施乐公司以及波音公司等。这些组织都有强劲的组织文化，过去一直效果很好。但是，当"一如既往"的状态不再重现时，这些强文化就会成为变革的障碍。

2. 多元化的障碍

当组织聘用在种族、性别、身体残疾或其他方面存在差异的新员工时，由于他们可能与组织中的大多数成员不一样,因而产生两难境地。一方面,管理层希望新成员接受组织的核心价值观,否则,这些新成员就会难以融入组织或不被组织接受。另一方面,管理层也想公开表明他们支持这些员工给工作场所带来的差异和变化。

强文化对员工有着更明显的遵从压力。它们限定了组织可以接受的价值观与风格的范围。在一些例子中,比如,备受关注的德士古公司(Texaco)一案(最终代表1 400名员工获得赔偿1.76亿美元),公司的高层管理者对少数种族者做出了具有贬低色彩的评论,对偏见宽容的强文化,甚至会破坏公司正式的多元化政策。

组织寻觅并聘用多元化的个体,因为这些人能给组织多维优势。但是,当员工试图融入强文化之中时,这些多元化的行为与优势就可能会丧失。因此,当强文化大大削弱了来自不同背景的人带给组织的独特优势时,它就成了组织的束缚。

3. 兼并和收购的障碍

长期以来,管理层在做出兼并和收购决策时,考虑的关键要素是融资优势或产品的协同作用。不过,近年来,文化的相容性成了人们关注的主要对象。尽管收购对象良好的财务状况和生产线可能是一些最初的吸引因素,但是,收购过程能否真正实施似乎与两家公司的文化能否相容更有关系。

20世纪90年代圆满完成的很多收购活动均以失败告终,其中主要原因是组织文化的相互冲突。例如,1991年,美国电话电报公司(American Telephone & Telegraph Company,AT&T)对国家收银机公司(National Cash Register Company,NCR)的收购堪称一次重大失误。AT&T加入工会的员工拒绝与同在一幢楼上不加入工会的NCR员工一道工作。同时,NCR公司是保守而集权式文化,他们对AT&T一再坚持的把主管称为"老师"的做法,以及拆掉高级主管办公室的门的做法表示反感。直到AT&T最终卖掉NCR,这笔失败的交易致使AT&T损失超过30亿美元。1998年,戴姆勒-奔驰公司(Daimler Benz)斥资360亿美元买下克莱斯勒公司(Chrysler Corporation),但是,戴姆勒-奔驰公司的文化强调精细的工程技术,而克莱斯勒的优势则是销售。这项兼并的效果不好,并没有像希望的那样实现协同效应和节省开支。它使得克莱斯勒公司的市场价值一下子损失了600亿美元,从美国最盈利的汽车制造商一落而成为最大的输家。预言家们早已预言惠普公司(Hewlett-Packard)与康柏公司(Compaq)的合并会经历艰难时代。批评家怀疑康柏的对抗性文化可能会与惠普的谦和与平等的文化发生冲撞。

二、外部作用

组织文化的外部作用表现在以下两个方面:一是组织文化通过组织成员来影响组织与环境的互动;二是组织文化直接影响组织与环境互动的方式和结果。

(一)标识作用

组织文化总是带有本组织的特点,使组织与其他组织区别开来。同时,组织文化的鲜明的个性特征,使组织在社会公众面前树立组织的形象,让社会更多了解组织、认识组织,从而使组织得到社会的认可,增强组织处理事务的能力(如提高企业产品的知名度等),使组织得到更好的发展。

(二)提高组织适应能力的作用

按照系统论的观点,组织处于一个开放的系统中,组织与其所处的环境是互动的,组织文化可能有助于组织适应环境，也可能阻碍组织适应环境。已有的研究表明，通常能使组织更好地适应环境的组织文化具有如下特征：组织关注员工、客户以及股东的利益，并为了满足他们的利益积极行动，密切关注外部环境的变化，并为了适应外部环境的变化积极地创新变革。

第三节 组织文化的营造和维系

一、组织文化的营造

组织文化作为一个开放的系统，其在营造的过程中会受到来自不同层次的因素的影响。正如埃德加·沙因（Edgar H. Schein）提到的，**组织文化的营造过程是组织应对外部适应挑战和内部融合挑战的过程**；组织只有更好地应对外部环境和内部的挑战才能营造适合组织自身的组织文化。

对组织文化营造影响较大的因素如下：第一，社会层面的影响因素。主要是指社会、经济、文化发展的特征和态势；第二，组织层次的影响因素，包括行业文化、组织结构、组织传统文化；第三，个体层面的影响因素，包括组织领导人的个人文化，组织内其他关键人物（如模范人物、精英人士）的文化，组织内的群体文化。

但在众多影响因素中，组织领导人的个人文化通常是最显著和最直接的。在组织文化领域，美国学者约翰·P. 科特（John P. Kotter）和詹姆斯·L. 赫斯科特（James L. Heskett）认为企业文化是指一个企业中各个部门，至少是企业高层领导者们共同拥有的那些企业价值观和经验实践；并对组织文化的营造提出了独到的见解。这主要是因为，领导人具有最高指挥权，组织的经营管理模式和方法往往体现出领导者个人的价值观、思维方式。因此，在组织文化营造的过程中，组织领导人往往就是组织文化的创造者，其文化特质也成为组织文化最初的发端。沙因特别阐述过组织文化创造者在组织文化营造中的角色和作用机制（见表11-1）。他认为创建者借助初级植入机制与次级勾勒与增强机制来深植和传播文化。初级植入机制创造出组织整体的气氛，这是组织文化的雏形，当次级勾勒与增强机制与初级植入机制相一致时，组织文化的框架和内容也就基本营造了。

表11-1 文化深植机制

初级植入机制	次级勾勒与增强机制
领导人平时注意的、测量的、控制的是什么	组织设计及结构
领导对关键事件及问题的反应方式如何	组织系统及程序
领导人资源分配依循的看得到的标准是什么	组织的典礼与仪式
领导人的角色示范、教导与训练	空间、外观及建筑物之设计
领导人配置奖酬及地位的看得见的标准	有关人物、事件的故事和传奇
领导人招募、甄选、选拔、退休及调职的看得见的标准	组织哲学、价值观、章程的正式传述

资料来源：沙因，陈千玉. 组织文化与领导 [M]. 台北：五南图书出版公司，1996.

因此，通常企业组织文化的营造一般经历企业高级管理人员的创意和信念，企业经营行为、企业经营成果到最后企业文化的产生四个阶段，如图 11-1 所示。

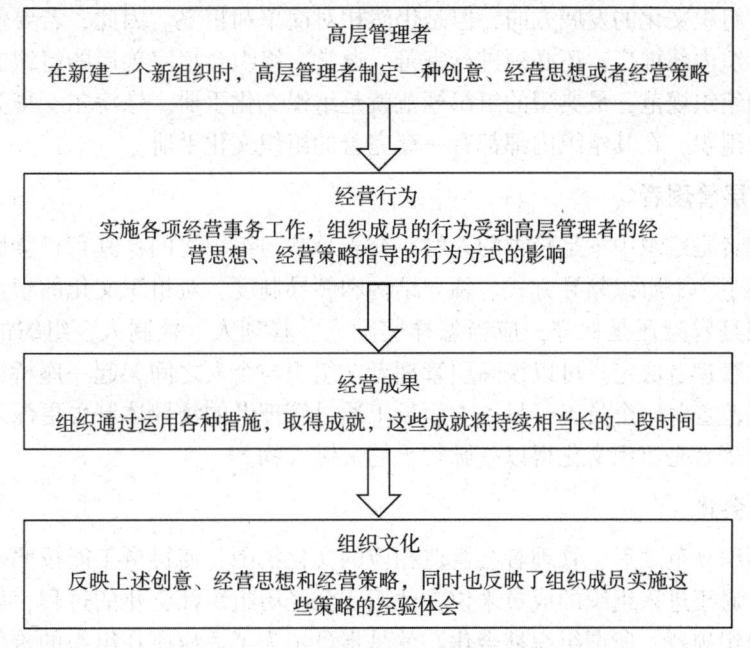

```
┌─────────────────────────────────────────────────┐
│                  高层管理者                      │
│ 在新建一个新组织时，高层管理者制定一种创意、经营思想或者经营策略 │
└─────────────────────────────────────────────────┘
                         ↓
┌─────────────────────────────────────────────────┐
│                   经营行为                       │
│ 实施各项经营事务工作，组织成员的行为受到高层管理者的经 │
│       营思想、经营策略指导的行为方式的影响        │
└─────────────────────────────────────────────────┘
                         ↓
┌─────────────────────────────────────────────────┐
│                   经营成果                       │
│ 组织通过运用各种措施，取得成就，这些成就将持续相当长的一段时间 │
└─────────────────────────────────────────────────┘
                         ↓
┌─────────────────────────────────────────────────┐
│                   组织文化                       │
│ 反映上述创意、经营思想和经营策略，同时也反映了组织成员实施这 │
│              些策略的经验体会                    │
└─────────────────────────────────────────────────┘
```

图 11-1　组织文化形成的阶段

二、组织文化的维系

一个组织的形成不是凭空产生的，组织文化一旦形成，就需要我们加强和维系它，组织文化的维系对于组织的发展发挥着重要作用。组织文化的维系是一个过程。最初组织文化源于组织创造者的经营理念，组织理念逐渐发展出一套组织规范，用来规范和引导组织成员的意识和行为，由于新员工不可能都完全符合组织文化的要求，因此组织要求帮助新员工适应组织文化，这个过程称为社会化，只有适应组织文化的人才能最终留下来，并且得到晋升，而组织现任高层管理人员的言行举止对组织文化也有重要影响。因此，维系组织文化就必须采取一系列有效的管理措施和方法（见图 11-2）。

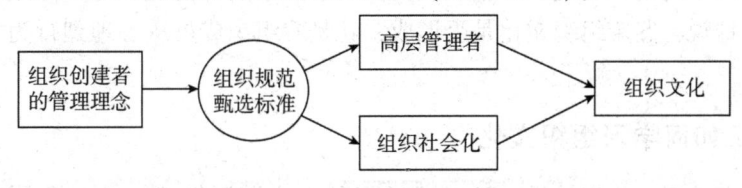

```
┌──────────┐    ┌──────────┐    ┌──────────┐
│ 组织创建者 │ →  │ 组织规范  │ →  │ 高层管理者 │ ↘
│ 的管理理念 │    │ 甄选标准  │    └──────────┘   ┌──────────┐
└──────────┘    └──────────┘         ↘          │ 组织文化  │
                                   ┌──────────┐ ↗└──────────┘
                                   │ 组织社会化│
                                   └──────────┘
```

图 11-2　组织文化维系过程

（一）组织创造者

组织文化发端于文化创建者的个人文化，并会受到社会、组织及其成员文化因素的影响。诸多组织文化都是留有文化创建者个人文化的印记。例如麦当劳文化深受雷·克洛克个人文化的影响，海尔文化深受张瑞敏个人文化的影响。

（二）组织规范

组织文化创建者的文化会在实践的发展中加以沉淀和完善，逐渐发展出一套组织规范，用来规范和引导组织成员的意识和行为。组织建设者的个人文化形成组织文化的雏形，它确定了组织文化的发展方向，但是仍然相对简单和粗糙。因此，若要使简单的组织文化体系在组织内部推广，还必须进行完善。通常，组织会把完善后的组织文化框架表达成一套系统的组织规范，最典型的组织规范就是组织文化手册。像海尔、华为这些拥有优秀组织文化的组织，在其组织内部都有一套完善的组织文化手册。

（三）高层管理者

高层管理者是组织中举足轻重的人物，介于总裁与组织之间，其言行会影响组织文化的模式，体现了一个组织领导方式、领导结构和领导制度，对组织文化的塑造起着核心作用。一个组织是冒险还是保守，应当怎样奖励人、管理人、控制人，组织的心理气氛如何，都由高层管理者决定。可以说高层管理者在组织与个人之间架起一座桥梁，一方面使组织更好地规范着每一个员工，另一方面员工通过管理者的领导体制去更深入地领会组织文化，高层管理者是组织文化得以一脉相承的关键人物。

（四）社会化

明确了组织规范之后，管理者会营造相应的文化氛围，使得员工能按照规范去认知和行动。同时，对于进入组织的成员来说，他们还会经历组织社会化的过程，以便能较好地掌握和应用组织规范。所谓组织社会化，就是指员工为了适应所在组织的价值体系、组织目标和行为规范而调整自己态度与行为的学习过程。进行组织社会化的方式很多，但最为常用的是以下几种：①正式的与非正式的。新员工与当前的工作环境越是隔离，并以某种方式清晰地表现出自己是新来的，社会化过程则越是正式。非正式的社会化让新员工直接进入工作，很少或根本没有特殊注意他们。②个体的与集体的。新员工可以单独完成社会化，很多专业办公室具有这种特点。另外，新员工还可以被组织起来，经历一系列共同的经验。③固定的与可改变的。固定日程设定了变化的标准化阶段，它的特点是循环式培训方案，还包括试用期。而可变日程安排没有提前给出任何变化时间表。④序列的与随机的。序列社会化的特点是使用可以培训和鼓励新成员的角色榜样。在随机社会化中，角色榜样被有意隐含起来，他们让新员工自己去思考和理解。

最终，在组织规范的基础上，组织成员们有了共享的价值观和行为方式，组织文化就形成了。简单地说，鉴定组织文化是否形成，就是看组织成员从心理到行为举止是否达成一致。

三、员工如何学习组织文化

组织文化营造后，组织的员工可以通过多种方式学习组织文化，最有效的途径是故事、仪式、物质象征和语言。

（一）故事

很多组织中都流传着这样的小故事，它们的内容一般都与组织的创始人、打破常规、从乞丐到富翁的发迹史、劳动力削减、员工的重新安置、对过去错误的反省以及组织的应急事件等有关。这些故事构成了组织的一种象征，一种组织成长的经历、经验和资源；它可以起到借古喻今的作用，为当前的企业经营实践提供解释和支持。在我们的许多企业中，员工培训的第一课堂是请老员工讲述企业历史，以此教育新员工，这正是故事的魅力。

（二）仪式

仪式是一系列活动的重复，这些活动能够表达并强化组织的核心价值观，如哪些目标是最重要的、哪些人是最重要的、哪些人无足轻重等。许多企业每天都让员工集体宣读经营理念，集体练习工作中使用的仪式，以此强化员工对组织文化的理解。最著名的公司仪式当属玫琳凯化妆品公司的年度颁奖大会。这个大会在一个大型礼堂里举行，要持续几天，所有与会者都要身着漂亮的礼服。那些出色完成销售指标的销售人员，都会得到一些精美奖品。这种年会通过对销售业绩的公开表彰，一方面起到激励员工的作用，另一方面，这种仪式也突出了玫琳凯个人的坚强意志和乐观精神。正是这两点，才使她克服重重困难，创立了自己的公司，并获得了巨大的物质财富。

（三）物质象征

组织文化的信息还可以通过向管理人员提供的物质待遇表现出来。例如，有些公司为高级管理人员提供豪华轿车，面积大、装饰标准高的住房。物质象征还包括办公室的大小、家具的档次、管理人员的额外津贴、员工休息室或即时用餐设施，以及为某些员工提供的专门停车位等。

（四）语言

随着时间的推移，组织通常会创造自己所特有的名词，用来描绘与业务有关的设备、办公用品、关键人物、供应商、顾客或者产品。新员工经过一段时间的工作之后，那些起初时常令他们困惑的缩略语、行话，就会完全成为他们语言的一部分。一旦这些术语为员工所掌握，它们就成了共同的特征，把既定文化或亚文化中的成员连接在一起。许多组织，以及组织内的许多单位都用语言作为识别组织文化或亚文化成员的方式；通过学习这种语言，组织成员可以确认他们已经接受了文化，也有助于员工保持相关组织文化的理念。

第四节 营造道德型组织文化

一、企业责任概念的提出

1923年，英国学者奥利夫·谢尔顿（Oliver Sheldon）在其《管理的哲学》一书中首次提出企业社会责任的概念。他把企业社会责任与公司经营者满足产业内外各种人类需要的责任联系起来，并认为企业社会责任有道德因素在内。从此，开启了对企业社会责任和道德责任的广泛讨论和实践。企业开始意识到，负责任的商业行为不仅仅能为其赢得良好的公众品牌形象，更能进一步为它们带来实际的商业利益。随之而生的是企业功能定位由企业本位向社会本位转变，企业的义利之争再次引起人们的关注。1979年美国佐治亚大学（University Of Georgia）管理学教授阿奇·卡罗尔（Archie B. Carroll）首次提出企业社会责任的金字塔模型，他将企业社会责任自下而上划分为经济责任、法律责任、道德责任和慈善责任。

企业道德责任是企业在生产经营及其他活动中对员工、消费者、社区、政府、环境、慈善事业等应当履行的基本道德规范和原则，是企业伦理的核心内容。企业道德建设的核心在于改善相关管理理念，进而超越现代资本生产模式，以一种道德型的标准来要求企业从业人员。

二、营造道德型组织文化的必要性

在通过市场有效配置资源的同时，市场机制配置资源的负面作用、企业道德缺失大为存在，企业的道德问题就成为企业发展进程中必须走出的困境。

企业道德缺失的问题按其发展过程可以划分为以下四个层次：

第一，完全从"投入—产出"的经济系统来衡量企业。企业被理解为一种非道德的存在体。它仅仅以效率的高下为判断标准，忽略了企业组织空间中人的生存感。这种源自于西方资本主义早期发展的泰勒制的生产模式，集中体现出"理性经济人"存在的缺陷。

第二，在追逐效益的同时，偏于单向度发展组织空间中的物的因素，而扭曲了组织空间中的人的因素。这样，企业从非道德的存在体进一步滑落为不道德的存在体。企业在高效生产商品的同时，完全无视其对于社会的道德责任和对于环境的道德责任。企业排放的工业废水、化学废料污染了人与动物的生存环境，破坏了人与自然的生态平衡。

第三，企业过度趋利而行，导致不道德的企业伦理最终影响了其自身的存在价值。原材料是与订单不符的劣质品，经济运行的生产报表是名不副实的虚假数据，产品是欺骗顾客的低质商品。企业的不诚信扭曲了自己的存在价值，企业组织空间的存在逐渐倾覆在虚假的地基上。

第四，企业的不道德演变为经济生活中的常态。由于绝大多数的个体都生活在企业的组织空间中，这种经济生活的不道德的常态化，容易影响人的价值取向、转变人的思维模式，并进一步腐化人类生活的其他领域。这导致人际关系的物化。人与人之间互相利用，充斥着唯利是图的交往关系和普遍的不信任感。人在这样的生活状态下，或失去生命存在的意义而引发富士康式的跳楼事件，或失去正确的是非观与理性的处事态度而由小争执激发起群体性事件。

三、营造道德型组织文化的途径

诺贝尔经济学奖得主英国剑桥大学三一学院院长阿马蒂亚·森（Amartya Sen）教授说过："经济越是朝向未来发展，就越需要伦理的回归，其原因就在于人们无论怎样试图摆脱道德的羁绊，终会因为无法脱离经济活动本身内在具有的伦理属性而归于徒劳。""利"与"义"虽然是矛盾体的两个对立面，但二者也是相互依存、相互支撑的。企业是以利益、契约和义务为纽带，通过商品与资本的创造和经营获取适当利润的协作组织，它既是经济实体，也是伦理实体，企业伦理道德与企业商业活动具有内在的相容性。因此，企业需要以道德责任为引导，将义利共生的道德追求融入企业的每一个决策环节中，将宣言、承诺等精神内容融入企业的日常生产经营活动中，激发企业的良性行为，从而把企业道德责任的价值理念推向具体的操作。

首先，重视员工个人价值在组织工作中的体现。20世纪80年代，在西方发达国家开始盛行"工作生活质量运动"（Quality of Work Life，QWL），以人性为中心，强调通过对人力资源的综合、全面开发，提高组织机构的各种效率，同时实现提高员工工作质量的目的。在 QWL 的企业模式中，组织与个人的发展目标达成一致，人不再仅是资本生产模式下束缚在机器化链条中的了无生机的螺丝钉，而是具有共同奋斗旨向的自由个体的联合。企业员工以企业的生产劳动的存在方式而实现自我、发展自我。这种以人性的健全发展为目的的企业生产模式，已经突破了资本生产模式下唯经济效益至上或者以人性需求为工具手段的限制，从社会发展的整体视角关注人性的健康全面发展。

其次，加强对员工的"责任观"教育。员工是企业价值观的最早接受者与最快传递者，通过对员工由外而内的灌输和培养，将企业道德责任的价值观渗透给每一个员工，才能使企业成员认同公司的道德文化，从而产生超越自我的信仰和价值观，才能在企业内部真正形成根深蒂固的以责任为核心的文化理念。

再次，完善责任管理的制度文化。如某保险公司推行的"责任心管理"，其指导思想是以责任心管理体制去规范人的行为，以责任心文化体系去引导人的思想，营造"以责任心为核心价值观、员工争先负责、企业勇于负责"的文化氛围，从而创建员工行为自律与他律的高度统一的企业。

最后，用信誉与品质提升企业形象。将道德意识与责任感融入企业的产品与服务中，渗透到企业的商业行为中，最终使利益相关者真正认可企业的人格与信誉，从而树立企业颇具道德责任感的良好形象。

第五节 营造积极向上的组织文化

企业的组织文化导向就像企业前进的方向盘，对全体成员的行为有引导作用。积极向上的组织文化是在组织文化发展过程中，通过激发、示范、诠释和传播能够激起员工凝聚力、归属感、行动力的人和事，而形成的一种积极组织行为。现代组织强调人的主体价值和自我实现，情感和社会约定成为更有效的动机源泉。成就感、归属感、被爱戴、被欣赏，以及责任与承诺成为更有力的内在激励动机。因此，发挥企业文化的积极作用、营造积极向上的组织文化，对消除潜文化的消极影响、优化企业的人际关系、创造健康向上的内部环境、提升员工素质、培养过硬团队、塑造企业品牌形象、提升企业核心竞争力都具有重要意义。

一、营造积极向上的组织文化的重要意义

（一）改善员工对组织发展变革的态度

组织的发展变革是组织生存的常态，是组织应对内、外部环境变化而进行局部或者整体调整的历程。罗宾斯（Stephen P. Robbins）把组织变革分为技术、人员和结构三个维度。所谓技术维度是将输入转变为产出的技术。人员维度是组织成员的期望、感受、态度和行为。结构维度是指组织协调机制、授权程度和人事管理等。三个维度中，人员维度最为关键。组织变革给员工带来现有利益的损害和对未来的不安全感，在一定程度上会导致员工的困惑、消极。因此，通过传播积极向上的组织文化消除员工的困惑和过度忧虑，描述组织未来美好的愿景，转变员工对组织变革的态度，树立变革的信心并积极参与推动变革。

（二）激发成员的自觉性和进取心

一旦形成积极向上的组织文化，强有力的正能量文化会激发员工自觉遵守企业的各种规章制度、维护企业的利益与其他员工的利益并支持企业发展变革。在企业日常运行中，成员的努力和成绩能得到肯定和表扬，会让员工产生工作满足感，进而激发员工的进取心，使其积极向上，主动地投入工作。当企业在发展中遇到阻力时，正能量文化则会使员工凝聚力量，共克时艰。

二、领导者在营造积极向上的组织文化中的作用

（一）提高积极向上的组织文化的感召力

积极向上的组织文化是一种精神力量，其发挥作用主要依靠对成员精神上的吸引和感召。一方面，领导者为组织带来方向感，日常中要向组织中的员工传递美好的组织愿景并激发员工热情，对于愿景的描述、言语承诺要始终如一，不易轻易改变，言而有信。另一方面，应当充分考虑员工的相关利益，使员工信任领导者做出的愿景描述，并积极推进工作。

（二）身体力行才能产生积极向上的组织文化

企业领导者的模范行为是一种无声的号召，对下属成员起着重要的示范作用。因此，领导者应该首先信守积极向上的组织文化，通过自己的行动为全体员工进行引导，要在自身的言行和组织的管理中体现这种积极向上的价值观。领导者要注意自身所投射的形象，发挥榜样作用，产生积极的能量。

（三）感情沟通激活积极向上的组织文化

除了坚信和宣扬正能量文化，领导者还要注意与组织成员的感情沟通，重视情感的凝聚力量。人的最大特点就是有思想、有感情，领导者需要通过与员工进行感情沟通，消除其对组织发展不必要的误解，只有和员工形成情感上的默契才能取得员工的信任，使员工坚定地相信领导者的组织管理决策。

当然，要形成积极的组织行为，仅依靠形式上的积极向上的组织文化是不够的。同时在物质激励方面也要跟进，在组织和员工之间建立相应的机制去实现共赢。

第六节　对全球化的启示

全球化是一个以经济全球化为支撑的涉及经济、技术、文化乃至日常生活方式全方位的全球范围内相互交流、相互作用的整体进程。在今天，每一个民族、每一个人的生活都与全球化密切相关且无法回避，人类文明已经进入了一个全球化的新时代。经济的全球化与文化的发展密不可分，并推动着文化的多元化。中国在20世纪80年代，将企业文化理论引入企业管理的实践中，在文化多元化的时代背景下，组织文化也必然会呈现出多元化的趋势。

一、组织文化的交流与融合

在经济全球化的背景下,随着中西方频繁的交流以及跨国公司的迅速发展,在企业特别是合资企业内部由于不同国家或地区之间的文化交流与碰撞引发的问题逐渐凸显,西方"物本管理"思想和中国"人本管理"思想开始逐渐相互融合,带来了改革开放的不断深入以及中西方之间越来越广泛的组织文化交流,随之而来的是组织文化越来越高的融合程度。亲自去体验不同的民族文化和了解不同民族文化之间的差异是跨国公司在全球化经营战略下实施有效管理的必要途径,跨国公司要采取包容的态度对待不同地区和民族的文化,在异质文化条件下实施有效的跨文化管理,有效解决文化冲突的问题,从而创造具有自身特色的企业文化。当前,跨国公司面临的普遍问题就是:如何适应分公司所在国的文化以及如何处理或协调公司内部不同部门或单位之间文化的冲突,以及如何在公司内部形成宽容的文化氛围,使不同文化之间能相互取长补短,从而创造性地形成一种新的企业文化。

二、多元的组织内部文化

基于知识经济背景下企业的组织形式开始向网络化演变,这就要求企业必须有更具弹性的文化。因为网络化的组织内部各部门或本单位是相对独立的且是自主决策,所以在占主导地位的企业文化下,各部门或单位必然会形成能反映本部门或本单位风格的、有自身特色的亚文化。在网络化组织的部门或单位里,这些有别于主流企业文化的企业亚文化也会不断发展、创新。因此,网络化组织的各部门或本单位的亚文化、大型跨国公司或集团内部的亚文化,以及组织内部有别于正式组织文化的非正式组织的文化,这些都是企业文化多元化趋势的表现形式。

三、开始探索基于民族文化的本土组织文化

企业文化理论诞生于西方。随着经济的发展,人口发生大规模地流动,这使得不同的民族文化相互交流、渗透。组织环境由以前的同一民族文化背景变成多民族跨文化背景,使得以前屡获奇效的组织管理方法已经不适应变化了的组织环境。组织文化的实践也表明,我国已经开始创建基于不同民族文化的本土化的组织文化理论,开始解决西方组织文化理论引入我国后出现的水土不服问题。例如,在草原文化和西口文化等共同的作用下,小肥羊秉承传统文化的精神,发挥区域文化的优势,提出了"羊文化"的崭新理念。小肥羊继承和发扬了草原文化的特质,充分利用了内蒙古的资源优势和品牌效应,打造了生态型和资源型的企业文化,形成了民族型的企业文化。

四、虚拟组织文化的发展

随着互联网以及计算机技术的发展,虚拟组织与日俱增,随之虚拟组织的组织文化引起人们的高度关注。虚拟组织的特点是存续时间短、人员分散、工作方式独立等,因此建设传统的组织文化体系面临变革,虚拟组织必须寻找并建设符合虚拟组织自身特点的组织文化。虚拟组织的本质是合作,有信任才有合作,建设组织文化必须在信任的基础上通过培育团队精神才能完成。虚拟组织的成功依赖的是各成员组织的业绩。如果合伙组织不能按时完成任务,就会影响虚拟组织目标的实现。当彼此之间团结合作带来的效益对虚拟组

织内部所有成员组织都有利时，各成员组织就会团结协作，所以虚拟组织文化必须包含任务文化。因此，建立强调自我约束的"软文化"对虚拟组织来说是非常重要的。虚拟组织文化的内容就是信任文化、团队文化、任务文化、从他律走向自律的文化。

五、中国式现代组织文化的发展

（一）中国传统文化的基本假设

中国有着悠久的历史，传统文化的影响可谓根深蒂固。20世纪以来，随着西方个人主义、理性主义、自由主义文化思想的入侵，特别是马列主义在中国的传播，中国人的传统文化观念受到极大的冲击。20世纪中叶随着社会主义中国屹立在世界的东方、公有制和计划经济体系的确立，共同富裕、共产主义思想成为中国社会的主流价值观，但同时也产生了"等、靠、要"等伴随计划经济而产生的观念，这些观念同人们的传统文化观念相结合，形成了中国大陆独特的组织文化，并对组织中人们的行为方式和行为目标产生了深远的影响。

从我国学术界对中国传统文化的讨论中可以发现，由于我国曾存在着漫长的封建社会，封建主义的传统文化思想在我国的组织文化中有诸多反映。儒家的讲秩序、重等级、重关系的思想成为中国传统文化的核心。我们认为，当前我国的组织文化主要反映在"面子""关系""家"和"有限自利性"四个基本的假设上。[①]

1."面子"的基本假设

中国人受儒家文化传统的影响，讲究"礼尚往来"，但为人处世的核心就是给人"面子"。因此，"面子"（Face）或"脸面"是最重要的假设。在中国人看来，在经济交易中，"面子"更多地被看作是一种名誉、信誉、名声和人情；在组织管理中，"面子"则更多地是被看作一种人情、权力和影响。从某种意义说，这种能够节约交易成本的"面子"可以被视为一种作为生产要素的资本。这种资本是一种有助于生产经营和交换的价值存量的泛化的资本。一是"面子"影响着人们从事管理活动和进行经济活动的动机的强度。[②] 二是"面子"往往会使管理者背负一种道德责任，这种道德责任常常与组织的效益、效率目标相冲突，从而使管理者陷入一种"两面不是人"的难堪境地。三是出于对"面子"的目标或偏好的考虑，管理者可能不能够对组织内部资源进行有效的配置。四是"面子"也可以对人构成约束，使人们更倾向于守信，减少欺骗行为。五是"面子"具有不可替代的特性。

2."关系"的基本假设

中国人常挂在嘴上的"关系"多半是由家族、族群、语言、经验等的相似性而来，强调"个人化"的人情关照和信赖，是一种非系统化的非正式关系。西方企业则较强调通过契约、协定等成立的正式关系。非正式关系一度被西方企业视为阻碍市场公平与组织效率的障碍，为其所不屑。

关系假设认为，应用关系方法（Guanxi Approach）可以给组织带来积极作用（Positive Effect），主要体现在以下几个方面：

[①] 罗珉，孙晓岭.论中国传统文化对组织文化基本假设的影响[J].广东商学院学报，2004（1）：4-10+16.
[②] 王询.文化传统与经济组织[M].大连：东北财经大学出版社，1999：83.

（1）关系是减少不确定性的手段。企业在变化急剧的环境下面临着人际关系的很大不确定性，组织虽然可以通过雇佣合同约束员工的行为，但这种约束在一定的情况下并没有很大约束力。关系假设提供了解决复杂性的有效方法。为了克服不确定性给组织带来的负面影响，组织可能选择长期的、重复的关系。在我们看来，儒家文化中的"关系"假设是具有本体意义的。"中国最重要的经典宣扬的是人际关系的伦理道德体系……人与超自然的关系受制于个人与他人的关系。"[1]

（2）关系可以降低交易成本。特别是当一个组织中或组织之间非正式关系非常紧密时，人们相互熟悉，"信息不完全"和"信息不对称"的问题也不很严重，就会产生"社会信用并不是对契约的重视，而是发生于对一种行为的规则熟悉到不假思索时的可靠性"[2]。在关系中，有几方面因素可以减少交易成本。一是关系密切的员工、供应商可以减少交易成本，包括花费较少的时间收集信息和评估新的员工和供应商，谈判、协调、行为的控制和检查等；二是因关系使双方行为协调而降低单位成本；三是因减少在几个交易者之间转换而降低运作成本，其中包括双方磨合成本。

（3）可以利用外部资源实现效率。单个组织的资源是有限的，组织必须具备获取外部资源的能力。同时，在变化迅速的环境下，组织拥有全部所需要的资源，这也使组织失去灵活性。英国学者雷丁指出："在关系网之外，合作不一定能够办到。"[3]为解决内部资源的有限性与组织经营的灵活性矛盾，组织从孤立地依靠自有资源转向建立关系。

（4）关系可使组织获得经济价值之外的社会价值。对单个个人和组织来说，关系是重要资产，其价值不仅表现在创造效率和创新上，还表现在提供信息、影响其他人和组织上。关系是个人之间和组织之间学习的良好途径。在中国，"关系"反映在组织的管理制度中，会使原本制定得非常严谨、科学的管理制度产生异化。常常会出现有严谨、科学的管理制度，却没有较为严谨科学的组织结构和可以严格实施的管理制度，因人设事、因人设职、缺乏清晰严格的责任制度的现象大量出现，这就是加入了人的因素和"关系"的假设的结果。对于这种情况的出现，马克斯·韦伯认为，在东方特殊主义文化环境下，人们常常不是通过事由建立人际关系，相反，是用人际关系统领事由[4]。

3. "家"的基本假设

中国文化以人的自然化作为伦理的参考系，这就形成了"家"的借喻、隐喻、明喻，甚至讽喻的意义派生。像国家、社会大家庭、日常用语中对非血缘关系的血缘称谓（如姐妹、弟兄、哥们、爷们……）皆属于此。在中国，所谓的"家"（Family）这个概念是广义的，是泛指高于个人的大众。小则是指家庭、家族和大家，大则是指政党、国家。"家"就是轻个人而重团体的具体体现。

中国的企业组织是"家"的基本假设的一个浓缩反映，在中小规模的家族企业内，家庭结构或家族结构成为企业组织的基本构架；在规模较大的所谓的现代企业组织中，"家"的基本假设也成为企业权力结构的来源之一。"家"的基本假设和"家的团体文化"对组

---

[1] [美]许烺光. 宗教·种姓·俱乐部 [M]. 薛刚, 译. 北京：华夏出版社, 1990.
[2] 费孝通. 乡土中国 [M]. 北京：北京三联书店, 1985.
[3] S.B. 雷丁. 海外华人企业家的管理思想——文化背景与风格 [M]. 张遵敬, 范煦, 吴振寰, 译. 上海：上海三联书店, 1993.
[4] 苏国勋. 理性化及其限制——韦伯思想引论 [M]. 上海：上海人民出版社, 1988：171.

织的管理有着重要的影响，反映在组织的管理思想上，一般说来，大致有如下情况：

（1）家长制（Patriarchy），由于"家"的基本假设超越了职业化的需要，家或家的代理人，即组织的家长自然而然地成为组织的权力核心，其合理性和合法性不会受到组织内其他成员的质疑，也如同"君权神授"一样自然，同样的道理，组织成员对组织或组织的家长的忠诚表现为一种"私忠"①。

（2）人情至上。既然企业组织结构是"家"的基本假设的物质载体的实现，亲属集团（Kinship Group）、宗亲（Lineage）、氏族（Clan）、朋友、同学、熟人、乡亲等各种关系就会接踵而来，构成组织内的基本人际关系，再加上一起"打天下"的弟兄，组织内结拜认领等形成的干亲，共同构成中国组织错综复杂的人事关系，以血缘关系为核心的传统关系，常常具有人情至上、关系至上的倾向。② 面对这种错综复杂的人事关系，"情、理、法"就成为处理组织内部关系的三种手段，其出发点往往是以"情"为重，以"理"为据，万不得已才用"法"。

（3）等级制和三六九等。组织内的关系有亲疏，在职权设置上就有差异，这就是组织分层（Organizational Stratification）。中国社会组织中"圈子"大量存在，"提出了特殊主义标准的适用范围的问题。……某种社会结构中的普遍主义价值可能在它的副结构中变成特殊主义取向的基础"③。这就是说，各种特殊关系的作用范围是不同的，"关系"可以分远近亲疏、三六九等，这也就是费孝通先生所说的"差序格局"④。中国的企业组织在人员使用和提拔上的最大问题当属任人唯亲。组织的接班人必须是组织的家长提名或任命，除非是组织的接班人作为家的代理人的身份有问题。

综上所述，从某种意义上说，中国组织管理的全部都是从"家"的基本假设上筑起的。"家"的基本假设深深地凝固于中国管理者的心灵，"家"的基本假设所体现的组织的家长制、人情至上和等级制均是中国式管理的"人治"特征的具体体现。

4. "有限自利性"的基本假设

"有限自利性"的基本假设是指中国人对人的自利主义行为的容忍度和接受度有限。中国人同西方人一样也讲自我（Ego）和自利，但中国人对自利的接受有一个限度。超过这个限度，就会引起他人的反感、不舒服，甚至遭到他人的攻击，这表明中国传统文化中对个人自利行为的容忍度和接受度远远低于西方社会。如果将中国人和西方人的自利性进行比较，可以说中国人对人的自利的容忍和接受性是感情型的，有一套特殊主义的价值取向标准承认结果和财富的差异；而西方人对人的自利的容忍和接受性是理性型的，采用的是普遍主义的价值取向标准来认同结果和财富的差异。

中国传统文化中有自利行为的目标，但超过某一临界点时，可能也有某种利他主义的目标，只有这样个人才能够在社会组织中更好地生存下来。人们总是希望自己成为利他主义的对象。这种思想颇有点类似现代社会生物学"群体选择论"的观点。群体选择论认为，遗传进化是在生物种群的层次上实现的，当利他主义有利于种群利益时，这种行为特

---

① 郑伯埙. 差序格局与华人组织行为［J］.（台湾）本土心理学研究，1995；(3).
② 王询. 文化传统与经济组织［M］. 大连：东北财经大学出版社，1999：83.
③ 彼得·B. 布劳. 社会生活中的交换与权力［M］. 孙非，张黎勤，译. 北京：华夏出版社，1988.
④ 费孝通. 乡土中国：生育制度［M］. 北京：北京大学出版社，2002：26-27.

征就可能随着种群利益的最大化而得以保存和进化。[①]

"有限自利性"的基本假设或许与中国人对需求的多层次性和利益关系的多样性的看法有关。中国人在生存的需求层次上具有较强烈的分割性，这种需求往往以个人或家庭为单位排他性地获得满足，利益体现为个人的自利主义（Egoistic）的利益。但是，由于"家"的概念和"家的意识形态"的假设，在满足生存的需求之后，社会和组织群体更强调共享型的需求（如安全的需求和归属的需求）和依存型的需求（即个人的需求的满足是建立在他人特定需求满足基础之上的需求）。

因此，在中国传统文化中，在需求具有非排他性和不可分割性时，必须强调群体利益和社会利益（即大家的利益）；在需求具有依存性时，利益就具有相关性，就应强调各个层次的人的需求的满足。自利行为的目标超过某一临界点时，不考虑"家"的共享型的需求和依存型的需求，就是"为富不仁"，就会遭"报应"，被社会和人们唾弃。

5. 中国传统文化的总结

我们可以看到，中国传统文化的独特性及其假设对管理学研究的启发十分深远。

这种启示首先表现在对西方现代管理学理性行为假设的质疑上。这种质疑不同于西方现代管理学——由于人的潜能的重新认识所引起的对人的完全理性假设的修正，而是对中国人的理性行为本身的重新认识，这导致了对人的行为目标和行为规划的重新认识和界定。

其次表现在对一些具体理论问题，特别是管理制度变迁的方式和过程等基本理论问题的研究上，人们已经开始用中国文化的独特性来解释中国组织管理制度改革的渐进式特征，即改革的路径依赖问题；越来越认识到组织文化创新与传统文化的存量之间绝不是相互分割的。

我国组织文化的建构，应当批判地吸收和继承历史上有价值的伦理、道德原则，当然也包括几千年来中国文化的传统美德；另外，还应当批判地借鉴、吸收和继承西方管理学中的组织文化理论、伦理道德体系中的某些规范和准则。应当看到，中国传统文化是成套的行为系统，其核心则由一套传统观念，尤其是价值系统所构成，在一定意义上有点狭隘。但是，传统文化的存量作为一种资源，具有很高的利用价值。而此处的传统文化的存量更多的是指伦理、道德、传统、习惯、意识形态等作为文化组成要素的非正式规则。而从更深层次上看，对中国文化的研究将可能导致管理哲学、管理学方法论、管理发展观等一系列根本性问题的深刻变革，并引起管理学真正意义上的创新，促进一种新的管理理论范式的形成。

（二）中国式背景下的组织文化特征

在中国文化中，人情不只是一种社会现象，而且是一种文化精神形态，即所谓的人情主义。人情主义作为中国文化的基本精神形态，必然影响组织文化的形成，而人情设计则决定了中国式组织文化的基本特征。[②]

1. 人伦本质与组织成员的"伦分"秩序定位

人情主义从根本上来说是由中国的血缘文化决定的。血缘是中国文化的价值取向、出

[①] E Wilson. Sociobiology: The New Synthesis [M]. Cambridge Massachusetts: Harvard Belknap Press, 1975.
[②] 李涛，李敏，夏顺忠. 人情主义与中国式组织文化的主要特征 [J]. 领导科学，2009（14）：54-55.

发点以及人情的确立方式，由家及国再及天下，都是以血缘为起点和范式的。而血缘文化的运作离不开情，人们的血缘情感是人情的根基和主题。人情就是由家族精神演绎出来的一种人际结构方式和伦理精神形态。

儒家将人伦作为社会的本位，并在家族精神统摄下将各种人伦关系套上"情分"的色彩，故人伦关系就是所谓的情谊关系。这种人情的运行必须按照一定的"伦分"，因此也自然地确定了组织中成员的角色和位置。不同"伦分"的人具有不同的情感内涵和情感运作方式，就形成了"理"，"理"与"情"的结合就是所谓的"情理"。

传统中国文化将领导同下属的关系理解为"父子"关系或"长幼"关系。即使是引进了西方先进思想的现代革命组织，在组织文化上也要努力建设一个革命的"大家庭"。在这个"大家庭"中，形成一个由亲及疏、由熟及生的人际关系结构，组织中主要成员的地位在很大程度上取决于其同"家长"的关系。家长制是中国血缘文化的特殊产物与典型特征，是家庭体制在社会的放大和扩张。西方组织中人与人之间的秩序由合作伙伴关系和代理人关系决定，这种秩序是以契约为前提的。而中国组织中的人际秩序则依赖于人伦情分，如果动摇了"伦分"，组织的运作必陷入混乱之中。即使在现代组织中，中国人也更愿意从人伦情分出发确定自己或评价他人在组织中定位的合理性。

2. 心意感通与组织的高度一体化

中国文化中的人性设计突出地体现在人际情感共通的"感通"机制上。这一机制作为以情感为主体的互动机制，强调"以情动人、以理服人"和"征服人心"。情是人与人之间沟通的基础，感是沟通产生效果的条件。由"感"而"动"，由"感"而"化"，就是通过情感起作用，维系人际关系，实现人与人之间的沟通和相互合作。

由于在这种人心逻辑中，思想更主要的是一种情感的活动而非理性推理的活动，因此智力和判断力都在很大程度上被情感化了。思想、意志的情感化和个人独立理性判断力的让渡带来一个必然的结果，就是组织的高度一体化。

中国传统管理方式的高明之处。一方面，它可以满足人们的心理和社会需要，并使人们形成较强的群体意识，提高人们对组织的认同感和责任感；另一方面，它还可以使管理组织具有很强的自组织功能。

这种一体化的优点是可以保持组织成员的忠诚度、相互信任、高互利精神和责任感。

3. 和谐目标与组织稳定性的追求

组织文化的一个重要方面就是对待风险的态度。西方组织文化的研究者发现，相对西方而言，东方的组织如日本的企业具有更强烈的规避风险意识。这是社会文化在组织文化上的具体体现。在伦理型的管理机制下，作为道德性规范的"礼"在各种管理行为中都起着关键性的调节功能，所有的规章都要受到"礼"的约束。

而"礼之用，和为贵"，人情主义管理以和谐为最高价值目标，这种和谐包括个体与个体的和谐、个体与整体的和谐、道德与伦理的和谐。人伦传统的组织形态在价值上的追求目标就是组织的和谐。一方面，它强调组织成员之间的和谐、团结与合作；另一方面，它更愿意看到组织整体处于一个较为稳定的状态。在这种稳定中，成员之间、上下级之间形成规则化的情理认同，这种认同一旦被接受，则成为组织文化的一部分。组织文化对稳定性的追求可以在很大程度上减少内部的冲突和摩擦，但是随之带来的问题则是如何协调和谐与效率、稳定与变革之间的关系。

不仅如此，对"人和"及"一致性"的过分强调与追求，还会导致忽视个体个性的丰富与发展，使得个体的理性在人情关系中被弱化，缺乏竞争与创新精神，从而限制个人和组织效率的提高。因此，如何将中国追求和谐的文化传统同西方工业革命以来日渐成熟的效率机制合理地整合起来，是建立当代中国式组织文化的一个难点和关键点。

4. 人情磁力场与非正式组织的强大

中国人情主义在社会和组织生活中盛行的结果之一，就是形成了辐射到社会各个角落的人情磁力场。每一个人只有将自己安放在这个场中，才能找到自己的位置，得到真实的存在感，获得身心的安顿。这种磁力场是中国人情感生活的场所，它以各种边界条件为基础，确定了各种各样的"自己人"，并由这些"自己人"组成不同的圈子，圈子当中的人通过以心换心的磁场力给成员带来情感的温暖。在这样的圈子中，充满人情味的照顾，自然也伴随着各种利益的交换。这种人情磁力场一旦形成，往往相对稳定和持久，不会随着正式组织层次和人员职位的变化而发生大的变动。

在当代社会，中国人也有意无意地将人际关系向家庭角色挂靠，很容易使交往双方建立"虚拟亲族关系"，相互之间以自家人自许。例如：同学之间称"师兄弟"，战友之间称"生死兄弟"，还有老乡之间的亲情观念，等等。

这种人情磁力场的作用结果，就是在中国社会中，非正式组织的作用和影响往往非常强大。相对而言，西方人看重实利，强调功利性、公平性，人际或社会交往从属于"交易法则"，因此市场经济交易体系发达。在这种情况下，正式组织的作用处于强势，虽然存在非正式组织，但它并不具有中国非正式组织需要承担的许多实利交换功能。中国的非正式组织由于建立在血缘基础之上，或者以"虚拟亲族关系"的方式存在，因此比西方的非正式组织有更强的生命力和维系关系的持久性。

当然，这种人情磁力场也存在一些弊病。首先是人情小团体对其他人的排斥，将其他人看成"无关紧要的人"或"微不足道的人"，对其利益表现出无视和冷漠。其次是将人情凌驾于正式组织原则和规章制度之上，损害组织和他人利益。非正式利益集团的强大还可能导致社会分配不公，诱惑正式组织的成员努力建立自己的人情关系网，并依赖这种关系解决自己所遭遇的公私问题，最终使成员的工作动机降低，影响整个组织的健康发展。

（三）中国背景下的组织文化认同度[1]

在人类学领域，文化认同是指"个人自觉投入并归属于某一文化群体的程度"[2] 或是"个人接受某一族群文化所认可的态度与行为，并且不断将该文化之价值体系与行为规范内化至心灵的过程"[3]。陈枝烈[4]认为，文化认同是将关于个人的思考、知觉、情感与行为，归属于某一文化团体（Cultural Group）中。文化认同具有强化族群成员自尊及内部凝

---

[1] 陈致中，张德. 中国背景下的组织文化认同度模型建构 [J]. 科学学与科学技术管理，2009，30（12）：64-69.

[2] Oetting E. R., Beauvais F. Orthogonal cultural identification theory: The cultural identification of minority adolescents [J]. The International Journal of Addictions, 1990, 25 (5): 655-685.

[3] 卓石能. 都市原住民学童族群认同与其自我概念、生活适应之关系研究 [D]. 台北：屏东师范学院国民教育研究所，2002.

[4] 陈枝烈. 台湾原住民教育 [M]. 台北：师苑出版社，1997.

聚力的功能，所以从某些方面来说，文化认同与族群认同或团体认同的意义是相近的。

陈致中、张德（2009）依托国家自然科学基金项目"组织文化度量及应用研究"（70272009），从2007年5月至2007年11月，在北京、昆山、珠海、澳门等地，选择10家公司进行调查，其中台资企业3家、港澳企业1家、外资企业2家、大陆民营企业4家。采用深度访谈辅以开放式问卷调查的方式，共访谈了52位中层以上的管理人员。又从《中外企业文化》《企业文化》《企业文化案例》《现代管理科学》等10多种期刊及国内著名学者的著作中，摘录出与组织文化认同相关的语句。通过上述两种方法收集到大量的原始资料语句，随后由3位硕士以上学历的成员组成编码小组，对原始资料进行归类和编码，其中一级编码共获得348条与组织文化认同度相关的概念短语。经过3个阶段的编码，加上与5位组织行为和企业文化界的专家学者、5位博士生充分讨论后，初步将组织文化认同度区分为4个维度，即认知层面认同度、情感层面认同度、行为层面认同度、社会化层面认同度。

根据方便取样的原则，在清华大学的MBA及EMBA课堂上，共发放120份测试问卷，回收有效问卷117份，有效回收率为97.5%。调查样本中，男性占70.9%，本科以上学历的占99%，在单位工作5年以上的占50%，担任基层以上管理职位的占73.2%。根据方便取样的原则，本研究又调查了北京、深圳、珠海、内蒙古等地共8家企业。为了确保问卷数据的真实性，全部采用匿名方式填写。总计共寄出调查问卷500份，回收492份，其中有效问卷480份，有效回收率为96%。其中48.9%为男性，60.8%拥有本科以上学历，在该企业工作5年以上的占46.9%，24.7%担任基层以上管理职位。

该项研究通过定性和定量结合的方法，建构了组织文化认同度的四维度模型。并先后采用探索性因子分析（EFA）和验证性因子分析（CFA）方法，对组织文化认同度的四维度结构（认知、情感、行为、社会化）进行了检验，证实这个结构具有较好的信度和效度；同时，通过高阶验证性因子分析，也证明了4个因子从属于一个更高阶的因子：组织文化认同度。

这说明本研究所定义的组织文化认同度结构基本可靠，所开发的组织文化认同度量表也通过了检验。该研究初步探索了中国企业背景下的组织文化认同度概念、结构与测量方法，为今后的组织文化认同研究奠定了基础。然而，该研究所开发出来的量表，还需要经过更多的实证数据检验。而组织文化认同度与其他组织行为变量之间的关系，还需要更多的研究。由于文化是体现在员工身上的，唯有绝大多数员工都认同、遵守并信任的组织文化，才能发挥应有的作用。因此，组织文化认同的研究具有实际意义。同时，对于企业界而言，员工是否认同企业的文化，也可以作为企业文化建设成败的一项衡量标准。后续研究可以通过大样本调查的方式，来进一步检验组织文化认同度的结构，并衡量组织文化认同度与其他组织行为变量的关系等，以进一步了解组织文化认同度的作用机制。

总而言之，中华优秀传统文化源远流长、博大精深，是中华文明的智慧结晶，其中蕴含的天下为公、民为邦本、为政以德、革故鼎新、任人唯贤、天人合一、自强不息、厚德载物、讲信修睦、亲仁善邻等，是中国人民在长期生产生活中积累的宇宙观、天下观、社会观、道德观的重要体现，同科学社会主义价值观主张具有高度契合性。我们必须坚定历史自信、文化自信，坚持古为今用、推陈出新，把马克思主义思想精髓同中华优秀传统文化精华贯通起来，同人民群众日用而不觉的共同价值观念融通起来，不断赋予科学理论鲜明的中国特色，不断夯实马克思主义中国化时代化的历史基础和群众基础，让马克思主义在中国牢牢扎根。

本章小结和对管理者的启示

组织文化是一个组织成员所共同拥有的，是组织区别于其他组织的价值观体系，对组织成员的行为起指导作用。这种价值观对员工行为有强烈的影响，企业长期稳定的发展需要员工对组织文化的强烈认同。一个具体的组织，其文化的形成往往取决于组织应对内外部挑战的过程。组织文化的形成需要我们加强和维系它，组织文化的维系对组织发展发挥着重要作用。从全球化的启示角度看，主要包含以下几个方面：组织文化的交流与融合，多元的组织内部文化，基于民族文化的本土组织文化，虚拟组织文化的发展，中国式现代组织文化的发展。

本章练习题

（一）思考题

1. 组织文化在一个企业的生存与发展中发挥什么作用？如何发挥这些作用？
2. 描述你所在的一家组织的组织文化，例如你目前学习、工作的组织或者家人在其中工作的组织。对于一个组织的员工，哪些价值、信念、故事和符号是具有重要性的？
3. 联系某类企业实际，讨论组织文化应当如何建立、如何才能维持。
4. 如何有效地开展一个组织的组织文化建设？

（二）案例分析

"保持组织活力"不再是一句空话

任正非在谈及华为组织成功的秘诀时，讲过一句很经典的话：**方向大致正确，组织充满活力**。前半句话主要涉及组织战略，就是战略方向要大致正确，如果方向与国家鼓励产业、市场规律、技术发展趋势等背道而驰，那么你干得再辛苦也是无济于事。后半句主要与组织能力和组织文化相关，主要讲的就是组织如何保持战斗力、如何不断地实现进化。

毋庸置疑，华为公司是所有中国公司里组织建设做得非常成功的一家。华为在2021年年报中用的简单的几段话，把如何保持组织活力概括得清清楚楚，堪称组织建设的精髓。

【华为年报】原文：持续优化组织阵型，有节奏地在全球推行"合同在代表处审结"变革，做强代表处，精简机关，实现大平台+精兵部队的组织阵型。探索军团组织运作模式，缩短管理链条，快速满足客户需求，更好地为客户服务。开展研发会战，打破组织边界，汇聚全球各行各业专家资源，力出一孔，聚焦关键业务和技术难题突破。

组织设计的第一项要务是精简和敏捷。今天华为公司所处的市场快速多变，组织架构设计也需要跟得上这样的节奏。如果一个组织的任何指令，还需要在复杂的组织层级中层层传达，那么，当这些指令最终下达到基层业务部门时，恐怕是黄花菜都凉了。因此，组织需要采取必要的措施来精简架构，其中，扁平化、小团队、精兵化均是精简组织的关键词。

在过去两年里，华为公司砍掉了一些不必要的组织层级和管理岗位，其中包括总监、副总这样高薪的岗位。岗位精简之后，既节省了人力成本，也缩短了内部汇报路径，信息和政令的上传下达更加畅通，组织决策效率明显提升。

组织设计的第二项要务是赋予前线团队一定的自主权，让听得见炮火的人能够指挥炮火。 华为公司有7~8个不同的销售渠道，每个渠道的商业模式都不一样，很难用同一套方法去管理所有渠道。华为公司采取的策略是事业部制，让团队享有充分自主的决策权。

团队以自负盈亏的模式运转，在人力资源方面，在控制团队总人力预算的大前提下，过去总部掌握的定编、招人、分奖金等权力统统下放给团队领导。

结果，奇迹发生了，常见的业务团队找HR嚷嚷加人的现象消失了。业务团队不但自发地严控人员编制增长，甚至还会主动淘汰业绩不佳的员工。

为什么？因为人越少，剩下的人能分到的奖金就越多，干活越积极，这是真正实现了人少好办事。

组织设计的第三项要务是以小团队形式，打破组织边界，快速推进项目。 华为公司也用类似提到的方式，开展研发会战，项目小团队所包括的跨部门组员来自研发、产品、市场、财务等部门。

实践证明，这种跨越了传统部门墙的小团队，迸发出了惊人的战斗力。公司的几项新产品，都是在小组模式下快速开发、快速上市，最终获得了不错的商业成果。

小团队具体该如何搭建？亚马逊在这方面提出过一个经典的概念：**两块比萨饼团队。**

【华为年报】原文： 坚持在成功实践中选拔和发展干部，打造洞察力强、专业能力过硬的干部队伍。在关键战场上主动识别优秀高潜人才，并给予机会，大胆使用，促进人才辈出，将星闪耀。

在缺乏活力的组织中，人员选拔和升迁靠的是年限、资历以及和老板的关系；在充满活力的组织中，那些高绩效、有战功的员工很容易脱颖而出。

华为公司在实际工作中也遵循了"将军是靠打出来的"这一原则。在职位晋升评估中，首先看的就是个人绩效，拿结果说话，其他如年龄、学历、经验、能力都不是最重要的参考因素。

尤其是对于那些业绩卓著、超越预期的员工，他们甚至会得到破格晋升。

此外，保持组织活力，很重要的一点是人员要能上能下、能进能出。很多组织比较容易解决好"能上"和"能进"的问题，难以解决的是"能下"和"能出"的问题。这里面原因会比较复杂，可能包括法律限制、碍于情面、历史原因、企业文化，等等。

不论背后的原因是什么，如果一家组织不能实现人员正常的新陈代谢，那保持组织活力就是一句空话。

世人曾经惊讶于华为每年对自己干部队伍10%的淘汰率。按说，华为的干部都如此优秀了，为何还要严格实行10%淘汰呢？后来，看到一篇对华为HR负责人的采访，让人敬佩之心油然而生。

他是这样说的：**只有狠心淘汰一部分人，下面的年轻员工才能看得见希望，组织才能对优秀人才保持吸引力。**

有人曾经参加过一位德高望重的企业高管教练的课程，她说：大多数企业都说要学华为，但基本上都学不会，因为有两个最基本的点它们就做不到：第一，任正非把大部分企业股权分给了员工，自己只掌握不到1%股权；第二，华为的干部每年有10%的淘汰率，雷打不动。

【华为年报】原文：坚持"责任结果导向"的获取分享制，建立差异化激励机制。适配不同产业、不同发展阶段、不同人群，建立差异化激励机制。

获取分享制的核心就在于，任何员工所享受的奖金激励，都必须先挣出来。而与获取分享制相对立的，就是那些大锅饭制度，干多干少一个样。

华为公司在薪酬激励方案的设计中，遵循了三个原则。

第一，获取分享制。传统的目标奖金和超额的利润分享相结合，每个员工基于自己的底薪，有一定比例的目标奖金。当绩效目标达成时，获得目标奖金。

此外，当绩效目标超额完成时，公司会拿出一定比例的超额利润与员工分享。这样，员工自然有了奋力冲击更高绩效目标的动力。

第二，适配不同业务的差异化。华为公司有7~8个不同的销售渠道，每个渠道下都有一个独立的销售事业部，每个销售事业部都有自己独特的一套激励政策，实现了真正的差异化。

有的事业部以奖金提成制为主，有的事业部以利润分享为主，还有的事业部以目标奖金为主。业务不同、激励不同，后来取得的效果也还不错。

第三，适配不同人群的差异化。针对不同的人群，销售前台 VS 职能中后台、中高层管理者 VS 基层员工、高绩效 VS 低绩效员工，华为公司通过对奖金比例、奖金系数、奖金周期、奖金 KPI 等的设计，实现了对不同人群的差异化激励。

【华为年报】原文：坚持"以客户为中心，以奋斗者为本"的核心价值观。持续关心关爱员工，把对员工的关怀落到实处，不断改善工作生活环境，开展多样性活动，保障员工身心健康。

一个充满活力的组织的文化应该具有两面性，一方面是偏硬的，强调组织的高绩效、高目标和对人员激励的差异化；另一方面是偏软的，强调组织对员工的人性关怀，充分保障员工的身心健康。

如果组织文化过硬，给员工一种冷冰冰的感觉，这样的环境留不住人；但是，如果组织文化过软，组织容易陷入一盘散沙，关键时刻团队战斗力激发不出来。

所以，打造组织文化的一项核心任务就是做到**"软硬兼施"**，平衡好高绩效、高目标和人性关怀之间的关系。

华为公司的公司文化一直以体现人性关怀而被员工所称道。创始人和管理层也做了很多工作，来提升员工在这里工作的幸福感。

创始人自己有一个核心理念：员工在公司里工作需要有幸福感，如果他们在这里待着不开心，那就别指望他们在这里能够做出好的产品让客户开心。

华为公司平时给员工提供的各种福利和关爱就不用多说了，单说一个小例子：这轮上海疫情过后，很多公司因为业务受影响转而采取裁员降薪等措施，但是华为公司非但没有降薪，反而给员工补充医疗加了预算，让员工在不增加个人负担的同时，还能享受更多的医保实惠，让员工在上海解封之后第一时间感受到惊喜。

总而言之，持续关心关爱员工，不断改善工作生活环境，HR 能做的工作有很多。

（资料来源：范珂. 让"保持组织活力"不再是一句空话，2022-07-06）

【小知识点】

两块比萨饼团队。该知识点源于两个比萨原则。最早是由亚马逊 CEO 贝索斯提出的,他认为如果两个比萨不足以喂饱一个项目团队,那么这个团队可能就显得太大了。因为人数过多的项目会议将不利于决策的形成,而让一个小团队在一起做项目、开会讨论,则更有利于达成共识,并能够有效促进组织内部的创新。

(资料来源:MBA 智库百科. 两个披萨原则,2019-09-23)

思考问题:

1. 华为公司在激活组织、保持组织活力方面有哪些经验值得借鉴?
2. 华为的成功管理经验是否可以在其他公司或组织中复制?

研究课题

为什么你的组织所拥有的文化缺乏特色?

第十二章　组织变革与压力管理

名人名言

> 人们最出色的工作往往在处于逆境的情况下做出。思想上的压力，甚至肉体上的痛苦都可能成为精神上的兴奋剂。
>
> ——贝弗里奇（1879—1963，英国经济学家）

学习目标

1. 阐述组织变革及其意义；
2. 描述组织变革的动因与阻力；
3. 了解管理组织变革的方法；
4. 掌握营造适应组织变革的组织文化的方法；
5. 了解工作压力的内涵，掌握压力管理的方法。

本章关键词

组织变革；变革动因；变革阻力；工作压力；压力管理。

思维导图

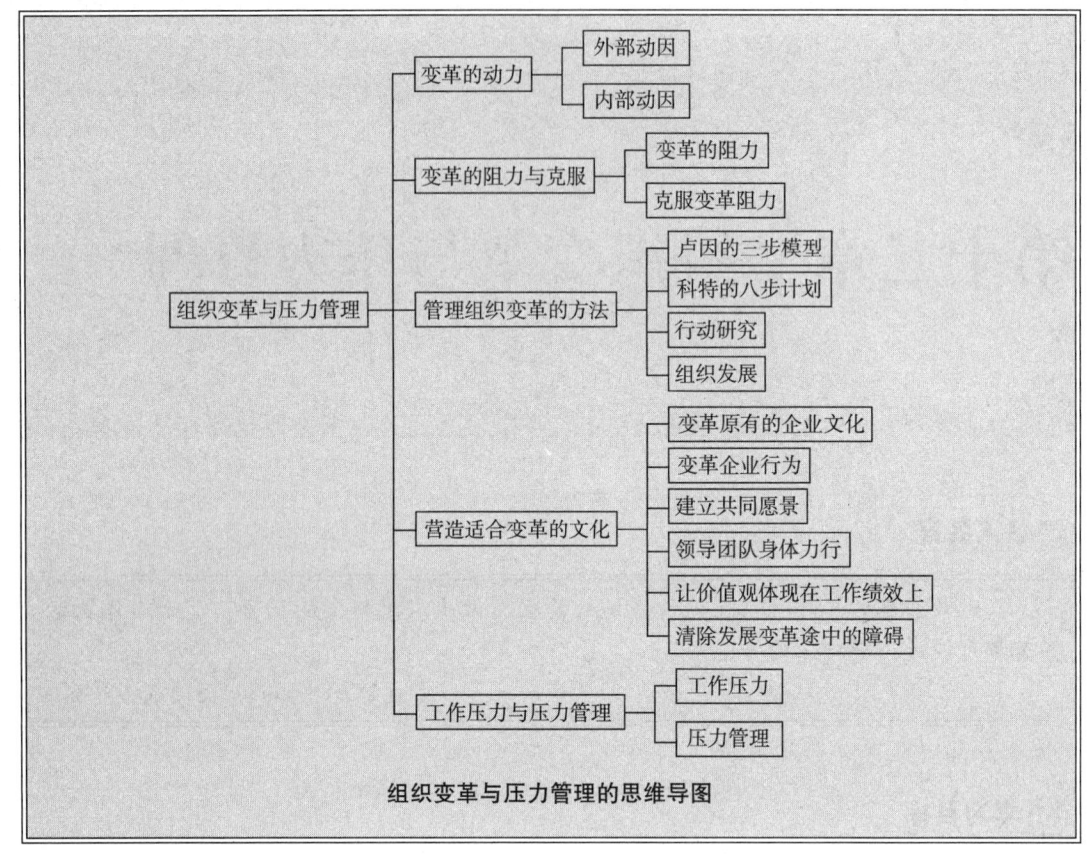

组织变革与压力管理
- 变革的动力
  - 外部动因
  - 内部动因
- 变革的阻力与克服
  - 变革的阻力
  - 克服变革阻力
- 管理组织变革的方法
  - 卢因的三步模型
  - 科特的八步计划
  - 行动研究
  - 组织发展
- 营造适合变革的文化
  - 变革原有的企业文化
  - 变革企业行为
  - 建立共同愿景
  - 领导团队身体力行
  - 让价值观体现在工作绩效上
  - 清除发展变革途中的障碍
- 工作压力与压力管理
  - 工作压力
  - 压力管理

组织变革与压力管理的思维导图

开篇案例

微软公司的组织变革

用外人的眼光来看，微软公司似乎是在以闪电般的速度发展着。然而，从内部来看，对发展太缓慢的指责与日俱增。微软公司有 3 000 名员工，生产 180 多种不同的产品，至少有 5 个管理层。公司的员工开始抱怨文案主义和决策迟缓的问题。日益明显的官僚化倾向甚至使公司失去了几个重要的人才。此外，微软公司还面临着一些新的挑战，如美国司法部对这个软件巨人的裁决，以及美国在线公司和时代华纳合并所形成的互联网竞争强敌。

在这种情况下，高层管理人员开始重建微软公司。为使公司能对软件行业中的快速变化做出更好的反应，他们建立了 8 个新事业部。其中，商用和企业事业部侧重向企业用户提供诸如 Windows 新版本这样的软件；家用和零售事业部处理游戏软件、家庭应用软件、儿童软件及相关业务；商界生产率事业部以知识型工人为其目标市场，为他们开发诸如文字处理方面的应用软件；销售和客户支持事业部则主要集中于会计律师事务所、互联网服务提供商和小企业这样的顾客群。其他的事业部还包括开发者事业部（研制供企业编程人员使用的工具）；消费者和商务事业部（使商家与企业的 MSN 网络门户相联）；消费者视窗事业部，其目标是使个人电脑更易于为消费者使用。最后一个是微软研究事业部，开展各方面的基础研究,包括语音识别和先进的网络技术。

真正使这一新结构对微软公司具有革命性意义的是,这8个事业部的领导被授予了充分的自由和职权,只要能够实现销售收入和利润目标,他们就可以按照自己认为适当的方式经营其业务并支配各自的预算。而在以前,盖茨和鲍梅尔都卷入每个大大小小的决策中,包括 Windows 2000 的主要性能,以及评价用户支持热线得来的反馈记录等。现在,事业部经理被授予了以前所没有的职权和责任。一个事业部经理这样说,他感觉"就像在经营自己的小企业"。

"互联网使一切都发生了改变",盖茨这样认为。正因为如此,他认识到了微软公司也必须改革。他希望新的结构是这一正确方向上的一个起点。

(资料来源:孙元欣,许学国,林英晖. 管理学——原理·方法·案例,2011-02-01)

现代组织理论认为变动性和稳定性是组织的基本属性。**组织变革是组织主动的因条件变化而做出相应的反应,是组织为了实现自身的目标,根据外部环境和内部因素的变化,对组织现状主动进行改变和创新的过程,是组织管理更加符合组织生存和发展的要求过程。**

管理科学倡导有效或有计划的组织变革,这类变革必须基于两种内在目标:一是提高组织对环境的适应能力,二是改进组织员工的行为模式。因此,组织变革对组织管理的意义在于:一是通过组织变革可以调适组织结构和运行机制,实现组织与环境动态适应;二是通过组织变革可以改进组织运作方式和水平,实现组织与组织成员心理、行为的动态和谐。

第一节　变革的动力

所谓**组织变革的动力,就是支持变革并推动变革的驱动力**。变革的动力源于人们对变革必要性及变革所能带来好处的理解和认识。如企业内外客观条件的变化,组织本身存在的问题,各层次管理者居安思危的忧患意识以及变革可能带来的权力和利益关系的变化,这些都可能成为引发组织变革的动机。组织面对动态和变化的环境,要求它们迅速适应。一般说来,变化可分为两类:一类是组织的外部环境变化;一类是组织内部因素变化(见图 12-1)。

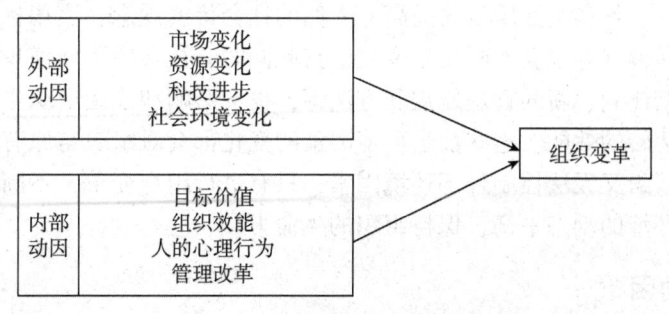

图 12-1　一般组织变革的内外动因

外部动因:市场变化、资源变化、科技进步、社会环境变化

内部动因:目标价值、组织效能、人的心理行为、管理改革

→ 组织变革

一、外部动因

任何组织都必须与外界环境进行交流,力争使自身与外界环境取得平衡。组织变革的外部动因主要就是指组织的管理者难以控制的外界环境因素对组织变革的促进作用,其中最主要的是市场、资源、技术和环境变化的影响。

(一)资源的变化

资源的变化主要包括一个组织所需要的资金、能源、设备、原料、劳动力、信息等投入物的质量、数量和价格的变化,也即是涉及组织生存与发展的自然资源、资本资源、信息资源和人力资源的变化。任何组织都是一个投入产出系统,其产出的成果,即广义的产品的价值,取决于服务对象——顾客的接受程度,因此资源和市场是组织生存的理由和生命线。组织赖以存续与发展的资源和市场的变化是推动组织变革的基本动因之一,只有不断适应资源和市场变化的组织,才能在激烈的竞争环境中生存下来,才是富有生命力和发展力的组织。

(二)科学技术的变化

科学技术的变化,是促进组织变革的强大动因。新技术、新材料、新工艺、新设备的出现,会带来产品、组织管理、专业分工、人际关系等一系列变化,以空前的广度,深入影响和改革社会生产方式、组织方式和生活方式。例如,随着信息和计算机技术的引入,传统的组织结构出现扁平化趋势,管理者的管理幅度更大,中层管理部门和人员逐渐减少,组织活动反应更为迅速、敏捷。人类社会不断加快的科学技术进步,不断改变着各类组织的产品结构、生产与工作技术、生产方式和公众的消费偏好,不断改变着人力资源的质量、成分和流动性,劳动者在性别、种族、文化上越来越富有多样化,劳动力的教育水平和流动性不断加强,劳动力的结构和价值观不断变化,高知识、高技术的工作对高素质人才的需要日益扩大。因此,各种组织只有进行变革,才能适应这种科学技术变化的潮流和发展趋势。

(三)社会环境变化

社会环境变化主要是指社会行为价值观的变化和社会的体质或制度结构的变化,也包括社会的政治因素、法律因素、文化因素、政府政策以及顾客、竞争者、供应者、公众等因素的变化,但对组织变革影响较大的是前两类因素的变化。随着社会的发展、知识的积累、技术的进步、工作和生活质量的提高,人们的社会价值观念、道德标准、价值和行为取向、工作和生活偏好等都会不断发生变化,与此同时,社会中不断涌现出的新政策、新制度、新组织、新体制、新的管理原理和方法等,也会影响和改变组织生存的直接和间接环境,以及自身运转的效能。这些社会环境因素的变化都会对组织与原有外部环境形成的平衡造成压力,组织又无法控制外部环境因素,只有进行组织变革,不断调整革新,才能形成组织与外部环境的动态平衡,保持组织的生命力。

二、内部动因

任何组织内部都存在使整个组织成长和衰败的因素,组织变革的内部动因主要是组织成员的变化及组织运行和成长中的矛盾。对组织变革影响较大的内部推动因素主要有组织目标和价值观的变化,组织运行效能的变化,组织成员心理和行为的变化,以及组织自身管理方式、管理技术方法的变化等。

（一）组织目标和价值观的变化

组织目标是一个组织在未来一段时间所要达到的目的，它指明了一个组织的广义宗旨。组织目标的对象，一是维持组织的生存与发展，二是致力于管理活动和组织成员的努力和绩效。组织目标的确立与保持要靠价值观系统来维系，组织价值观系统的变化，会导致人们对目标的价值、目标的选择、目标的可行性等进行新的权衡，从而引起目标的变化。组织目标一旦变化，组织的任务，各项工作的基础，组织稳定，组织决策，组织活动的依据和标准等都会发生变化，自然成为组织变革的动因。

（二）组织运行效能低下

一个组织决策迟缓，错误不断，无法把握机遇；一个组织因循守旧，墨守成规，难以产生新思想、新方法；一个组织内部沟通阻塞，冲突频繁，活动失调，人事纠纷严重；一个组织机能紊乱、效率不高、组织成员积极性无法调动，等等，这个组织就处于组织运作效率低下的状态，迫切需要通过组织变革来诊治"病症"，提高组织运作效能。因此组织运作效能低下是从内部促使组织变革的动因之一。

（三）组织成员心理和行为的变化

任何组织中，人都是最宝贵的资源和动力，人们的积极性、主动性和创造性是组织成功实现目标的关键。但是人们的工作积极性受制于其动机、态度、行为等社会心理与行为因素的影响，如果组织成员的价值观念、工作期望、工作态度、工作行为等方面发生变化，与组织目标、组织结构、组织关系、权责系统相互矛盾或者不相适应时，往往需要对组织或组织的部分进行相应的变革，从而调动人的积极性，发挥人力资源的效用。

此外，组织在管理上的重大改进或变化往往会推动或导致组织变革的发生。从大的意义上讲，组织变革应属于"管理改革"或"改革管理"的组合部分，从具体意义上讲，管理的改进是指一个组织所采用的管理思想理论、管理体制、管理方式方法、管理技术手段等方面的改变和进步。

上述这些因素都会对组织施加压力，导致组织系统失衡，从而使组织自身产生改革现状、追求新的平衡的变革推动力量。当然，推动组织变革的动因是多种多样的，通常会发生几方面因素交织在一起促进组织变革的情形，因此，应当始终以全面、系统的观点来考察和分析。

第二节 变革的阻力与克服

一、变革的阻力

任何组织变革都面临着动力和阻力问题。所谓阻力是人们反对变革、阻挠变革，甚至对抗变革的制约力，表现为组织内部成员对组织变革的怀疑、抱怨、拖延、消极怠工，甚至破坏等不利于组织变革的观念、言论和行为。

对于变革阻力，应该从积极和消极两个方面来加以认识。就消极作用而言，变革阻力阻碍了组织对环境的适应和进步，影响组织的效率、效能的提高，可能使组织因缺乏革新精神而错失发展机遇。而就积极作用而言，变革的组织阻力会促使组织的行为具有一定的稳定性和可预见性，从而减少混乱和随意的组织行为或变革的发生及其对组织的冲击和伤害。例如，企业员工对薪酬制度改革方案的抵制会激发对薪资分配方案优缺点的讨论，产生许多有益的建议，从而使薪资改革方案更加完善。变革阻力的表现形式多种多样，形成原因也十分复杂，下面将变革的阻力分为个体阻力和组织阻力两个方面来说明（见图12-2）。图中展示了组织变革阻力的一些重要来源，并非组织变革阻力的全部来源，而且现实中二者往往是交织在一起的。

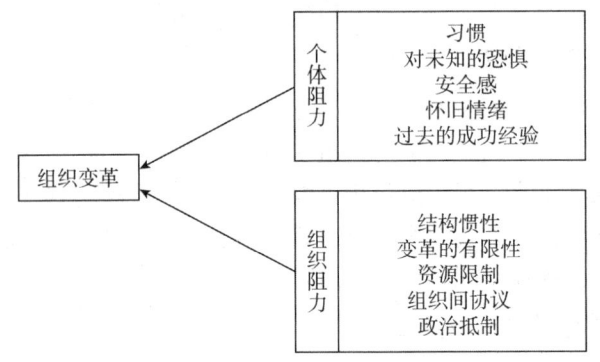

```
                   ┌─────────────┐
                   │  个体阻力    │
                   │  习惯        │
                   │  对未知的恐惧 │
          ┌───────→│  安全感      │
          │        │  怀旧情绪    │
          │        │  过去的成功经验│
┌──────┐  │        └─────────────┘
│组织变革│─┤
└──────┘  │        ┌─────────────┐
          │        │  组织阻力    │
          │        │  结构惯性    │
          └───────→│  变革的有限性 │
                   │  资源限制    │
                   │  组织间协议  │
                   │  政治抵制    │
                   └─────────────┘
```

图12-2 组织变革的阻力因素

（一）组织变革的个人阻力

1. 习惯

人类是有习惯的动物。除非情况发生了明显的变化，否则往往容易依赖于习惯性或模式化的反应来对付复杂的社会生活。习惯对个人来说可能是一种满足的源泉，习惯允许人以自己熟悉的方式去适应和反应所处的环境。但是当组织发生变革，个人难以看到改变习惯带来的好处，按习惯方式做出反应的行为趋向就会成为变革的阻力。

2. 对未知的恐惧

变革使用一些模糊和未知的东西来代替人们已知的东西。组织与员工无法预测变革后组织结构会给员工带来什么样的结果，不确定性会给大多数人带来焦虑。未来变革的不确定性以及变革后果的潜在不确定性会引起人们内心的恐惧。为了避免对未知的恐惧，许多人宁愿维持现状，抵制组织变革。

3. 安全感

变革意味着打破原来的平衡状态，职责、权力的再分配，以及要调整人们所习惯的制度规则和活动方式，往往使组织成员暂时处于不稳定状态之中，一些人会感到自己的权力地位、所控制的资源、收入以及福利等受到了威胁，从而带来某种程度的不安全感。一般来说，安全感需要程度较高，既得利益和控制资源受到威胁的人可能抵制变革，因为变革给他们带来了不安全感。

4. 怀旧情绪

个体通过知觉塑造自己的认知世界，一旦形成了个人的认知世界，就会下意识选择自己的注意力和保持力，有意识地对信息进行选择性加工，倾向于选择感受那些最符合自己对当今世界理解的事务，不愿意随时对新事物做客观深入的了解，如果新事物与自己原有的知觉和观点相左，便容易抵制变革。企业的历史越长，它长期积淀下来的文化、观念越深，反对变革的阻力就越大。当变革目标与企业长久形成的文化理念和员工价值观产生冲突时，通常会遭到多数员工的反对。

5. 过去的成功经验

一个曾经取得过成功的企业，往往容易陶醉于昔日的荣耀之中，将过去的成功经验作为企业未来制胜的法宝。事实上，由于环境的急剧变化，过去的经验可能不再适用于今天的条件。然而，管理人员往往忽视这一点，坚信成功经验是万能的，因而会反对变革。

(二) 组织变革的阻力

1. 结构惯性

组织具有产生稳定性的内在机理。组织的形成体现为一定任务结构、层级部门结构和权责结构，意味着个人、团队、部门必须被分配角色，意味着要建立正式的工作关系、信息沟通关系、规章制度和行为规范，从而使组织运转保持稳定性和连续性。但是，当组织面对变革时，这种结构惯性则扮演阻力角色。

2. 变革的有限性

组织由许多独立的子系统组成。这些子系统相互依赖、相互作用，对任何子系统的变革都可能直接或者间接地作用到其他的子系统，从而受到其他子系统的反作用力。所以对组织中的子系统进行有限变革或者选择有限的变革点推行组织变革时，很可能因为招致其他系统的抵制或更大的系统问题而阻力重重，甚至使有限的变革趋于无效。例如，如果组织变革技术过程，但没有对组织结构做出相应的调整以配合这种变化，则技术的变革就不可能被接受。

3. 资源限制

组织变革是有成本的，需要一定人力、财力、物力、时间等资源的投入。资源不足或者资源不易改变都会给组织变革带来某种阻力。通常经济基础薄弱、资源条件较差的组织会因为资源限制考虑放弃或者延迟组织变革。或者当一项变革会改变组织的资源结构，致使原有的某些资源被闲置而造成资源浪费，或者该组织的固定资产投资高、现有资源价值很高且无法轻易改变或技术相关性强时，损失就会更大。在这种情况下，组织的现有资源和资源结构就会对变革产生一定的阻力。

4. 组织间的协议

组织间的协议通常规定了组织和组织管理者在法律上和道义上的责任，对组织具有约束力。这类协议所施加的责任和义务，可以约束组织管理者的行为，限制组织变革。例如，劳动合同对于管理部门的雇用和解雇人员、分配任务、提升与罢免等特权和行为意向就是一种限制。

5. 政治抵制

通常情况下，组织变革必须对权力进行重新配置，因此会威胁到组织长期以来已有的权力关系和资源分配格局。威胁到既得利益者的利益，因此会引来既得利益者或者实权人物的提防和抵制。此外，企业的现状是过去决策的结果，而变革是对现状的改变，无疑会引起对组织领导人对以往决策正确性的怀疑，因而也会有变革的抵制情绪。

二、克服变革阻力

虽然组织变革存在诸多阻力，但是可以采取行动来减少这些阻力。

（一）沟通

当信息失真或沟通不良时，人们会对变革产生焦虑情绪，进一步演变为抵制变革。对变革必要性和其可能后果的有效沟通，可以减少变革的阻力，能够帮助组织成员接受并推进变革。沟通的形式主要是个别交谈、小组讨论或报告等。

（二）加强说服教育

通过说服教育加强组织成员对新知识、新观念、新技术的了解和掌握，学会用正确的观点和方法来看待变革，增进员工对组织变革的理性认识，增强对组织变革的适应力和心理承受能力。另外，可以营造一种非改不可的压力和紧迫感，自觉加入变革中来。教育的方法主要有专题报告、各种书面材料的宣传、员工会议等。

（三）增加参与度

心理学研究表明，人们对某项事件参与度越高，就越勇于承担责任，并把它作为自己的事情来做。公开表明组织目前所处的环境和面临的困难与机遇，在组织中上下达成共识，鼓励员工共同参与讨论和设计并实施变革，有利于增强员工的归属感，增强变革的紧迫感，扩大对变革的支持力量，使组织变革有更为广泛的群众基础，这是保证组织变革得以顺利进行的首要条件。

（四）促进与支持

从心理上和技术上帮助那些受到变革影响的员工。通过为员工提供咨询与心理辅导、新技术培训、短期的带薪休假等方式调整员工紧张与焦虑的心态，提升他们面对变革的适应能力。管理者在变革中应努力创造一种与员工之间相互尊重、相互理解的良好氛围，发挥员工的积极性和主动性。

（五）谈判

当阻力具有强大影响力时，谈判可能是一种必要的策略。通过谈判，以某种有价值的东西换取他们对变革的支持。但这种方式潜在的成本较高，一旦变革者为了避免阻力而对另一方让步，就可能因此面临其他权威个体勒索的对象。

（六）操纵和收买

操纵是暗地里施加的影响。具体方法有扭曲事实、屏蔽信息或者制造谣言。收买是用财物或者其他好处笼络人心，包括操纵与参与。但是这种策略一旦被识破，可能会带来适得其反的结果，并且变革者的名誉会受到很大影响。

（七）强制

强制是对变革的抵制者直接实施威胁和压力。常见的现象有威胁调职、不予提拔、消极的绩效评估、提供不友善的推荐信等。但是强制可能影响人际关系，这种方法只有在万不得已的情况下才使用。

第三节 管理组织变革的方法

组织变革是一个过程，有着自身的规律和模式。下面是几种常用的推行组织变革的方法。

一、卢因的三步模型

库尔特·卢因（Kurt Lewin）是计划变革理论的创始人，他认为成功的组织变革应该遵循解冻、变革和再冻结三步骤。

（一）解冻

将变革看作对组织平衡状态的一种打破，即解冻，这是创造变革的动力。在这一阶段，组织必须清醒地认识到新的现实，抛弃旧的观点和做法，为树立新的行为和观念做好准备。然而组织在与那些不再发挥作用并要设法打破的结构和管理行为分开之前，会受到来自旧观念的抵制。因此组织必须确定地否定目前的行为或态度或者在一段时间内不再强化或肯定；这种否定必须建立足够的、能产生变革的迫切感；通过减少变革的障碍，或通过减少对失败的恐惧感来创造心理上的安全感。

（二）变革

变革即指明改变的方向，实施变革，使成员形成新的态度和行为。这是组织创造并拥有一种未来愿景，并综合考虑达成这一目标所需要的步骤。这个愿景不仅包括其使命、哲学和战略目标的某种陈述，而且它旨在清晰勾画出组织理想的未来样子。此过程包括帮助员工对角色模型的认同，即学习一种新的观点，或确立一种新的态度的最有效的方法，就是观看其他人是如何做的，并以这个人作为自己形成新态度或者新行为的榜样；再从客观实际出发，对多种信息加以选择，并在复杂的环境中筛选出有关自己特殊问题的信息。

（三）再冻结

把组织稳定在一个新的均衡状态，目的是保证新观念和新行为得到巩固，成为新的行事方式，这是变革后的行为强化阶段。具体做法是让成员有机会来检验新的态度和行为是否符合自己的具体情况。成员一开始对角色模型的认同可能性很小，应当用鼓励的办法使之保持持久，让成员有机会检验与他有重要关系的其他人是否接受和肯定新的态度。群体成员彼此强化新的态度和行为，个人的新态度和新行为可以保持更持久些。

二、科特的八步计划

哈佛商学院（Harvard Business School）的约翰·科特（John P. Kotter）在卢因的三步模型基础上，为实施变革建立一个更详细的模型。科特列举了管理者在发动变革时常见的失败因素，建立了八个连续的步骤来解决这些问题，具体如下：

(1) 通过创造组织需要迫切变革的理由，建立紧迫感。
(2) 形成具有领导变革所需足够权力的联盟。
(3) 建立新的愿景来指导变革，并制定实现该愿景的战略。

（4）在整个组织中进行愿景沟通。

（5）通过扫除变革障碍、鼓励冒险、鼓励创造性地解决问题，向员工授权，让他们为愿景采取行动。

（6）有计划地创造和奖励近期成果，这些成果会推动组织向新的愿景迈进。

（7）巩固成果，重新评估变革，在新的计划中做出必要的调整。

（8）通过证明新行为与组织成功之间的联系，强化变革。

三、行动研究

行动研究（Action Research）又称互动研究，是指一种变革的过程，这种过程首先系统地收集信息，然后在信息分析的基础上选择变革行为。行为研究的价值在于它为推进有计划的组织变革提供了科学的方法论。

行为研究的过程包括五个阶段：

（1）诊断。组织变革的推动者在行为研究中通常是外部顾问，他们从组织成员那里收集变革需要的信息。变革推动者提出问题，与员工面谈，翻阅记录，并倾听员工所关注的问题。

（2）分析。组织变革的推动者对诊断阶段所收集的信息进行分析，把这些信息综合成几个方面：主要关心的问题，问题的范围和可能采取的行动。

（3）反馈。反馈即与员工共同分享前两步获得的信息，在变革推动者的帮助下，凡是将会参与变革方案的人员都必须帮助查找问题以及确定解决的办法，制订行动计划来实施任何必要的改革。

（4）行动。员工和变革推动者通过具体行为来解决所发现的问题。

（5）评价。组织变革的推动者以原始资料为依据，与之后发生的变革进行比较和评价，评估行动计划的有效性。

行动研究对组织变革的好处在于，一是以问题为中心，通过客观地发现问题的类型决定变革行为的类型。二是由于活动研究中包括了员工的大量参与，减弱了变革的阻力。

四、组织发展

组织发展（Organizational Development）是以提高组织整体绩效为目标，有计划地进行组织变革的一种综合手段。组织发展的思路是对企业进行"多层诊断""全面配合""行动干预"和"监控评价"，从而形成积极健康的诊断——改进周期。组织发展的具体方法有以下几种：

（一）敏感性训练

在敏感性训练（Sensitivity Training）中，成员处于一个自由开放的环境中，在专业行为科学家引导下，自由讨论感兴趣的问题，表达意见，分析行为和情感，并接受他人反馈意见，从而达到增强自我意识和认知能力，提高对人际互动的敏感性作用。这种方法可以有效地用于管理培训和团队建设活动，解决组织与群体中的人际关系方面的许多问题。

（二）调查反馈

调查反馈（Survey Feedback）是评估组织成员所持的态度、发现成员之间的认知差异并消除这些差异的一种工具。基本方法是由独立的评价机构或委托有关单位，运用专门设计的问卷表评估和分析员工的态度与气氛,从而系统地识别可能存在的问题,收集解决问题的意见和方法,并把调查结果反馈给各个层次的干部员工,也可以举行调查反馈会议,运用得到的资料,诊断所存在的问题,制订解决问题的行动计划。

(三) 过程咨询

过程咨询 (Process Consultation) 主要是通过群体内部或者群体与咨询顾问之间的有效交流与工作过程而进行的,帮助诊断和解决组织过程中面临的重要问题。过程咨询在假设上与敏感性训练很相似,它们都假定通过协调人际关系和重视参与可以提高组织的有效性。二者的区别表现为目的不同,过程咨询不是以解决组织存在的问题为目的,而是帮助大家改变观念,更改任务导向。但是过程咨询的不足之处在于组织成员不能像在其他组织发展活动中那样广泛参与整个过程,而且过程咨询一般时间较长、费用较多。

(四) 团队建设

团队建设 (Team Construction) 是利用高度互动的群体互动来增强团队成员之间的信任和坦诚,协调群体工作的步调与规范,提高群体工作效率。团队建设通常包括目标设定、团队成员间的人际关系开发、用来明确每个成员和责任的角色分析,以及团队过程分析。

(五) 群体间关系的开发

组织发展关注的一个很重要领域是群体之间功能失调的冲突,群体间关系的开发 (Intergroup Development) 重点关注组织内职位、部门或分工的差异,致力于改变不同群体对彼此的态度、观念和刻板印象。最常用的方法是,让每个群体独自列出该群体对自己的认识、对其他群体的认识,以及自己认为的其他群体看待自己的方式。然后各个群体分享这些信息,讨论他们看法之间的异同,尤其要寻找导致分歧的原因。一旦发现问题根源,这些群体就进入整合阶段,为找到改善群体间关系的解决方法而付出努力。

(六) 价值探索

价值探索 (Value Exploration) 不是寻找问题和解决问题的方法,而是确定一个组织的独特品质和特殊优势。这些因素可以成为员工改进工作绩效的基础。价值探索过程由四个步骤构成:第一步是发现,就是找出大家所认为的组织优势;第二步是梦想,就是在发现阶段得到信息的基础上,员工思考组织未来是什么样子的;第三步是设计,基于对梦想的描述,参与者为组织的未来找到一个共同的愿景,并就组织的独特品质达成共识;第四步是参与者会尝试去确定组织的命运或如何实现他们的梦想,通常还会制定行动计划和实施方案。

第四节 营造适合变革的文化

企业所处的内外部环境都发生了变化,应对变革的形势,企业文化是否需要打破旧的平衡,建立新平衡?回答是肯定的。我们必须去学习如何营造一种能够帮助企业适应变革的新文化。

一、变革原有的企业文化

这个过程主要包括变革思想、领导意识、人才观、利润观、战略观、企业文化观等。

企业变革前后在管理模式、经营策略、产业结构、人才需求、利益等方面均会有很大的不同，因此必须变革原有企业文化。其中变革领导意识显得尤为重要，因为领导意识影响着企业的各项决策，直接关系到企业的生存和发展。

二、变革企业行为

企业通过制度上的改变促进和培养员工的新技能、新能力，达到行为上的改变，通过行为上的改变，让他们对企业有一个新的认识和感知，并且用新的态度来看待企业，慢慢形成或接近企业提倡的理念。企业文化的形成是一个良性循环的过程，没有尽头，体现在企业中的是生产效率的提高和凝聚力的增强。任何一个企业从初创到成长壮大，必然会积淀形成自己独特的企业文化。

三、建立共同愿景

"上下同欲者胜"，只有建立一种全体员工都认同的企业文化，企业才能凝聚人心。对企业来说，重塑企业文化不是组织一帮文人研究和讨论企业文化是什么、怎么做，而是将新的经营思想细化到企业生产中的每一个环节，通过不断的企业变革来实现员工行为上的改变。成功的企业对文化的理解，表现在它们不断变革经营战略和立即行动上，它们的文化有一个共同点就是能够不断促进企业的变革，不断的变革又使企业业绩不断增长，所以企业的变革过程也就是企业文化形成的过程。

四、领导团队身体力行

要使企业中的每一个人相信并愿意去实践共同的价值观，领导团队的身体力行最为重要。如果共同的价值观只是停留在口头、文字、会议等形式上，领导团队高高在上，这样的价值观是不可能被员工接受的。领导者要有非常敏锐的观察力，观察出这个组织所有人的心理以及客观的困境，通过口号、行为形成一种共识，让大家行为一致，形成一种文化，形成一种力量。

五、让价值观体现在工作绩效上

要员工信奉共同价值观，必然就要让他们相信这样的价值观是能够给他们带来绩效的，无论是在薪酬上或者是个人发展空间上，必须有一个体现的载体。所以要有意识地向员工表明新的战略变革是如何帮助他们提高工作绩效的，从而使他们理解战略变革的作用与价值观的联系，并且愿意去坚持这种价值观。

六、清除发展变革途中的障碍

战略变革开始往往让企业员工在观念上无所适从，文化惯性使他们怀疑变革的真实性，既得利益者更加会在正式或非正式场合散播不利于变革的言论。如何让变革的决心深入人心，让创新价值观成为坚定不移的价值取向，是战略变革的关键。"标杆效应"是让成员迅速适应变革的有效方法，是使员工清楚何者是对、何者是错的捷径；变革需要付出成本，解雇不适合战略变革的成员，本身就是一种价值观取向的标杆；形成主流文化，坚决清除发展变革途中的障碍，是向组织成员宣示这场变革决心的最好途径。

第五节　工作压力与压力管理

在急剧变化的现代社会，面对市场竞争的加剧，员工工作负荷不断增大，心理压力随之成倍增加。重视员工的压力管理，已成为组织管理的一个重要方面。压力管理有利于减轻员工心理压力，使他们保持最佳工作状态投入工作，进而提高组织绩效，促进个人和组织的和谐健康发展。

一、工作压力

（一）工作压力与压力模型

压力是人身处某种动态情境中，个体要面对自己所期望的目标相关的机会、限制及要求，并且这种动态情境所产生的结果被认为是重要而不确定时产生的心理和生理反应。可见压力一般与各种限制和要求相联系。限制会阻碍一个人去做自己想做的事，而要求则会推动自己做希望得到的事。因此压力本身不一定是一件坏事，通常所说的是压力的负面影响，其实它也有积极价值。

当压力发生在工作中便形成了工作压力，工作压力是人与环境互动的一种特殊关系，当环境要求超过个人能力以及利用的资源时，并危及其心理的平衡与生活步调的和谐与完整时所产生的压力。工作压力就是人在工作情景中许多内外在变量与个人因素交互作用所产生的心理紧张现象。正如罗宾斯的工作压力模型所示（见图12-3），使人产生压力的因素有三大类：环境因素、组织因素和个人因素。这些因素是否使人产生压力以及产生压力的大小，受一些个体因素的调节变量的影响，如个体认知、工作经验、社会支持等。当个体体验到压力时，会产生一些后果，表现为生理症状、心理症状和行为症状。

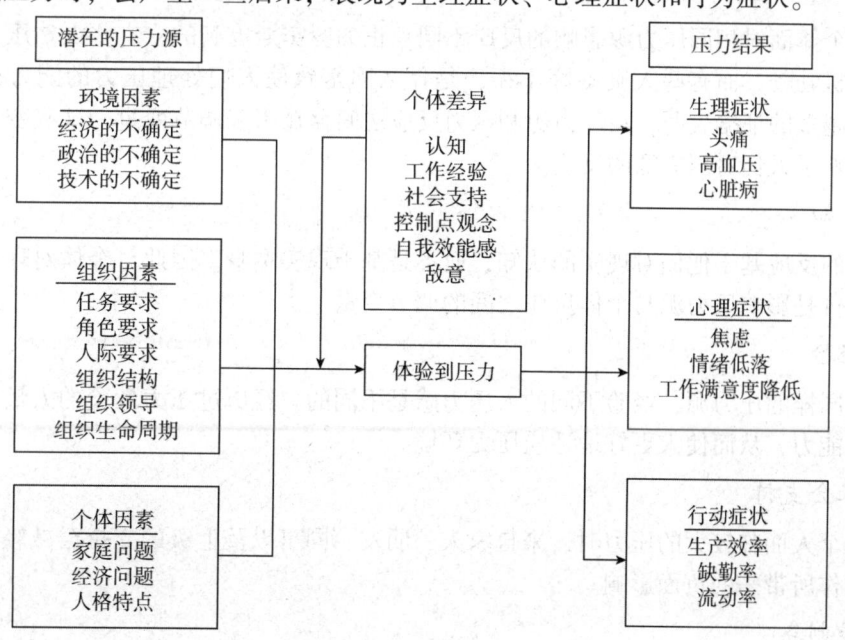

图12-3　罗宾斯的压力模型

（二）压力源

压力源是指那些会迫使个体偏离其正常心理或生理功能的工作相关因素。它主要关注的是工作条件对个体健康的负面影响，主要的压力来源包括环境因素、组织因素与个体因素。

1. 环境因素

环境的不确定性会影响到组织中员工的压力水平。经济的不确定性影响人们对未来经济收入的预期，是导致压力的重要因素。政治的变革和动荡会打破已有的社会生活秩序给人们带来压力。技术变革是导致压力产生的又一因素，技术革新和进步使员工的技能在短时间内过时，甚至是一些产业的淘汰。如果不能跟上技术发展，员工将面临巨大的就业压力。

2. 组织因素

组织内部存在着诸多能导致压力感的因素。工作任务要求与员工的工作压力相关，包括工作自主性、任务多样性、自动化程度、工作条件、情绪劳动等。员工在组织中扮演的角色同样会给个体带来压力，如角色负荷、角色模糊以及角色冲突等。工作中的人际要求，包括能否得到上级的支持、与同事之间的关系、组织和社会支持，这都会使员工产生压力感。

3. 个人因素

个体方面可能带来成为压力源的因素，包括如家庭成员关系是否和谐、家庭经济状况、开支是否超出其承受能力等。此外，个体的性格特点也是影响个体产生工作压力的因素。

（三）个体差异

不同个体面对相同压力源影响的反应不同。正如罗宾斯提到的，有些人在压力重重的环境中生机勃勃，而有些人则萎靡不振，是什么因素致使人们处理压力的能力有所差异呢？越来越多的证据表明，在压力源和压力反应之间存在诸多调节变量，这些变量在很大程度上影响了人们对压力源的反应。

1. 认知

员工的反应基于他们对现实的认知，而不是基于现实本身。因此，个体对环境条件的认知与评价是影响压力源与个体反应之间的调节变量。

2. 经验

面对同样的压力源，经验不同的人压力感是不同的。经历过压力考验的人最终会养成一种抗压能力，从而使人更好地适应压力环境。

3. 社会支持

当一个人面临较大的压力时，来自家人、朋友、同事以及上级的支持会减轻由于高度紧张的工作所带来的负面影响。

4. 控制点

控制点是一种人格特征，根据控制点的不同，可以把人分为内控型与外控型两大类。

内控型的人认为自己能控制自己的命运，能决定未来的成败；而外控型的人则认为个体受环境的控制，成败主要取决于外部自己无法控制的因素的影响。因此面对同样的环境条件时，内控型的人倾向于积极采取有效措施控制事态的发展，表现出积极进取的行为；而外控型的人则倾向于消极防守，容易产生无助感，从而导致压力感增强。

5. 自我效能感

由于**自我效能感是一个人对自己能够完成一项任务的信念**，因此，自我效能感不是实际能力，而是对自我能力的一种主观信念。与低自我效能感的人相比，高自我效能感的人相信自己完全能够应对当前的环境，完成所面临的任务，因此，面临同样的压力环境，其压力感相对较低。

6. 敌意与易怒感

一些人的性格中包括高度的敌意和愤怒，那些易怒、对别人总持怀疑和不信任态度的人，更容易体现到压力感。

（四）压力后果

长期高度的压力不仅使人精神衰竭，而且危害个体的身体健康、心理健康，影响到工作绩效。压力的表现形式多种多样，可归纳为三种类型：生理症状、心理症状和行为症状。

1. 生理症状

生理压力影响到人的身体健康，压力感能使患者新陈代谢出现紊乱，心率、呼吸频率加快，血压升高，头痛，易患心脏病。

2. 心理症状

与工作有关的压力导致员工工作不满意，这是最简单和最明显的心理影响后果。处于压力的人还经常表现出紧张、焦虑、易怒和情绪低落等心理症状。相关证据表明，当工作对人的要求多样且互相冲突，或者员工对工作责任、权限及内容不明确时，压力感和不满意感都会增强。

3. 行为症状

压力感的行为症状表现为：生产率降低、缺勤、人员流动、饮食习惯改变、嗜烟、嗜酒、说话快、烦躁、睡眠失调等。

工作压力对组织绩效的影响有消极的一面，也有积极的一面。其关键在于压力是否在人们所能控制的范围之内。一般来说，压力与工作绩效的关系可以用类似于Yerkes和Dodson的倒U形关系模型表示（见图12-4）。该模型表明中等水平的压力使员工的工作绩效最高。如果工作完全没有压力，缺乏挑战性，员工工作缺乏积极性，工作效率将会很低。随着压力强度的增加，个体会调动自身资源去适应工作要求，绩效也会相应地提高。然而，处于中等水平的压力，经过长时间的作用后也会给工作绩效带来负面影响，因为它会磨耗和侵蚀个体的精力资源。

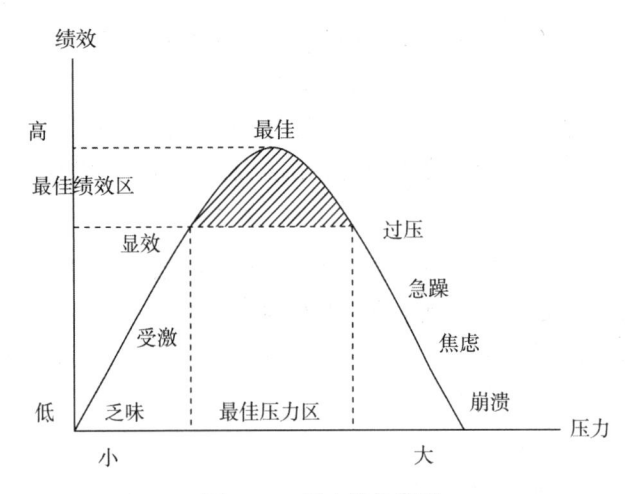

图 12-4 压力绩效模型

二、压力管理

从组织的角度讲，当员工压力感处于中低水平时，有利于促进员工绩效水平的提高。但如果压力水平过高，或者中低水平压力持续时间过长，则会使工作绩效降低，因此需要管理层采取一定措施。

（一）组织压力管理

组织管理者应该为员工营造一个适度压力的工作环境，同时要避免过度压力的产生，改善管理模式，满足员工的合理化需求，缓解和消除员工的压力。

1. 改善工作环境

管理者应该致力于创造高效的工作环境，严格控制打扰，帮助员工减轻疲劳，更加舒心、高效地工作。

2. 尊重员工的诉求，创造以人为本的企业文化

首先要增强员工之间相互合作和支持意识，加强上下级之间的沟通；尊重员工诉求，鼓励员工参与决策，提高其归属感和满意度。

3. 进行任务和角色需求的管理

主要从工作本身和组织机构入手，使任务清晰化、角色丰富化，根据员工的个性特征设计和分配工作。

4. 进行生理和人际关系需求管理

提供组织资助的健康项目，创造良好的心理和生理环境，满足员工在工作中的身心要求。

（二）个人压力管理

个体自身因素是员工工作环境和工作本身状况的主观感受和评价，所以降低压力水平，员工个人也应承担责任。

1. 正视压力

员工个人形成任何有效压力管理措施之前，必须先对工作压力有明确的认识和接受的

态度。对于已经产生的工作压力,不要责备是自己的能力表现差,这是正常的心理现象,有时适度的压力反而是进步的原动力。

2. 进行有效的时间管理

通常人们觉得很多事情做不完是由于没有安排好时间。有效的时间管理方法主要有:为所要做的事情设定轻重缓急,区分必须做的和应该做的、必须亲自做的和可以交由别人完成的,合理安排,有主有次;采取措施,改变拖延的习惯,学会利用有一些提示时间和计划的外部手段,如提醒器、日历等;完成工作时要集中精力,不要试图一下子把所有的工作做完。

3. 锻炼与放松

注意劳逸结合,保持足够的睡眠,找理由休息,将闲暇和娱乐作为工作的必要补充。进行适度的、有节奏的锻炼,能够有效地缓解压力,换来舒畅和平稳的心情。适时、适度地休假,让身心恢复,也可以借此机会思考,然后重新出发。

4. 寻求社会支持

受到压力威胁时,及时宣泄消极情绪,对于缓解压力和紧张是极其有帮助的,因此来自家人和朋友的支持非常重要。我们不妨与家人或朋友、同事一起讨论目前的压力情景,把自己的苦闷和倦怠说出来,在他们的帮助建议下,对压力进行重新审视。当需要某些实际帮助时,不妨求助于领导和同事。

本章小结和对管理者的启示

组织变革是组织为了适应环境的变化而变革自身以适应组织发展的过程。组织变革要从战略高度思考变革的愿景和目标,制订相应的变革计划,克服阻力,按照变革的模式实施变革,并不断持续改进。

工作压力是组织中的一个问题,当员工压力感处于中低水平时,有利于促进员工绩效水平的提高。但如果压力水平过高,或者中低水平压力持续时间过长,则会使工作绩效降低,因此需要采取一定措施进行压力管理。

本章练习题

(一) 思考题

1. 举例说明组织发展的动力有哪些,如何加强这些动力?
2. 结合实例谈谈组织变革的阻力有哪些,以及如何应对这些阻力。
3. 推动组织变革的方法有哪些?
4. 什么是工作压力?工作压力对员工的影响是什么?
5. 如何应对工作压力?工作压力管理的对策有哪些?

(二) 案例分析

丰田 10 年来首次在华销量下滑?最保值的日系车突然卖不动了?

日系车为啥突然不好卖了?

在中国汽车市场上，以日系车、美系车、德系车为代表的一众合资车企始终在市场上占据着领导地位。最近市场开始出现了一些前所未有的变化，之前牢牢占据市场领导地位的合资车优势正在被打破，我们该怎么看待当前汽车市场的大变局呢？

1. 丰田10年来首次在华销量下滑

据日本共同社报道，丰田汽车公司发布消息称，2022年在中国市场的新车销量为194.06万辆，较上年减少0.2%。这是2012年后10年来首次同比下滑。其中，2022年12月同比减少19.8%，连续两个月下滑。

就具体数据来看，丰田汽车在华合资公司中，广汽丰田表现较为亮眼，2022年累计生产汽车约100.93万辆，同比增长22.6%，累计销售汽车约100.5万辆，同比增长21.4%；雷克萨斯品牌则降幅明显，2022年累计在中国市场销售新车约18.39万辆，同比下滑近19%。

据《上海证券报》报道，丰田近期加快在中国市场的新能源转型。2022年12月20日，广汽丰田新能源汽车产能扩建项目二期在广州市南沙区正式投产，标志着广汽丰田正式具备百万台生产能力，广汽丰田将加快全方位电动化战略落地，推动企业高质量发展。

据《每日经济新闻》报道，已发布销量的本田和日产汽车销量下滑两位数。本田中国公布的最新数据显示，2022年，本田汽车在中国的终端汽车累计销量约为137.31万辆，同比下滑12.1%。其中，合资公司广汽本田终端累计销量约为72.07万辆，东风本田终端累计销量约为65.24万辆。

日产汽车2022年在中国市场中的销量也出现了下滑。官方数据显示，2022年，日产汽车中国区含乘用车（包括日产、启辰和英菲尼迪品牌）和轻型商用车（包括东风汽车股份有限公司1—9月销量和郑州日产）两大事业板块在内的累计销量约为104.52万辆，同比下降22.1%。其中，2022年12月，日产汽车中国区销量约为7.05万辆，实现了46.9%的环比增长。

同样影响不小的还有马自达，马自达方面公布的数据也显示，2022年，其在华新车销量约为10.81万辆，较上年减少41.2%，这也是其在华销量连续5年下滑。其中，2022年12月，马自达在中国市场的新车销量为9 882辆，较上年同期减少32.3%，连续21个月出现同比下滑。

乘联会最新数据显示，2022年1—11月，日系品牌累计零售销量约为368.22万辆，同比下滑9.6%。而在2022年12月，主流合资品牌中，日系品牌零售份额为18.7%，同比下降4.4个百分点。

甚至不仅仅是日系车，乘联会公布的数据显示，比亚迪2022年狭义乘用车销量180.5万辆，同比增长149.4%，其中2022年12月销量为22.4万辆，同比增长126.6%。至此，造车20年的比亚迪超越一汽大众登顶。这不仅是比亚迪首次，也是自主品牌首次超越合资品牌，成为中国市场乘用车销冠。

2. 保值王的日系车为啥卖不动了？

长期以来，日系车在中国各大合资车当中具有极强的市场影响力，凭借着结实耐用、油耗低、保值率高等诸多优势在市场上被人戏称为"保值天王"，始终占据着市场上相当大的市场份额，然而就在最近这各大日系车巨头都面临着销量下滑的难题，这到底是怎么回事？我们该怎么看这件事呢？

首先，日系车为什么能火遍中国？我们仔细研究日系车的发展历史就会发现，日系车的走红是从战后日本崛起开始的，战后日本凭借着美国的大力扶持开始不断崛起，市场发展的速度相当快，在众多日本产业之中，汽车产业无疑是日本发展的重点。

早期，日本汽车本身的发展是相对缓慢的，当时无论是日本丰田还是日本本田更多地都是向美系汽车学习，丰田汽车更是一度把福特的流水线生产方式反复学习，但是在结合了日本的基础之后，丰田已经形成了属于自己的优势，这就是大名鼎鼎的精益生产。

在精益生产的推动下，日本汽车制造业的优势持续增长，通过研发具有较强经济优势的发动机，再配合减轻车身重量、控制轮胎宽度，乃至于使用之后的先进混动技术，日系车形成了属于自己的差异化竞争优势，其日常油耗极低，甚至只有同级别德系车、美系车油耗的几分之一。

此外，日本制造本身就讲究工匠精神，在发动机、变速箱以及车身各种橡胶零件的使用上，日系车都倾向于使用高寿命的零部件，往往采用自然吸气都很成熟稳定的技术，这直接导致了日系车使用成本低廉、皮实耐用的形象。

坊间一度流传着日系车，"10年开不坏，50万公里不大修""一车传三代，人走车还在"等比较有名的口碑。在二手车市场上，日系车也几乎成为市场的硬通货，拥有远超其他车系的超高保值率，被人戏称为"保值天王"。这也是日系车在中国可以长期走红的核心原因所在。

其次，日系车为什么突然不受待见了？我们仔细研究日系车这些年在国内的发展，就会发现日系车不是最近突然一下子不受中国市场欢迎了，已经有好几年的时间了。日系车不受待见的原因可以归纳总结为以下几个方面：

一是日系车这些年深陷"质量门"危机。日系车一直以来都以精益制造来扩大市场影响力，日本的工匠精神也是被众多国人认同，但是这些年伴随着日本经济的持续不景气，日本不仅有失落的30年，更有产品质量下降等一系列问题。丰田等一系列的"质量门"危机出现，虽然说对其影响不是特别大，但是在大多数车主的心目中，日系车的质量形象已经不像前些年那么完美。再加上传统燃油车技术已经被压榨到了极致，日系车也开始大量采用一些全新的市场技术，这些新技术不可避免地增加了汽车的复杂性，这就导致很多新的质量问题开始出现，这也让日系车的口碑开始下降。

二是日系车本身在新能源技术上的缺失。日系车给人最大的感觉就是传统，甚至于用保守来形容，在全世界都在大规模地推动新能源汽车市场发展的时候，日系车还是固执地采用自己的混动技术，而不愿意采用插电技术。等到日系车想明白开始采用插电式混动的时候，可谓是一步慢步步慢，已经失去了新能源市场的先发优势。再加上日系车本身的内饰用料较差，配置相对保守，智能化程度低下，这些都逐渐成为日系车的致命伤。

三是国产新能源车的全面崛起。与日系车形成鲜明对比的是国产新能源车的全面崛起，这里的国产新能源不仅有大家熟悉的各大国产新能源品牌，还有像特斯拉这种在中国设厂，全面国产化的新能源汽车品牌，这些新能源汽车品牌本身设计新颖，用了大量的智能化设计，采用了全面的锂电池充电技术，不仅有更加酷炫的外表，更有着更多政策优势，比如说可以直接上绿牌，等等，这些新能源车对于日系车已经形成了全面围剿的态势，在这种此消彼长之下，日系车的市场出现节节败退也是很正常的事情。

最后，日系车的未来到底该怎么看？从当前来看，日系车依然占据着较大的市场份额，虽然出现了增速的下降，但是这个更多的是销售数据意义上的东西，整个市场上日系车的保值率依然较高，在传统燃油车市场上，日系车依然还是叫好叫座的产品。

对于中国的汽车市场来说，新能源汽车和燃油车并行的市场局面依然会持续相当长的一段时间，在短时间内其实谁也奈何不了谁。虽然新能源汽车发展势头正猛，但是传统的燃油车依然牢牢占据着市场的半壁江山，特别是在当前市场环境下，有些环境依然无法实现新能源车对燃油车的全面替代。

举例来说，在中国北方漫长的冬季之中，新能源车的续航问题始终没有办法得到有效解决，燃油车的市场优势依然非常大。与此同时，在广大的农村地区，充电桩相对铺设不足，路况相对较差，日系车的优势依然存在，这些都是日系车可以发力的点。

所以，对于当前市场来说，日系车之前的绝对优势已经消失了，关键是未来的发展到底该怎么办，如何能够扭转自己的不利局面，这可能是日系车企业必须面对的难题。

（资料来源：江瀚视野. 丰田十年来首次在华销量下滑？最保值的日系车突然卖不动了？2023-02-01）

问题：请结合案例内容谈谈日系车销量下降的深层次原因。

研究课题

当你面对压力时会有何反应？

参 考 文 献

[1] [美] 斯蒂芬·P. 罗宾斯. 组织行为学（第 12 版）[M]. 孙健敏，李原，译. 北京：中国人民大学出版社，2008.

[2] [美] 斯蒂芬·罗宾斯，[美] 蒂莫西·贾奇. 组织行为学精要（第 9 版）[M]. 吴培冠，高永端，张璐斐，译. 北京：机械工业出版社，2008.

[3] [美] 斯蒂芬·罗宾斯，[美] 蒂莫西·贾奇. 组织行为学精要（第 11 版）[M]. 郑晓明，译. 北京：中国人民大学出版社，2016.

[4] [美] 斯蒂芬·罗宾斯，[美] 蒂莫西·贾奇. 组织行为学 [M]. 孙健敏，李原，译. 北京：中国人民大学出版社，2016.

[5] [美] 詹姆斯·坎贝尔·奎克，[美] 戴布拉·尼尔森. 组织行为学——现实与挑战（第 7 版）[M]. 刘新智，闫一晨，邱光华，译. 北京：清华大学出版社，2013.

[6] [加] 杰拉德·H. 赛兹. 组织行为学案例 [M]. 王蔷，译. 上海：格致出版社，上海人民出版社，2008.

[7] [美] 史蒂文·麦克沙恩，[美] 玛丽·安·冯·格里诺. 组织行为学 [M]. 吴培冠，译. 北京：中国人民大学出版社，2015.

[8] [美] 弗雷德·鲁森斯. 组织行为学（双语教学版）[M]. 王垒，姚翔，童佳瑾等，译. 北京：人民邮电出版社，2016.

[9] [美] 贾林·科尔基特，[美] 杰弗里·勒平，[美] 迈克尔·韦森. 组织行为学（双语教学通用版）[M]. 苏晓艳，译. 北京：人民邮电出版社，2016.

[10] [美] 丹尼尔 A. 雷恩. 管理思想的演变 [M]. 赵睿，肖聿，戴暘，译，北京：中国社会科学出版社，2000.

[11] [美] 罗伯特·克赖特纳，[美] 安杰洛·基尼奇. 组织行为学（英文版·第 10 版）[M]. 朱超威，译. 北京：中国人民大学出版社，2015.

[12] [美] 苏萨. 天才的脑与学习 [M]. 国家级重点实验室脑与教育应用研究中心，译. 北京：中国轻工业出版社，2005.

[13] 马新建. 组织行为学——中国情景与管理 [M]. 北京：北京大学出版社，2015.

[14] 陈春花，曹洲涛，等. 组织行为学——互联时代的视角 [M]. 北京：机械工业出版社，2016.

[15] 罗倩文. 组织行为学 [M]. 北京：科学出版社，2016.

[16] 刘佛翔. 组织行为学（第 2 版）[M]. 北京：科学出版社，2016.

[17] 张德. 组织行为学（第 5 版）[M]. 北京：高等教育出版社，2016.

[18] 张德，吴志明. 组织行为学（第 4 版）[M]. 大连：东北财经大学出版社，2016.

[19] 瞿群臻，甘胜军. 组织行为学 [M]. 北京：清华大学出版社，2016.
[20] 罗明亮. 组织行为学 [M]. 北京：电子工业出版社，2016.
[21] 窦胜功，卢纪华，周玉良. 组织行为学教程（第4版）[M]. 北京：清华大学出版社，2016.
[22] 袁凌，雷辉，刘朝. 组织行为学（第2版）[M]. 北京：中国人民大学出版社，2015.
[23] 曹威麟，洪进. 组织行为学 [M]. 北京：北京大学出版社，2015.
[24] 徐世勇. 组织行为学（第2版）[M]. 北京：中国人民大学出版社，2015.
[25] 王怀明. 组织行为学：理论与应用 [M]. 北京：清华大学出版社，2014.
[26] 胡立君，唐春勇，石军伟. 组织行为学（第2版）[M]. 武汉：武汉理工大学出版社，2016.
[27] 李永瑞，等. 组织行为学（第2版）[M]. 北京：高等教育出版社，2013.
[28] 陈晶. 组织行为学 [M]. 长春：东北师范大学出版社，2011.
[29] 时巨涛，马新建，孙虹. 组织行为学 [M]. 北京：北京师范大学出版社，2013.
[30] 郭咸纲. 西方管理思想史（第3版）[M]. 北京：经济管理出版社，2004.
[31] 王岩，郭志达. 组织行为学 [M]. 北京：经济管理出版社，2014.
[32] 张昊民，等. 组织行为学（第2版）[M]. 北京：高等教育出版社，2015.
[33] ［美］罗伯特·卡茨. 高效管理者的三大技能 [J]. 哈佛商业评论（中文版），2005（7）.
[34] 乔芳. 创建适应企业发展变革的企业文化 [J]. 煤炭经济研究，2003（9）.
[35] 闫洁，吴威威. 企业责任的道德追问——企业道德责任及建设 [J]. 唐都学刊，2011（9）.
[36] 夏淼. 试论组织文化的多元化趋势 [J]. 中国商贸 2014（2）.
[37] 李宁. 组织行为学在企业人力资源管理中的应用研究 [J]. 改革与开放，2017（8）：124+126.
[38] 胡战平. 积极组织行为学对员工绩效的影响研究 [J]. 江苏科技信息，2017（8）：14-15.
[39] 赵亮. 组织行为学在企业管理中的运用 [J]. 中国商论，2016，（16）：54-55.
[40] 卞玉洁. 从组织行为学角度浅析医院人才流失原因及其对策 [J]. 社区医学杂志，2016（5）：73-75.
[41] 虞戈. 应用组织行为学管理企业中的非正式组织 [J]. 企业改革与管理，2016（1）：65+173.
[42] 刘贵英. 从组织行为学的角度分析如何发挥领导力在团队中的作用 [J]. 商，2015（24）：24-25.
[43] 武倩. 积极组织行为学视角下的企业员工激励研究 [J]. 商场现代化，2015（15）：138.
[44] 白天明，周林，周君. 组织行为学视角下的项目团队构建 [J]. 铁路工程造价管理，2015（1）：1-3+13.
[45] 杨天亮，辛斐，雷旭. 人类大脑结构和功能的性别差异：来自脑成像研究的证据 [J]. 心理科学进展，2015，23（4）：571-581.
[46] 魏丹霞，俞少君，赵曙明. 组织文化对组织创新的效用如何？——来自中国情境下

的 Meta 分析证据［J］.中南大学学报（社会科学版），2020，26（3）：112-123.

［47］王春国，陈刚.体面劳动、创新自我效能与员工创造力：中国情境下组织文化的调节作用［J］.管理评论，2018，30（3）：140-149.

［48］任洪涛.中国背景下 Denison 组织文化模型的结构探索［J］.劳动保障世界，2017（12）：73-75.

［49］许一，王晓梅.中国文化背景下柔性领导组织文化管理行为研究［J］.领导科学，2013（35）：39-41.

［50］杨付.中国文化背景下的组织人际和谐［J］.管理科学，2012，25（1）：25-34.

［51］朱武生，宋联可.中国情景下的组织文化分类实证研究［J］.南京社会科学，2010（10）：62-67.

［52］彭宇，傅鑫媛，王雪.中国背景下的组织行为文化研究视角述评［J］.科教文汇（上旬刊），2010（8）：203-204.

［53］史敏.中国企业组织文化发展浅析［J］.科技资讯，2010（6）：176.

［54］陈致中，张德.中国背景下的组织文化认同度模型建构［J］.科学学与科学技术管理，2009，30（12）：64-69.

［55］陈致中，张德.中国企业背景下组织文化认同度之概念与模型建构［J］.中国软科学，2009（S2）：269-275.

［56］李涛，李敏，夏顺忠.人情主义与中国式组织文化的主要特征［J］.领导科学，2009（14）：54-55.

［57］罗珉，孙晓岭.论中国传统文化对组织文化基本假设的影响［J］.广东商学院学报，2004（1）：4-10+16.

［58］房宏君，张丽芳.应用型高校组织行为学课程教学探析［J］.劳动保障世界，2017（3）：64+66.